Wenn die Populisten kommen

Frank Decker

Wenn die Populisten kommen

Beiträge zum Zustand der
Demokratie und des Parteiensystems

Prof. Dr. Frank Decker
Rheinische Friedrich-Wilhelms-Universität
Bonn, Deutschland

Zwischen Wahlen, Frankfurter Allgemeine Zeitung vom 7. Februar 2003, S. 11, Gehen Bayerns Uhren anders?, Frankfurter Allgemeine Zeitung vom 10. Mai 2005, S. 7; Lehrjahre einer Anti-System-Partei, Frankfurter Allgemeine Zeitung vom 4. Juni 2008, S. 7; Faktischer Multikulturalismus, Frankfurter Allgemeine Zeitung vom 18. April 2011, S. 7.
© Alle Rechte vorbehalten. Frankfurter Allgemeine Zeitung GmbH, Frankfurt. Zur Verfügung gestellt vom Frankfurter Allgemeine Archiv.

ISBN 978-3-658-00801-7 ISBN 978-3-658-00802-4 (eBook)
DOI 10.1007/978-3-658-00802-4

Die Deutsche Nationalbibliothek verzeichnet diese Publikation in der Deutschen Nationalbibliografie; detaillierte bibliografische Daten sind im Internet über http://dnb.d-nb.de abrufbar.

Springer VS
© Springer Fachmedien Wiesbaden 2013
Das Werk einschließlich aller seiner Teile ist urheberrechtlich geschützt. Jede Verwertung, die nicht ausdrücklich vom Urheberrechtsgesetz zugelassen ist, bedarf der vorherigen Zustimmung des Verlags. Das gilt insbesondere für Vervielfältigungen, Bearbeitungen, Übersetzungen, Mikroverfilmungen und die Einspeicherung und Verarbeitung in elektronischen Systemen.

Die Wiedergabe von Gebrauchsnamen, Handelsnamen, Warenbezeichnungen usw. in diesem Werk berechtigt auch ohne besondere Kennzeichnung nicht zu der Annahme, dass solche Namen im Sinne der Warenzeichen- und Markenschutz-Gesetzgebung als frei zu betrachten wären und daher von jedermann benutzt werden dürften.

Gedruckt auf säurefreiem und chlorfrei gebleichtem Papier

Springer VS ist eine Marke von Springer DE. Springer DE ist Teil der Fachverlagsgruppe Springer Science+Business Media.
www.springer-vs.de

Inhaltsverzeichnis

Vorwort   9

I. Parteien

Wenn die Populisten kommen	13
Was Schill bedeutet	22
Stoiber – kein richtiger Rechter	28
Regieren ohne Werte	31
Vom Proletariat zur Neuen Mitte	33
Wohl und Wehe einer Großen Koalition	40
Wenn das Regieren so richtig schwierig wird	45
Die Dänen haben es vorgemacht	50
Gehen Bayerns Uhren anders?	58
In Hitlers Schatten	60
Rechts blinken, links abbiegen	64
Stehaufmann	69
Die Zäsur	72
Lehrjahre einer Anti-System-Partei	79
Wo wir sind, ist die Mitte!	82
Macht- und Programmoptionen im neuen Fünfparteiensystem	85
Wer mit wem?	90
Droht der alte Lagerkoller?	95
Mehrheit ohne Projekt	105
Noch eine Chance für die Liberalen?	110
Wer füllt die Lücke rechts von der Union?	121

II. Verfassung

Zwischen Wahlen	127
Die Schattenseiten des Bundesstaates	134
Hände weg vom Präsidenten!	140
Direkte Demokratie auf hanseatisch	146

Populistisches Manöver beim Plebiszit	150
Der Osten als Trendsetter	154
In der Verflechtungsfalle	157
Demokratie in der Dunkelkammer	163
Demokratieabbau ohne Not	166
Die Zukunft des Dagegenseins	169
Sehnsucht nach dem starken Mann	177
Verfassungsreform auf Abwegen	187
Veränderte Landschaft	190
Die gelungene Verfassung	198
Falsche Enthaltsamkeit im Bundesrat	207
Mehrheit durch Überhangmandate?	210
Wählt die Ministerpräsidenten direkt!	212
Das Präsidentenamt in der Parteiendemokratie	215
Die Quadratur des Kreises	222
Der Irrweg der Volksgesetzgebung	226
Schafft das Zweistimmensystem ab!	229

III. Europa

Mehr Demokratie wagen	235
Die drei Krisen Europas	244
Ist Europa reif für die Türkei?	247
Die Wohlstandsinsel als Festung?	251
Der Irrweg der Parlamentarisierung in der EU	260
Konturen der neuen Parteienlandschaft in Europa	269
Mehr Demokratie in der EU – aber wie?	273

IV. Demokratie

Die Macht der Gesäßgeografie	287
Konjunkturen des Populismus	299
Der gute und der schlechte Populismus	313
Herausforderungen der inneren Sicherheit durch Extremismus und Fundamentalismus	323

Mensch und Umwelt – nachhaltige Politik 335
Progressive Politik im 21. Jahrhundert – sechs Thesen 341
Faktischer Multikulturalismus 343
Staat und Demokratie 345

Personenregister 351

Vorwort

von Eckhard Jesse

„Wir brauchen mehr den Typus eines Frank Decker, eines Jürgen W. Falter, eines Karl-Rudolf Korte, eines Claus Leggewie, eines Franz Walter, der sich nicht scheut, den ‚Elfenbeinturm' zu verlassen und die eigenen Erkenntnisse der Öffentlichkeit zu präsentieren – aber eben nicht nur Kollegen dieses Schlages." Dieses Zitat aus der „Zeitschrift für Politikwissenschaft" (Heft 3/2011) wiederhole ich nach der Lektüre der gesammelten Essays und Kommentare Frank Deckers seit dem Jahre 2000 gerne. Der Autor besitzt Urteilskraft, die Fähigkeit zu begründeten Prognosen; er hat den Mut zu Standpunkten, und, nicht zu vergessen, er schreibt unprätentiös, ausgesprochen flüssig.

Der Bonner Politikwissenschaftler Frank Decker hat in diesem Band 57 Artikel versammelt – etwa ein Drittel seiner in Monatszeitschriften (Berliner Republik, MUT, Neue Gesellschaft/Frankfurter Hefte) und Wochen- (Die Zeit) sowie Tageszeitungen (Frankfurter Allgemeine Zeitung, Süddeutsche Zeitung, Die Welt, Tagesspiegel, tageszeitung) publizierten Texte. Diese decken ein erfreulich breites Spektrum ab. Vier Themenbereiche stehen im Vordergrund: Parteien, Verfassung, Europa, Demokratie. Die einzelnen Rubriken werden durch einen „roten Faden" zusammengehalten – durch das Thema „Populismus". Geht es im ersten Teil um populistische Herausforderungen der Parteiendemokratie (von rechts wie links, einschließlich des Populismus der „Mitte"), so tauchen im zweiten Abschnitt populistische Motive bei institutionellen Reformvorschlägen auf. In der EU, die Gegenstand der dritten Rubrik ist, befinden sich populistische Integrationsskeptiker und -gegner schon seit längerem auf dem Vormarsch. Und im vierten Abschnitt kommt die Kritik am Populismus in einer stärker theoretischen Perspektive zur Sprache. Der Verfasser dieses Vorwortes hat einen Wunsch: Mögen „die Populisten" nicht kommen... Deren Chancen hängen wesentlich von der – mangelnden – Integrationskraft der Union, der SPD, der Grünen und der Liberalen ab. Der Populismus der „Piraten" ist dafür ein sinnfälliges Beispiel.

Die zu verschiedenen Zeiten – und „für den Tag" – veröffentlichten Texte erscheinen inhaltlich unverändert. Gleichwohl weisen sie eine erstaunliche

Geschlossenheit auf. Der Leser mag sich selber ein Urteil bilden, ob dies zutrifft und inwiefern Frank Decker stimmig argumentiert. Der Vorwortschreiber bekennt, dessen Kritik an der geheimen Wahl des Regierungschefs überzeugt ihn ebenso wie die Schelte an der Beibehaltung der Überhangmandate. Im ersten Fall nimmt der Autor eine Minderheitsposition ein, im zweiten Fall eine Mehrheitsposition. Hingegen leuchtet mir weder der Vorschlag ein, die Ministerpräsidenten der Länder durch die Bürger direkt zu wählen noch die fulminante Verteidigung des „Konsensualismus". Frank Decker, ein streitbarer Kollege, kein stromlinienförmiger Leisetreter, scheut keine wissenschaftlichen Konflikte. Nur so kommt die Wissenschaft weiter. Möge der Autor in zehn Jahren einen weiteren Band seiner anregenden Essays und Kommentare vorlegen ...

I. Parteien

Wenn die Populisten kommen

Die Welle der rechtsextremen Gewalt, die seit einigen Monaten über unser Land schwappt, hat kollektives Entsetzen ausgelöst. In einer zivilen Gesellschaft stellt das eine verständliche Reaktion dar, die aber eine rationale, an den Tatsachen orientierte Bewertung noch nicht ersetzen kann. Einen Mangel an Rationalität verrät die Art und Weise, wie die politische Debatte um das Thema in der Bundesrepublik zur Zeit geführt wird. Dass sich die Aufmerksamkeit für gesellschaftliche Probleme in der heutigen Mediendemokratie nur selten nach deren wahrer Bedeutung richtet und verteilt, ist eine Sache. Eine andere Sache ist, wie verantwortlich die politischen Entscheidungsträger mit solchen Konjunkturen umgehen. Die bisherige öffentliche Kommentierung konnte (und sollte wohl) den Eindruck entstehen lassen, als hätten wir es in Deutschland mit einer neuartigen Qualität des militanten Rechtsextremismus zu tun, die von staatlicher Seite aus lediglich härtere Gegenmaßnahmen verlange. Die Forderung nach einem Verbot der NPD wirkt da symptomatisch.

Dass das Problem in Wirklichkeit viel brisanter ist, beweist ein nüchterner Blick auf die Zahlen. Diese sagen uns *erstens*, dass der Anstieg der rechtsextremen und fremdenfeindlichen Gewalttaten in der Bundesrepublik schon viel früher – Ende der achtziger Jahre – eingesetzt und seit der Asylrechtsdebatte 1992/93 ein konstant hohes Niveau erreicht hat. Dabei handelt es sich keineswegs nur um ein ostdeutsches Phänomen, auch wenn die Gesamtzahl der gewalttätigen Übergriffe in den neuen Bundesländern gegenwärtig etwa dreimal so hoch liegt wie im Westen. *Zweitens* hat im selben Zeitraum die Mobilisierungsfähigkeit des Rechtsextremismus gerade unter Jugendlichen und jungen Erwachsenen stark zugenommen. Rechtsextreme Gruppen und Kameradschaften bilden heute ein organisatorisch weit verzweigtes Netzwerk und machen sich dabei auch moderne Kommunikationsmittel wie das Internet zunutze. Zugleich profitieren sie davon, dass es Teilen der sogenannten Neuen Rechten gelungen ist, fremdenfeindliche Ideen bis in das konservative Lager hinein salonfähig zu machen. *Drittens* schließlich muss daran erinnert werden, dass es in der Bevölkerung (auch in der westdeutschen) schon immer ein beträchtliches fremdenfeindliches Einstellungspotenzial gegeben hat. Schenkt man den Wahlforschern Glauben, dann bewegt sich der Anteil derer, die über ein geschlossenes rechtsextremes Weltbild verfügen, in der gesamtdeutschen Wählerschaft zwischen 10 und 20 Prozent. Durch den Integrationserfolg der beiden Volksparteien wurde dieser Sachverhalt lange Zeit verdeckt. Die Vorkommnisse in Ostdeutschland, wo ein Teil der Bevölkerung mit den Gewalttätern offen sympathisiert, haben ihn nun dramatisch ins Bewusstsein zurückgeholt.

Angesichts dieser Umstände muss es verwundern, dass die in den achtziger Jahren neu entstandenen Rechtsaußenparteien in der Bundesrepublik weitgehend erfolglos geblieben sind. Gewiss, zwei ihrer Vertreter, Republikaner und DVU, haben in Baden-Württemberg und Sachsen-Anhalt bei Landtagswahlen spektakuläre Ergebnisse erzielt. Auf der Bundesebene konnten sich diese Parteien jedoch ebenso wenig etablieren wie die rechtsextreme Konkurrenz der NPD oder andere Neugründungen, die eine gemäßigtere Version des Populismus bevorzugen (Statt-Partei, Bund Freier Bürger). Das Scheitern ist um so erstaunlicher, wenn man ihm die Erfolgsbilanz der rechtspopulistischen Neulinge in anderen europäischen Ländern gegenüberstellt. Die österreichische FPÖ avancierte bei den letzten Nationalratswahlen mit einem Stimmenanteil von 26,9 Prozent zur zweitstärksten Kraft des Landes. Einen vergleichbaren Triumph bei den anstehenden Parlamentswahlen sagen Meinungsforscher der norwegischen Fortschrittspartei voraus, die ihr Rekordergebnis von 1997 (15,3 Prozent) damit weiter verbessern könnte. Selbst eine eindeutig rechtsextrem ausgerichtete Partei wie der Front National konnte in Frankreich eineinhalb Jahrzehnte lang stabile Wähleranteile von 12 bis 15 Prozent verbuchen. Dasselbe gilt für den Vlaams Blok in Belgien, der in seiner Hochburg Antwerpen zuletzt auf über 30 Prozent der Stimmen kam.

Sozialwissenschaftler betrachten den Zulauf der neuen Rechtsparteien als ein Protestphänomen, das auf die desintegrativen Wirkungen der heutigen Modernisierungsprozesse zurückzuführen sei. Anders als der Begriff des „Modernisierungsverlierers" suggeriert, liegen dem Protest dabei nicht primär materielle Entbehrungen zugrunde. Die rechten Wähler mögen objektiv noch etwas zu verlieren haben, befinden sich aber wirtschaftlich keineswegs am untersten Rand der Gesellschaft. Stattdessen rührt ihre Misere aus *empfundenen* Verlustängsten, dem Gefühl, zu den benachteiligten und abstiegsbedrohten Gruppen zu gehören. Im Kern geht es also um ein tiefer liegendes, sozialkulturelles Problem, das mit den Folgen der gesellschaftlichen Individualisierung zu tun hat. Der ökonomische Wandel spielt hier natürlich eine zentrale Rolle. Die fortschreitende Flexibilisierung der Produktions- und Arbeitsabläufe beschleunigt die Auflösung jener kollektiven Einheiten – Familie, soziale Klasse, Nation –, auf denen der Zusammenhalt der alten Industriegesellschaft beruhte. Die Modernisierungsverlierer-Formel knüpft an dieser Stelle an; sie besagt, dass ein Teil der Menschen die Bindungsverluste nicht verkraftet, sich von den neuartigen Einflüssen verängstigt und überfordert fühlt. Weil sie die Möglichkeiten einer stärker individualisierten Lebensführung nicht nutzen können oder wollen, flüchten sich diese Personen in antiliberale Ressentiments und „Wir-Gefühle", die von den populistischen Parteien ausgebeutet werden können. Zum Hauptkristallisationspunkt ihrer Angst werden dabei die Fremden.

Trifft diese Diagnose zu, so folgt daraus für die Bundesrepublik zweierlei: *Erstens* unterscheiden sich ihre gesellschaftlichen Probleme nicht wesentlich von dem, was in anderen europäischen Ländern heute als Modernisierungskrise beobachtet werden kann. Mit Blick auf die „Nachfrageseite" lässt sich die Schwäche des neuen Rechtspopulismus in Deutschland also kaum erklären. In der ostdeutschen Teilgesellschaft, wo durch die besonderen Umstände des Systemwechsels ganze Bevölkerungsschichten in Anomie gefallen sind, dürfte das Potenzial für eine Partei oder Bewegung von rechts sogar überdurchschnittlich groß sein. *Zweitens* – und noch wichtiger – sind die Probleme dieselben, die auch für das Aufkommen der rechtsextremen Gewalt verantwortlich gemacht werden. Von daher steht zu vermuten, dass beide Protestformen bis zu einem gewissen Grade austauschbar sind. Ein Vergleich innerhalb Europas deutet darauf hin: Die Zahl der Gewalttaten mit rechtsextremistischem Hintergrund liegt danach in den Ländern besonders hoch, in denen die neuen Rechtsparteien schwach geblieben sind (so etwa in Deutschland), während in anderen Fällen die Gewaltbereitschaft durch den Erfolg solcher Parteien offenbar gezügelt werden konnte (z.B. in Frankreich und Dänemark).

Dieser Befund muss selbstverständlich mit Vorsicht interpretiert werden. In den meisten europäischen Ländern haben seit Ende der achtziger Jahre sowohl die Gewalttaten als auch die Wahlerfolge der rechten Parteien zugenommen. Wenn es stimmt, dass beide Phänomene im selben Verursachungszusammenhang zu sehen sind, liegt darin auch keine sonderliche Überraschung. Spitzen sich die gesellschaftlichen Probleme zu, wie es in der Bundesrepublik z.B. 1992 bei der Auseinandersetzung um das Asylrecht der Fall war, wäre es sogar äußerst verwunderlich, wenn der Protest nur in die ein oder andere Richtung fließen würde. Dennoch trägt das Vorhandensein der rechten Parteien – gewollt oder ungewollt – dazu bei, das Gewaltpotenzial im Zaum zu halten. Gemessen an den fremdenfeindlichen Einstellungen innerhalb der Bevölkerung ist dieses Potenzial in Frankreich oder Dänemark keineswegs geringer als in der Bundesrepublik. Der Unterschied liegt in der politischen Repräsentation: Im französischen oder dänischen Falle verfügt die Fremdenfeindlichkeit in Gestalt der Rechtsparteien über eine offizielle Stimme, die dem Protest Gehör verschafft und sich auf die öffentliche Debatte enttabuisierend auswirkt; in Deutschland wird sie hingegen unter der Decke gehalten und gerade dadurch in die dumpferen Kanäle der Gewalt und des Sektierertums abgedrängt.

Damit soll nicht behauptet werden, dass das Auftreten der rechten Parteien ungeeignet wäre, Gewalttaten zu legitimieren oder zu schüren. Welche Funktion die neuen Herausforderer in der politischen Auseinandersetzung „objektiv" gewinnen, und wie sie diese Funktion „subjektiv" wahrnehmen, sind zwei verschiedene Dinge. Hier wäre zunächst an den Bedeutungsunterschied von „rechtspopulistisch" und „rechtsextrem" (bzw. „rechtsextremistisch") zu erinnern. Der Begriff des Populismus hebt vor allem auf formale oder Organisationsmerkmale ab. Dazu gehören – als die beiden wichtigsten – das Vorhandensein einer charismatischen Führerfigur und eine Agitationsform, die sich massiv gegen das herrschende Establishment wendet. Beim Rechtsextremismus steht demgegenüber ein inhaltliches Moment im Vordergrund, nämlich die Gegnerschaft zu den Prinzipien der liberalen Demokratie. Je unverhohlener diese Gegnerschaft zum Ausdruck gebracht wird, um so größer ist natürlich auch die Affinität zur Gewalt.

Populistische und extremistische Eigenschaften können miteinander Hand in Hand gehen, müssen es aber nicht. Ersteres gilt z.B. für Le Pens Front National, während es bei der FPÖ und den skandinavischen Fortschrittsparteien durchaus fraglich ist, ob sie zu den rechtsextremen Vertretern gerechnet werden können. Auf der anderen Seite gibt es rechtsextremistische Parteien, denen die typischen Merkmale des Populismus fehlen. In diese Kategorie fallen die bundesdeutschen Vertreter NPD und DVU. Vergleicht man die Wahlergebnisse der neu entstandenen rechtspopulistischen Parteien innerhalb Europas mit denen der traditionellen (nicht-populistischen) extremen Rechten, dann ziehen die letztgenannten klar den Kürzeren. Die Diskussion, die in der Bundesrepublik zur Zeit über ein mögliches Verbot der NPD geführt wird, passt in dieses Bild. Die NPD steht bekanntlich im Verdacht, durch ihre organisatorischen Verbindungen zur Skinhead-Szene für das Aufkommen der rechtsextremen Gewalt mit verantwortlich zu sein. Ihr Verbot wird also nicht etwa deshalb betrieben, weil es sich parteipolitisch um eine relevante Kraft handelte, von der bei Wahlen irgendeine Gefahr ausginge. Abgesehen von einem singulären Kommunalwahlerfolg in Frankfurt a.M. ist die NPD in den neunziger Jahren praktisch nirgends in Erscheinung getreten. Ihre Bilanz war somit noch dürftiger als diejenige der anderen Rechtsparteien Republikaner und DVU.

Wie lässt sich das Scheitern des neuen Rechtspopulismus in der Bundesrepublik erklären? Der Vergleich innerhalb Europas verweist zunächst auf ungünstige institutionelle und politisch-kulturelle Rahmenbedingungen. So sorgt z.B. der Föderalismus dafür, dass die bundesdeutschen Wähler ihrem Unmut nicht unbedingt bei den gesamtstaatlichen (Bundestags-)Wahlen Luft zu machen brauchen. Stattdessen können sie auf die als unwichtiger empfundenen Landtags- oder Europawahlen ausweichen, deren Korrektivfunktion insofern über die wahre Stärke der Rechtsparteien hinweg täuscht. Selbst wenn die Zugangschancen zum Parteiensystem besser wären, würde es nichts daran ändern, dass die neuen Herausforderer in der deutschen Öffentlichkeit einen schweren Stand haben. Weil der Populismus in einem historisch vorbelasteten Umfeld agieren muss, entwickeln die Medien ihm gegenüber Berührungsängste, die einen unbefangenen Umgang verbieten und die Rechtsparteien der ständigen Gefahr aussetzen, in die Nähe des Nationalsozialismus gerückt zu werden. Diese Versuchung dürfte auch mit wachsendem zeitlichen Abstand zur Vergangenheit erhalten bleiben.

Ein zweites entscheidendes Erfolgshindernis hängt mit der Stigmatisierung zusammen: die Unfähigkeit der Parteien, sich als politische Kraft zu etablieren. Symptomatisch für die Durchsetzungsschwäche des neuen Populismus ist seine organisatorische Zersplitterung. Während es in anderen Ländern gelungen ist, verschiedene Stränge des populistischen Protests zu einer gemeinsamen Organisation zusammenzuführen, verlaufen diese Stränge in der Bundesrepublik in Gestalt mehrerer Parteien nebeneinander, die sich ihre Stimmen dadurch gegenseitig wegnehmen. Die Uneinigkeit hat sowohl zufällige als auch strukturelle Ursachen. Zu den zufälligen Faktoren gehört das Fehlen einer überzeugenden Führerfigur. Ein Blick auf die Nachbarstaaten zeigt, dass sich Entstehung und Durchbruch des neuen Rechtspopulismus ausnahmslos mit der Leistung einzelner Führungspersönlichkeiten – Bossi, Berlusconi, Le Pen, Haider – verbinden, deren charismatische Eigenschaften ihren deutschen Pendants offenbar abgehen. Anders als die Genannten konnten Schlierer (Republikaner), Wegner (Statt-Partei) und Brunner (Bund Freier Bürger) Integrationsfähigkeit nach innen nicht mit der nötigen Wählerwirksamkeit nach außen verknüpfen. Allein der frühere Republikaner-Chef Schönhuber kommt mit seinen Qualitäten der Vorstellung eines charismatischen Führers nahe. Dies machte sich in der Erfolgsbilanz der Partei bis 1994 positiv bemerkbar, konnte Schönhuber selbst allerdings nicht vor dem Scheitern bewahren.

Damit ist auf den anderen, strukturellen Faktor verwiesen: die institutionelle Stabilität. Weil sich die charismatischen Erfolgsbedingungen im Laufe der Zeit verbrauchen, droht die Attraktivität der populistischen Parteien irgendwann nachzulassen und ihr organisatorischer Zusammenhalt zu schwinden. Wie das Beispiel des Front National jüngst gezeigt hat, können selbst erfolgreiche Parteien an internen Rivalitäten und Richtungskämpfen zerbrechen, wenn die Voraussetzungen eines geregelten Konfliktaustrags nicht mehr gegeben sind. Bei den bundesdeutschen Rechtsparteien kommt erschwerend hinzu, dass sie eine unwiderstehliche Sogwirkung auf Gruppierungen und subkulturelle Milieus im rechtsextremen Lager ausüben, die auf diese Weise aus der politischen Isolierung hinaustreten wollen. Das Scheitern von Statt-Partei und Bund Freier Bürger macht deutlich, dass nicht einmal die gemäßigten Vertreter davor gefeit sind, durch rechtsextreme Personen und Gruppen unterwandert zu werden. Auch hier tut der „Schatten Hitlers" also weiterhin seine Wirkung.

Die internen Faktoren unterscheiden sich von den äußeren Rahmenbedingungen des Populismus darin, dass sie innerhalb der geschilderten Grenzen von den Akteuren selbst beeinflusst werden können. Die Lösung der organisatorischen Probleme reicht jedoch noch nicht aus, um den Erfolg der populistischen Parteien zu garantieren. Dazu bedarf es zunächst einer Konstellation, die ihnen die passenden politischen Gelegenheiten verschafft. Die Neulinge müssen – mit anderen Worten – Themen aufgreifen können, die von den anderen Parteien vernachlässigt oder falsch behandelt werden. Ein Vergleich innerhalb Europas bestätigt die Vermutung, dass die Erfolge der populistischen Vertreter durch die Regierungsmacht oder -teilhabe der bürgerlichen Rechten forciert wurden. Geradezu optimale Gelegenheiten eröffnen sich bei einer Großen Koalition, weil diese den normalen Sanktionsmechanismus des Parteienwettbewerbs außer Kraft setzt: Wähler, die ihre Unzufriedenheit mit der Regierungspolitik bekunden wollen, sind in einer solchen Situation gezwungen, auf eine der kleineren Oppositionsparteien auszuweichen. Befinden sich die bürgerlichen Parteien hingegen in der Opposition, können sie ihre Forderungen soweit radikalisieren, dass die Wählerschaft bis weit nach rechts integriert wird. Dies gibt ihnen die Chance, der aufstrebenden populistischen Konkurrenz zu begegnen.

Passen mit Ausnahme Frankreichs alle europäischen Länder in dieses Bild, so stellt sich für die Bundesrepublik die Frage, warum die Newcomer hier *trotz* der für sie günstigen Ausgangslage (der 16-jährigen Regierungszeit von Union und FDP) so schlecht abgeschnitten haben. Wahlanalysen zeigen, dass der neue Populismus seine Unterstützung vorrangig aus drei Themen bezieht: Parteienherrschaft, Wohlfahrtsstaat und Migration. Den größten Zuspruch verzeichnen dabei diejenigen Parteien, die – wie die österreichische FPÖ – aus allen Themen gleichzeitig Kapital schlagen und sie zu einer dauerhaften Gewinnerformel verbinden. Die deutschen Vertreter des Rechtspopulismus sind davon weit entfernt. Ihr mäßiges Abschneiden deutet darauf hin, dass die genannten Probleme in Deutschland entweder keine große Rolle spielen oder sich bei den vorhandenen Parteien in guten Händen befinden. Ein Beispiel ist der Parteienstaat. Dieser mag in intellektuellen Kreisen regelmäßig Kontroversen auslösen, wird aber bei der breiten Bevölkerung zumeist nur anlässlich von Skandalen virulent. Auch das Wohlfahrtsstaatsthema würde in der Bundesrepublik sicher nicht weniger Anknüpfungspunkte für eine Profilierung bieten als in anderen europäischen Ländern, doch wurde das Problem in den neunziger Jahren von den neuen Kräften gar nicht oder nur halbherzig aufgegriffen. Ein zusätzliches Erschwernis für die Rechtsparteien stellten die Folgen des deutschen Vereinigungsprozesses dar. Nicht nur, dass es in der früheren DDR an einer breiten Mittelschicht fehlte, die man mit marktradikalen Inhalten hätte ansprechen können. Auch die Unzufriedenheit der Modernisierungsverlierer wirkte sich dort nicht zugunsten der Rechten aus, da mit der linkspopulistischen PDS eine andere, genuin ostdeutsche Protestalternative bereit stand.

Bleibt als drittes und wichtigstes Mobilisierungsthema der Rechtsparteien die Migration. Wahlanalysen zeigen, dass Republikaner und DVU ihre besten Landtagswahlergebnisse dort erzielt haben, wo die „Ausländerfrage" auf der politischen Agenda ganz oben stand. Ein gutes Beispiel liefert die Auseinandersetzung um das Asylrecht, das 1992 plötzlich zum zentralen innenpolitischen Thema avancierte. Man mag darüber streiten, ob dieser Karriere ein objektiv gestiegener Problemdruck zugrunde lag, oder ob die Debatte aus parteipolitischem Interesse lediglich geschürt worden ist. Fest steht, dass das Problem von den großen Parteien in einer Weise behandelt wurde, die der extremen Rechte nützte. Durch die Einschränkung des Asylrechts konnte sich diese in den eigenen Forderungen bestätigt fühlen und die Missstimmung der Wähler auf ihre Mühlen lenken.

Anders als in Frankreich, Norwegen oder Belgien sind die mit der Migration verbundenen Probleme in Deutschland aber nicht zu einem dauerhaften Erfolgsgaranten der neuen Rechtsparteien geworden. Nachdem das Asylproblem 1993 von der Agenda verschwunden war, neigte sich deren Stimmenkurve bald wieder nach unten. Die Populisten mussten erkennen, dass ihnen die Ausländerpolitik unter normalen Bedingungen nur wenig Angriffsflächen bot. Symptomatisch dafür ist die Art und Weise, wie das Thema von den beiden Volksparteien angegangen oder vielmehr: *nicht* angegangen wurde. Obwohl Deutschland im europäischen Vergleich einen der höchsten ausländischen Bevölkerungsanteile aufweist, konnte die offizielle Regierungspolitik lange Zeit auf der Vorstellung – Kritiker würden sagen: Fiktion – beharren, wonach die Bundesrepublik kein Einwanderungsland sei und jeglicher Form des Multikulturalismus eine Absage erteilen. Durch das Festhalten an einem restriktiven Grundverständnis der Integration vergrößerten CDU und CSU während ihrer 16-jährigen Regierungszeit zwar das eigentliche Problem. Gerade damit gelang es ihnen aber, das Aufkommen einer ausländerpolitischen Grundsatzdebatte zu verhindern, die den fremdenfeindlichen Kräften womöglich Auftrieb verschafft hätte. Nennenswerten Widerstand von Seiten der SPD brauchte sie dabei nicht zu fürchten.

Vieles spricht dafür, dass die von der rot-grünen Regierung beschlossene Änderung des Staatsangehörigkeitsrechts, die mit der Exklusivität des bisherigen, am Abstammungsprinzip orientierten Nationsverständnis bricht, eine stärkere Politisierung der Ausländerfrage nach sich ziehen wird. Ob daraus für die rechtspopulistischen Herausforderer neue Gelegenheiten entstehen, hängt in erster Linie vom Verhalten der Unionsparteien ab. Mit ihrer derzeitigen Verweigerungshaltung dürften CDU und CSU den rechten Rand des

Parteiensystems weiter erfolgreich besetzt halten, wie die Kampagne gegen die doppelte Staatsbürgerschaft im Rahmen des hessischen Landtagswahlkampfs eindrucksvoll demonstriert hat. Fraglich bleibt, ob sie dem Land damit einen Dienst erweisen. Die Integration der vorhandenen und künftigen Einwanderer stellt zweifellos *die* gesellschaftspolitische Ausgabe der kommenden Jahrzehnte dar. Erfahrungen aus anderen Ländern (z.B. Frankreich) zeigen, dass die staatsbürgerliche Gleichstellung dabei nur der erste Schritt sein kann. Mit der Beendigung der rechtlichen Diskriminierung dürften die ethnischen Konflikte sogar zunehmen, weil die Fremden dadurch einem verstärkten Druck unterliegen, sich der Mehrheitsgesellschaft auch in kultureller Hinsicht anzuschließen. Die künftige multikulturelle Gesellschaft wird also das Gegenteil einer Harmonieveranstaltung sein.

Verantwortungsbewusste Parteien täten gut daran, die Bevölkerung auf dieses Szenario einzustellen, statt die Probleme wie bisher zu verdrängen. Die Notwendigkeit besteht vor allem im bürgerlichen Lager, sie betrifft aber auch die SPD, deren traditionelle Wählerklientel in den Ballungsgebieten von der harten Realität des zwischenethnischen Alltags am unmittelbarsten betroffen ist. Eine aufrichtigere Politik hätte freilich ihren Preis: die Mobilisierungschancen neuer Akteure am rechten Rand des Parteiensystems würden sich vermutlich verbessern. Wenn er seine organisatorische Zersplitterung überwindet und ihm eine überzeugende Führerfigur zuwächst, könnte der Rechtspopulismus seine Zukunft in Deutschland also noch vor sich haben. Nach der hier vorgenommenen Analyse muss darin nicht unbedingt ein Unglück liegen. Die Repräsentanz einer rechten Kraft würde einerseits für klarere Fronten sorgen und es den etablierten Parteien erleichtern, die Auseinandersetzung mit den Populisten offensiv zu führen. Andererseits wäre sie geeignet, den Protest in weniger gewaltsame Bahnen zu lenken, als es in der Bundesrepublik zuletzt der Fall war. So hässlich das Gesicht des neuen Rechtspopulismus auch sein mag – aus demokratischer Sicht erfüllt er eine durchaus nützliche Funktion.

Die Zeit Nr. 44 vom 26. Oktober 2000, S. 13.

Was Schill bedeutet

Wenn in der Bundesrepublik in der Vergangenheit von „Rechtspopulismus" die Rede war, dann richtete sich der Blick fast immer nach „draußen". Teils sorgenvoll, teils mitleidig durfte der Beobachter hierzulande registrieren, wie sich ein unappetitlicher Typus von Parteien in den westlichen Demokratien breit machte. Die Namen ihrer Führer waren bald in aller Munde: Le Pen, Bossi, Berlusconi, Haider. Die Rechtsparteien in der Bundesrepublik fristeten demgegenüber ein Schattendasein. Sicher, unter der Ägide Franz Schönhubers konnten die neugegründeten Republikaner von 1989 bis 1992 bei Landtags- und Europawahlen einzelne spektakuläre Wahlerfolge erzielen. Von einer dauerhaften Etablierung blieb die Partei aber ebenso weit entfernt wie ihre rechtsextremen Mitkonkurrenten DVU und NPD oder andere Neuerscheinungen, die sich an einer gemäßigteren Version des Rechtspopulismus versuchten (Statt-Partei, Bund Freier Bürger). Die Bundesrepublik schien gegen das Phänomen offenbar immun zu sein.

Spätestens seit dem 23. September ist diese Gewissheit geschwunden. Das sensationelle Wahlergebnis der „Schill-Partei" bei der Hamburger Bürgerschaftswahl hat deutlich gemacht, dass der Rechtspopulismus hierzulande über ähnlich gute Erfolgschancen verfügt wie in anderen Ländern, wenn nur die Voraussetzungen stimmen. Der Vergleich innerhalb Europas zeigt, dass hierfür im Wesentlichen drei Dinge zusammenkommen müssen: ein Nachlassen der traditionellen Parteibindungen im Zuge sozialstruktureller Wandlungsprozesse, passende politische Gelegenheiten und eine „charismatische" Partei, die in der Lage ist, die Gelegenheiten zu nutzen.

Die erste Voraussetzung ist in der Bundesrepublik nicht weniger erfüllt als anderswo. Die Rede von der Erosion der einstmals parteibildenden Milieus ist gängige Münze. Betrachtet man die Situation in neuen Bundesländern, spitzt sich der Eindruck sogar noch zu. Stabile Parteiorientierungen konnten sich dort seit der Wende erst gar nicht herausbilden. Die Schwäche der Rechtsparteien in Ostdeutschland widerlegt diese Feststellung keineswegs, verdankt sie sich doch fast ausschließlich der PDS, die das populistische Feld von links erfolgreich besetzt hat. Wie die Wahlerfolge der DVU in Sachsen-Anhalt und Brandenburg gezeigt haben, ist aber selbst darauf kein Verlass.

Welche Bedeutung den „passenden politischen Gelegenheiten" zukommt, hat die Hamburger Bürgerschaftswahl eindringlich vor Augen geführt. Der

Schill-Partei ist es in der Hansestadt gelungen, das Thema Kriminalität praktisch zu monopolisieren. Dass es von den anderen Parteien – auch der oppositionellen CDU – in seiner Brisanz unterschätzt wurde, ist insofern erstaunlich, als die Innere Sicherheit schon im Bürgerschaftswahlkampf 1997 eine herausragende Rolle gespielt und zum Abgang des damaligen Bürgermeisters Henning Voscherau mit beigetragen hatte. Dass Voscherau diesen Fehler, der auch sein eigener gewesen war, der regierenden SPD noch während des Wahlkampfs offen vorhielt, dürfte die Glaubwürdigkeit der Schill-Kampagne zusätzlich befördert haben. Nicht nur, dass das Thema Innere Sicherheit zum mit Abstand wichtigsten des Wahlkampfs avancierte; Schill wurden in diesem Bereich von den Wählern auch die höchsten Kompetenzwerte zugeschrieben. Selten ist es einem Außenseiter geglückt, die politischen Konkurrenten in einer Frage so vor sich her zu treiben.

Der dritte Faktor ist Schill selbst. Die „Partei Rechtsstaatlicher Offensive" – so der offizielle Name – ist mit der Person ihres Gründers untrennbar verbunden. Dass ihr der Gebrauch des Kürzels PRO von einer konkurrierenden politischen Gruppierung untersagt wurde und sie auf den Wahlzetteln stattdessen unter dem Namen „Schill" auftauchte, ist symptomatisch und konnte der neu formierten Partei nur recht sein. In der Öffentlichkeit hatte sich der Name „Schill-Partei" schon vorher festgesetzt. Für den Wahlerfolg spielte es sicher eine Rolle, dass Schill in der Hamburger Politik kein Unbekannter war; als „Richter Gnadenlos" hatte er sogar über die Grenzen der Hansestadt von sich reden gemacht. Dies verschaffte der erst wenige Monate vor der Wahl gegründeten Partei die nötige Medienaufmerksamkeit. Letztlich ausschlaggebend für den Erfolg waren aber zwei andere Dinge, deren Bedeutung sich erst erschließt, wenn man Schills Kampagne mit derjenigen seiner rechtspopulistischen Vorläufer und Konkurrenten vergleicht. Zum einen war Schill im bürgerlichen Lager salonfähig. Ole von Beusts Ankündigung, mit Schill zusammengehen zu wollen, dürfte nicht wenige CDU-Wähler in dessen Arme getrieben haben; mit einem Stimmenverlust von 4,5 Prozentpunkten zahlte die Union für den so ermöglichten Machtwechsel einen denkbar hohen Preis. Über genügend Reputierlichkeit verfügte der Kandidat aber auch ohnedies. Dafür sorgte neben seinem Beruf als Amtsrichter auch eine untadelige Herkunft, die es der politischen Konkurrenz unmöglich machte, Schill als Rechtsextremisten abzustempeln. Das Schicksal der Stigmatisierung, das

Republikaner und DVU in Hamburg nie über die Fünf-Prozent-Hürde hatte hinauskommen lassen, blieb der Schill-Partei von vornherein erspart.

Zum anderen profitierte Schill von seinen populistischen Qualitäten. Diese wurden von den anderen Parteien sträflich unterschätzt, die den „Politiker wider Willen" (Schill über Schill) nicht ernst nahmen, ihn zunächst sogar belächelten. Dessen Wahlkampf zeigte dann aber rasch, dass der Newcomer die Stimmungen des Wählerpublikums hervorragend zu bedienen wusste. Gewiss, Schill ist kein Volkstribun vom Schlage Le Pens, und es fehlt ihm auch jene beißende Intelligenz, die Jörg Haider für eine Weile zum best gehassten Mann Europas machte. Joachim Raschke nennt ihn durchaus treffend einen unpolitisch-ungelenken Charakter, in dessen Wahlversammlungen es eher hölzern und trocken zugehe. Dennoch ist dem Amtsrichter das Charisma zugewachsen, das einen erfolgreichen Populisten ausmacht. Von wohl kalkulierter Angstmache (Beschwörung Hamburgs als „Hauptstadt des Verbrechens") über gezielte Provokationen (Forderung nach einer Kastration von Sexualstraftätern) bis hin zur Aufstellung von Verschwörungstheorien (Vorwurf des Wahlbetrugs), verstand und versteht es Schill, auf der rechtspopulistischen Klaviatur zu spielen und die Nähe zum umworbenen Volk herzustellen. Damit unterscheidet er sich von Typen wie Markus Wegner (Statt-Partei) oder Manfred Brunner (Bund Freier Bürger), denen es an eben dieser Nähe fehlte.

Die politischen Beobachter streiten nun darüber, ob es der Schill-Partei gelingen kann, den Sensationserfolg bei der Bürgerschaftswahl über die Grenzen Hamburgs hinaus zu tragen. Der frischgebackene Innensenator hat aus seinen diesbezüglichen Ambitionen keinen Hehl gemacht. Der Gründung weiterer Landesverbände steht kurz bevor oder ist bereits im Gange. Selbst wenn sie wollte, könnte sich die Partei dieser Entwicklung nicht entziehen. Das Interesse an Schill ist so groß, dass sich die Ableger notfalls auch ohne den Segen des Hamburger Originals bilden würden. Das Beispiel der Statt-Partei hat gezeigt, dass es praktisch unmöglich ist, die Kontrolle über diesen Prozess zu behalten. Trittbrettfahrer aus dem rechtsextremen Lager können auf den Zug aufspringen und sich den noch unbeschädigten Ruf der Schill-Partei zunutze machen. Der Gefahr der Unterwanderung ist bisher noch keine rechtspopulistische Neugründung entgangen. Sie ist gerade in der Bundesrepublik immens, weil es für die rechtsextremen Kräfte eine willkommene Möglichkeit darstellt, der Stigmatisierung zu entgehen. Neben der

Statt-Partei hat das auch der Bund Freier Bürger schmerzhaft erfahren müssen. Der Druck von rechts führte bei ihm zu einer Zerreißprobe über den einzuschlagenden Kurs, der das öffentliche Bild der Partei ruinierte. Eine hastig ausgeweitete Schill-Partei würde vermutlich dasselbe Schicksal erleiden.

Die organisatorischen Probleme einer Ausweitung wiegen um so schwerer, als sich die Partei in Hamburg selbst noch konsolidieren muss. Auch hier könnte sie zum Opfer ihres eigenen Erfolgs werden. Durch das hohe Wahlergebnis sind unerwartet viele Kandidaten der Schill-Partei in das Landesparlament und die sieben Bezirksversammlungen eingezogen. Dadurch erwachsen Mitwirkungsansprüche an der Parteibasis, denen sich die Führung nicht einfach verweigern kann. Zwar wurde Schill von der Mitgliederversammlung Ende Oktober mit großer Mehrheit als Parteichef bestätigt, doch gab es schon hier lautes Murren über seinen autoritären Führungsstil und das Fehlen jeglicher innerparteilicher Demokratie. Dass es sich bei den Funktionsträgern der Schill-Partei – von wenigen Ausnahmen abgesehen – um politische Amateure handelt, verschärft das Problem zusätzlich. Wie schwer es ist, eine heterogen zusammengesetzte und politisch völlig unerprobte Fraktionstruppe zusammenzuhalten, davon konnte bereits der Statt-Partei-Gründer Markus Wegner ein Lied singen.

Hinzu kommt die Regierungsbeteiligung. Rechtspopulistische Parteien sind ihrem Wesen nach oppositionell. Dass sie auf Anhieb Regierungsverantwortung übernehmen wollen, passt da schlecht ins Bild. Auch hier hätte das Schicksal der Statt-Partei Schill eine Warnung sein müssen. Immerhin hatte die Statt-Partei 1993 darauf verzichtet, mit eigenen Leuten in den Senat zu gehen und stattdessen zwei „unabhängige" Fachmänner nominiert. Für Schill war es demgegenüber keine Frage, dass er selbst nach dem erhofften Regierungswechsel das Amt des Innensenators übernehmen würde. Nachdem er im Laufe der Koalitionsverhandlungen ein ums andere Wahlversprechen zurücknehmen musste, darf sich der frühere Amtsrichter nun an der harten Wirklichkeit des Regierungsgeschäfts die Zähne ausbeißen. Dass ihm das nicht gut bekommen wird, lässt sich leicht voraussagen. Dies beweisen auch die Erfahrungen aus Österreich und Italien, wo die populistischen Parteien in der Regierungsrolle rasch entzaubert wurden.

Die Voraussetzungen für eine Fortsetzung des Erfolgs in anderen Ländern oder gar auf der Bundesebene sind also nicht gerade günstig. Dennoch wären die anderen Parteien schlecht beraten, sich nun zurückzulehnen und die Dinge einfach gelassen abzuwarten – darauf vertrauend, dass sich die Schill-Partei früher oder später selbst zugrunde richten werde. Dies gilt insbesondere für die Union, deren Wähler bei der Bürgerschaftswahl in Scharen zu Schill überliefen. Es gilt aber auch für die SPD, in deren Hochburgen südlich der Elbe die Schill-Partei ihre besten Resultate erzielte. (Das relativ gute Abschneiden der SPD darf darüber nicht hinweg täuschen; es rührt einerseits aus der Schwäche der Grünen, andererseits daher, dass die Sozialdemokraten bereits bei den Wahlen von 1993 und 1997 einen Teil ihrer Wähler an die rechtsextremen Parteien verloren hatten. Von diesen votierten nun die meisten für Schill.) Die Volksparteien, aber auch ein Großteil der Kommentatoren scheinen sich über die Havarie des Wahlergebnisses mit der Erwartung hinwegzutrösten, dass der Erfolg der Schill-Partei andernorts nicht wiederholbar sei. Begründet wird dies mit den besonderen Umständen der Hamburger Politik, die es der Schill-Partei erlaubt hätten, mit einem einzelnen Thema zu reüssieren. In der Tat ist es schwer vorstellbar, dass das Thema Innere Sicherheit in anderen Städten oder auf dem flachen Land eine vergleichbare Mobilisierungswirkung entfaltet hätte. Schill selbst war es ja, der in seinen Wahlreden München oder Stuttgart als lobende Gegenbeispiele ausdrücklich erwähnte. Eine Kampagne nach Hamburger Manier wäre dort also gar nicht möglich gewesen.

Es reicht jedoch für ein wirkliches Verständnis des Phänomens nicht aus, die Schill-Partei als bloße „Ein-Punkt-Partei" abzutun, wie es in den meisten Kommentaren nach der Wahl leider geschehen ist. Eine solche Charakterisierung verdeckt mehr als sie erklärt. Auch in Hamburg wäre der Wahlerfolg in dieser Höhe nicht eingetroffen, wenn nicht hinter dem Kriminalitätsthema ein tiefer verwurzeltes Unsicherheits- oder Entfremdungsgefühl gestanden hätte, das die Wähler für die Parolen der Schill-Partei empfänglich machte. Dieses Unsicherheitsgefühl lässt sich aber auch an anderen Themen festmachen, wie in der Vergangenheit die Debatte um das Asylrecht (1992 / 1993) oder die von der CDU betriebene Kampagne gegen das neue Staatsbürgerschaftsrecht gezeigt haben (1999). Schills Populismus ist insofern durchaus anschlussfähig. Auch anderswo hat sich gezeigt, dass die rechtspopulistischen Parteien ihre Themen scheinbar beliebig austauschen – je nach politischer Konjunktur und Stimmungslage. So sattelten die skandinavischen Fortschrittsparteien in den achtziger Jahren vom Steuerprotest auf das Thema

Einwanderung um, was ihnen an der Wahlurne neuen Zulauf bescherte. Ein weiteres Beispiel sind die Kurswechsel der FPÖ in der Europapolitik, die Jörg Haider wiederholt den Vorwurf des Opportunismus eintrugen. Der Opportunismus ist dem Rechtspopulismus gewissermaßen Programm. Er funktioniert allerdings nicht ohne einen ideologischen Fundus, aus dem sich die wechselnden Themenschwerpunkte speisen können. Um über Hamburg hinaus erfolgreich zu sein, müsste die Schill-Partei ihre programmatischen Anstrengungen gewaltig verstärken und sich einen solchen Fundus erst einmal zulegen. Dafür spricht zur Zeit noch nichts.

Dabei mangelt es an Mobilisierungsthemen für eine rechtspopulistische Partei in der Bundesrepublik keineswegs. Auf der Liste ganz oben steht die Einwanderung, die in Schills Hamburger Wahlkampf – vermittelt durch das Kriminalitätsthema – bereits eine wichtige Rolle spielte. Nach den bitteren Erfahrungen des hessischen Landtagswahlkampfs hat die SPD ein vehementes Interesse, das Thema aus den kommenden Wahlkämpfen, insbesondere dem Bundestagswahlkampf, herauszuhalten. Innenminister Schily wird der Union daher breiteste Zugeständnisse machen, um ihre Zustimmung zum geplanten Zuwanderungsgesetz zu erreichen. Dass sich die Unionsparteien einem solchen Kompromiss am Ende verweigern könnten, ist schwer vorstellbar. Gerade damit würden sie aber der rechten Konkurrenz ein Feld überlassen, das sich für die populistische Stimmungsmache wie kein anderes eignet.

Das strategische Dilemma wiegt um so schwerer, als sich die CDU momentan ohnehin in einem Zustand der Schwäche befindet. Bei den Wahlen in Hamburg und Berlin büßte sie nicht nur in der Mitte Stimmen ein (an die SPD), sondern auch im bürgerlichen Lager (an FDP und Schill). Das Paradoxe ist, dass sich gerade daraus neue strategische Optionen ergeben könnten. Schon in den siebziger Jahren war Franz Josef Strauß auf die Idee verfallen, die strukturelle Mehrheitsfähigkeit der Union durch eine bundesweite vierte Partei zurück zu gewinnen. Eine rechtspopulistische Partei, die im bürgerlichen Lager salonfähig ist, könnte heute dieselbe Funktion erfüllen. Das rechtsextreme Stimmenpotenzial, das bei den Bürgerschaftswahlen 1993 und 1997 jeweils über 10 Prozent betrug, wurde von Schill in der Hansestadt nahezu vollständig absorbiert und stand damit für eine Regierungsmehrheit jenseits von Rot-Grün zur Verfügung. Ein ähnliches Szenario wäre demnächst auch in Sachsen-Anhalt vorstellbar, wo die rechtsextreme DVU bei der Landtagswahl 1998 fast 13 Prozent der Stimmen erzielte.

Über die Chancen eines Wiederholungserfolgs der Schill-Partei lässt sich zur Zeit nur spekulieren. Käme es zu einem solchen Erfolg in Sachsen-Anhalt, wäre das sicher eine Initialzündung. Prominente Funktionsträger und komplette Ortsverbände aus dem bürgerlichen Lager würden dann womöglich zu Schill überlaufen und dessen Reputation weiter vergrößern; dies könnte der Partei auch in organisatorischer Hinsicht aufhelfen. Sollte Schill scheitern, dann wird es nicht an fehlenden politischen Gelegenheiten liegen, sondern an der Schwierigkeit, diese Gelegenheiten zu nutzen. Die Wahrscheinlichkeit, dass sich die Schill-Partei mit der angestrebten Bundesausweitung überfordert, ist groß; allein ihre Regierungsbeteiligung in Hamburg dürfte intern für genügend Konfliktstoff sorgen. All das spricht dafür, dass die Karriere des Ronald Barnabas Schill ihren Höhepunkt schon überschritten hat. Fest verlassen sollte man sich allerdings nicht darauf.

Berliner Republik 3 (2001) H. 6, S. 6-8.

Stoiber – kein richtiger Rechter

Seitdem die Würfel für die Kanzlerkandidatur Edmund Stoibers gefallen sind, überbieten sich Akteure und Kommentatoren mit Versuchen, den Herausforderer von Gerhard Schröder politisch einzuordnen, ihn in seinem Profil zu bestimmen. Ins Zentrum rückt dabei die Frage nach dem ideologischen Standort: Ist Stoiber ein „Rechter" oder ein Mann der politischen Mitte? Als SPD-Generalsekretär Müntefering die erstgenannte Parole ausgab und Stoiber unmittelbar nach dessen Nominierung einen „Polarisierer" und „Spalter" nannte, folgte er einem naheliegenden Reflex. Die Bezeichnung „rechts" trägt hierzulande ein Stigma, wird in der Bedeutung häufig gleichgesetzt mit „rechtsaußen" oder gar „rechtsextrem". Mit dem Begriff „links" verbinden sich demgegenüber eher positive Assoziationen, weshalb er von den sozialdemokratischen oder sozialistischen Parteien als Selbstbezeichnung bewusst und mit gelegentlichem Stolz übernommen worden ist.

Um der Stigmatisierung zu entgehen, entwickeln die rechten Parteien einen verständlichen Hang, sich als Vertreter einer – ideologisch unverdächtigen – Mitte hinzustellen. Manche gehen sogar noch weiter und wollen die Richtungsbegriffe als Relikte der „politischen Gesäßgeografie des 19. Jahrhunderts" (Heiner Geißler) ganz ad acta legen. Im Falle Stoibers funktionierte das in der letzten Woche ganz gut. Die Tatsache, dass die CSU in Bayern bei Wahlen regelmäßig an oder über die 50-Prozent-Marke reicht, passt ebenso wenig in das Bild des Polarisierers wie Stoibers Wirtschaftspolitik, der Beobachter zu Recht das Etikett „korporatistisch" aufgeklebt haben. Unter Verweis auf das Bündnis für Arbeit konnten Unionsvertreter genüsslich betonen, dass der Bayer in seinem Bundesland einen ähnlich pragmatischen Kurs steuere wie der Kanzler – nur wesentlich erfolgreicher.

Dies bedeutet selbstverständlich nicht, dass in der Sozial- und Wirtschaftspolitik zwischen den Parteien keine Unterschiede mehr bestehen. Sie bestehen zuhauf, lassen sich aber immer weniger in den ideologischen Kategorien der Richtungsbegriffe beschreiben. Gerhard Schröders Feststellung, wonach es heute nur noch eine moderne oder unmoderne Wirtschaftpolitik gebe, bringt den Wandel auf den Punkt. Wenn Arbeitslosigkeit mit Steuerentlastungen und Lohnkürzungen besser bekämpft werden kann als mit nachfragestimulierenden Ausgabenprogrammen, geraten die alten Selbstgewissheiten von Rechts und Links ins Wanken. Der Letzte, der an diesen Gewissheiten auch als Regierungsmitglied festhalten und eine ideologische Wirtschaftspolitik betreiben wollte, war Oskar Lafontaine; er ist damit kläglich gescheitert.

Was für die Sozial- und Wirtschaftspolitik gilt, gilt aber nicht unbedingt für die gesellschaftspolitischen Themen. Man tut Edmund Stoiber sicher nicht Unrecht, wenn man ihn als wertkonservativen Politiker bezeichnet. Gerade hier unterscheidet er sich am deutlichsten von den Vertretern der rotgrünen Regierungskoalition. Diese Unterschiede lassen sich mit dem Rechts-Links-Gegensatz nach wie vor auf den Begriff bringen, wie die Beispiele der Familien- oder Zuwanderungspolitik zeigen. Die Trennlinie wird durch das Gleichheitsverständnis markiert: Wo die Linken für eine Politik der aktiven Gleichstellung eintreten (was auch die Anerkennung kultureller Differenz mit einschließt), bleiben die Rechten unter Verweis auf bestehende natürliche Ungleichheiten skeptisch. So betrachtet ist Stoiber zweifellos ein „Rechter".

Wertbezogene Konflikte spielen in der Politik heute eine größere Rolle als früher und prägen in zunehmendem Maße auch den Parteienwettbewerb. Dies hat vor allem mit den desintegrierenden Folgen der kulturellen Modernisierung zu tun, der Konfrontation mit abweichenden Wertvorstellungen und Lebensauffassungen, die in den Menschen das Bedürfnis weckt, für eine bestimmte Wertegemeinschaft Partei zu ergreifen. Wertefragen wirken dabei ihrer Natur nach polarisierend. Im Unterschied zu Verteilungsfragen kaum kompromissfähig, vertragen sie sich schlecht mit dem auf Ausgleich angelegten demokratischen Prinzip. Der Aufstieg extremer Parteien, insbesondere auf der Rechten, die in einigen europäischen Ländern seit Mitte der achtziger Jahre beachtliche Wahlerfolge erzielt haben, muss vor diesem Hintergrund gesehen werden.

Anders als seinerzeit Roland Koch ist Stoiber der Versuchung bisher widerstanden, die wertbezogenen Themen auf der Wahlkampfagenda ganz oben zu platzieren. Mit seinen moderaten Tönen zur Zuwanderung will er offenbar diejenigen Wähler aus Schröders Neuer Mitte nicht verschrecken, die die Union für einen Wahlsieg zurück gewinnen muss. Stoiber kann sich die Zurückhaltung aus zwei Gründen leisten: Zum einen bietet die Regierung im Bereich der Sozial- und Wirtschaftspolitik zur Zeit genügend Angriffsflächen, zum anderen dürften ihm die Stimmen der wertkonservativen Wählerschaft ohnehin sicher sein. Die Kandidatur des CSU-Vorsitzenden sorgt dafür, dass die Union auf der rechten Flanke heute auch einen Ronald Schill nicht zu fürchten braucht. Auf der anderen Seite weiß Gerhard Schröder, dass es sich bei den Modernisierungserfolgen, die seine Regierung auf gesellschaftspolitischem Gebiet anerkanntermaßen erzielt hat – von der Reform des Staatsbürgerschaftsrechts über die „Homo-Ehe" bis zum geplanten Zuwanderungsgesetz – nicht gerade um „Gewinnerthemen" handelt. Die Union verfügt unter diesen Bedingungen im Herbst über gute Mobilisierungschancen: Selbst wenn es für einen Wechsel im Kanzleramt nicht reichen sollte, könnte sie das Kunststück schaffen, nach nur vier Jahren an die Regierung zurückzukehren. Rot-Grün wäre dann auf der Bundesebene nicht mehr als eine Episode geblieben.

Der Tagesspiegel vom 24. Januar 2002, S. 8.

Regieren ohne Werte

Es ist fast zwanzig Jahre her, dass Ralf Dahrendorf das Ende des sozialdemokratischen Zeitalters ausrief. Der Soziologe begründete seine These mit der Erosion der Umweltbedingungen, die den Erfolg der Sozialdemokratie jahrzehntelang ausgemacht hatten: keynesianische Wirtschaftspolitik, Ausbau des Wohlfahrtsstaates und Verankerung der Wählerschaft in einem festen industriegesellschaftlichen Milieu. Die Entwicklung in den achtziger Jahren schien Dahrendorf Recht zu geben: Angefangen mit Großbritannien und den USA kehrten rechte Parteien in mehreren Ländern an die Regierungen zurück. Damit einher ging eine tiefgreifende Transformation der Wirtschaftspolitik, deren Parameter stets in dieselbe Richtung strebten: Steuersenkung, Deregulierung, Kürzung staatlicher Leistungen. Die Sozialdemokraten sahen sich in die Defensive gedrängt, konnten der neoliberalen Modernisierung ein nach vorne gerichtetes Alternativkonzept nicht entgegensetzen.

In den neunziger Jahren änderte sich das Bild. So als ob sie die Dahrendorf'sche Prognose Lügen strafen wollte, war die Linke plötzlich wieder obenauf. Mit Ausnahme von Spanien und Irland regierten Sozialdemokraten Anfang 1999 in allen Ländern der EU. Ihrer Renaissance lagen drei miteinander verbundene Ursachen zugrunde. Erstens hatten sich die rechten Parteien an der Regierung erschöpft. Da die Schattenseiten der Modernisierung nun stärker hervortraten, konnten die Sozialdemokraten von der verbreiteten Unzufriedenheit der Wähler profitieren. Zweitens war den Konservativen in Gestalt der neuen populistischen Rechten ein gefährlicher Konkurrent entstanden, der ihre Integrationskraft im eigenen Lager schwächte. Und drittens hatten sich die Sozialdemokraten der Programmatik ihrer rechten Gegenspieler angenähert, indem sie die Errungenschaften der neoliberalen Modernisierung mehr oder weniger stillschweigend übernahmen.

Der Traum von einem neuen sozialdemokratischen Europa währte allerdings nicht lange. Schon 1999 leitete der Machtwechsel in Österreich die Wende ein. Zwei Jahre später wurden die Linken in Norwegen, Dänemark und in Italien aus ihren Ämtern gekippt, Anfang 2002 folgte Portugal, jetzt die Niederlande. Und auch die SPD hat gute Chancen, sich am 22. September nach nur vier Jahren in der Oppositionsrolle wiederzufinden. Eine solche Entwicklung hätte vor zwei Jahren wohl niemand für möglich gehalten.

Wie lässt sich der Rechtsruck erklären? Ein nüchterner Blick auf die Zahlen zeigt zunächst, dass sich die Gewichte zwischen dem bürgerlichen und sozialdemokratischen Parteien in den genannten Ländern gar nicht so stark verschoben haben, im Gegenteil: Betrachtet man den langfristigen Trend, stehen die Sozialdemokraten immer noch besser da als ihre christdemokratischen Kontrahenten. Die eigentlich bemerkenswerten Veränderungen liefen innerhalb des rechten Lagers ab. In dem Maße, wie die Christdemokraten schwächelten, konnten andere „bürgerliche" Parteien zulegen. In einigen Ländern kam dies insbesondere den liberalen Vertretern zugute, die sich nun stärker nach rechts ausrichteten. In den meisten Fällen profitierte jedoch ein neuer Parteientyp, der seine Wählerschaft auch aus dem traditionell sozialdemokratischen Wählermilieu rekrutiert: die seit Mitte der achtziger Jahre entstandenen Rechtspopulisten.

Das Aufkommen der neuen Rechtsparteien wurde dadurch begünstigt, dass in den achtziger Jahren vorzugsweise konservative oder christdemokratische Parteien an der Macht waren. Nachdem sich dies in den neunziger Jahren änderte und die Konservativen in die Opposition verbannt wurden, hätte sich ihre Wettbewerbsfähigkeit gegenüber den Populisten eigentlich verbessern müssen. Die rechtspopulistischen Parteien blieben jedoch stabil und legten vielerorts sogar noch zu. Für die gemäßigte Rechte bedeutete das, dass sie die lästige Konkurrenz in ihre Bündnisüberlegungen fortan miteinbeziehen musste, wenn sie die Mehrheitsfähigkeit gegenüber der Linken nicht dauerhaft verlieren wollte.

Hier liegt denn auch die Erklärung für den beschriebenen Rechtsruck: der Rechtspopulismus ist als politische Kraft salonfähig geworden. Den Anfang machte 1994 Silvio Berlusconis Zusammengehen mit Umberto Bossis Lega Nord und Gianfranco Finis Alleanza Nazionale, das damals allerdings nur kurze Zeit funktionierte. 1999 folgte der Eintritt der FPÖ in die österreichische Regierung; er löste in der Europäischen Union ein mittleres Erdbeben aus. Die rechtspopulistischen Parteien Norwegens und Dänemarks, die bei den letzten Wahlen mit 15 bzw. 12 Prozent triumphierten, tolerieren derzeit eine bürgerliche Regierung, sind also an der Macht indirekt beteiligt. Und in Portugal hat sich die PSD unter Premier Barroso auf eine Koalition mit dem rechtspopulistischen Partido Popular eingelassen.

Die rechtspopulistischen Wahlerfolge gründen auf einer Agenda, in deren Zentrum kulturelle, mithin wertbezogene Fragen stehen. Ihre Schlüsselbegriffe heißen Sicherheit und nationale Identität, ihr wichtigstes Mobilisierungsthema ist die Zuwanderung. Bei all diesen Fragen handelt es sich um Nebenfolgen des Modernisierungsprozesses, auf die die Linke bislang keine überzeugenden Antworten geben konnte. Von daher kann es nicht überraschen, wenn Teile ihrer Wählerschaft geradewegs zu den Rechtspopulisten abgewandert sind.

Ob dieser Trend anhält, dürfte von zwei Bedingungen abhängen: Erstens müssen die rechten Parteien jetzt zeigen, dass sie es besser können. Dabei laufen gerade die radikaleren Kräfte Gefahr, sich an der harten Realität des Regierungsgeschäfts die Zähne auszubeißen. Die Stimmung könnte also bald wieder umschlagen und die Wähler ins andere Lager zurücktreiben. Die Sozialdemokratie wäre jedoch schlecht beraten, die Entwicklung sich selbst zu überlassen. Ihre Rückkehr an die Macht wird nur gelingen, wenn sie der rechten „Gegenmodernisierung" – zweitens – ein eigenes, nicht-regressives Projekt entgegenstellt, das die Bedürfnisse der Menschen nach Zugehörigkeit aufnimmt. Der Fehler der Linken war, ihre Regierungsrolle weitgehend mit wirtschaftspolitischem Pragmatismus gleichzusetzen. Wenn sie dies nun korrigiert, bedeutet das nicht unbedingt einen „Rechtsruck". Die Sozialdemokraten müssen versuchen, die Rechtsparteien auf dem Feld der Werte- und Identitätspolitik zu schlagen. Gelingt ihnen dies, ohne die eigenen Ideale zu verraten, dann werden sie auch wieder Wahlen gewinnen.

die tageszeitung vom 17. Mai 2002, S. 12.

Vom Proletariat zur Neuen Mitte

Der Göttinger Historiker Franz Walter hat sich mit zahlreichen Arbeiten zur Geschichte der deutschen Parteien einen Namen gemacht. Die SPD spielte dabei stets eine herausgehobene Rolle. Dies erklärt sich nicht nur aus dem wissenschaftlichen Interesse, sondern auch aus der kritischen Sympathie, mit der Walter die Partei bis heute begleitet. Nüchterne Distanziertheit ist nicht die Sache dieses engagierten Autors, der an der großen historischen Leistung der Sozialdemokratie keinen Zweifel aufkommen lässt, mit ihrem gegenwärtigen Zustand aber umso härter ins Gericht geht. Fast hat man den Eindruck, dass Walter der alten, milieuverwurzelten SPD ein wenig hinterher trauert.

Dazu braucht es keine offene Nostalgie, denn als Historiker ist sich der Autor der Kehrseiten der Milieupartei wohl bewusst. Der Spagat zwischen Tradition und Modernisierung, in dem sich die SPD schon frühzeitig üben durfte, findet sich auch in den Urteilen von Franz Walter wieder. Vielleicht ist es gerade diese Unentschiedenheit, die seine Analysen so lesenswert macht.

Nach mehreren Vorstudien, einer (zusammen mit Peter Lösche verfassten) umfangreichen monografischen Arbeit zum Wandel der Sozialdemokratie im 20. Jahrhundert und einer Reihe von Essays und Kommentaren zur aktuellen Politik der SPD liegt nun eine Gesamtdarstellung der Parteigeschichte aus Walters Feder vor.* Das im Alexander Fest-Verlag erschienene Buch richtet sich wie sein Vorgänger – die in Koautorschaft mit Tobias Dürr verfasste „Heimatlosigkeit der Macht" – ausdrücklich nicht (nur) an ein wissenschaftliches Publikum. Der knappe Umfang, die zahlreichen Abbildungen und Illustrationen (mit ausführlichen Bildunterschriften) sowie der fehlende Anmerkungsapparat machen den Text angenehm leserfreundlich. Dass Walter ohne den bei Sozialwissenschaftlern üblichen Jargon auskommt, wussten wir schon vorher aus seinen fachwissenschaftlichen Veröffentlichungen. In der populären Darstellung liegt freilich auch ein Problem. Der bewusste Verzicht auf Wissenschaftlichkeit lässt den Leser mit den Urteilen und Interpretationen des Autors letztlich allein. Wie diese in der wissenschaftlichen Diskussion einzuordnen sind und welchen Stellenwert sie dort gewinnen, bleibt unklar, denn auf Deutungskontroversen wird nur gelegentlich zwischen den Zeilen hingewiesen. Dies gilt sowohl für die historischen Kontroversen (z.B. wenn der Autor die Sozialdemokraten gegen den Vorwurf in Schutz nimmt, sie seien zu Beginn der Weimarer Republik zu zaghaft aufgetreten) als auch für die aktuellen Debatten wie jene um die Zukunft der Mitgliederpartei, wo sich Walter vom Mainstream der heutigen Parteienforschung absetzt.

Der Autor schildert die Geschichte der Sozialdemokratie als Ringen zwischen gesellschaftlicher Integration und staatlicher Machtteilhabe. Die Milieupartei des Kaiserreiches war die angemessene Organisationsform der Außenseiter. Von der Regierungsmacht bis auf Weiteres ausgeschlossen, musste die Arbeiterbewegung versuchen, ihre fehlende Basis im Staat durch eine schlagkräftige Organisation innerhalb der Gesellschaft aufzuwiegen. Den

---

* Franz Walter, Die SPD. Vom Proletariat zur Neuen Mitte, Berlin: Alexander Fest Verlag 2002.

Schlüssel zur Macht sah man in einer möglichst umfassenden Integration der klassengebundenen Anhängerschaft. Durch ein dichtes Netz an Vereinen und politischen Vorfeldorganisationen begründeten die Sozialdemokraten eine klar unterscheidbare gesellschaftliche Identität. Diese Identität wurde zu einer moralischen Kraftquelle, die der Partei über die schweren Rückschläge hinweghalf, die sie im 19. und 20. Jahrhundert einstecken musste – vom Sozialistengesetz bis zu den Wahlniederlagen in den fünfziger und sechziger Jahren. Zur gleichberechtigten Regierungspartei avancierte die SPD erst am Ende der Adenauer-Ära – zu einem Zeitpunkt, als sie schon nicht mehr Milieupartei war.

Walter zeigt, dass die Ohnmacht der SPD im Staat gerade aus dieser moralischen Stärke herrührte. Als Milieupartei war sie sich gewissermaßen selbst genug. Man richtete sich in der Organisation ein und vernachlässigte darüber die Politik. Den Sozialdemokraten fehlte es also am nötigen Machtwillen. Sie versäumten die Koalitionsbildung mit den reformaufgeschlossenen Kräften im bürgerlichen Lager und schlossen auch keine Verbindungen zu anderen potenziellen Unterstützergruppen (etwa den Landarbeitern), da dies ein Überschreiten des eigenen Milieus erfordert hätte (S. 74). Eine wichtige Erklärung hierfür liefert die marxistische Ideologie. Sie gab der Arbeiterbewegung die Gewissheit, dass sich die Geschichte auch ohne konkretes Zutun in ihrem Sinne entwickeln würde. Die SPD ließ sich deshalb auf die komplexen Realitäten der Industriegesellschaft nicht ein und konzentrierte ihre reformistischen Bemühungen einseitig auf die Sozialpolitik. Als der Weimarer Staat Mitte der zwanziger Jahre in die Krise geriet, waren die Sozialdemokraten alleine zu schwach, um ihn zu retten. Dass sie an dieser Schwäche selbst mit schuld waren, mag man ihnen aus heutiger Sicht vorwerfen. Die Kritik an der späteren Tolerierungspolitik wird von Walter hingegen zurückgewiesen, da diese ab 1930 die einzige verbliebene Möglichkeit darstellte, die Nationalsozialisten von der Macht fernzuhalten (S. 83).

Der Übergang der Sozialdemokratie von der Milieupartei zur modernen Volkspartei war ein langer Prozess, der nicht erst in den fünfziger Jahren einsetzte. Walter zeigt, dass die Integration der klassengebundenen Wähler auch in der Wilhelminischen und Weimarer Zeit nur unvollständig gelang: Ein Großteil der Arbeiterschaft verblieb im bürgerlichen Lager, dessen Vereinsstrukturen nicht weniger umfangreich und in manchen Bereichen (etwa beim Fußball) sogar attraktiver waren als jene der Sozialdemokratie (S. 69).

Auf der anderen Seite rekrutierte die SPD einen zunehmenden Teil ihrer Wähler aus den Angestelltenschichten, bei denen sie am Ende der Weimarer Republik bereits besser abschnitt als bei den Arbeitern. Auch zusammen mit der KPD erreichten die Sozialdemokraten nach 1924 in ihrer eigene Klasse niemals eine absolute Mehrheit, wie Walter überraschend vermerkt (S. 72). Die Milieupartei war also keineswegs eine reine Arbeiterpartei.

Der Abschied von der Milieupartei war ein Produkt mehrerer miteinander verbundener Entwicklungen. An erster Stelle ist der Nationalsozialismus zu nennen, dessen Volksgemeinschaftsideologie die Arbeiter von der SPD weiter entfremdete. Das Dritte Reich leitete das Ende der Klassengesellschaft alten Stils ein. Nicht nur, dass die Nazis das Vereinsnetz der Sozialdemokraten unwiederbringlich beschädigten. Unter den Bedingungen der Diktatur wurde die Verbürgerlichung der proletarischen Schichten auch durch die aufkommende Tendenz befördert, sich ins Private zurückzuziehen: Die Wohnstube ersetzte das Milieu (S. 107). Noch einschneidender stellten sich die Wirkungen der „Zwangsvereinigung" in der früheren sowjetischen Besatzungszone dar. Auch wenn SPD und KPD in der Weimarer Republik frühzeitig getrennte Wege gegangen waren, entsprangen sie doch einem gemeinsamen sozialistischen Milieu, dessen Angehörige sich nach der Spaltung weiter miteinander verbunden fühlten. Die Überwindung dieser Spaltung traf daher bei den Sozialdemokraten – entgegen einem bis heute gepflegten (und von Walter entlarvten) Geschichtsmythos – zunächst auf breite Sympathie; zum Widerstand entschloss die Partei sich erst 1946, als es bereits zu spät war. Damit ließ sich auch das sozialdemokratische Milieu nicht mehr retten. Indem sie auf dieselben Traditionen und Symbole zurückgriff, hatte die neu formierte Einheitspartei der SPD „gewissermaßen die Sprache genommen. Der kulturelle Habitus der alten Sozialdemokratie war dem der SED zu ähnlich, um als Bezugspunkt alternativer Orientierungen dienen und unter den Bedingungen der roten Diktatur fortexistieren zu können" (S. 121). Die SPD kämpfte daher auf verlorenem Posten, als es 1989 / 90 zur Wiedervereinigung kam. Während Union und FDP auf die Ressourcen der Blockparteien zurückgreifen konnten, musste sie in den neuen Ländern praktisch bei Null anfangen.

Ein dritter Erklärungsfaktor, dem Walter nur am Rande Beachtung schenkt, ist die Entwicklung des modernen Leistungs- und Wohlfahrtsstaates. Die Prozesse der gesellschaftlichen Individualisierung sind dadurch weiter vorangetrieben worden. Je mehr der Staat sich als Fürsorgeinstanz betrachtete und in die Lebenswirklichkeit seiner Bürger eingriff, umso entbehrlicher wurde das Eingebundensein in die Milieus. Der Staat trat an die Stelle der gesellschaftlichen Gruppen. Die Erosion der Milieus stellt insofern auch eine unfreiwillige Folge der sozialdemokratischen Ideologie dar, die sich den Ausbau des Sozialstaates ja gerade zum Ziel setzte. Damit veränderte sich auch das Verhältnis der Wählerschaft zur SPD. Ob man der Partei die Stimme gab, hing jetzt weniger von natürlichen Bindungen als von konkreten Interessen ab. Die Sozialdemokraten mussten sich verstärkt für neue Wählerschichten öffnen.

Bevor sie das von der Union vorgegebene Modell der Volkspartei übernahm, befand sich die SPD in den fünfziger Jahren in einer wenig beneidenswerten Situation. Auf dem Weg zur Regierungspartei war sie trotz des entschiedenen Machtwillens Kurt Schumachers kein Stück vorangekommen. Gleichzeitig blieb ihr der Rückzug in die Heimeligkeit der gesellschaftlichen Milieus aus den besagten Gründen versperrt. Dennoch weigerte sich die Partei trotzig, den Erfolg der Sozialen Marktwirtschaft zur Kenntnis zu nehmen. Erst als sie ihren marxistischen Glaubenssätzen im Godesberger Programm abschwor und die innen- und außenpolitischen Realitäten des neuen Staates akzeptierte, konnte die SPD zum bürgerlichen Lager aufschließen und erneut Regierungspartei werden.

In den ersten Jahren der sozial-liberalen Koalition veränderte sich die innere Struktur der Partei nachhaltig. Die Aufbruchstimmung ließ viele neue Mitglieder zur SPD hinzustoßen, die sich dadurch verjüngte, aber auch radikalisierte. Der überragende Sieg bei der Bundestagswahl 1972 täuschte darüber hinweg, dass die von Willy Brandt erfolgreich umworbene neue Mitte schon ab diesem Zeitpunkt wieder zu zerbröseln begann. Unter der Kanzlerschaft Helmut Schmidts erforderte die Integration der Parteibasis einen immer breiteren Spagat. Walter schließt sich der These an, dass die Nicht-Übernahme des Parteivorsitzes durch Schmidt dabei eher stabilisierend wirkte und die Regierungszeit der sozial-liberalen Koalition verlängerte (S. 204). Den Verlust der Mehrheits- und Regierungsfähigkeit konnte das allerdings nicht verhindern. „Ein Teil der neuen Mitte wanderte nach rechts zur Union ab, der andere nach links zu den Grünen. Die SPD war nicht mehr in der Lage, die verschiedenen gesellschaftlichen Entwicklungen unter einen Hut zu bringen. [...] Das führte sie zurück in die Opposition." (S. 210)

In den achtziger Jahren orientierte sich die Partei zunächst stärker in Richtung der postmaterialistischen Wählerschichten. Durch die Bildung von Koalitionen mit der aufstrebenden Partei der Grünen in den Ländern zeichnete sich Ende des Jahrzehnts die Möglichkeit einer Wiedergewinnung der Mehrheit auch auf der Bundesebene ab. Dass es dazu erst 1998 kam, hängt zum einen mit den retardierenden Wirkungen des deutschen Vereinigungsprozesses zusammen, der die SPD auf dem falschen Fuß erwischte. Zum anderen hatte die Partei ein personelles Problem. Die Troika Wehner – Brandt – Schmidt war in den sechziger und siebziger Jahren ein Glücksfall gewesen. Die Generation der Enkel, die in den achtziger Jahren nach der Macht griff und in den Bundesländern ein ums andere Ministerpräsidentenamt besetzte, rivalisierte demgegenüber offen um die Führungsposition. In der sechzehn Jahre währenden Ära Kohl verschliss die SPD insgesamt fünf Parteivorsitzende und ebenso viele Kanzlerkandidaten. Eine Klärung trat erst nach dem Regierungswechsel 1998 ein, als sich der erfolgreiche Kandidat Gerhard Schröder auch an der Parteispitze durchsetzte.

Von einer strukturellen Benachteiligung der Sozialdemokratie im Parteienwettbewerb kann, wie Walter zu Recht betont, heute keine Rede mehr sein. Das Wählerpotenzial der SPD ist durch seine Heterogenität zukunftsträchtiger als dasjenige der Union; es erlaubt der Partei, divergierende Bevölkerungsgruppen zu breiten Wählerkoalitionen zusammenzuschmieden (S. 243). Der Erfolg bei der Bundestagswahl darf allerdings nicht über die Fragilität der neuen Mehrheit hinwegtäuschen, deren weiterer Zusammenhalt an anspruchsvolle strategische Voraussetzungen geknüpft ist. Eine Neuauflage der rot-grünen Koalition ist aus heutiger Sicht eher unwahrscheinlich, auch wenn es für Schröder selbst als Kanzler noch einmal reichen sollte.

Über den inneren Zustand der SPD in der Berliner Republik weiß Franz Walter wenig Gutes zu berichten. Die einst so selbstbewusste Partei ist im Zeitraffer zum bloßen Kanzlerwahlverein degeneriert. Dies war sie auch zu Zeiten Helmut Schmidts nie gewesen. Dieselben Aktivisten, die dem damaligen Amtsinhaber zusetzten, wirken heute ausgebrannt. „Kaum jemand regt sich noch über die Ungerechtigkeiten dieser Welt auf, prangert Ausbeutung und Unterdrückung an oder ruft nach Alternativen zum Bestehenden; es ringen keine Flügel mehr leidenschaftlich um den politischen Kurs der Partei, und selbst die offiziell ausgerufene Programmdebatte ist auf allen Ebenen der SPD ohne Resonanz geblieben. Alles, was die Sozialdemokratie über

Jahrzehnte charakterisiert hat, was oft ein wenig schrill, überdreht und enervierend, aber eben auch markant, eigensinnig, ernsthaft und tragend war, ist verschwunden." (S. 262)

Walters Feststellungen klingen resignativ, doch wird man ihnen kaum widersprechen können. Allein, es bleibt die Frage, ob die innere Schwäche der führenden Regierungspartei tatsächlich hauptursächlich ist für die derzeit ungewissen Wiederwahlchancen der Koalition. Der Autor selbst ist sich da nicht sicher, weiß er doch nur zu gut um die veränderten Wettbewerbsbedingungen der Mediendemokratie, die einen pragmatisch-populistischen Regierungsstil eher belohnen als den langen Atem einer Programmdebatte. Franz Walters Urteil ist also, wie er zwischen den Zeilen auch selbst zugibt, ein bisschen ungerecht. Man braucht sich ja nur in der Bundesrepublik umzusehen, um festzustellen, dass die SPD mit diesem Problem nicht allein steht. Die großen Botschaften, aus denen die Volksparteien ihr einstmaliges Sendungsbewusstsein bezogen, sind im nachideologischen Zeitalter passé. Nichts wäre allerdings falscher, als Walters Leitbild einer autonomen Organisation mit eigenen Ansprüchen, Maßstäben und Zukunftsvisionen als Anachronismus abzutun. Auch wenn sich Parteien von den Gründen, die zu ihrer Entstehung geführt haben, emanzipieren, leben sie zugleich von „Erinnerungen, Traditionen, Erzählungen, Dogmen, Leidenserfahrungen, von einer großen Sinnperspektive, die über das je Gegenwärtige hinausreicht" (S. 267). Der Historiker Walter mahnt uns, diese Perspektive nicht ganz aus dem Auge zu verlieren. Damit grenzt er sich von einem falsch verstandenen Modernisierungsglauben ab, der in den Parteien nur noch strategische Akteure sehen möchte. Diese Sichtweise herrscht in der Politikwissenschaft schon seit langem vor, und sie scheint sich auch unter den professionellen Wahlkampfplanern im Willy Brandt-Haus zunehmend durchzusetzen. Es ist leicht vorauszusehen, dass Franz Walters Kritik dort – wenige Monate vor der Bundestagswahl – auf Widerspruch stoßen wird. So gesehen kommt das Buch gerade zur rechten Zeit.

Berliner Republik 4 (2002) H. 2, S. 78-82.

Wohl und Wehe einer Großen Koalition

Allmählich zeichnet es sich ab, dass Deutschland nach der Bundestagswahl im September eine neue Regierung bekommt. Unter den möglichen Varianten scheint dabei eine Große Koalition aus CDU / CSU und SPD am wahrscheinlichsten. Zwar geben die Umfragen einer Neuauflage der alten, 1998 abgewählten Koalition aus Union und FDP zur Zeit noch eine knappe Mehrheit. Die Erfahrung vergangener Wahlen lehrt jedoch, dass die Regierungsparteien am Ende des Rennens für gewöhnlich Boden gut machen. Damit wächst die Wahrscheinlichkeit, dass es zur Großen Koalition kommt. Arithmetisch gibt es zu einem Zusammengehen der beiden Volksparteien nur zwei Alternativen: die Duldung einer rot-grünen Regierung durch die PDS oder eine Ampelkoalition aus SPD, Grünen und FDP. Beide Partnerkonstellationen sind nicht konsensfähig und können deshalb ausgeschlossen werden.

Käme es zu einer Großen Koalition, wäre dies in doppelter Hinsicht ein Novum. Zum einen wurde in der Bundesrepublik noch nie eine Regierung nach nur vier Jahren Amtszeit abgewählt. Zum anderen würden sich Parteien bzw. Parteiformationen miteinander verbinden, die entschieden für eine Regierung unter Ausschluss des jeweils anderen eingetreten sind. Die Große Koalition wäre also eine Notlösung, in die sich die Parteien mangels Alternativen flüchten müssten. Hier liegt der entscheidende Unterschied zur Situation von 1966. Damals wurde die Große Koalition nicht unmittelbar nach dem Wahlakt, sondern während der laufenden Legislaturperiode gebildet und war von beiden Partnern ausdrücklich gewollt.

Für die Bewertung wichtiger als das Zustandekommen einer Regierung ist freilich ihre Leistungsbilanz. Hier konnte die von 1966 bis 1969 amtierende Große Koalition durchaus Beachtliches vorweisen. Nicht nur, dass sie einige der besten Köpfe des Landes in ihren Reihen versammelte; der Regierung gelang es damals auch, wichtige Reformmaßnahmen auf den Weg zu bringen, die eine kleine Koalition wohl überfordert hätten. Die keynesianische Umsteuerung der Wirtschaftspolitik, die zu einer raschen Überwindung der Konjunkturkrise führte, hat sich dabei bis heute am nachdrücklichsten ins Gedächtnis eingeprägt.

Manches spricht dafür, dass dasselbe auch diesmal eintreten könnte. Die Regierung Schröder hat es – trotz guter Ansätze – nicht wirklich vermocht, den Reformstau in der Bundesrepublik aufzulösen. Die Liste der versäumten bzw. halbherzig angegangenen Aufgaben ist lang; sie reicht vom Arbeitsmarkt über das Gesundheitssystem bis hin zur Familien- und Bildungspolitik. Andere Reformen sind durch die konjunkturelle Schwäche verpufft (Steuern) oder an der praktischen Umsetzung gescheitert (Rente).

Allerdings griffe es zu kurz, wollte man diese Versäumnisse allein voluntaristisch erklären und auf das Versagen der rot-grünen Koalition zurückführen. So richtig es ist, das Zurückweichen der Regierung vor einschneidenden Maßnahmen als mutlos zu kritisieren – das Problem der Reformpolitik liegt sehr viel tiefer. Es resultiert aus den vermachteten Strukturen eines politischen Systems, das den Gestaltungsspielraum der Regierenden institutionell eng begrenzt. Veränderungen sind – wenn überhaupt – nur in kleinen Dosierungen möglich.

Die Innovationsfeindlichkeit der bundesdeutschen Politik wird oft auf ihre zu starke Konsensorientierung zurückgeführt. Diese These verdeckt jedoch mehr als sie erklärt. Heute scheint man sich nicht mehr daran zu erinnern, dass schon einer der Gründe für die Abwahl Helmut Kohls 1998 in der einseitigen Aufkündigung des „Bündnisses für Arbeit" durch die Bundesregierung gesehen wurde. Der Versuch Gerhard Schröders, das Bündnis als Konsensrunde wiederzubeleben, war insofern konsequent, obwohl er am Ende nicht den gewünschten Erfolg brachte. Auch in anderen europäischen Ländern zeigt sich, dass man auf diesem Wege Reformen anstoßen kann. Das Problem liegt also nicht im Konsens als solchem, sondern darin, ihn verfahrensmäßig herbeizuführen. In der Bundesrepublik ist es darum aus einer Reihe von Gründen schlecht bestellt.

Das erste (und größte) Hindernis liegt in der Intensität des Parteienwettbewerbs. Zwar sorgen das Verhältniswahlrecht und die Vielparteienstruktur dafür, dass absolute Mehrheiten hierzulande praktisch ausgeschlossen sind, Regierungen also nur in Form von Koalitionen zustande kommen. Dennoch hat sich die Funktionsweise des Parteiensystems dem dualistischen Prinzip der alternierenden Regierungen weitgehend angenähert, wie wir es aus Großbritannien kennen. Weil die beiden großen Parteien vergleichsweise stark geblieben sind und in Gestalt von Grünen und FDP über „natürliche" Koalitionspartner verfügen, verspricht ein möglicher Regierungswechsel hohe Belohnungen für sie. In dieses Bild passt, dass sich die Aufmerksamkeit der Wähler immer mehr auf die Spitzenkandidaten richtet; die Bundestagswahlen sind dadurch zu quasi-plebiszitären Kanzlerwahlen mutiert.

Zusätzlich befördert wird die Gegnerschaft im Parteiensystem durch das Dogma der stabilen Mehrheitsregierung. Vor dem Hintergrund der negativen Weimarer Erfahrungen verständlich, hat die skandinavische Tradition der Minderheitsregierungen in der parlamentarischen Kultur der Bundesrepublik ebenso wenig Wurzeln geschlagen wie das in südeuropäischen Ländern bisweilen gepflegte Regieren mit wechselnden Mehrheiten. Dem parlamentarischen System mangelt es insofern an Flexibilität, wenn stabile Mehrheitsverhältnisse durch die Wahlen nicht mehr automatisch produziert werden. Als Ausweg bleibt dann nur eine Große Koalition, die allerdings nur schwer vermittelbar wäre: Wo dieselben Parteien, die sich im Wahlkampf hart bekämpfen, danach eine gemeinsame Regierung bilden, droht ihnen ein massives Glaubwürdigkeitsproblem.

Ähnliche Ressentiments entstehen im Falle eines Machtwechsels auch bei einer kleinen Koalition, wenn es ihr nicht gelingt, den von ihr versprochenen Politikwechsel einzulösen. Genau dafür hat das politische System durch seine vielen Vetopositionen vorgesorgt. Mögen der Parteienwettbewerb und die Stabilität der Mehrheitsverhältnisse auch noch so stark ausgeprägt sein – die Möglichkeiten der Mehrheit, ihr Regierungsprogramm durchzusetzen, sind in der Bundesrepublik äußerst beschränkt. Die Ursache dafür liegt zum Teil in den nach Besitzstandswahrung strebenden Interessengruppen, die auf die staatlichen Entscheidungen je nach Konfliktfähigkeit und Drohpotenzial mehr oder weniger großen Einfluss nehmen.

Das deutsche Regierungssystem fällt an diesem Punkt allerdings nicht sonderlich aus dem Rahmen. Größere Bedeutung erlangen die konstitutionellen Gegengewichte, die von den Verfassungsgebern in der Absicht errichtet wurden, die Regierungsmacht zwischen verschiedenen staatlichen Organen und Ebenen zu teilen. In der Bundesrepublik trifft das zum Beispiel auf das Verfassungsgericht und den Bundesrat zu. Beide Organe haben die Macht, Gesetzesvorhaben der demokratisch legitimierten Regierungsmehrheit zu vereiteln. Die Gefahr einer Blockade wächst in dem Maße, wie sie in den Sog des Parteienwettbewerbs geraten und von den politischen Gegnern für ihre jeweiligen Interessen instrumentalisiert werden.

Am deutlichsten zeigt sich das Problem bei der Länderkammer. Mit der Auseinandersetzung um das Zuwanderungsgesetz wurde der Konflikt zwischen Regierungs- und Bundesratsmehrheit zuletzt auf eine traurige Spitze getrieben. Die Überlagerung des Föderalismus durch die Parteipolitik ging soweit, dass den Herren Stolpe und Schönbohm selbst der Preis eines möglichen Verfassungsverstoßes nicht zu hoch erschien, um sich parteiloyal zu verhalten. Dass sie damit auch noch ihre eigene Koalition in Brandenburg retteten, mag ihnen die Entscheidung erleichtert haben – die Sache wird dadurch nicht besser.

Warum kamen Union und SPD beim Zuwanderungsgesetz nicht zu einem Kompromiss, obwohl die Positionen am Ende eng beieinander lagen? Ob ein reguläres Vermittlungsverfahren zum Erfolg geführt hätte, ist dennoch fraglich. Voraussetzung dafür wäre gewesen, dass sich die Beteiligten von einer Einigung mehr Wettbewerbsvorteile versprochen hätten als von einer Nicht-Einigung. Für die Regierung (zumindest für die größere Regierungspartei) darf das im Regelfall gewiss unterstellt werden. Für die Opposition dürfte der Preis aber zu hoch gewesen sein. Ihr wäre nicht nur ein potenzielles Mobilisierungsthema im Wahlkampf entwunden worden; das Zuwanderungsgesetz hätte auch ihren Kanzlerkandidaten desavouiert, der aus seiner Skepsis gegen den von Teilen der CDU favorisierten Einigungskurs von Anfang an keinen Hehl machte. Die Union folgte also einem ähnlichen Kalkül wie Oskar Lafontaine, der 1997 die Ablehnung der von der damaligen Kohl-Regierung beschlossenen Steuerreform durch die SPD-geführten Länder organisierte.

Ein formelles Zusammengehen von CDU/CSU und SPD drängt sich als Ausweg aus diesem Dilemma geradezu auf. Indem sie die Kooperation in den eigentlichen Regierungsbereich hinein verlängerte, könnte eine Große Koalition das Gegeneinander der beiden Parteien in ein gedeihliches Miteinander überführen und die beschriebenen Blockierungstendenzen auflösen. Blickt man auf die Auseinandersetzung um das Zuwanderungsgesetz zurück, so bedarf es nicht viel Phantasie, sich vorzustellen, dass eine Einigung in dieser Frage bald möglich sein wird. Dasselbe gilt für die Arbeitsmarkt-, Renten- und Gesundheitspolitik und manch andere umstrittene Themen, die heute unter dem Stichwort Reformstau diskutiert werden.

Noch schlagender stellen sich die Vorteile einer Großen Koalition im Bereich der Institutionenpolitik dar, da die Reformen hier in der Regel eine verfassungsändernde Zweidrittelmehrheit erfordern. Um den Beteiligungsföderalismus im deutschen „Parteienbundesstaat" auf ein erträgliches Maß zurückzuführen, wäre etwa eine Entflechtung der Zuständigkeiten zwischen Bund und Ländern dringend geboten. Dabei müsste eine Große Koalition paradoxerweise einiges von dem rückgängig machen, was die Große Koalition 1966 bis 1969 im Rahmen der Finanzverfassungsreform in guter Absicht eingeführt hatte. Erhalten die Länder Kompetenzen vom Bund zurück, könnten sie im Gegenzug auf Zustimmungsrechte im Bundesrat verzichten. Auf diese Weise ließe sich auch das Problem der gegenläufigen Mehrheiten ein wenig entschärfen.

Die Nachteile einer Großen Koalition liegen folglich nicht primär auf inhaltlichem Gebiet, sondern in ihren „systemischen" Implikationen. Ein formelles Zusammengehen der beiden großen Parteien hebt ja die Zwänge des Parteienwettbewerbs nicht auf. Je näher die kommende Bundestagswahl rückt, um so mehr wären die Parteien genötigt, einen Konfrontationskurs einzuschlagen, der sich auf die Zusammenarbeit in der Koalition belastend auswirken würde.

Ein weiteres Problem der Großen Koalition liegt darin, dass sie das normale Sanktionswählerverhalten nahezu außer Kraft setzt, ein Protest gegen die Regierungspolitik also nur über die Unterstützung der kleineren (Oppositions-)Parteien möglich ist. Eine solche Konstellation würde jedoch nicht nur FDP und Grünen nützen, sondern auch den extremen Parteien. Gerade dadurch könnte aber eine Lage eintreten, in der sich die Große Koalition selber zementiert, weil es keine Alternative mehr zu ihr gibt. Scheiden andere Konstellationen aus politischen Gründen aus oder sind sie rechnerisch unmöglich, wäre die Chance eines Regierungswechsels womöglich auf längere Zeit blockiert. Damit entstünde eine Situation, wie sie lange Zeit beim österreichischen Nachbarn vorherrschte: Die Große Koalition müsste weiterregieren, obwohl ihre Akzeptanz in der Bevölkerung abnimmt und jeder der beiden Partner eine andere Alternative vorziehen würde.

Zu einer solchen Situation muss es jedoch nicht kommen. Sie zu verhindern, liegt in der Macht der Regierung selbst, wenn sie bereit wäre, die Gründe, die zu ihrer Existenz geführt haben, durch beherzte Reformpolitik ganz oder teilweise zu beseitigen. Wegen ihrer breiteren Konsensbasis dürfte eine Große Koalition dazu eher in der Lage sein als eine Wiederauflage der Koalition von Union und FDP oder das bisherige rot-grüne Bündnis. Selbst wenn ihr – realistisch betrachtet – für ein Reformprogramm nur zwei oder zweieinhalb Jahre bleiben, bevor der Parteienwettbewerb erneut seinen Tribut fordert, könnte sich ein Zusammengehen für beide große Parteien auch an der Wahlurne auszahlen. Die Leistungsbilanz der gemeinsamen Regierung entscheidet, ob am Ende positive oder negative Sanktionen überwiegen. Auch hier sprechen die von 1966 bis 1969 gemachten Erfahrungen nicht dagegen, das Risiko zu wagen und es noch einmal mit einer Großen Koalition zu probieren.

Unternehmermagazin 50 (2002) H. 6, S. 32-34.

Wenn das Regieren so richtig schwierig wird

Die Bundesrepublik hat einen der denkwürdigsten Wahlkämpfe in ihrer über 50-jährigen Geschichte hinter sich: Niemals zuvor war das Rennen so spannend, und niemals zuvor ist es einer politischen Formation gelungen, das Blatt in so kurzer Zeit zu wenden. Sah es im Sommer noch so aus, als ob die Herausforderer von Union und FDP mit sicherem Vorsprung ins Ziel gehen könnten, so verhießen die Umfragen eine Woche vor der Wahl einen Sieg für die rot-grüne Regierungskoalition. Nachdem sich die Stimmung in den letzten Tagen – auch, aber nicht nur wegen des unsäglichen Bush-Hitler-Vergleichs von Justizministerin Däubler-Gmelin – abermals drehte und die Regierung wegen ihrer amerikakritischen Position unter wachsenden Druck aus dem In- und Ausland geriet, sollte dieser freilich noch viel knapper ausfallen als vorhergesagt. Insofern profitierten die Koalitionsparteien nicht nur von den institutionellen Zufälligkeiten des Wahlsystems, das der SPD – dank ihrer überdurchschnittlichen Ergebnisse in Ostdeutschland – auch diesmal die für eine tragfähige parlamentarische Mehrheit benötigten Überhangmandate sicherte; sie hatten auch verdammtes Glück mit dem Wahltermin. Eine oder zwei Wochen später wäre der Vorsprung womöglich dahin gewesen.

Die Stimmungswende zugunsten von Rot-Grün wurde durch zwei unvorhergesehene Ereignisse herbeigeführt, die die letzten Wochen des Wahlkamps in nahezu perfekter zeitlicher Abfolge dominierten: die Flutkatastrophe in Ostdeutschland und die Irak-Krise. In beiden Fällen war die SPD der Hauptnutznießer. Dies lässt sich insbesondere an den Wahlergebnissen in den neuen Bundesländern ablesen, wo sich ein erheblicher Teil der früheren PDS-Wähler jetzt den Sozialdemokraten zugewandt hat – den neuerlichen Einzug der Postkommunisten in den Deutschen Bundestag auf diese Weise verhindernd. Damit wurde eine Entwicklung verstärkt, die sich im Zuge der Regierungsbeteiligung der PDS auf Landesebene schon länger angebahnt hatte und als erfolgreiche Umarmungsstrategie der SPD beschrieben werden kann. Der Rücktritt Gregor Gysis vom Amt des Berliner Wirtschaftssenators markierte die Entzauberung der einstigen Protestpartei symbolhaft; er könnte der Vorbote eines dauerhaften Abstiegs der Postkommunisten sein, der die Sozialdemokratie in Ostdeutschland zur strukturellen Mehrheitspartei macht.

Handelt es sich bei der Flutkatastrophe um den Normalfall eines außergewöhnlichen Ereignisses, bei dem auch außerhalb des Wahlkampfs die Stunde der Exekutive geschlagen hätte, die Regierenden also gar nicht viel falsch machen können, so wurde die Irak-Krise von Kanzler Schröder als Wahlkampfthema in einer Weise instrumentalisiert, die selbst hartgesottenen Beobachtern den Atem verschlägt. Mit sicherem populistischen Instinkt gelang es dem Regierungschef, die Sorge vor einem Krieg im Nahen Osten mit anti-amerikanischen Ressentiments zu verknüpfen und bis in die bürgerliche Wählerschaft hineinzutragen. Dass er dabei die Staatsräson vergaß und vieles von dem zerstörte, was seine Regierung an Vertrauen bei den europäischen und atlantischen Partnern in vier Jahren aufgebaut hatte, mag man als Preis des Machterhalts rechtfertigen oder nicht. Fest steht, dass die Verwendung des Kriegsthemas im Wahlkampf die zweite Amtszeit von Rot-Grün mit einem schweren moralischen Makel belastet, der nicht nur außen-, sondern auch innenpolitisch nachwirken dürfte. Sie wird auch das spätere historische Urteil über Gerhard Schröder prägen.

Das Regieren wird für Rot-Grün in den nächsten vier Jahren zweifellos schwieriger werden. 1998 konnte die neue Koalition noch von der Aufbruchstimmung zehren, die sich nach der Lethargie der letzten Kohl-Jahre breit gemacht hatte. Dies verschaffte ihr einen Vertrauensvorschuss und öffnete den Spielraum für Reformen. 2002 kann von einem Vertrauensvorschuss keine Rede mehr sein. Die enttäuschende Bilanz von Rot-Grün in der Wirtschafts- und Arbeitsmarktpolitik, die ohne die Gunst der von außen hereingebrochenen Ereignissen mit ziemlicher Sicherheit zu einer Wahlniederlage geführt hätte, setzt die Regierung in dieser Legislaturperiode unter enormen Zugzwang. Wahldaten unterstreichen die Bedeutung des Schlüsselthemas Arbeitslosigkeit. Die SPD verzeichnet danach die prozentual stärksten Verluste ausgerechnet bei ihrer traditionellen Kernklientel, der gewerkschaftlich gebundenen Industriearbeiterschaft, während die Union in dieser Gruppe weit überdurchschnittlich zulegen konnte. Entsprechend schlecht fallen die

Kompetenzwerte für die SPD bei der Bekämpfung der Arbeitslosigkeit aus. Trauten ihr 1998 noch 42 Prozent der Wähler zu, mit diesem Problem am besten fertig zu werden (gegenüber 24 Prozent für CDU / CSU), so weisen die Daten auch hier einen klaren Kompetenzvorsprung der Unionsparteien aus (mit 38 gegenüber 29 Prozent).

Die Liste der in den nächsten Jahren anzupackenden Reformvorhaben ist lang. Sie reicht von der Arbeitsmarkt- über die Gesundheits- und Abgabenpolitik bis hin zur Neuordnung des Bildungswesens. All diese Politikfelder sind wirtschaftsnah, zeichnen sich also dadurch aus, dass sie für die Bewahrung unseres materiellen Wohlstandes unmittelbare Bedeutung erlangen. Deshalb standen sie im Wahlkampf von Beginn an im Mittelpunkt und wären dort wohl auch bis zum Schluss geblieben, wenn nicht die Flut und der Irak-Krieg den Agendawechsel herbeigezwungen hätten.

Eine vollständige Liste notwendiger Reformen müsste allerdings auch solche Themen mit einbeziehen, die für die Zukunftssicherung des gesellschaftlichen und politischen Systems langfristig bedeutsam sind. Dazu gehören z.B. die Fragen, die sich aus dem veränderten Altersaufbau der Bevölkerung ergeben, das Zuwanderungsproblem, die ökologische Überlebensfähigkeit des Planeten, das Zusammenwachsen Europas und die weitere Entwicklung der Demokratie. Dass diese Themen im Wahlkampf nur am Rande eine Rolle gespielt haben, ist kaum verwunderlich. Manche von ihnen sind bezeichnenderweise noch nicht einmal in den Wahlprogrammen aufgegriffen worden. Letzteres gilt z.B. für die institutionellen Rahmenbedingungen des politischen Systems (die EU inbegriffen), obwohl diese die Möglichkeiten und Grenzen der Reformpolitik maßgeblich beeinflussen.

Damit wendet sich der Blick zu der eigentlichen Schlüsselfrage. Unterstellt, dass sie dazu entschlossen wäre: Könnte die rot-grüne Koalition ein wirtschafts- und sozialpolitisches Reformprogramm, das ehrgeizigere Ziele verfolgt als in der Vergangenheit, überhaupt in die Tat umsetzen? Einige Kommentatoren haben nach der Wahl gemeint, dass die Position der neuen Regierung schon aufgrund ihrer geschrumpften parlamentarischen Mehrheit geschwächt sei. Wie die Erfahrung der Vergangenheit zeigt, ist an diesem Argument allerdings nicht sehr viel dran. Adenauer und Brandt konnten nach 1949 bzw. 1969 weit reichende Entscheidungen durchsetzen, obwohl sie im Bundestag nur über eine hauchdünne Mehrheit verfügten. Dass das Vetopotenzial des kleineren Koalitionspartners in der neuen Regierung zugenommen hat, braucht deren Handlungsfähigkeit ebenfalls nicht zu schmälern: Die Grünen gelten ja als der reformfreudigere Teil des Bündnisses, der dem schwerfälligen Tanker SPD hin und wieder die Richtung vorgeben muss. Außerdem liefern sie den veränderungswilligen Kräften innerhalb der Sozialdemokratie ein Alibi, um Widerstände im eigenen Lager zu überbrücken – eine Strategie, die sich in den siebziger Jahren schon Helmut Schmidt zunutze gemacht hatte. Viel hängt also von der Person des Regierungschefs ab. Als die rot-grüne Koalition ihr Amt 1998 antrat, musste Gerhard Schröder sich die Macht in der SPD mit dem damaligen Vorsitzenden Oskar Lafontaine teilen. Seit Lafontaines Abgang ist Schröders Führungsposition in der Partei unangefochten, erinnert sie an die Rolle, die Helmut Kohl bis zu seiner Abwahl in der CDU gespielt hat. Kein sozialdemokratischer Kanzler konnte bisher eine so große Machtfülle auf sich vereinigen. Gerhard Schröder kommt daher für den weiteren Erfolg oder Misserfolg des rot-grünen Projekts besondere Verantwortung zu.

Schröders Nimbus als Regierungschef gründet unter anderem darauf, dass er in seinem Politikstil pragmatische und plebiszitäre Qualitäten auf wählerwirksame Weise vereint. Beide Attribute sind für sich genommen weder positiv noch negativ. Bei Schröder schlugen sie in der Vergangenheit jedoch wiederholt in die negative Richtung aus, was dem Kanzler – nicht zu Unrecht – den Vorwurf der Beliebigkeit eingetragen hat. So wie sich der Pragmatiker Schröder seiner Ideologielosigkeit – man könnte auch sagen – Prinzipienlosigkeit rühmte, als er die Parole von der modernen oder unmodernen Wirtschaftspolitik ausgab, so verwechselte der Politikdarsteller Schröder die plebiszitäre Ansprache allzu häufig mit Populismus und reiner Symbolpolitik. Man muss kein demokratischer Purist sein, um dies zu beklagen.

Es wäre allerdings falsch, diese Sünden allein der Person Gerhard Schröder anzulasten. Der Politikstil des Kanzlers wurzelt in einer generellen Transformation der politischen Prozesse, die für die demokratischen Systeme enorme Herausforderungen birgt. Weil die zu lösenden Probleme komplexer werden und der Staat an autonomer Handlungsfähigkeit nach innen und außen einbüßt, verändert der Parteienwettbewerb seine Gestalt. Je weniger sich die Parteien in ihren realen Positionen voneinander unterscheiden (können), um so näher liegt es für sie, in Populismus zu machen und auf Personalisierungsstrategien auszuweichen. Die erstmalige Durchführung eines Fernsehduells der beiden Spitzenkandidaten lag in der Konsequenz dieser Entwicklung, obwohl sie sich von der Funktionslogik des parlamentarischen Systems her eigentlich hätte verbieten müssen. So aber hat sie dafür gesorgt, dass sich die Entscheidungs- von der Darstellungsebene der Politik noch weiter entfernte. Die realen Entscheidungsprozesse unterliegen in der Bundesrepublik von jeher einem starken Konsensdruck. Der Grund dafür liegt zum einen in den nach Besitzstandswahrung strebenden Interessengruppen, die auf die staatlichen Entscheidungen mehr oder minder großen Einfluss nehmen (je nach Konfliktpotenzial). Zum anderen wird die Handlungsfähigkeit der gewählten Mehrheit durch konstitutionelle Gegengewichte begrenzt, die von den Verfassungsgebern in der Absicht errichtet wurden, die Regierungsmacht zwischen den verschiedenen staatlichen Organen und Ebenen zu teilen. In der Bundesrepublik trifft das vor allem auf das Verfassungsgericht und den Bundesrat zu. Beide Organe haben die Macht, Gesetzesvorhaben der Regierung aufzuhalten oder ganz zu vereiteln. Die Gefahr einer Blockade wächst dabei in dem Maße, wie sie in den Sog des Parteienwettbewerbs geraten und von den politischen Gegnern für ihre jeweiligen Interessen instrumentalisiert werden.

An dieser institutionellen Ausgangslage hat sich durch das Ergebnis der Bundestagswahl nichts geändert. Von daher wäre es verkehrt, wollte man die Perspektiven der künftigen Regierungspolitik allein in voluntaristischen Kategorien beschreiben. Die Reformfähigkeit der deutschen Politik muss sich heute auch – und vielleicht sogar primär – an den Strukturen des Regierungssystems erweisen. Die Vorschläge dafür liegen seit langem auf dem Tisch. Sie reichen von einer Entflechtung des föderalen Systems (und damit verbundenen Entmachtung des Bundesrates) bis hin zur Einführung direktdemokratischer Beteiligungsmöglichkeiten auf Bundesebene. Ersteres könnte den Blockaden entgegenwirken, die aus dem Widerspruch von Wettbewerb und Konsens im deutschen „Parteienbundesstaat" tendenziell resultieren, letzteres einen Beitrag leisten, plebiszitäre Auswüchse im Regierungsgeschehen konstitutionell einzuhegen. Ein rot-grünes Modernisierungsprojekt, das den Namen verdient, darf die mit der Funktionsfähigkeit der Demokratie verbundenen Probleme nicht einfach aussparen. Für die Koalition wäre es zugleich eine Chance, sich vor der Wählerschaft als bessere Reformalternative zu empfehlen.

Berliner Republik 4 (2002) H. 5, S. 21-24.

Die Dänen haben es vorgemacht

Wer gedacht hätte, die Koalition würde nach ihrem Wahlsieg diesmal einen überzeugenderen Start hinlegen als bei der Regierungsübernahme 1998, wurde schon nach wenigen Wochen eines Besseren belehrt. Viel schlechter hätte es für Rot-Grün eigentlich kaum kommen können. Nicht nur, dass sich die Regierung mit einem dramatischen Ansehensverlust in der öffentlichen und veröffentlichten Meinung konfrontiert sieht, nachdem sie im Angesicht der Wirtschaftskrise ein ums andere Wahlversprechen zurücknehmen musste. Auch in professioneller Hinsicht geriet der Beginn zu einem ähnlichen Fiasko wie 1998. Von den geschäftsmäßig abgespulten Koalitionsverhandlungen über die wenig Erneuerung verheißene Zusammenstellung des Kabinetts bis hin zur lustlos vorgetragenen Regierungserklärung durch Kanzler Schröder entstand der Eindruck, dass die Koalition bereits zu Beginn ihrer Amtszeit in Lethargie gefallen sei. Von Aufbruch und Inspiration keine Spur. Stattdessen eine Neuauflage des sich Durchwurstelns, jener konzeptionellen Flickschusterei, die – als Pragmatismus euphemistisch verbrämt – weite Strecken der Regierungspolitik seit 1998 charakterisiert hatte. So als ob sie mit ihrer Bestätigung durch den Wähler gar nicht mehr gerechnet hätten, gingen die Koalitionäre nach dem 22. September genauso unvorbereitet und schlecht gerüstet ans Werk wie vor vier Jahren.

Die ungenügende programmatische Integration der Regierungspolitik, der sprunghafte, bisweilen opportunistische Politikstil Gerhard Schröders, das Fehlen einer eingängigen Überschrift für die verschiedenen, in sich ja durchaus vernünftigen Reformvorhaben, überhaupt die Unfähigkeit, ein gemeinsames rot-grünes oder zumindest eigenes sozialdemokratisches Modernisierungsprojekt zu definieren – all das ist in den vergangenen vier Jahren auch in dieser Zeitschrift ausgiebig beschrieben und beklagt worden. Dem soll und braucht hier kein weiteres Lamento hinzugefügt werden. Allein die Frage nach den Gründen bleibt schwierig zu beantworten; für den Politikwissenschaftler stellt sie ein unübersichtliches Puzzle dar, bei dem eine Vielzahl von strukturellen, handlungs- und umweltbezogenen Erklärungsfaktoren zu einem kohärenten Ganzen zusammengefasst werden müssen. Dazu eignet sich am besten ein internationaler Vergleich.

Mit der Arbeit von Martin Frenzel liegt jetzt eine umfangreiche Darstellung vor, in der die Leistungen und Versäumnisse sozialdemokratischer

Regierungspolitik zum ersten Male systematisch untersucht werden.* Auf der Suche nach möglichen Vergleichsfällen für die Bundesrepublik hält sich Frenzel nicht an Großbritannien oder die Niederlande, die der SPD als Vorbilder einer gelungenen Modernisierung immer wieder vorgehalten werden, sondern an das in der öffentlichen Beachtung weit dahinter rangierende Dänemark. Dies wird zum einen forschungspraktisch begründet. Nachdem die dänischen Sozialdemokraten die Wahlen im letzten Jahr verloren haben, bildet ihre achtjährige Regierungsperiode nunmehr ein abgeschlossenes historisches Kapitel, das sich zur bilanzierenden Rückschau bestens eignet. Erleichtert wird der Vergleich dabei auch durch die Übereinstimmung wichtiger Kontextbedingungen. Beiden sozialdemokratischen Parteien – der dänischen wie der deutschen – ist gemeinsam, dass sie 1982 in etwa zeitgleich in die Opposition gerieten und dort mit ähnlichen Krisensymptomen programmatisch-strategischer und personeller Art konfrontiert wurden. Zum anderen – und noch wichtiger – macht der Autor aus seiner normativen Präferenz für das dänische Modell eines „Dritten Weges" der Sozialdemokratie keinen Hehl, der sich durch sein Festhalten am Wohlfahrtsstaat von den stärker neoliberal orientierten Konzepten der britischen und niederländischen Schwesterparteien vorteilhaft abhebe. Dieser Weg wird der SPD ausdrücklich anempfohlen.

Frenzel charakterisiert das dänische Modell als „sanften Mix" aus skandinavischem Wohlfahrts- und angelsächsischem Wettbewerbsstaat. Dänemarks SD machte aus der Not der erzwungenen Krisenpolitik nach den beiden Ölkrisen eine dauerhafte Tugend, indem sie in den achtziger Jahren den Abschied vom Keynesianismus alter Prägung vollzog. An die Stelle der „politics against markets", so die klassische Formulierung von Gøsta Esping-Andersen, trat fortan das Prinzip der *„politics within markets"*, das mit der bis dahin vorherrschenden Vorstellung eines Antagonismus von öffentlichem und privatem Sektor Schluss machte und dem Staat bei der planerischen Lenkung des Wirtschaftsgeschehens weitgehende Zurückhaltung auferlegte. Die dänischen Sozialdemokraten nahmen vom alten linkskeynesianischen Umverteilungsideal Abstand, wonach mit höheren Steuern und einer aktiven Lohnpolitik eine gerechtere Einkommensverteilung herbeizuführen sei. Die

---

* Martin Frenzel, Neue Wege der Sozialdemokratie. Dänemark und Deutschland im Vergleich (1982 – 2002), Wiesbaden: Deutscher Universitäts-Verlag 2002.

Wende hin zu einer moderaten Anpassung an das neoliberale Paradigma kam vor allem in der Sozial- und Wirtschaftspolitik zum Ausdruck, wo das Leitbild des universalistischen Wohlfahrtsstaates zwar nicht aufgegeben, durch das Prinzip der „Rechten und Pflichten" aber auf eine neue Basis gestellt wurde. Anstelle des passiven Wohlfahrtsstaatsmodells der gleichen sozialen Rechte trat nun der aktive oder aktivierende Wohlfahrtsstaat, der die Vergabe von Sozialhilfe und Finanzierung von Weiterbildungsmaßnahmen an ausdrückliche Gegenleistungen des Empfängers band. Dieser Paradigmenwechsel führte dazu, dass sich der Fokus der Sozialpolitik von den Transferzahlungen auf das Feld der Arbeitsmarkt- und Beschäftigungspolitik immer mehr verlagerte (*workfare statt welfare*).

In der Wirtschaftspolitik hatte die programmatische Annäherung an den Neoliberalismus zur Folge, dass der Angebotsseite des Marktes nun größere Priorität eingeräumt wurde. Durch Steuersenkungen, Lohnzurückhaltung und Effizienzverbesserungen im öffentlichen Sektor sollte die Investitionstätigkeit angekurbelt werden und im Ergebnis zu mehr Wachstum und Beschäftigung führen. Dies bedeutete jedoch keine völlige Abkehr von der keynesianischen Nachfragesteuerung, im Gegenteil: Indem Dänemarks Sozialdemokraten die Sanierung der Staatsfinanzen zur vordringlichsten Aufgabe der Regierungspolitik erklärten, schufen sie erst den Raum für eine kombinierte Angebots- und Nachfragestrategie, die eine Erhöhung der öffentlichen Investitionstätigkeit in konjunkturellen Krisenzeiten ermöglichte. Die Verschuldung musste zurückgeführt werden, damit der Staat auch in Zukunft wirtschaftspolitisch handlungsfähig blieb.

Dass das Prinzip der *„politics within markets"* den aktiven, gesellschaftsgestaltenden Staat nicht nur duldet, sondern geradezu voraussetzt, wird deutlich, wenn man die dritte Säule der Reformstrategie der SD betrachtet: den Umweltschutz. Das Konzept einer ökologisch nachhaltigen, ressourcenschonenden Energiepolitik ohne Atomkraft wurde in den achtziger Jahren zu einem wesentlichen programmatischen Bestandteil von Dänemarks Sozialdemokratie. Die Ökologie sollte danach nicht nur ein Politikfeld unter vielen sein, sondern als Querschnittsaufgabe in die umweltrelevanten Belange anderer Politikbereiche integriert werden. Die Neuorientierung von einer nachträglich reparierenden hin zu einer ökologisch gestaltenden, vorsorgenden Umweltpolitik betraf in erster Linie den Energiesektor, dessen Effizienz durch eine Dezentralisierung des Kraftwerkesystems und Erhöhung des

Anteils erneuerbarer Energien erhöht werden sollte, und schloss die Forderung nach einer Ökologisierung des Steuersystems mit ein (Verteuerung des Ressourcenverbrauchs bei gleichzeitiger Senkung der Einkommenssteuern). Als Poul Nyrup Rasmussen seine Partei 1993 nach elf Jahren Opposition an die Regierung zurückführte, war Dänemarks Sozialdemokratie auf die vor ihr liegenden Aufgaben programmatisch und strategisch gut vorbereitet. Martin Frenzel zeigt, dass die tatsächlichen Erfolge der Regierungspolitik ohne diese langjährige Vorbereitungsphase nicht erklärbar wären. Damit räumt er mit mindestens drei Fehlurteilen auf, die auch in der politikwissenschaftlichen Parteienforschung gelegentlich vertreten werden. Das erste Fehlurteil lautet, dass Parteien sich nicht in der Opposition, sondern nur in der Regierung erneuern können, weil sie erst dort mit der politischen Realität hart genug konfrontiert werden (während die Oppositionsrolle dem Wunschdenken Vorschub leiste). Wenn dem so wäre, würden die Parteien vor einem permanenten Glaubwürdigkeitsproblem stehen, weil sie die Positionen, um derentwillen sie ja (auch) gewählt werden, im Ernstfalle gar nicht aufrechterhalten können. Im Interesse des Machterhalts müssen sie sich folglich um ein Mindestmaß an Glaubwürdigkeit schon vor der Regierungszeit bemühen. Das zweite Fehlurteil lautet, dass es auf die Programme ohnehin nicht ankomme. Soweit damit auf die Bedeutung der organisatorischen, personellen und strategischen Machtressourcen der Parteien angespielt wird, liegt darin sicherlich etwas Wahres. Auch Organisationen, Personen und Strategien bedürfen aber, um im Parteienwettbewerb Wirksamkeit zu entfalten, einer politikinhaltlichen Klammer. Gerade in Zeiten der Entideologisierung und abnehmenden natürlichen Bindungen müssen die Parteien den Wählern ja Gründe liefern, sie zu wählen. Die Programmatik dürfte insofern heute sogar eine wichtigere Rolle spielen als früher. Das dritte Fehlurteil betrifft die Umsetzung der programmatischen Forderungen in der praktischen Regierungspolitik. Hier wird gesagt, dass Parteiprogramme die tatsächliche Richtung des Regierungshandelns kaum beeinflussen könnten. Auch das scheint zu kurz gegriffen. Natürlich können die Parteien den Kurs der Regierungspolitik nicht bis in alle Einzelheiten vorgeben. Empirische Untersuchungen haben allerdings gezeigt, dass die Konvergenz zwischen Programmatik, Strategie und Regierungshandeln größer ist als gemeinhin vermutet. Diese These wird durch die Analyse der dänischen Regierungspolitik nach 1993 nachdrücklich bestätigt.

In den neunziger Jahren war Dänemark das einzige Land Europas (außer den Niederlanden), dem es gelang, die Arbeitslosigkeit binnen einer Legislaturperiode zu halbieren. Die dazu betriebene Wirtschafts- und Sozialpolitik der sozialdemokratisch geführten Regierung entsprach im Wesentlichen dem, was die Partei in den achtziger Jahren programmatisch bis ins Detail vorbereitet hatte. Die SD orientierte sich mit anderen Worten an einer Gesamtstrategie, deren einzelne Bestandteile zu einem konsistenten Ganzen zusammengesetzt wurden. Frenzel spricht insofern treffend von einer Politik der Gleichzeitigkeit, die langfristige Ziele verfolgte und die in den verschiedenen Politikfeldern geplanten Vorhaben zeitlich und inhaltlich aufeinander abstimmte. So war zum Beispiel der Übergang zu einem strikten Spar- und Stabilitätskurs ab 1994 von vornherein vorgesehen, nachdem die Regierung in ihren ersten beiden Amtsjahren noch zusätzliche Schulden gemacht hatte, um das wirtschaftliche Wachstum durch staatliche Ausgabenprogramme zu stimulieren. Die Sozialdemokraten konnten den Sparkurs durchhalten, weil sie parallel dazu eine aktive Arbeitsmarkt- und Beschäftigungspolitik verfolgten, die das Arbeitslosenproblem auch ohne konjunkturelle Maßnahmen in den Griff bekam. Kernelemente dieser Politik waren eine durchgreifende Flexibilisierung des Arbeitsmarktes (Lockerung des Kündigungsschutzes, dezentrale Tarifvereinbarungen), die Einführung der Jobrotation und eine Verschärfung der Zumutbarkeitsbedingungen für Arbeitslose und Sozialhilfeempfänger bei gleichzeitig passgenauer Förderung durch Qualifizierungs- und Weiterbildungsmaßnahmen. Auch ohne speziellen Niedriglohnsektor konnten auf diese Weise zahlreiche neue Jobs geschaffen werden. Die erfolgreiche Beschäftigungspolitik hielt der Regierung zugleich auf ökologischem Gebiet den Rücken frei, wo sie nicht minder ehrgeizige Ziele verfolgte. Unter der Verantwortung der Sozialdemokraten avancierte Dänemark zum Land mit dem – bezogen auf die Wirtschaftsleistung – niedrigsten spezifischen Energieverbrauch in Europa. Die Regierung führte vor, dass eine nachhaltige Umweltpolitik nicht zu Lasten der wirtschaftlichen Wettbewerbsfähigkeit gehen muss. Ihr Leitbild des marktkonformen Umweltschutzes wurde insbesondere durch die beiden ökologischen Steuerreformen (1993 und 1998) versinnbildlicht, die eine schrittweise Anhebung der umweltrelevanten Abgaben vorsahen und damit kompensatorisch die steuerliche Entlastung des Faktors Arbeit (Senkung der Einkommenssteuer und Lohnnebenkosten) ermöglichten.

Am dänischen Vorbild gemessen sieht die Bilanz der rot-grünen Regierung in der Bundesrepublik nach vier Jahren Amtszeit kläglich aus. Das Ziel, die Arbeitslosigkeit zu senken, wurde deutlich verfehlt, weil man sich wirtschaftspolitisch zu einseitig auf die makroökonomischen Rahmenbedingungen fixiert hatte – in der fälschlichen Erwartung, die demografische und konjunkturelle Entwicklung werde alles übrige schon richten. Zudem herrschte zunächst keine Klarheit über den wirtschaftspolitischen Kurs. Erst nach dem Abgang Oskar Lafontaines konnte sein Nachfolger Hans Eichel den Strategiewechsel hin zu einer stabilitätsorientierten Konsolidierungspolitik durchsetzen, die – wenn auch nur vorübergehend – zum Markenzeichen der Koalition wurde. Die anhaltende Wachstumsschwäche machte der Regierung jedoch einen Strich durch die Rechnung. Ihre Folge waren einerseits massive Einnahmeausfälle, die durch handwerkliche Fehler bei der 1999 verabschiedeten Steuerreform noch vergrößert wurden. Auf der anderen Seite führte die lahmende Konjunktur zu steigender Arbeitslosigkeit und damit zu weiteren Kostenbelastungen für die staatlichen Haushalte und Sozialversicherungen. Spätestens jetzt rächte es sich, dass Rot-Grün keine großen Anstrengungen unternommen hatte, das Arbeitslosenproblem auf anderem Wege – durch eine aktive Arbeitsmarkt- und Beschäftigungspolitik – anzugehen, so wie in Dänemark unter sozialdemokratischer Führung geschehen. Die Versäumnisse führten zwar nicht dazu, dass die Koalition am 22. September abgewählt wurde. Dafür steht sie nun mit steigender Verschuldung, steigender Steuerbelastung und steigenden Sozialabgaben vor dem Scherbenhaufen ihrer Politik.

Es wäre gewiss verkehrt, die schwache Bilanz von Rot-Grün in der Wirtschaftspolitik allein in voluntaristischen Kategorien zu beschreiben. Gerade der Vergleich mit Dänemark macht deutlich, dass es die Regierenden hierzulande aus einer Reihe von Gründen objektiv schwerer haben, Reformen durchzusetzen, was sich natürlich auch auf den Reformwillen lähmend auswirkt. Hierzu zählen zum einen die Rahmenbedingungen des politischen Systems, das der Handlungsmacht der Regierung schon von Verfassungs wegen enge Grenzen setzt. Insbesondere die starke Mitwirkungsfunktion des Bundesrates an der Gesetzgebung sorgt dafür, dass sich die Institutionen des Parteienwettbewerbs und der Bundesstaatlichkeit in Deutschland nicht produktiv ergänzen, sondern tendenziell blockieren. In Dänemark hat die Regierung demgegenüber gute Chancen, die Zusammenarbeit bereits auf der parlamentarischen Ebene zu organisieren, sodass Blockaden gar nicht erst entstehen. Weil Mehrheitsregierungen (wie in der Phase von 1993 bis 1994) im nördlichen Nachbarland die Ausnahme sind, muss die Regierung bei der Formulierung ihrer Politik auch auf die Vorstellungen der jeweiligen Oppositionsparteien Rücksicht nehmen.

Dass Frenzel diesen Rahmenbedingungen weniger Beachtung schenkt, als sie in einer politikwissenschaftlichen Darstellung eigentlich verdienen, hat einen einfachen Grund: Institutionen und die sie tragende politische Kultur lassen sich nicht ohne Weiteres verändern, stellen für die Regierenden (und den Forscher) also zunächst einmal ein hinzunehmendes „Datum" dar. Damit unterscheiden sie sich von den Faktoren, die durch individuelles oder kollektives Handeln beeinflussbar sind. Wie Frenzel in einer Auseinandersetzung mit der theoretischen Literatur darzulegen weiß, definieren die strukturellen und Umweltbedingungen des Regierungssystems Handlungskorridore, die von den parteipolitischen Akteuren unterschiedlich ausgefüllt werden können. Entscheidende Bedeutung gewinnt dabei die programmatische und strategische Ausrichtung der Partei, die wiederum maßgeblich mitbestimmt wird durch ihre organisatorischen und personellen Ressourcen.

Ein Vergleich zwischen der deutschen und dänischen Sozialdemokratie unterstreicht hier zunächst die Bedeutung des Faktors „Zufall". Die Wiedervereinigung brachte die SPD um die historische Chance, die Kohl-Regierung bereits im Jahre 1990 abzulösen, und verlängerte ihre Oppositionszeit künstlich um weitere acht Jahre. Als der Machtwechsel 1998 endlich zustande kam, war ein Großteil dessen, was die Partei in den achtziger Jahren programmatisch auf den Weg gebracht hatte – etwa die Hinwendung zum ökosozialen Paradigma – schon nicht mehr en vogue. Auf der anderen Seite tat sich die SPD schwer, ihre wirtschaftspolitischen Vorstellungen an das veränderte globale Umfeld anzupassen, zumal eine Klärung der Führungsfrage auch nach der erfolgreichen Kanzlerkandidatur Gerhard Schröders nicht eingetreten war. Frenzels These, wonach eine Fortsetzung der dualistischen Führung mit Schröder als Bundeskanzler und Lafontaine als Parteichef nicht nur sinnvoll, sondern auch möglich gewesen wäre, wenn letzterer sich entschieden hätte, statt des Finanzministeriums das Amt des Fraktionsvorsitzenden zu übernehmen, klingt angesichts der problematischen Persönlichkeitsstruktur des Saarländers nicht sehr überzeugend (wie überhaupt die

Die Dänen haben es vorgemacht 57

SPD aus heutiger Sicht dankbar sein sollte, dass ihr und dem Land 1990 ein Kanzler Lafontaine erspart geblieben ist). In der SD konnten die Führungsfragen demgegenüber schon in der Oppositionsphase geklärt werden, sodass die Partei personell geeinigt in die Regierungsverantwortung ging und die anschließende Arbeitsteilung zwischen den Schlüsselfiguren Nyrup Rasmussen (als Regierungschef), Lykketoft (als Finanzminister) und Auken (als Minister für Umwelt und Energie) hervorragend funktionierte. Nicht minder wichtig war, dass die Partei die Regierung zu einem Zeitpunkt übernahm, in dem genügend Spielraum für eine gleichzeitige Reformpolitik auf beschäftigungs-, finanz- und umweltpolitischem Gebiet bestand. Dass ihr diese Reformpolitik von den Wählern nicht gedankt wurde, steht auf einem anderen Blatt. Die SD geriet unter wachsenden Druck, als sich die öffentliche Aufmerksamkeit ausgangs der neunziger Jahre von der Wirtschaftspolitik weg bewegte und auf Themen wie Einwanderung und Innere Sicherheit verlagerte, bei denen sie aus der Defensive heraus agieren musste. Die Partei wurde so gesehen zum Opfer ihrer eigenen Erfolge. Die Sozialdemokraten in der Bundesrepublik verbuchten ihre überzeugendsten Ergebnisse als Modernisierer demgegenüber ausgerechnet auf dem Feld der Gesellschaftspolitik, was ihnen elektoral sicher eher genutzt als geschadet hat. In der zweiten Amtszeit dürfte es Rot-Grün allerdings nicht mehr möglich sein, sich auf diese Weise über die schwache sozial- und wirtschaftspolitische Bilanz hinwegzuretten.

Wie immer stark man die objektiven Hemmnisse für eine durchgreifende Reformpolitik in der Bundesrepublik auch gewichtet: das Ausmaß der programmatischen und strategischen Orientierungslosigkeit der deutschen Sozialdemokratie bleibt beachtlich. Nicht nur, dass es die Partei versäumt hat, sich in der Opposition für die vor ihr liegende Regierungszeit personell und inhaltlich zu wappnen. Auch nach der Klärung der Führungsfrage im Jahre 1999 wurde keine wirkliche Klarheit über den künftig einzuschlagenden Kurs geschaffen, dümpelte die Partei in erstaunlicher Passivität vor sich hin. Martin Frenzel schließt sich dem Diktum Franz Walters an, wonach die SPD als Regierungspartei heute weitgehend stillgelegt sei. Folgt man den Ergebnissen seiner Studie, dann müsste dem nicht so sein. Das Beispiel der dänischen SD zeigt, dass die Ausschöpfung der programmatischen Ressourcen, das geduldige Ringen um ein stimmiges, nach vorne weisendes politisches Projekt unabdingbare Voraussetzung bleibt für eine erfolgversprechende

Regierungsarbeit. Wenn die SPD und ihr Kanzlerparteichef diese Erkenntnis nicht bald beherzigen, dann wird ihre Regierungszeit spätestens nach der nächsten Bundestagswahl enden und eine ruhmlose Episode geblieben sein.

Berliner Republik 5 (2003) H. 1, S. 79-84.

Gehen Bayerns Uhren anders?

Die bayerische CSU ist eine Ausnahmeerscheinung in der deutschen Parteienlandschaft. Von den Unbilden des zunehmenden Wechselwahlverhaltens offenbar abgeschottet, regiert sie im zweitgrößten Bundesland nunmehr seit fast vierzig Jahren mit absoluter Mehrheit. Kein anderer Landesverband kann in der Bundesrepublik auf eine ähnlich lange und unangefochtene Hegemonie zurückblicken. Die CSU hat sich in die Lebens- und Gefühlswelt ihrer Wähler so nahtlos eingepasst, dass sie als konservative und christliche „Staatspartei" mit Bayern symbiotisch verbunden ist.

Wo liegen die Gründe dieses phänomenalen Erfolgs? Ein Buch des Münchener Politikwissenschaftlers Andreas Kießling gibt Auskunft.[*] Theoretisch versiert und gestützt auf breites Quellenmaterial rekonstruiert es die Entwicklung, die die kleinere Unionsschwester seit dem Tode von Franz Josef Strauß (1988) genommen hat. Die Darstellung der Erfolgsbedingungen beginnt mit dem Faktor „politische Kultur". Schon in den achtziger Jahren gab es eine sozialwissenschaftliche Kontroverse darüber, ob die „Uhren in Bayern anders gehen" als im Rest der Bundesrepublik. In der Tat lassen sich sozialstrukturelle und -kulturelle Merkmale eines regionalen „Sonderbewusstseins" im Freistaat ausmachen, die den Christsozialen in spezifischer Weise zugute kommen. Dazu gehören z.B. die ländliche Prägung, der hohe Katholikenanteil oder die verspätete Industrialisierung. Die Bedeutung all dessen sollte aber nicht überbewertet werden. Schon Strauß hatte für die „Uhrenthese" nur Spott übrig. „Wenn die Uhren bei uns politisch tatsächlich anders gehen, dann deshalb, weil sie von uns anders gestellt wurden." Der Dauererfolg der CSU ist also nicht naturgegeben, sondern ein Produkt konkreten

---

[*] Andreas Kießling, Die CSU. Machterhaltung und Machterneuerung, Wiesbaden: Verlag für Sozialwissenschaften 2004.

Gehen Bayerns Uhren anders?

politischen Handelns. So wie das ehemals rückständige Bayern unter ihrer Herrschaft wirtschaftlich an die bundesdeutsche Spitze gelangte, so ist es der CSU als Partei gelungen, die notwendige Verbindung von Selbstregenerationsfähigkeit im Inneren und geschlossenem Auftreten nach außen immer wieder neu herzustellen.

Als Glücksfall hat sich hier zunächst die organisatorische Selbstständigkeit innerhalb des gemeinsamen Unionsverbundes erwiesen. Die auf das Wahlgebiet Bayern begrenzte CSU tritt zu ihrer größeren Schwesterpartei nicht in Konkurrenz, kann aber als eigenständige Partei reklamieren, das bayerische Interesse auch in der Bundespolitik mitzuvertreten. Dieser – gemessen an einem normalen Landesverband – überproportionale Einfluss würde bei einer Ausdehnung der Partei auf andere Bundesländer, wie sie in Kreuth 1976 und kurzzeitig auch nach der deutschen Vereinigung erwogen wurde, wahrscheinlich verloren gehen. Entsprechend wird das Hauptaugenmerk der Arbeit auf die internen Strukturen der Partei gelegt, genauer: auf die vier Machtzentren Landesleitung, Staatsregierung, Landtagsfraktion und Landesgruppe im Bundestag, zwischen denen die Abstimmungs- und Entscheidungsprozesse ablaufen.

Der Autor charakterisiert das Verhältnis der Machtzentren zueinander als „kompetitive Kooperation." Wie diese funktioniert, wird anhand der zentralen personellen und politikinhaltlichen Weichenstellungen beschrieben, die die Partei in der Nach-Strauß-Ära vorzunehmen hatte. Wurde die Nachfolgefrage zunächst durch eine Trennung der Ämter des Parteivorsitzenden und Ministerpräsidenten beantwortet, so lag das strategische Hauptproblem zu dieser Zeit in der Verfolgung eines eigenen parteipolitischen Projekts in der früheren DDR (in Gestalt der DSU), während gleichzeitig die Arbeit an einem neuen Grundsatzprogramm begann. Der Vorsitz in der Grundsatzkommission war eine wichtige Voraussetzung für den Aufstieg Edmund Stoibers, der sich in der Nachfolgeentscheidung für Max Streibl 1993 gegen Parteichef Waigel durchsetzen konnte. Trotz der Rivalität ihrer beiden Spitzenmänner gelang es der CSU auch in der fünfjährigen Ära Waigel-Stoiber, den notwendigen Zusammenhalt zu bewahren. Symptomatisch dafür ist die Auseinandersetzung um die Einführung des Euro, wo die bayerischen Machtzentren eine wesentlich skeptischere Position vertraten als der für das Projekt zuständige CSU-Vorsitzende und Bundesfinanzminister. Obwohl sich Waigel am Ende durchsetzte, konnte Stoiber seine innerparteiliche Position durch den Streit weiter ausbauen. Von daher war es vorgezeichnet, dass Waigel nach der verlorenen Bundestagswahl 1998 zugunsten von Stoiber zurückweichen und den Weg für eine Neuvereinigung der beiden Spitzenämter frei machen würde.

Ist die CSU seither durch eine neuerliche Machtfusion und einen verstärkten bundespolitischen Anspruch gekennzeichnet (der in Stoibers eigener Kanzlerkandidatur 2002 kulminierte), so muss die „kompetitive Kooperation" der Machtzentren bis 1998 auch vor dem Hintergrund der spezifischen bayerischen Situation gesehen werden. Die sich selbst verstärkende Chancenlosigkeit der SPD im Freistaat zwingt die Christsozialen gewissermaßen, die Oppositionsaufgabe gleich mit zu übernehmen. Die durch die Konkurrenz der Machtzentren erzeugte Dynamik und Erneuerungsfähigkeit erklärt aber noch nicht, warum es der Partei in den entscheidenden Situationen noch stets gelungen ist, zur Geschlossenheit zurückzufinden. Der Autor erklärt dies zum einen mit der Wettbewerbskonstellation, bei der die CSU ihre Sonderstellung gegen alle anderen Parteien verteidigen müsse. Zum anderen sieht er eine disziplinierende Organisationskultur am Werke, die das innerparteiliche Wetteifern dem Interesse am Gesamterfolg unterordne und abweichendes egoistisches Verhalten entsprechend hart sanktioniere. Wenn das der Fall ist, drängt sich allerdings die Frage auf, warum jene Form der Selbstdisziplin nicht auch im Verhältnis zur großen Schwesterpartei im notwendigen Maße geübt wird. Obwohl die Auseinandersetzungen um die Steuer- und Gesundheitspolitik im letzten Jahr Grund genug böten, sich damit zu beschäftigen, geht die ansonsten verdienstvolle Studie über dieses heikle Thema leider hinweg.

Frankfurter Allgemeine Zeitung vom 10. Februar 2005, S.7.

In Hitlers Schatten

Als Kanzler Schröder vor vier Jahren den „Aufstand der Anständigen" ausrief und damit dem später gescheiterten NPD-Verbotsverfahren den Weg bereitete, bezog sich dieses Verfahren auf eine Partei, die bei Wahlen bis dahin gänzlich erfolglos geblieben war. Zumindest das hat sich nach dem Einzug der Rechtsextremen in den sächsischen Landtag geändert, womit die jetzt erneut aufgeflammte Verbotsdiskussion zweifellos eine andere Qualität gewinnt. Das bedeutet allerdings nicht, dass die politischen Argumente für ein Verbot triftiger geworden wären. Bei einem Verschwinden der NPD würde das rechtsextreme Gesinnungs- und Wählerpotenzial ja nicht mit verschwinden, sondern nur in andere Kanäle gelenkt – seien es Untergrundorganisationen, Parteien, Subkulturen oder schiere Gewaltakte. Schon nach wenigen Jahren käme es wahrscheinlich zu einer Neugründung. Auch muss die Frage gestellt werden, wieweit das Verbot von nicht weniger als 15 rechtsextremen Gruppierungen in den neunziger Jahren zum Wiedererstarken der NPD beigetragen hat.

Die Wahlerfolge der Rechtsaußenparteien kommen nicht aus heiterem Himmel. Sie sind Bestandteil der von Experten so genannten „dritten Welle" des Rechtsextremismus in der Bundesrepublik. Diese Welle, die etwa Mitte der achtziger Jahre anhob und bis heute nicht abgerissen ist, hat die 1983 als CSU-Abspaltung entstandenen Republikaner drei Mal und die 1987 neu formierte DVU des Münchener Verlegers Gerhard Frey insgesamt sechs Mal in die Landesparlamente gespült. Hinzu kamen Wahlerfolge anderer nicht extremer rechtspopulistischer Parteien wie der Schill-Partei, die aber ebenfalls über die regionale Ebene (Hamburg) nicht hinausreichten. Der einzige nationale Wahlerfolg gelang den Republikanern 1989 bei der vergleichsweise unbedeutenden Europawahl.

Dass der NPD jetzt sehr viel größere Aufmerksamkeit geschenkt wird und Empörung entgegenschlägt als den anderen Vertretern des rechten Lagers, hängt mit zwei Dingen zusammen. Zum einen handelt es sich um eine Partei, die ihre ideologische Nähe zum Nationalsozialismus allenfalls aus taktischen Gründen verbirgt. Geschichtsrevisionismus spielt bei ihr eine größere Rolle als bei Republikanern und DVU, deren Akzent hauptsächlich auf Fremdenfeindlichkeit liegt. Zum anderen ist es den Rechtsextremen gelungen, das Bundesland Sachsen gezielt zu einer Hochburg auszubauen und dort in bestimmten Gegenden tief in die Kapillaren der Gesellschaft einzudringen. Ihre Bekämpfung wird dadurch naturgemäß schwieriger. Hinzu kommt, dass die NPD-Abgeordneten im Dresdner Landtag als geschulte Kader in der Lage sind, halbwegs professionell zu agieren; auch das stellt die etablierten Parteien, die sich in der Vergangenheit auf die Selbstzerstörungskraft ihrer Herausforderer verlassen konnten, vor eine ungewohnte Situation. Entsprechend unbeholfen haben sie auf die gezielten Provokationen der Rechtsextremen bislang reagiert.

Heißt das nun, dass die Zeit der nur sporadischen Wahlerfolge vorbei ist und die bundesdeutsche Demokratie die dauerhafte Etablierung einer rechtsextremen Partei fürchten muss? Bei einer nüchternen Analyse spricht weiterhin kaum etwas dafür. Die Schatten der nationalsozialistischen Vergangenheit haben dazu geführt, dass die Stigmatisierung des Rechtsextremismus hierzulande so stark ausgeprägt ist wie in keinem anderen europäischen Land. Dies gilt sowohl in rechtlicher als auch in sozialer Hinsicht. Die rechtsstaatliche Repression geht soweit, dass sich die verschiedenen Instrumente mitunter sogar in die Quere kommen. Das Verbotsverfahren gegen die NPD, das aufgrund der (zu) intensiven Beobachtung der Partei durch den Verfassungsschutz eingestellt werden musste, ist hier besonders lehrreich.

Dasselbe gilt für die soziale Repression. Nicht nur, dass die Abgrenzung der etablierten Parteien gegenüber den Rechtsextremisten total ist. Auch von Seiten der meinungsbildenden Medien haben sie keinerlei Sympathie oder Unterstützung zu erwarten. Gewiss ist der kürzliche Hinweis von Brandenburgs Innenminister Jörg Schönbohm ein Alarmzeichen, dass rechtsextreme Gesinnungen und Verhaltensweisen mancherorts bereits in der gesellschaftlichen Mitte angekommen sind und die Mehrheit vor ihnen wegschaut. Um ein flächendeckendes Phänomen handelt es sich dabei allerdings nicht – weder im Osten noch im Westen. Der deutsche Fall ist hier anders gelagert als Frankreich oder Belgien, wo Front National und Vlaams Blok in ihren Schwerpunktregionen stabile Stimmenanteile von über 30 Prozent verbuchen.

Mehr als punktuellen Erfolg können die rechten Herausforderer nur erreichen, wenn sie keinen Anlass bieten, in die Nähe des Nationalsozialismus gerückt zu werden. Die Versuchung, sie als extremistisch hinzustellen, bleibt aber von Seiten der etablierten Parteien ebenso erhalten wie umgekehrt die Neigung der extremen Vertreter, erfolgversprechende (nicht-extreme) Parteien als Trittbrett zu benutzen, um auf diese Weise die Stigmatisierung zu überwinden. Der Gefahr der Unterwanderung ist bisher noch keine Neugründung entgangen – sei es die Statt-Partei, der Bund Freier Bürger oder Schill. Auch in punkto Organisationsschwäche tut der Schatten Hitlers also seine Wirkung. Die Zusammenführung verschiedener Stränge des Rechtsextremismus zu einer gemeinsamen schlagkräftigen Organisation, die in Frankreich und Belgien gelungen ist, steht hierzulande auch künftig nicht zu erwarten. Wahlabsprachen wie jetzt zwischen NPD und DVU, die es in ähnlicher Form schon früher gegeben hat, ändern nichts an der heftigen internen Rivalität im rechtsextremen Lager. Insbesondere die Republikaner haben einer möglichen Allianz mit NPD und DVU wiederholt eine klare Absage erteilt.

Das wohl größte Erfolgshindernis des Rechtsextremismus liegt freilich in seiner mangelnden populistischen Durchschlagskraft. Es ist ja nicht so, dass es in der Bundesrepublik an potenziellen Mobilisierungsthemen für rechte Protestparteien fehlte. Auch der Bodensatz fremdenfeindlicher Einstellungen und Ressentiments bewegt sich in Deutschland auf vergleichsweise hohem Niveau. Um die fluktuierende Proteststimmung in einen kontinuierlichen Mobilisierungserfolg umzumünzen, braucht es jedoch einiges mehr: eine nicht allzu verengte programmatische Plattform, eine charismatische Führerfigur, die den Wählerbedürfnissen als Projektionsfläche dient, und eine Strategie der Wähleransprache, in deren Rhetorik das Volk der zentrale Bezugspunkt ist. Welche Möglichkeiten sich aus einer solchen Strategie ergeben, zeigt nicht nur der Blick in die europäischen Nachbarländer, wo der Rechtspopulismus mittlerweile zur Grundausstattung der Parteiensysteme gehört. Auch in der Bundesrepublik waren die Rechtsaußenparteien dann am erfolgreichsten, wenn sie genügend populistischen Elan entwickelten. Dies galt unter der Ägide Franz Schönhubers für die Republikaner, und es galt für die Hamburger Schill-Partei, die als nicht-extremistische Vertreterin des Rechtspopulismus bis weit in das bürgerliche Lager hinein punkten konnte.

Sieht man von wenigen Versatzstücken ab, lassen die rechtsextremen Parteien in der Bundesrepublik populistische Qualitäten nahezu vollständig vermissen. Im Grunde handelt es sich bei ihnen um „virtuelle" Parteien, die in der Öffentlichkeit nur begrenzt in Erscheinung treten und dies zum Teil auch gar nicht beabsichtigen. Als Surrogat des Populismus fungieren dann Materialwahlkämpfe wie in Sachsen-Anhalt, wo die DVU 1998 das bislang beste Landtagswahlergebnis einer rechtsextremen Partei erzielt hat. Der französische und belgische Fall, aber auch das Beispiel Schönhuber zeigen, dass Populismus und Extremismus durchaus zusammengehen können, doch handelt es sich dabei europaweit eher um die Ausnahme. Solange ihr Extremismus einer populistischen Strategie im Wege steht, dürften die Rechtsaußenparteien in Deutschland weiter einen schweren Stand haben. Ihre Erfolgschancen sind dann an kurzfristig ausbeutbare Ereignisse gebunden, deren elektorale Bedeutung – wie jetzt bei Hartz IV – ebenso rasch wieder schwinden kann. Nachdem die Bundesrepublik von den Verwerfungen heutiger Modernisierungsprozesse nicht weniger betroffen ist als andere Länder, wäre es erstaunlich, wenn ausgerechnet ihr solche gelegentlichen Protestwahlreaktionen erspart blieben. Die Hindernisse für eine dauerhafte Etablierung der Rechtsextremen im deutschen Parteiensystem bleiben jedoch so hoch, dass die politische Klasse gut beraten wäre, mit der vermeintlichen Bedrohung etwas selbstsicherer umzugehen, als sie das in den vergangenen Monaten getan hat.

Die Zeit Nr. 9 vom 24. Februar 2005, S. 6.

Rechts blinken, links abbiegen

In Publizistik und Wissenschaft wurde lange Zeit darüber gerätselt, warum es in der Bundesrepublik im Unterschied zu fast allen europäischen Ländern keine dauerhaft erfolgreiche rechtspopulistische Partei auf der nationalen Bühne gibt. Jetzt schickt sich mit dem Bündnis von PDS und WASG eine linkspopulistische Gruppierung an, das zu erreichen, was den Rechtsaußenparteien bis zuletzt versagt geblieben ist. Das bundesdeutsche Parteiensystem könnte damit in eine neue Phase der Pluralisierung eintreten, die die Bildung einer Regierung nach dem vertrauten Muster kleiner Koalitionen in Zukunft schwieriger macht.

Dass die Pluralisierung erneut auf der linken Seite des politischen Spektrums erfolgt, ist nicht ohne Ironie. Eine Aufspaltung des linken Lagers hatte es ja bereits in den siebziger bzw. achtziger Jahren gegeben, als die Grünen zur vierten Kraft im Parteiensystem aufstiegen. Die dadurch eintretende elektorale Schwächung der SPD half den Unionsparteien, ihre Mehrheit im Bund über eineinhalb Jahrzehnte zu verteidigen. Erst als die grüne Wählerschaft über Koalitionsbildungen reintegriert werden konnte, wurde die neuerliche Regierungsübernahme der Sozialdemokraten im Jahre 1998 möglich.

Derselbe Prozess scheint sich jetzt zu wiederholen. Zwei Szenarien sind denkbar: Zum einen könnte die Rückgewinnung der abtrünnigen Wähler unmittelbar gelingen, wenn eine von der Last der Regierungsverantwortung befreite SPD in der Opposition selber populistisch agierte. Dies würde aber voraussetzen, dass sie sich auf den Weg zu einer Partei der bloßen sozialstaatlichen Besitzstandswahrung zurückbegibt, den sie in ihrer Regierungszeit programmatisch und realpolitisch hinter sich gelassen hat. Ein so radikaler Kurswechsel wäre der Wählerschaft wohl kaum vermittelbar. Realistischer erscheint insofern das zweite Szenario. Die Linkspartei schafft es, sich neben SPD und Grünen als dritte oppositionelle Kraft zu etablieren. Für die Noch-Regierungsparteien würde das bedeuten, dass sie diese in ihre Bündnisüberlegungen früher oder später mit einbeziehen müssten, um ihre Mehrheitsfähigkeit gegenüber dem bürgerlichen Lager zurückzugewinnen.

Gewiss könnte sich die Linkspartei selber ein Bein stellen, wenn es ihr nicht gelingt, eine tragfähige Organisation aufzubauen und die für ein erfolgreiches Auftreten nötige Geschlossenheit nach außen zu vermitteln. Der sozialkulturelle Graben, der sich zwischen den im Osten fest etablierten Postkommunisten und der stark gewerkschaftlich geprägten Neugründung im Westen auftut, ist beträchtlich. Während die in der alten Bundesrepublik nach wie vor stigmatisierte PDS in den neuen Bundesländern zu einer professionellen Größe herangewachsen ist, die sich pragmatisch gibt und die Beteiligung an der Macht nicht scheut, tummeln sich in der WASG überwiegend Idealisten aus dem sozialdemokratischen Lager, die ihrer Partei aus Enttäuschung den Rücken gekehrt haben. Aber auch innerhalb der beiden Parteien rivalisieren unterschiedliche Gruppen und Strömungen miteinander. So steht in der PDS der doktrinäre Flügel der DDR-Nostalgiker, der die ideologische Reinheit der Partei bewahren möchte, gegen den reformorientierten Kurs eines Bisky oder Gysi, denen ein Zusammenschluss mit der WASG gut ins Konzept passen würde. Letztere leidet wiederum unter dem für populistische Protestparteien typischen Problem, dass sie eine natürliche Sogwirkung auf Renegaten und Sektierer ausübt. Unabhängig von der Herausforderung, die der Zusammenschluss allein organisatorisch birgt, dürfte es nicht leicht werden, all diese Kräfte unter einen Hut zu bringen.

Dennoch spricht vieles dafür, dass eine neue Linkspartei in der Bundesrepublik mehr als nur kurzfristigen Erfolg haben könnte. Für den kurzfristigen Erfolg dürfte allein das Duo Gysi – Lafontaine bürgen, die in ihrer Fähigkeit zur populistischen Wähleransprache derzeit von keinem anderen bundesdeutschen Politiker übertroffen werden. Aber auch ohne charismatische Führerfiguren an der Spitze ist durch die vermeintliche Wende der SPD zum

"Neoliberalismus" ein Vakuum im Parteiensystem entstanden, das geradezu danach drängt, ausgefüllt zu werden. Dabei ist es nicht die Agenda-Politik als solche, die der SPD jetzt elektoral zum Verhängnis zu werden droht. Die eigentliche Ursache liegt in ihrem Glaubwürdigkeitsverlust. Weder hatte die Partei die Mitglieder und Wähler auf den 2003 eingeschlagenen neuen Kurs programmatisch vorbereitet, noch war sie imstande, die verschiedenen, in sich ja durchaus begründbaren Reformschritte in ein konzises, aufeinander abgestimmtes Gesamtkonzept einzubetten und dieses mit einem ideellen Überbau zu versehen. Gysis und vor allem Lafontaines Wahlkampf wird vor allem darin bestehen, wieder und wieder in dieser Wunde zu rühren. Tatsächlich weist die Plattform des neuen Linksbündnisses große Ähnlichkeiten mit dem Programm auf, dass die SPD 1998 nach 16 Jahren Opposition zurück an die Regierung brachte. Dessen Verfasser hieß bekanntlich Oskar Lafontaine.

Zu den potenziellen Wählern der neuen Linkspartei gehören in erster Linie die vom Abstieg bedrohten oder bereits betroffenen Unterschichten, die in der Parteienforschung als „Modernisierungsverlierer" firmieren. In anderen Ländern bilden diese heute das größte Rekrutierungsreservoir der rechtspopulistischen Parteien. Dies war nicht von Beginn an so. Als die neuen Rechtspopulisten Mitte der achtziger Jahre in Ländern wie Italien, Frankreich, Belgien und Österreich etwa zeitgleich die Bühne betraten, zeichnete sich ihre Wählerschaft noch durch einen starken Überhang von Selbständigen, Kleingewerbetreibenden und Angehörigen des alten Mittelstandes aus, die zur typischen Klientel der bürgerlichen Parteien zählen. Dasselbe gilt für Dänemark und Norwegen, wo die rechtspopulistischen Parteien bereits in den siebziger Jahren entstanden waren.

In den neunziger Jahren zeigte sich das Bild gänzlich verändert. Facharbeiter und Empfänger von Unterstützungsleistungen machten nun einen so großen Anteil unter der rechtspopulistischen Klientel aus, dass man in der Literatur von einer „Proletarisierung" der Wählerschaft sprach. Zwei Vertretern, dem französischen Front National und der Schweizerischen Volkspartei, ist es sogar gelungen, die Linksparteien in dieser Hinsicht zu überflügeln. Bei den anderen reicht der Arbeiteranteil an denjenigen der sozialdemokratischen Parteien heute nahezu heran. Diese sind umgekehrt immer mehr zu Parteien der „Besserverdienenden" mutiert, bei denen die Angehörigen des neuen Mittelstandes, die von ihrem Habitus her durchweg bürgerlich sind, die Wählerschaft klar dominieren.

Die veränderte Wählerstruktur zog auch programmatische Konsequenzen nach sich. Nachdem die rechtspopulistischen Vertreter in den achtziger Jahren noch überwiegend marktliberal ausgerichtet waren, traten sie nun als Retter des Wohlfahrtsstaates auf und machten sich zum Anwalt sozialer Sicherungsbedürfnisse. Im Zuge dieser Umorientierung wurde auch die Europäische Union als neues Anti-Thema entdeckt. Der Sozialprotektionismus entpuppte sich als elektorales Erfolgsrezept, weil er mit den identitätspolitischen Kernforderungen der Rechtsparteien leichter in Einklang zu bringen war als der Neoliberalismus. Im Zentrum der rechtspopulistischen Ideologie stand ja von Beginn an die Frage nach der nationalen Identität und Zusammengehörigkeit, die man durch Migration und multikulturelle Vermischung bedroht sah. So wie bei der Erneuerung des Wohlfahrtsstaates handelt es sich auch bei den aus der Zuwanderung resultierenden Integrationsproblemen um eine gesellschaftspolitische Daueraufgabe. Von daher wäre es verwunderlich, wenn das Thema von den Rechtspopulisten in Zukunft nicht weiter ausgebeutet werden würde.

Bleibt die Frage, ob die Erfolgsformel eines kulturalistisch unterfütterten Protektionismus ausschließlich den rechtspopulistischen Vertretern vorbehalten sein muss. In der Vergangenheit war das zweifellos der Fall. Seit einigen Jahren zeichnen sich jedoch Tendenzen einer populistischen Transformation auch auf der linken Seite des politischen Spektrums ab, die einerseits bewegungsförmigen Charakter (ATTAC) annehmen, und andererseits in den Parteiensystemen Niederschlag finden. Ein europaweiter Vergleich zeigt, dass dort, wo es neben der Sozialdemokratie eine zweite linke – sei es sozialistische oder kommunistische – Partei gibt (Finnland, Schweden, Irland, Griechenland, Portugal, Spanien), diese bei den vergangenen Wahlen zum Teil deutlich zugelegt haben. In den genannten Ländern fehlt bezeichnenderweise eine starke rechtspopulistische oder -extremistische Kraft, wie sie z.B. in Dänemark, Frankreich und Italien neben den Linksaußenparteien existiert. Nur in wenigen Fällen (z.B. Österreich und Belgien) konnten die Rechtspopulisten ihre Monopolstellung als Nutznießer des Sozialprotestes verteidigen.

In der Bundesrepublik sind die Erfolgschancen rechtspopulistischer oder -extremistischer Parteien aus einer Reihe von Gründen begrenzt, von denen der wichtigste sicherlich im nachwirkenden Erbe der nationalsozialistischen Vergangenheit zu suchen ist. Die Stigmatisierung wirkt sich hier auch in organisatorischer Hinsicht aus, indem sie die Zusammenführung der verschiedenen Stränge des rechten Protests zu einer gemeinsamen Gruppierung bislang vereitelt hat. Hinzu kommt das Fehlen einer populistisch begabten Führerfigur. Wenn diese Erklärungen stimmen, dann liegt natürlich die Frage nahe, ob die Populisten nicht besser beraten wären, ihr Heil in der Bundesrepublik auf der Linken zu suchen. Wie so etwas funktioniert, hat die PDS in den neuen Ländern seit der Wende erfolgreich demonstriert. Zwar ist es ihr nicht gelungen, das Aufkommen einer Protestkonkurrenz von rechts flächendeckend zu verhindern. Gerade mit Blick auf das hohe Niveau fremdenfeindlich motivierter Gewalt in Ostdeutschland scheint es aber plausibel anzunehmen, dass der Stimmenanteil der Rechtsextremisten deutlich höher liegen würde, wenn nicht mit der PDS eine andere, genuin ostdeutsche Protestalternative bereitstünde.

Haben die PDS-Oberen der Versuchung, das ganze Spektrum extremistischer Ansichten zu bedienen, bisher noch stets widerstanden, so schickt sich Oskar Lafontaine jetzt an, das Versäumte nachzuholen. Indem er die elektorale Erfolgsformel des Rechtspopulismus von links buchstabiert, kann der neue Frontmann der WASG im Revier der Rechten wildern, ohne Gefahr zu laufen, wie weiland Jürgen Möllemann als Unperson abgestempelt zu werden. Dass er keine Skrupel hat, diesen Vorteil zu nutzen, haben Lafontaines jüngste Einlassungen zur Zuwanderungspolitik gezeigt, die genauso gut von Jörg Haider oder Franz Schönhuber hätten stammen können. Die öffentliche Gegenreaktion auf diese Äußerungen war bemerkenswert schwach. Lafontaine dürfte insofern nicht ganz falsch liegen, wenn er glaubt, die Wählerbasis einer Linkspartei auf diese Weise verbreitern zu können.

Wie kann man der linkspopulistischen Herausforderung begegnen? Manche Autoren haben der SPD bereits geraten, auf die Rückgewinnung der Unterschichtenwähler gar nicht mehr zu setzen und sich stattdessen in der Wähleransprache auf die erfolgsorientierten Leistungsträger der politischen Mitte zu konzentrieren. Dies würde bedeuten, dass man sich an die dauerhafte Präsenz von linken oder rechten Flügelparteien im Parteiensystem gewöhnen müsste und hätte zwangsläufig Folgen für die Möglichkeiten der Regierungsbildung. Die Vorstellung, dass sich die Bundesrepublik auf zentristische Koalitionen und vielleicht sogar Minderheitsregierungen zubewegt, wie sie in den skandinavischen Ländern gang und gäbe sind, erscheint manchen Politologen heute noch unerträglich. Tatsächlich würde sie der starken Stabilitäts- und Mehrheitsfixierung unserer parlamentarischen Kultur widersprechen, die als gangbare Alternative zu einer Mehrheitsregierung nach dem vertrauten Muster bislang nur die Große Koalition zugelassen hat. Erzwingt ein fragmentiertes Parteiensystem neue und flexiblere Koalitionskonstellationen, mag das die Stabilität der Regierungsverhältnisse vordergründig beeinträchtigen. Dem würde jedoch auf der Habenseite der Übergang zu einem stärker konsensorientierten Parlamentarismus gegenüberstehen, der das gegnerschaftliche Prinzip des Parteienwettbewerbs zurückdrängt und die gemeinsame Suche nach Problemlösungen befördert.

Der Tagesspiegel vom 17. Juli 2005, S. 8.

Stehaufmann

Von den sechs Kanzlern, die die Bundesrepublik bis zum Amtsantritt Gerhard Schröders regiert haben, dürften zwei (Konrad Adenauer und Willy Brandt) das Attribut „historisch herausragend" und zwei weitere (Helmut Schmidt und Helmut Kohl) zumindest das Attribut „bedeutend" verdienen. Für ein Urteil über den derzeitigen Amtsinhaber ist es zur Zeit noch zu früh. Allerdings scheint es kaum vorstellbar, dass Schröder eines Tages in dieselbe Kategorie wie Ludwig Erhard oder Kurt Georg Kiesinger eingereiht werden wird, die als „schwache" Kanzler hinter die Genannten deutlich zurückfallen.

Schröders Stärke lässt sich daran ablesen, dass er als Regierungschef heute völlig unangefochten ist. Hatte sich der frühere niedersächsische Ministerpräsident die Macht in der SPD zu Beginn seiner Regentschaft noch mit dem damaligen SPD-Vorsitzenden Lafontaine teilen müssen, so erkannte dieser schon bald, dass an dem institutionell herausgehobenen Amt des Bundeskanzlers beim Regieren kein Weg vorbeiführt. Anders als vor ihm Helmut Kohl bezog Schröder seine Stärke aber auch nach Lafontaines Rückzug nicht primär aus der Partei, deren Vorsitz er eher unfreiwillig übernahm. Nach dem im März 2003 verkündeten Kurswechsel in der Sozial- und Arbeitsmarktpolitik sah es zeitweise sogar danach aus, als könne dem Kanzler die

Macht in der SPD entgleiten. Die Übernahme des Vorsitzes durch Franz Müntefering, der den Agenda-Prozess der Regierung loyal mitvollzogen und als Fraktionschef gegen eine Reihe von widerspenstigen Abgeordneten abgesichert hatte, erwies sich so gesehen aus Schröders Sicht als vorteilhafte Lösung. Während der Traditionssozialdemokrat Müntefering die Seele der Partei streichelte, um sie auf Kurs zu halten, konnte sich der Kanzler wieder stärker auf das eigentliche Regierungsgeschäft konzentrieren und seine Rolle als „Politikdarsteller" voll ausfüllen.

Wenn dem Regierungschef heute mehr Respekt entgegengebracht wird als in den ersten viereinhalb Jahren seiner Amtszeit, so ist das vor allem auf die neue Standfestigkeit zurückzuführen, die er im Zuge des Agenda-Prozesses gewonnen hat. Bis dahin hing Schröder das Etikett eines Kanzlers der Beliebigkeit an, der zwar mit Hilfe seines Amtschefs Frank-Walter Steinmeier ein funktionierendes Regierungsmanagement etabliert hatte und in schwierigen politischen Situationen sicheren Instinkt bewies, dem es aber im Übrigen an einem inneren Kompass zu fehlen schien. Nun aber nahm Schröder offenbar sogar schwerste Wahlniederlagen und innerparteiliche Zerreißproben in Kauf, um die für richtig befundene Politik durchzusetzen. Dies trug ihm die Anerkennung auch solcher Medien ein, die seinen Kurs weiterhin als zu halbherzig kritisierten.

Die These vom führungsstarken Kanzler darf nicht so verstanden werden, als ob Reformpolitik in der Bundesrepublik allein eine Frage des politischen Willens wäre. Zum einen sind die Handlungsspielräume der nationalstaatlichen Akteure im Zuge der fortschreitenden Globalisierung ohnehin geschrumpft. Zum anderen sorgen zahlreiche institutionelle Vetospieler dafür, dass Durchsetzungsmacht hierzulande im Gegensatz zu Verweigerungsmacht eine knappe Ressource ist. Die Herausforderung an die Politik besteht darin, innerhalb dieser restriktiven Bedingungen die eigenen Handlungsmöglichkeiten durch geeignete Vorkehrungen zu verbreitern. Die Regierung Schröder hat dies einerseits dadurch versucht, dass sie einen Teil der vorbereitenden Entscheidungsprozesse aus den dafür eigentlich vorgesehenen Institutionen von Partei und Regierung herausgelöst und in spezialisierte Kommissionen verlagert hat. Die Nomenklatur der Hartz-Gesetze findet hier ihren Ursprung. Andererseits konnte sich Rot-Grün die strategischen Vorteile zu Nutze machen, die sich aus den Mehrheitsverhältnissen im Bundesrat für die Regierung ergeben. Die dortige Übermacht der Oppositionsparteien ermöglichte es dem Kanzler nicht nur, die Kritiker in den eigenen Reihen mit Zugeständnissen zu beschwichtigen (darauf vertrauend, dass diese von der Union wieder wegverhandelt würden). Er konnte die Opposition zugleich in Mithaftung nehmen und sie damit ihrer politischen Alternativfunktion berauben. (Vielleicht liegt hierin auch ein Grund, warum der Kanzler den Bemühungen der Föderalismuskommission, die Zustimmungsrechte des Bundesrates auf ein vernünftiges Maß zurückzuführen, bis zuletzt eher gleichgültig gegenüberstand.)

Die Position des Kanzlers bzw. der Regierung ist in der Wettbewerbsdemokratie natürlich immer nur eine relative, die mit der entsprechenden Position der Opposition korrespondiert. So wie die Wahlerfolge der Unionsparteien bei sämtlichen Landtagswahlen bis zum September 2004 keineswegs der eigenen Stärke, sondern der Schwäche der Regierung geschuldet waren, so profitiert die Regierung jetzt ihrerseits von den Streitigkeiten und der ungeklärten Führungsfrage in der Union. Während innerparteiliche Alternativen zu Gerhard Schröder und Joschka Fischer weit und breit nicht in Sicht sind, muss sich Angela Merkel heute – dank der Landtagswahlerfolge der Union – mit einer Riege von selbstbewusst auftretenden Ministerpräsidenten herumschlagen, die die Ambitionen der Partei- und Fraktionsvorsitzenden auf die Kanzlerkandidatur misstrauisch beäugen.

Auch themenstrategisch ist die Ausgangslage der Union für die heraufziehenden Wahlauseinandersetzungen alles andere als günstig. Die Propagierung noch weiter reichender Reformkonzepte, als sie die Agenda 2010 vorsieht, die in ihrer Komplexität zudem nur schwer zu vermitteln sind, gibt den Regierungsparteien die Chance, sich vor der Wählerschaft einmal mehr als bessere Bewahrerin sozialstaatlicher Ansprüche hinzustellen. Gegen die von Schröder nach der Kraftanstrengung von Hartz IV erneut verordnete „Politik der ruhigen Hand" dürfte elektoral nur schwer anzukommen sein, zumal wenn sie – wie es die Regierung offenbar plant – von einer Beendigung des Sparkurses und zusätzlichen Leistungsangeboten in der Bildungs- und Familienpolitik flankiert wird. Selbst bei weiterhin schwächelnder Konjunktur und gleichbleibend hohen Arbeitslosenzahlen wäre es also gut möglich, dass die Ära Schröder über das Jahr 2006 hinaus Bestand hat. Noch vor einem Jahr hätte daran wohl niemand geglaubt.

Unternehmermagazin 53 (2005) H. 3, S. 29-30.

Die Zäsur

In den erstaunten Kommentaren zum Ausgang der Bundestagswahl am 18. September 2005 ist sehr viel auf die angebliche Unberechenbarkeit des Wählers und das Versagen der Demoskopie hingewiesen worden. Dabei wurde geflissentlich übersehen, dass das Wählerverhalten auch Züge einer bemerkenswerten Stabilität und Kontinuität trug. Vergleicht man nämlich das Abschneiden der beiden „Blöcke" miteinander – also des bürgerlichen Lagers von Union und FDP auf der einen und des linken Lagers von SPD, Grünen und Linkspartei auf der anderen Seite – so haben sich die Wähleranteile im Vergleich zur Bundestagswahl 2002 nur minimal verschoben (45,0 gegenüber 45,9 Prozent für die bürgerlichen Parteien; 51,0 gegenüber 50,9 Prozent für die Linke). Die Kontinuität ist dabei in den neuen Bundesländern um nichts geringer als in den alten. Dort lagen die beiden Lager 2005 und 2002 mit 47,7 bzw. 48,3 für die Bürgerlichen und 48,8 bzw. 48,7 Prozent für die Linke nahezu gleichauf, während sich die strukturelle Hegemonie der Linken in Ostdeutschland weiter verfestigt hat (61,0 bzw. 61,3 gegenüber 33,2 bzw. 34,7 Prozent für die bürgerlichen Parteien).

Auf der parlamentarischen Ebene wäre die Linkspartei in der alten Bundesrepublik mit ihren 4,9 Prozent an der Sperrklausel knapp gescheitert, sodass Union und FDP hier eine klare Regierungsmehrheit gehabt hätten. Insofern ist es nicht falsch zu sagen, dass auch diese Bundestagswahl im Osten entschieden worden ist. Berücksichtigt man allerdings das gesamte Stimmenpotenzial der Linken, so zeigt sich, dass die bürgerlichen Parteien auch im Westen seit 1994 über keine Mehrheit mehr verfügen. Um die Wahlen zu gewinnen, hätten Union und FDP aus dem rot-grünen und Nichtwählerlager gesamtdeutsch Wähler in einer Größenordnung von etwa drei Prozentpunkten zusätzlich rekrutieren müssen. Dass ihnen das nicht gelungen ist, dürfte in erster Linie mit der verfehlten Wahlkampfstrategie von CDU und CSU zusammenhängen, gegen deren ökonomisch verengtes und stark neoliberal akzentuiertes Programm sich die SPD als Schutzmacht der kleinen Leute erneut erfolgreich profilieren konnte. Statt den sozialstaatlichen Sicherungsbedürfnissen ihrer eigenen und der von Rot-Grün enttäuschten Wählerklientel wenigstens symbolisch entgegenzukommen, zog die Union mit einem Reformkonzept in die Wahlauseinandersetzung, das sich in den Bereichen Arbeitsmarkt, soziale Sicherungssysteme und Steuern von den Vorstel-

Die Zäsur 73

lungen des Wunschkoalitionspartners FDP kaum unterschied. Dadurch gelang es ihr nicht, die für eine Mehrheitsbildung des bürgerlichen Lagers notwendige breite Wählerkoalition zusammenzubringen.

Damit wendet sich der Blick zu den Wählerbewegungen innerhalb der beiden Blöcke. Hier hat sich die Aufmerksamkeit der Kommentatoren primär auf das schwache Abschneiden der Union und die Stimmenverschiebungen im bürgerlichen Lager gerichtet, die der FDP einen – von den Demoskopen nicht vorhergesehenen – Zuwachs von 2,4 Prozent bescherten. Wie die Wahlanalysen zeigen (und auch der Ausgang der Nachwahl in Dresden noch einmal nachdrücklich demonstriert hat), handelte es sich dabei überwiegend um Unionswähler, die mit der Stimmabgabe für die Liberalen ihre Präferenz für eine schwarz-gelbe Koalition ausdrücken wollten – ein Effekt, der durch die aufkommende Debatte über die Große Koalition in der letzten Wahlkampfwoche zweifellos befördert wurde. Ein Großteil dieser Wähler dürften ihr Verhalten im Nachhinein bereut haben. Nicht nur, dass die von ihnen gewünschte Regierung nicht zustande kam. Durch die entgangenen Stimmen wurde die Position der Union gegenüber der SPD so stark geschwächt, dass sie dieser bei den Verhandlungen über eine Große Koalition auf „gleicher Augenhöhe" begegnen musste und – trotz knappen Stimmvorsprungs – nicht einmal mehr den Anspruch auf die Kanzlerschaft unwidersprochen erheben konnte. Diesen Anspruch hätte man ihr kaum streitig machen können, wenn das Unionsergebnis nicht „künstlich" zu niedrig ausgefallen wäre.

Hier liegt der Unterschied zu der Wählerbewegung im anderen, linken Lager, die in der Wahlberichterstattung wohl nur deshalb ein so schwaches Echo ausgelöst hat, weil sie erwartet worden war und von den Wahlforschern auch einigermaßen zutreffend vorausgesagt wurde. Dabei handelt es sich hier um die eigentliche Zäsur dieser vorgezogenen Bundestagswahl, die das Parteiensystem in der Bundesrepublik auf längere Sicht verändern und damit auch die Modalitäten der Koalitions- und Regierungsbildung nachhaltig beeinflussen wird. Als Bundeskanzler Schröder und SPD-Parteichef Müntefering ihren Neuwahlcoup nach der verlorenen Landtagswahl in Nordrhein-Westfalen verabredeten, hatten sie ja nicht nur gehofft, die Union auf dem falschen Fuß zu erwischen. Ihre Absicht war es vor allem, die Abspaltungstendenzen am linken Parteiflügel zu bekämpfen und das sich abzeichnende Bündnis von WASG und PDS zu vereiteln. Zumindest das letztere sollte gründlich misslingen. Dass die Neuwahlankündigung das Zusammengehen der Linken beschleunigte, statt sie hinauszuzögern, war aus Sicht der Partei schon schlimm genug. Kaum erträglich war aber, dass die neue Konkurrenz ausgerechnet vom früheren SPD-Vorsitzenden Oskar Lafontaine mit angeführt wurde, auch wenn es diesem nicht gelang, eine nennenswerte Zahl von prominenten Überläufern in die Linkspartei herüberzuziehen. Am Ende musste die SPD froh sein, dass sich die Absetzbewegung ihrer Wähler zur PDS / WASG in Grenzen hielt und sie mit 34 Prozent einigermaßen glimpflich aus der Bundestagswahl herauskam. Das unerwartet schwache Abschneiden der Union und ihre eigene Aufholjagd ließen bei den Sozialdemokraten das Gefühl aufkommen, sie seien die Gewinner der Wahl. Dabei sind sie – strukturell betrachtet – die eigentlichen Verlierer.

Unabhängig von der gewaltigen organisatorischen Herausforderung, die der eben erst eingeleitete Zusammenschluss von WASG und PDS birgt, stellt das Linksbündnis für beide Seiten eine klassische „win-win"-Situation dar. Denn während es der SPD-Abspaltung in den alten Ländern nur mit Hilfe der im Osten fest etablierten Postkommunisten gelingen konnte, gleichsam „huckepack" ins Parlament getragen zu werden, bedeutet das Zusammengehen mit der WASG für die reformorientierten Teile der PDS um Gregor Gysi und Lothar Bisky die Erfüllung ihres lange gehegten Wunsches, endlich im Westen anzukommen und die Stigmatisierung in der alten Bundesrepublik zu überwinden. An politischen Gelegenheiten dürfte es der neuen Gruppierung ohnehin nicht mangeln. Als einzige Kraft, die sich dezidiert gegen die Sozialstaats- und Arbeitsmarktreformen stellt, kann die gesamtdeutsche Linkspartei – im Westen wie im Osten – ein Protestpotenzial von tatsächlichen oder vermeintlichen Modernisierungsverlierern adressieren, das von den etablierten Parteien nicht mehr erreicht wird. Ohne ein solches Angebot würde sich der Protest vermutlich in die Nichtwahl flüchten oder andere, rechtspopulistische oder -extremistische Kanäle suchen, wie es in vielen europäischen Ländern heute gang und gäbe ist. Aus demokratischer Sicht liegt in der Existenz einer weiteren linken Oppositionspartei also nicht nur ein Schaden. Für die Regierungsbildung und das Regieren selbst könnte sich die neue Kraft allerdings als Problem erweisen, wenn der Reformprozess durch sie erschwert oder verzögert wird.

Eine dauerhafte Etablierung der Linkspartei würde für die Parteienlandschaft eine einschneidendere Zäsur bedeuten, als es das Aufkommen der Grünen in den achtziger Jahren und das Hinzutreten der postkommunistischen PDS im Zuge der deutschen Einigung waren. Die Gründe liegen auf der Hand. Während die Grünen in das Parteiensystem voll integriert wurden, indem sie als möglicher Koalitionspartner für die Sozialdemokratie zunächst in den Ländern und seit den neunziger Jahren auch im Bund zur Verfügung standen, war die PDS auf der Bundesebene bisher zu schwach, um die Bildung einer Regierung nach dem vertrauten Muster einer kleinen Koalition zu vereiteln. Die Bildung einer solchen Koalition gelang zwar schon bei den Bundestagswahlen 1994, 1998 und 2002 jeweils nur um Haaresbreite, indem die siegreiche Partei eine größere Zahl von Überhangmandaten einheimsen konnte. Dies veranlasste aber weder die politische Klasse noch die akademische Öffentlichkeit, über die Notwendigkeit alternativer Regierungsformate intensiver nachzudenken und sich auf diese ernsthaft einzulassen. Umso befremdlicher war der Diskurs, der am Abend des 18. September unvermittelt über das Land hereinbrach, als auf einmal alles denkbar war und kein Tabu mehr heilig schien – von der schwarz-gelbgrünen „Jamaika"-Koalition bis hin zur israelischen Lösung einer rotierenden Kanzlerschaft. Selbst über die Möglichkeit einer lediglich geduldeten Minderheitsregierung wurde munter schwadroniert, so als ob es das „Magdeburger Modell" oder die heftige Debatte um die Rolle des SSW nach der Landtagswahl in Schleswig-Holstein nicht gegeben hätte.

Nüchtern betrachtet lassen sich nach der Etablierung der Linkspartei drei Szenarien künftiger Koalitions- und Regierungsbildungen vorstellen. Das erste Szenario lautet, dass es der SPD und den anderen Parteien gelingt, die Wähler der Linken mittel- und längerfristig zurückzugewinnen. Dieses Szenario erscheint aufgrund der Verwurzelung der PDS in den neuen Ländern und des vorhandenen Protestwählerpotenzials nicht sehr wahrscheinlich. Wenn dem so ist und die neue Konkurrenz nicht einfach zum Verschwinden gebracht werden kann, besteht – zweitens – die Möglichkeit, sie durch Einbeziehung in die eigenen Bündnisüberlegungen politisch zu integrieren. Obwohl eine solche Zusammenarbeit in Mecklenburg-Vorpommern und Berlin schon längst Realität ist, darf die Parallele zu den Grünen, deren Regierungsfähigkeit im Bund ebenfalls über die Länderebene angebahnt wurde, hier nicht überstrapaziert werden. Einerseits sind die Postkommunisten in Ostdeutschland mit einem Stimmenanteil von rund 25 Prozent ein Machtfaktor, der bei der Regierungsbildung in den dortigen Ländern beachtet werden muss – wie übrigens auch die Erfahrungen aus anderen Transformationsstaaten Mittel- und Osteuropas beweisen. Andererseits lassen sich die inhaltlichen Differenzen mit der PDS auf der Landesebene leichter überbrücken als im Bund, wo über die großen Linien der Politik entschieden wird. Hier müsste die Linke nicht nur auf den außenpolitischen Grundkonsens einschwenken, um als Regierungspartner akzeptiert zu werden, sondern auch von jenen sozialpopulistischen Positionen in der Wirtschaftspolitik abrücken, denen sie einen Großteil ihrer Wählerunterstützung verdankt. Dafür gibt es zur Zeit noch kein Indiz. Eine Zusammenarbeit mit der PDS / WASG kann daher aus Sicht der Sozialdemokraten allenfalls eine Perspektive für die nächste oder übernächste Legislaturperiode sein.

Scheidet also auch dieses Szenario als unrealistisch aus, bleiben als Alternativen der Regierungsbildung zum jetzigen Zeitpunkt nur die Große Koalition oder ein Dreierbündnis aus SPD, Grünen und FDP (Ampelkoalition) bzw. Union, FDP und Grünen. Letztere würden – zumal in der Variante einer Minderheitsregierung – an die Verhältnisse in Skandinavien erinnern, wo solche zentristischen Koalitionen gang und gäbe sind. In der Bundesrepublik stellen sie demgegenüber, wie man an den wenigen erfolglosen Beispielen auf Länderebene ablesen kann, einen parlamentarischen Fremdkörper dar. Der Hauptgrund dafür liegt in der bipolaren Natur des Parteienwettbewerbs, die ein Zusammengehen der Grünen mit den beiden bürgerlichen Parteien bisher überhaupt nicht und eine Ampelkoalition nur in zwei Fällen (Bremen und Brandenburg) zugelassen hat, wo sie prompt scheiterten. Dass die alternativen Regierungsformate in den Ländern nicht ausprobiert wurden, hängt dabei auch mit der unterschiedlichen Situation im Westen und Osten zusammen: In den neuen Ländern konnten CDU, SPD und PDS die Koalitionen aufgrund der Schwäche der kleinen Parteien bislang weitgehend unter sich ausmachen. In den alten Ländern, wo die Postkommunisten über den Status einer Splitterpartei nicht hinausgelangt waren, bestand dagegen weiter die Möglichkeit, kleine Zweierkoalitionen (mit FDP oder Grünen) zu bilden. Der Ausgang der Bundestagswahl zeigt, dass sich diese Strukturen nun in beiden Landesteilen aufzulösen beginnen: Im Osten sorgt das Wiedererstarken von Grünen und Liberalen dafür, dass sich die heutige Drei-Parteien-Struktur zu dem Fünf-Parteien-System zurückentwickelt, das bereits in der Nachwendezeit Bestand hatte. Und im Westen könnte sich das System durch die PDS / WASG ebenfalls zu einer Fünf-Parteien-Struktur erweitern. Die Wahlen ha-

Die Zäsur 77

ben also auch zu einer tendenziellen Angleichung der Parteiensysteme in den alten und neuen Bundesländern geführt.

Dass die Ampelkoalition als Regierungsalternative überhaupt nicht in Betracht kam (sie wurde von der FDP kategorisch ausgeschlossen) und das Austesten von schwarz-grün-gelben oder Minderheitsregierungs- und Neuwahlszenarien für Union und SPD eher die Funktion einer Drohkulisse hatten, um in den Verhandlungen über eine Große Koalition für die eigene Seite möglichst viel herauszuholen, ändert nichts an der tiefgreifenden Zäsur, welche die Bundestagswahl für die künftige Koalitionsbildung in Bund und Ländern darstellt. Allein die Art und Weise, wie nach dem Wahlgang über die neuen Farbenkonstellationen öffentlich räsoniert wurde, dürfte es den beteiligten Akteuren in Zukunft schwer machen, in das alte Block- und Lagerdenken zurückzufallen. Die im Frühjahr bevorstehenden Landtagswahlen in Baden-Württemberg und Rheinland-Pfalz werden dafür ein erster Testfall sein.

Einstweilen gibt es zur Bildung einer Großen Koalition im Bund jedenfalls keine Alternative. Bleibt die Frage, wie sich diese auf die künftige Entwicklung des Parteiensystems auswirken wird. Gewiss stellt es keine gute Voraussetzung für eine funktionierende Zusammenarbeit dar, wenn ein solches Bündnis aus purer Not zustande kommt – hier liegt ein bedeutender Unterschied zur Situation im Jahre 1966, als die erste und bisher einzige Große Koalition auf Bundesebene gebildet wurde. Zwar zeigen die Erfahrungen aus den Ländern, dass auch erzwungene Große Koalitionen durchaus passable Regierungsleistungen vorweisen können. Auf die Bundesebene lässt sich das aber nicht unbedingt übertragen. Zum einen sind die politischen Probleme hier konflikthaltiger. Zum anderen finden während der Legislaturperiode ständig Landtagswahlen statt, in denen sich die Regierungsparteien als Kontrahenten begegnen würden. Um Blockaden zu vermeiden und mehr als nur Minimalkompromisse zustande zu bringen, müssten die Partner also bereit sein, über ihren Schatten zu springen und das Wettbewerbsmoment weitmöglichst zurückzuschrauben. Ob das gelingt, ist keineswegs ausgemacht. Es dürfte entscheidend von der personellen Konstellation der Zusammenarbeit abhängen.

Das andere gravierende Problem der Großen Koalition besteht darin, dass sie nahezu zwangsläufig zu einem Erstarken der politischen Ränder führt. Größter Nutznießer des (durch den Zwischenwahleffekt der Landtagswahlen beförderten) Sanktionswahlverhaltens würde vermutlich die Linkspartei sein – keine besonders gute Voraussetzung, um dem Populismus abzuschwören und sich ideologisch zu mäßigen. Im Extremfall könnte das zu einer Situation führen wie seinerzeit beim österreichischen Nachbarn. Die Große Koalition müsste über 2009 hinaus weiter regieren, weil eine neue Mehrheit politisch oder arithmetisch nicht entsteht. Ob es dazu kommt, hängt natürlich auch vom Auftreten der beiden anderen Parteien (Grüne und FDP) ab, die bei einem Zusammengehen der Großen vom Oppositionseffekt ebenfalls profitieren könnten. Dies würde wiederum die Wahrscheinlichkeit erhöhen, dass mit einer der beiden großen Parteien ein anderes Zweier- oder Dreierbündnis gebildet werden kann.

Ob ein Zusammengehen von Union und SPD den Spielraum für Reformen erweitert oder verringert, ist eine Frage, die sich letztlich nur empirisch beantworten lässt, da theoretisch für beide Möglichkeiten gute Argumente angeführt werden können. In jedem Fall stünde aber auf der Habenseite einer Großen Koalition, dass sie durch Zurückdrängung des gegnerschaftlichen Prinzips einen kooperativeren Regierungsstil etablieren würde. Dies wäre nicht nur mit Blick auf die Mitregierung des Bundesrates zweckmäßig, sondern hätte auch auf der parlamentarischen Ebene positive Konsequenzen. So könnte etwa der Mehrheitsdogmatismus, der die Abgeordneten zur strikten Einhaltung der Fraktionsdisziplin verpflichtet, gelockert werden. Die Entscheidungsprozesse würden sich auch insgesamt wieder mehr in den Bundestag verlagern, der dadurch als politische Bühne gegenüber Regierung und Medien an Bedeutung gewänne. Eine stärkere Konsensorientierung im Entscheidungsverhalten wäre zudem eine ehrliche Antwort darauf, dass die programmatischen Positionen der etablierten Parteien unter den Bedingungen des heutigen Regierens ohnehin keine dramatischen Unterschiede mehr aufweisen. Welchen Sinn ergibt es da, wenn sich die Akteure allein aus Gründen des Machtgewinns oder -erhalts spinnefeind gegenübertreten? Die Bildung neuer und anders zusammengesetzter Koalitionen, die das fluider werdende Parteiensystem der Bundesrepublik erzwingt, setzt voraus, dass man diese Logik zumindest ansatzweise durchbricht. Die Große Koalition könnte auf diesem Weg ein wichtiger Zwischenschritt sein.

Berliner Republik 7 (2005) H. 6, S. 66-71.

Lehrjahre einer Anti-System-Partei

Von Hans-Jochen Vogel stammt der schöne Satz, wonach der Marsch durch die Institutionen „die Marschierer stärker verändert habe als die Institutionen". Den sichtbarsten Beleg findet Vogels These in der Entwicklung der Partei der Grünen, die als einzige erfolgreiche Neugründung in der bundesdeutschen Parteienlandschaft bis zur Linkspartei nunmehr auf eine 30-jährige Geschichte zurückblicken kann. Unterteilt man diese Geschichte in Etappen, so währte die Ära der reinen Anti-System-Partei nur kurz. Ab Mitte der achtziger Jahre gewannen bei den Grünen diejenigen „realpolitischen" Kräfte allmählich die Oberhand, die für den Primat der parlamentarischen Arbeit eintraten und die Bereitschaft zur Übernahme von Regierungsverantwortung bekundeten. Angeführt von Joschka Fischer, gelang es ihnen, den Einfluss des öko-sozialistischen und radikal-ökologischen Flügels soweit zurückzudrängen, dass dessen Exponenten (Trampert, Ebermann und Ditfurth) die Grünen nach und nach verließen. Besiegelt wurde das neue Selbstverständnis auf dem Parteitag in Neumünster im April 1991, auf dem sich die Partei unmissverständlich zur parlamentarischen Demokratie bekannte. Sechs Jahre zuvor war es bereits zur ersten Koalition mit der SPD auf Landesebene (in Hessen) gekommen, der zahlreiche weitere Bündnisse und die siebenjährige Zusammenarbeit im Bund (von 1998 bis 2005) folgten. Als festes Inventar des Parteiensystems sind die Grünen heute auch machtpolitisch nicht mehr wegzudenken. Dies gilt umso mehr, als sie ihre Koalitionsoptionen in Richtung der Union inzwischen erfolgreich erweitert haben. Damit wären sie – als einzige unter den Bundestagsparteien – an allen denkbaren Dreierbündnissen jenseits der Großen Koalition (Ampel, Jamaika und Linkskoalition) beteiligt. Entschiedener kann man sich eine Etablierung nicht denken.

Dass der Gründungsmythos der Grünen inzwischen deutlich verblasst ist und von der Partei selbst kaum noch beschworen wird, nimmt vor diesem Hintergrund nicht wunder. Wenige Parteien in der jüngeren Geschichte dürften sich von ihren idealistischen Ansprüchen, hehren Prinzipien und hochgestochenen Reformzielen so rasch und so gründlich entfernt haben. Dies mag die Dramatik und Härte der innerparteilichen Kämpfe erklären, die die Grünen in den achtziger Jahren bis an den Rand des Abgrunds begleiteten. Die Öko-Partei hat deshalb in der zeitgenössischen Politikwissenschaft sehr viel größeres Forschungsinteresse ausgelöst als die von ihrer Größe her vergleichbare FDP. Mit zunehmender zeitlicher Entfernung und der Verfügbarkeit neuer Quellen wird sie nun auch zu einem Gegenstand der Zeithistoriker.

Eine maßgebliche Quelle für das Studium jener Lehrjahre sind die Protokolle der grünen Bundestagsfraktion in der Legislaturperiode nach dem erstmaligen Einzug der Partei in den Deutschen Bundestag (1983 bis 1987), die die Kommission für Geschichte des Parlamentarismus und politischen Parteien jetzt in einer zweibändigen Edition herausgebracht hat.* Die klug zusammengestellten und sorgsam edierten Dokumente konzentrieren sich im Wesentlichen auf die Protokolle von 98 in diesem Zeitraum stattgefundenen Fraktionssitzungen. Darüber hinaus sind die (vom seinerzeitigen Parlamentarischen Geschäftsführer Michael Vesper erstellten) Protokolle des Fraktionsvorstandes, des Erweiterten Fraktionsvorstandes und weiterer Fraktionsgremien sowie die jährlichen Rechenschaftsberichte der Fraktion an die Partei enthalten. Wo Anlagen und Materialien den Herausgebern notwendig erschienen, um den Ablauf der Sitzungen zu verstehen, werden diese ebenfalls wiedergegeben. Allein die Unterlagen der sechs Fraktionsarbeitskreise bleiben in der Edition ausgespart.

Zur Erschließung des Materials dienen eine Reihe von Übersichten und Verzeichnissen, die dem Dokumententeil voran- und nachgestellt werden. Die Edition besticht hier wie auch in der Bearbeitung der Dokumente selbst durch handwerkliche Professionalität. Des Weiteren wird dem Leser eine von Helge Heidemeyer verfasste Einleitung an die Hand gegeben, die zum einen einen wertvollen inhaltlichen Überblick über die Organisation und Arbeitsschwerpunkte der grünen Bundesfraktion gibt und zum anderen die Basis und Auswahl der Quellen erläutert.

Die Grünen haben die anderen Parteien ebenso beeinflusst wie sie umgekehrt von diesen beeinflusst worden sind. Die Bilanz fällt dabei aber ganz unterschiedlich aus, je nachdem ob man die inhaltlich-thematische Arbeit oder das organisatorische Innenleben der Partei betrachtet. Die inhaltliche Arbeit wurde erwartungsgemäß von der Ökologiefrage dominiert. Hier ent-

---

* Kommission für Geschichte des Parlamentarismus und der politischen Parteien (Hrsg.), Die Grünen im Bundestag. Sitzungsprotokolle und Anlagen 1983 – 1987. Bearbeitet von Josef Boyer und Helge Heidemeyer, 2 Bände, Düsseldorf: Droste Verlag 2008.

Lehrjahre einer Anti-System-Partei 81

falteten die Grünen eine beeindruckende parlamentarische Initiativtätigkeit, durch die die anderen Parteien in Zugzwang kamen. Die Anträge wurden zwar – wie bei oppositionellen Vorschlägen üblich – von der Regierungsmehrheit regelmäßig abgelehnt. Sie leisteten aber einen großen Beitrag, die politische Agenda im Sinne der Grünen umzuprägen. Den sichtbarsten Beleg für den Bedeutungsgewinn der Ökologie lieferte die Einrichtung eines Umweltministeriums auf Bundesebene im Juli 1986, die eine unmittelbare Reaktion auf die Reaktorkatastrophe von Tschernobyl darstellte.

Getrübt wurde die insgesamt beachtliche Leistungsbilanz durch die in Grabenkämpfe ausartenden Auseinandersetzungen über das eigene organisatorische Selbstverständnis. Im Mittelpunkt stand hier von Beginn an die leidige Rotationsfrage. Als Prinzip der Machtteilung proklamiert, kollidierte der nach der Hälfte der Legislaturperiode vorgesehene Komplettaustausch der Mandatsträger so offensichtlich mit den Bedürfnissen einer kontinuierlichen parlamentarischen Arbeit, dass er amtierende Abgeordnete und Nachrücker gleichermaßen frustrierte. Auch die rechtlich heikle Abführung eines Teils der Aufwandsentschädigung in einen Ökofonds und die Frage nach der Verbindlichkeit von Partei(tags)beschlüssen sorgten für permanenten Zündstoff innerhalb der Fraktion. Sieht man von der bis heute bestehenden Doppelspitze in Partei und Fraktion und der Einhaltung des Geschlechterproporzes bei der Besetzung von Ämtern und Listenmandaten ab, ist von den basisdemokratischen Vorstellungen der Grünen nicht viel übriggeblieben. Das letztgenannte Beispiel zeigt zwar, dass die Grünen auch im organisatorischen Bereich Akzente setzen konnten, die gleichgerichtete Veränderungen in den anderen Parteien bewirkten. Aufs Ganze gesehen überwog aber die umgekehrte Einflussrichtung, war die Professionalisierung der Partei gleichbedeutend mit einer Anpassung an die von den „Altparteien" praktizierten parlamentarischen Spielregeln. Der bewusst anti-bürgerliche Habitus und die Flegelhaftigkeit der Anfangsjahre, die im Bild des in Turnschuhen zu seiner Vereidigung antretenden ersten grünen Landesministers Joschka Fischer kulminierten, sollte schon bald der Vergangenheit angehören.

Der tiefe Einblick, den die Fraktionsprotokolle in die heftigen Auseinandersetzungen der ersten Parlamentsjahre geben, macht deutlich, dass die dauerhafte Etablierung der Grünen im Parteiensystem alles andere als ein Selbstgänger war. Das Fenster für die neue Partei öffnete sich, weil die Konkurrenz die Bedeutung des Jahrhundertthemas Ökologie nicht rechtzeitig erkannt hatte. Dies galt auch und gerade für die SPD, deren damaliger Kanzler Helmut Schmidt dem Phänomen verständnislos gegenüberstand. Wenn Schmidt die Grünen als irregeleitete Bürgerkinder betrachtete, so mag er mit Blick auf ihr Parlaments- und Demokratieverständnis Recht gehabt haben. Weil die Newcomer sich hier als lernfähig erwiesen, konnten sie ihre politikinhaltlichen Vorstellungen gegen die anderen Parteien später freilich umso überzeugenden ausspielen. Diesen Lernprozess durchlaufen zu haben und über den harten Kämpfen der ersten Jahre nicht zerbrochen zu sein, ist der eigentliche Kern der grünen Erfolgsgeschichte.

Frankfurter Allgemeine Zeitung vom 4. Juni 2008, S. 7.

Wo wir sind, ist die Mitte!

Es ist nichts Ungewöhnliches, dass die beiden großen Parteien in der Bundesrepublik für sich reklamieren, als „Volksparteien" die Repräsentanten der politischen Mitte zu sein. Würden sie die Wähler nicht dort abholen wollen, wo diese sich überwiegend tummeln – eben in der breiten gesellschaftlichen Mitte – wären sie schließlich keine Volksparteien. In der Berufung auf die Mitte hat es zwischen Union und SPD freilich schon immer einen kleinen Unterschied gegeben. Wenn sie den Begriff nicht soziologisch (wie im Falle von Schröders „neuer Mitte"), sondern politisch-ideologisch verwenden, fügen die Sozialdemokraten ihm das Attribut „links" stets mit erkennbarem Stolz hinzu. Das Bedürfnis, sich gegenüber der Konkurrenz der anderen linken Parteien zu behaupten, hat sie darin sogar weiter bestärkt. Den Vertretern der Union würde es dagegen nie in den Sinn kommen, die mit ihrer Partei verbundenen ideologischen Zuschreibungen – auch die konservative – mit dem Begriff „rechts" zu versehen. Weil dieser in der Bundesrepublik stigmatisiert ist und ungerechtfertigterweise mit „rechtsaußen" oder „rechtsextrem" gleichgesetzt wird, bleibt ihr terminologisch nur die Flucht in die Mitte.

Die Prominenz, mit der das Selbstverständnis als „Mitte" zum Motto des abgelaufenen Parteitages erhoben wurde, lässt sich allerdings nicht als bloße Verlegenheit interpretieren. Einerseits muss sie als gezielte strategische Reaktion auf den vermeintlichen „Linksruck" der SPD gesehen werden, der in der

Wo wir sind, ist die Mitte! 83

Mitte wieder etwas mehr Platz geschaffen hat. Andererseits spricht aus ihr eine unfreiwillige Ehrlichkeit, was die Veränderung des eigenen Standortes angeht. Mag die CDU die Kontinuität zu früheren Programmen und Positionen noch so sehr betonen, hat sie doch seit dem Leipziger Parteitag 2003 eine erstaunliche Kehrtwende vollzogen. Indem sie von der neoliberalen Reformagenda Abstand nahmen und ihre Tradition als Sozialstaatspartei wiederentdeckten, bewegten sich die Christdemokraten zurück in die Mitte, also – wenn man die Richtung betrachtet – nach links. Programmatisch und im Regierungshandeln schlossen sie damit zu den Sozialdemokraten auf, die sich – von der anderen Seite her kommend – zuvor ihrerseits in die Mitte begeben und als liberale Sozialstaatsreformer empfohlen hatten. Für die Große Koalition hätte das eigentlich ein gutes Omen sein müssen! Die geringer gewordenen programmatischen Differenzen haben die Suche nach vernünftigen Kompromissen jedoch nicht erleichtert, sondern im Gegenteil zu einer verschärften Rivalität unter den Koalitionspartnern geführt, die im Zweifel nur auf den eigenen Wettbewerbsvorteil bedacht sind.

So wie die SPD sich mit den Hartz-Reformen und der Agenda 2010 einer schweren innerparteilichen Zerreißprobe aussetzte, so konnte auch die auf Geschlossenheit ausgerichtete Parteitagsregie der CDU in Hannover den Eindruck der programmatischen Uneinigkeit nicht zerstreuen. In der Sozial- und Arbeitsmarktpolitik ist die Union – wie die SPD – zwischen liberalen Modernisierern und Anhängern eines traditionellen Sozialstaatsverständnisses gespalten. Dass die letzteren auch mit dem Segen der Kanzlerin wieder die Oberhand gewonnenen haben, mag ein Grund für die guten Umfragewerte der Partei sein, mit denen sie die Sozialdemokratie zur Zeit noch deutlich auf Distanz hält. Gleichwohl scheint die SPD heute – zumindest auf der abstrakten Ebene – über ein in den eigenen Reihen konsensfähigeres Zukunftskonzept des Sozialstaats zu verfügen als CDU und CSU, das an den skandinavischen Ländern orientiert ist. Während die Unionsparteien zwischen dem angelsächsischen und skandinavischen Modell des Wohlfahrtsstaates lavieren und daher eine Tendenz zur Fortschreibung des Status quo entwickeln, können sich die Sozialdemokraten mit der Forderung nach einem „vorsorgenden" Sozialstaat als reformerische Kraft darstellen und dabei zugleich an eigene Grundwerte anschließen. Wie rasch einen die programmatische Unentschlossenheit auch strategisch ins Aus manövrieren kann, zeigt exemplarisch der Kampf um die Einführung eines allgemeinen gesetzlichen Mindestlohnes, den die Union im Grunde schon verloren hat.

Ein vergleichbares Bild ergibt sich auf dem gesellschaftspolitischen Gebiet, also dort, wo es um den kulturellen Standort und das Werteverständnis der Partei geht. Auch hier hat die Union einen bemerkenswerten Wandlungsprozess durchgemacht, um den Anschluss an die kulturelle Mitte in unserem Land zurückzufinden. Die deutliche Wahlniederlage von 1998 und der Wechsel zu Rot-Grün hingen auch damit zusammen, dass dieser in der Ära Kohl verloren gegangen war. Symbolhaft markiert wurde dies durch die Choreographie der Parteitage, in der ein orgelspielender Franz Lambert eine bürgerliche Behäbigkeit repräsentierte, die mit dem Lebensgefühl der gesellschaftlichen Mitte immer weniger zu tun hatte. Von der Modernisierung ihres Familienbildes über die Enttabuisierung der durch die Einwanderung geschaffenen kulturellen Pluralität bis hin zur Anerkennung zuvor verfemter Lebensformen (etwa der gleichgeschlechtlichen Partnerschaft) hat die CDU der veränderten gesellschaftlichen Realität seither schneller Rechnung getragen, als man das mit Blick auf ihre konservative Kernklientel vermutet hätte. So wie in der Sozial- und Wirtschaftspolitik überspannt die Mitte also auch hier ein weites Spektrum politischer Positionen, das der Parteiführung noch manche Gratwanderung abverlangen wird.

Aus elektoraler Sicht spricht natürlich nichts dagegen, in einem Parteiprogramm möglichst viele Werthaltungen, Lebensformen und Interessen miteinander zu verbinden, um darüber eine breite Wählerkoalition abzudecken. Je heterogener und widersprüchlicher die Positionen ausfallen, um so schwieriger wird es allerdings, sie in ein konsistentes, an Problemlösungen orientiertes Regierungshandeln zu übersetzen und dieses geschlossen zu vertreten. Dass dies für die – ihrem Selbstverständnis nach – geborene Regierungspartei CDU zunehmend zum Problem werden könnte, lässt sich neben dem Mindestlohn auch an einer Reihe von anderen Themen ablesen, die heute auf der Agenda stehen: die Bedeutung von „Wahlfreiheit" in der Kindererziehung, die Zukunft des dreigliedrigen Schulsystems, der Schutz sensibler Wirtschaftsbereiche vor unerwünschten ausländischen Investoren, die Regulierung der medizinischen Forschung, die Möglichkeiten und Grenzen einer wertegebundenen Außenpolitik. Selbst bei einer vermeintlich unverfänglichen Frage wie dem Tempolimit, das man zur Zeit noch einhellig ablehnt, könnte die Union in die Gefahr geraten, sich ideologisch zu verkämpfen.

Bleibt als letztes die Frage nach der Machtperspektive. Im neuen Fünfparteiensystem hängt diese nicht nur von den Größenverhältnissen zwischen den Parteien ab, sondern auch von den Koalitionsoptionen, über die sie verfügen. Für die Union fällt das Urteil diesbezüglich zwiespältig aus. Auf der einen Seite profitiert sie davon, dass die SPD durch die neue Konkurrenz der Linkspartei in eine strukturelle Minderheitsposition geraten ist; als vermutlich stärkste Partei würden CDU und CSU damit in einer über 2009 hinaus fortbestehenden Großen Koalition weiter die Kanzlerin stellen, während die Sozialdemokraten sich mit der aus elektoraler Sicht wenig attraktiven Rolle des „Juniorpartners" begnügen müssten. Auf der anderen Seite besitzt die SPD jedoch mehr Möglichkeiten als die Union, in ein anderes Bündnis umzusteigen. In den Ländern hat sie bereits mit allen im Bund vertretenen Parteien koaliert, sodass sie – wenn es denn für eine kleine Zweierkoalition nach dem alten Muster nicht mehr reicht –, theoretisch sowohl eine Ampel- als auch eine Linkskoalition anführen könnte. Koalitionspolitisch wird die zentrale Position im Parteiensystem also nicht von CDU und CSU, sondern von den Sozialdemokraten besetzt, die aus heutiger Sicht an jeder denkbaren Regierung beteiligt wären. Diese Schlüsselrolle könnte ihr die Union nur entwinden, wenn sie sich nach links weiter öffnet und die eigenen Koalitionsoptionen durch ein Bündnis mit den Grünen verbreitert. Entsprechende Gelegenheiten bieten sich womöglich schon bei den anstehenden Landtagswahlen. Dann wird sich zeigen, welche Konsequenzen die Partei aus ihrem Anspruch auf die politische Mitte tatsächlich zu ziehen bereit ist.

Die Neue Gesellschaft / Frankfurter Hefte 55 (2008) H. 1/2, S. 12-15.

Macht- und Programmoptionen im neuen Fünfparteiensystem

Auch wenn sich Geschichte bekanntlich nicht wiederholt, ist doch erstaunlich, dass in den beiden Perioden (1966 bis 1982 und 1998 bis heute), in denen in der Bundesrepublik Sozialdemokraten Regierungsverantwortung getragen haben, neue Parteien im linken politischen Spektrum entstanden sind. Gewiss wäre es irreführend, die Grünen, die sich in den achtziger Jahren als vierte Kraft im Parteiensystem erfolgreich etablierten, eine SPD-Abspaltung zu nennen. Die Ökologiebewegung, aus der sie hervorgetreten sind, wurde aber erst durch die für Umweltfragen wenig empfängliche Wirtschaftspolitik des sozialdemokratischen Kanzlers Helmut Schmidt zu einer für die SPD gefährlichen Größe. Weil diese die Bedeutung des Jahrhundertthemas nicht erkannt hatte (von Ausnahmen wie Erhard Eppler abgesehen), konnten die Grünen sich auf dem ökologischen Pol einer neuen „postmaterialistischen" Konfliktlinie positionieren und damit Wähler binden, die ansonsten wahrscheinlich bei der Sozialdemokratie gelandet (oder verblieben) wären.

Anders stellte sich die Situation im Jahre 2005 dar. Ob der Protest gegen die Schröder'schen Sozialreformen, der zur Entstehung der WASG in den alten Bundesländern geführt hat, eine neue gesellschaftliche Konfliktlinie begründet, können wir dahingestellt sein lassen. Selbst wenn es so wäre, würde er an die Bedeutung des Ökologiethemas auf keinen Fall heranreichen. Ablesbar ist dies zum einen daran, dass die WASG organisatorisch tatsächlich eine SPD-Abspaltung darstellt. Solchen Abspaltungen liegen in der Regel gerade keine neuen Konfliktlinien zugrunde. Stattdessen entspringen sie der Kritik, dass sich die Herkunftspartei von den alten Konfliktlinien, die ihre Identität ausmachten, in unzulässiger Weise entfernt habe. Zum anderen hätte die WASG ohne die Fusion mit der PDS wohl kaum das Potenzial gehabt, sich als politische Kraft jenseits der SPD zu etablieren. Vermutlich wäre sie wie viele andere Protestparteien vor ihr von der Bildfläche rasch wieder verschwunden.

Gemessen am Wählerzuspruch hat das Auftreten dreier konkurrierender Parteien dem linken Lager nicht geschadet, im Gegenteil: Sieht man von der Bundestagswahl 1990 ab, die den bürgerlichen Parteien unter dem unmittelbaren Eindruck der deutschen Einheit nochmals einen klaren Sieg bescherte, lag der zusammengenommene Stimmenanteil der linken Parteien (SPD, Grüne und PDS/Linkspartei) ab 1994 stets über dem Rekordergebnis, das die SPD bei der Bundestagswahl 1972 erreicht hatte (45,8 Prozent), als es ihr zum ersten Male gelungen war, die Union als stärkste politische Kraft zu überflügeln. Bei den Bundestagswahlen 1998, 2002 und 2005 verfügten die politische Linke elektoral sogar über die absolute Mehrheit, lag sie mit Werten zwischen 50,9 und 52,7 Prozent mehr oder weniger deutlich vor dem bürgerlichen Lager. Seit 1994, dem Jahr der zweiten Runde der Landtags- und Bundestagswahlen in der früheren DDR, erreicht die politische Linke damit eine elektorale Stärke, die sie in der deutschen Geschichte nie zuvor besessen hat. Und wenn man von den aktuellen Umfragen ausgeht, wird sich an diesen Kräfteverhältnissen auch bei der kommenden Bundestagswahl nichts Nennenswertes ändern. Theoretisch lässt sich der positive Effekt der Pluralisierung leicht erklären: Mehrere Parteien, die innerhalb eines bestimmten Spektrums auftreten und im Wettbewerb unterschiedliche personelle und programmatische Angebote machen, können ein gegebenes Wählerpotenzial umfassender ausschöpfen als eine Partei allein. Das Hinzutreten von Grünen und Linkspartei würde die Volkspartei SPD demnach ein Stückweit davon entlasten, Positionen mit abzudecken, die von ihren linken Konkurrenten ebenfalls (und womöglich authentischer) vertreten werden. Auf diese Weise könnte sie ihr Augenmerk stärker auf die Wähler der Mitte richten und die Auseinandersetzung mit der anderen Volkspartei führen. Strategisch hätte das einen doppelten Vorteil. Zum einen würde es den zusammengenommenen Stimmenanteil der linken Parteien vergrößern, was nützlich sein könnte, wenn die Akteure ein Linksbündnis tatsächlich anstreben. Zum anderen könnte ein Kurs der Mitte aber auch als Absage an ein solches Bündnis und Präferenz für eine „zentristische" Koalition interpretiert werden. Insofern mag das Vielparteiensystem den geschrumpften Volksparteien zwar Gelegenheit zu einer schärferen programmatischen Konturierung geben; die Vielfalt der rechnerisch möglichen und politisch denkbaren Koalitionen zwingt sie jedoch gleichzeitig zu größerer strategischer Flexibilität. Welche Fehler einem dabei unterlaufen können, hat der missglückte Öffnungsversuch der SPD gegenüber der Linken im Vorfeld der jüngsten Landtagswahlen gezeigt.

Eingeklemmt zwischen ihrem Regierungspartner Union und der neuen Konkurrenz der Linken, hat die SPD die Notwendigkeit der programmatischen Profilierung nach der siebenjährigen Schröder-Ära erkannt und mit dem Konzept des vorsorgenden Sozialstaates (das auf ihren kurzzeitigen Vorsitzenden Matthias Platzeck zurückgeht) einen vielversprechenden Zukunftsansatz linker Politik entwickelt, der nun der Ausbuchstabierung bedarf. Dessen Grundlage ist ein Gerechtigkeitsverständnis, das vorsorglichen Investitionen in die Herstellung und Verbesserung der Chancengleichheit (namentlich im Erziehungs- und Bildungsbereich) Vorrang einräumt vor dem nachträglichen Ausgleich von Einkommensunterschieden. Dies stellt eine Korrektur bisheriger Positionen dar und signalisiert einen klaren Unterschied zur Linken, die den hergebrachten Sozialstaat am liebsten noch weiter ausbauen würden.

So konsensfähig das Modell auf einer abstrakten Ebene erscheint, so wenig hat die SPD daraus in der Auseinandersetzung mit der Linkspartei bisher allerdings gemacht. Auf ihre hervorragenden Ergebnisse in der Gruppe der jüngeren Wähler (insbesondere der weiblichen) bei den letzten Landtagswahlen wusste sie sich selbst am wenigsten einen Reim zu machen und in der Regierungspolitik ruderte sie in wichtigen Fragen (Bezugsdauer des Arbeitslosengeldes und Frühverrentung) von der vorsorgenden zur nachsorgenden Konzeption wieder zurück. Statt auf die eigenen Stärken zu setzen und an der politikinhaltlichen Profilierung weiterzuarbeiten, rieb sich die SPD an der lästigen Konkurrenz von links, so als ob diese der eigentliche Grund ihrer Schwierigkeiten sei. Von daher hat sie selbst am meisten dazu beigetragen, dass sich die parteiinterne und öffentliche Debatte ganz auf die leidige „Koalitionsfrage" konzentrierte.

Die Linke muss um ihre Position als fünfte Partei einstweilen nicht fürchten. Das organisatorische Fundament der im Osten bestens vernetzten PDS und die neue Virulenz der Verteilungsfragen geben ihr beste Chancen, auf dem derzeitigen (oder einem noch höheren) Niveau zu überleben, die durch die aktuelle Regierungskonstellation noch befördert werden. Die gleichzeitige Bedienung dreier *cleavages* (Haltung zum DDR-Regime, Ost-West-Konflikt und Sozialkonflikt) verspricht eine stabile Wählerkoalition. Zwar gibt es hier eine gewissen *trade off*, weil die Partei durch die Westausdehnung ihre reine Ost-Identität verliert. Dies dürfte dem Gesamterfolg aber ebenso wenig im Wege stehen wie die beträchtlichen Schwierigkeiten im Fusionsprozess, die in der Öffentlichkeit bisweilen das Bild einer Chaotentruppe entstehen lassen. Hier profitiert die Linke davon, dass sie von den Wählern weniger als gestaltende Kraft denn als Protestpartei geschätzt wird. (Im Osten trifft vermutlich das eine wie das andere zu.)

Die parlamentarische Kultur der Bundesrepublik muss sich auf die neuen Bedingungen eines Vielparteiensystems erst noch einstellen. Das gilt für Wähler und Parteien gleichermaßen. Die ersteren werden sich daran gewöhnen müssen, dass die gewünschten oder nicht ausschließbaren Koalitionen vor der Wahl nicht immer offengelegt werden. Was aus demokratischer Sicht eigentlich geboten ist, könnte sich aus strategischer Sicht der Parteien nämlich als Fehler erweisen (wenn damit potenzielle Wähler verschreckt werden). Für die Parteien besteht das Problem wiederum darin, dass sie lernen müssen, Koalitionen auch mit nicht geborenen Partnern einzugehen und zum Erfolg zu führen. Die Zeit der natürlichen Bündnisse ist vorbei. Das Verhältnis der Parteien zueinander und ihr Verhalten im Wettbewerb werden sich dadurch notgedrungen verändern. Man grenzt sich ab und muss doch so konziliant bleiben, dass man gegebenenfalls zusammenkommen kann. Lernbereitschaft bedarf es schließlich in institutioneller Hinsicht. Nachdem der Automatismus der Mehrheitsbildung jahrzehntelang dafür gesorgt hat, dass sich die Frage des Regierungsauftrags nicht stellte, müssen im Vielparteiensystem entsprechende Regeln gefunden und eingehalten werden. Und auch die Voreingenommenheit gegen Minderheitsregierungen, die in anderen Ländern gang und gäbe sind, sollte man in der Bundesrepublik endlich ablegen.

Je mehr politischen Anbieter sich auf dem Wählermarkt tummeln, umso geringer sind in der Tendenz deren jeweilige Stimmenanteile. Die Dezimierung muss aber nicht automatisch zu weniger Regierungsmacht führen, im Gegenteil: Gelingt es einer Partei, im Vielparteiensystem eine zentrale Position einzunehmen, kann sie die Dauer ihrer Regierungsbeteiligungen vielleicht sogar erhöhen. Dazu muss sie freilich bereit sein, die Macht mit anderen Partnern zu teilen.

In der Bundesrepublik sah es lange Zeit so aus, als ob die SPD im Parteiensystem über die strategisch günstigste Position verfügen würde. Dass sich dies inzwischen geändert hat, liegt nicht nur am Aufkommen der Linkspartei. Diese hat die Wettbewerbsparameter insofern verschoben, als sie der Union eine strukturelle Mehrheitsposition im Parteiensystem verschafft. Die SPD hat deshalb einen stärkeren Anreiz als diese, aus der Großen Koalition auszusteigen, in der sie sich vermutlich auch nach 2009 mit der Rolle des Juniorpartners begnügen müsste. Realistische Alternativen stehen ihr für das Wahljahr freilich nicht zur Verfügung. Ein Linksbündnis würde die Partei derzeit zerreißen und die Avancen in Richtung Ampelkoalition wurden von der FDP bisher nicht erwidert, für die ein Zusammengehen mit Union und Grünen gewiss reizvoller wäre. Die Chancen auf ein solches Jamaika-Bündnis sind wiederum gestiegen, nachdem es der CDU in Hamburg gelungen ist, erstmals auf Landesebene eine Koalition mit den Grünen zu schmieden.

Für die SPD, der man ja gerne eine historisch bedingte Sehnsucht nach der Oppositionsrolle unterstellt, wäre ein solches Szenario nicht nur deshalb unerquicklich, weil sie damit ihre Regierungsmacht verlöre. Noch heikler wäre, dass sie die Oppositionsrolle dann mit der Linken teilen müsste, gegen deren ungebremsten Populismus sie im Zweifel wenig ausrichten könnte. Dass Konkurrenz aus dem eigenen Lager in der Opposition noch ungemütlicher ist als in der Regierung, musste die Partei bereits in den achtziger Jahren leidvoll erfahren, als ihr die Grünen auf der parlamentarischen Bühne zeitweilig den Rang abliefen. Insofern ist es aus Sicht der SPD misslich, dass sie dem drohenden Jamaika-Bündnis die Alternative einer Linkskoalition als glaubhafte Drohkulisse heute noch nicht entgegen setzen kann. Dazu müsste sie ja selbst eine solche Alternative als gangbar erachten, was vielleicht 2013 der Fall sein wird, aber gewiss nicht 2009. Umgekehrt ist es keineswegs ausgemacht, dass die Union das Wagnis einer neuen, faktischen Vierer-Koalition (wenn man die CSU mit einrechnet) gegen die bisherige Berechenbarkeit der Großen Koalition eintauschen würde. Wenn der Eindruck nicht trügt, sind die Bedenken gegenüber einem solchen Bündnis in der letzten Zeit eher gewachsen. Es ist daher gut möglich, dass sich nach 2009 erst einmal gar nichts ändert und die Große Koalition als Regierung weiter besteht; auch das wäre eine Konsequenz der neuen Vielfalt im deutschen Parteiensystem.

Die Neue Gesellschaft / Frankfurter Hefte 55 (2008) H. 10, S. 35-38.

Wer mit wem?

Die Bundesrepublik steht vor einer der spannendsten Wahlauseinandersetzungen ihrer 60-jährigen Geschichte. Noch nie war die Ungewissheit so groß, welche politische Formation das Land nach der Wahl regieren wird. Die Gründe dafür liegen zum einen in abnehmenden Parteibindungen und der gestiegenen Sprunghaftigkeit des Wählerverhaltens, zum anderen – damit verbunden – in der Pluralisierung der Parteienlandschaft. Im Zweieinhalb-Parteiensystem der sechziger und siebziger und im bipolaren Vierparteiensystem der achtziger Jahre sorgte die Verbindung von klaren Koalitionsaussagen mit der Arithmetik der Wahlergebnisse für einen Automatismus der Mehrheitsbildung. Zum Standardmodell der Regierung avancierte dabei die kleine Zweier-Koalition. Die Erweiterung des Systems zu einer Viereinhalb-Parteienstruktur, die durch das Überleben der PDS als ostdeutsche Regionalpartei im Zuge der deutschen Einheit herbeigeführt wurde, konnte die Regierungsbildung nach diesem Muster zunächst noch nicht gefährden. Durchbrochen wurde es erst, nachdem die Postkommunisten mit der westdeutschen SPD-Abspaltung WASG zu einer neuen gesamtdeutschen Linkspartei fusioniert waren. Weil diese mit einem etwa doppelt so hohen Stimmanteil rechnen kann wie die alte PDS, sind Mehrheiten für eine kleine Zweier-Koalition seither sehr viel unwahrscheinlicher geworden.

Obwohl am Wahlabend des 18. September 2005 auch über andere Farbenkonstellationen munter spekuliert wurde, gab es in der damaligen Situation zur Bildung der Großen Koalition keine Alternative. Allerdings war von Beginn an klar, dass Union und SPD nun verstärkt nach Wegen suchen würden, um durch eine Entkrampfung ihres Verhältnisses zu den Grünen bzw. zur FDP den Weg für eine andere, lagerübergreifende Dreier-Koalition zu ebnen. Trotz der erstmaligen Bildung einer schwarz-grünen Koalition auf Länderebene (in Hamburg) wird man nicht behaupten können, dass sie dabei sonderlich weit vorangekommen wären. Das hängt einerseits mit der Befürchtung zusammen, dass eine zu starke Annäherung an den prospektiven Partner zur Abwendung der eigenen Klientel führen könnte. Zum anderen sind die Parteiensystemstrukturen in den westdeutschen und ostdeutschen Bundesländern so beschaffen, dass in beiden Fällen Dreier-Koalitionen im Zweifel gar nicht notwendig sind. Wenn solche Bündnisse eine Alternative zur jetzigen Großen Koalition bereithalten sollen, müssten sie von den Parteien also ohne vorherigen Probelauf in den Ländern in Angriff genommen werden.

Legt man die von den Parteien bisher ausgesendeten – positiven wie negativen – Koalitionssignale zugrunde (zu denen auch nicht ausdrücklich ausgeschlossene Koalitionen zählen), dann lässt sich der Kreis der nach der Bundestagswahl zu erwartenden Bündnisse verlässlich eingrenzen. Für die Koalitionsbildung sind dabei folgende Faktoren maßgebend, die in den entsprechenden Signalen zum Ausdruck kommen: 1.) das Streben nach Ämtern und Regierungsmacht, 2.) die inhaltlich-programmatische Nähe, 3.) die historische und personelle Verträglichkeit und 4.) die interne Geschlossenheit. Keine Rolle dürfte dagegen im Kalkül der Akteure die Regierungstauglichkeit spielen, also die Frage, ob die anzubahnende Koalition eine Mehrheit im Bundesrat hat. Aus der Betrachtung ausgeschlossen werden können diejenigen Zweier-Koalitionen, deren Zustandekommen schon aus arithmetischen Gründen (der zu erwartenden Stimmanteile) äußerst unwahrscheinlich scheint: Rot-Grün, aber auch Rot-Gelb und Schwarz-Grün. Darüber hinaus erübrigt sich die Überprüfung für ein Zusammengehen der bürgerlichen Parteien mit der Linken. Als denkbare Konstellationen verbleiben mithin 1.) Schwarz-Gelb, 2.) Jamaika, 3.) Linksbündnis, 4.) Ampel oder 5.) die Forstsetzung der bestehenden Großen Koalition. Gehen wir sie anhand der oben genannten Kriterien nacheinander durch.

1.) Am eindeutigsten erfüllt werden die Kriterien von der bürgerlichen Zweier-Koalition aus Union und FDP. Erreichen beide Parteien zusammen die Mehrheit, können wir ziemlich sicher davon ausgehen, dass sie auch die Regierung bilden werden. Zur Zeit verfügen Union und FDP noch über eine knappe Mehrheit im Bundesrat, die aber schon vor der Bundestagswahl verloren gehen könnte, wenn es in Thüringen und im Saarland zu Regierungswechseln kommt. Selbst dann wäre ihre Position in der Länderkammer aber immer noch komfortabler als die einer SPD-geführten Bundesregierung oder einer Großen Koalition.

2.) So sicher die bürgerliche Koalition zustande kommt, wenn es das Wahlergebnis erlaubt, so verlässlich kann man ein Jamaika-Bündnis ausschließen. Die Grünen haben einer solchen Formation, die sie selbst in die Funktion eines „Mehrheitsbeschaffers" für Union und FDP hineinbringen würde, auf ihrem Wahlparteitag definitiv eine Absage erteilt. Damit tragen sie nicht nur den – immer noch geringen – politikinhaltlichen Schnittmengen mit den bürgerlichen Parteien Rechnung, sondern auch den massiven Vorbehalten, die bei einem Großteil ihrer Funktionäre gegen eine Zusammenarbeit mit Union und FDP bestehen. Diese werden von den Wählern der Partei wie auch von ihrer Führung nicht im selben Maße geteilt. Die Absage an Jamaika macht zugleich deutlich, dass ein Dreierbündnis koalitionspolitisch anders betrachtet werden muss als das Zusammengehen mit nur einer der beiden bürgerlichen Parteien in einer schwarz-grünen oder Ampelkoalition: Letztere würden den Grünen einen größeren Spielraum geben, ihre eigenen politikinhaltlichen Positionen im Regierungsprozess zu behaupten. Deshalb werden sie von der Parteiführung nicht so kategorisch abgelehnt wie Jamaika. Auf der anderen Seite hätte ein Jamaika-Bündnis den Vorteil, dass es unter allen hier diskutierten Formationen über die beste Position im Bundesrat verfügen würde.

3.) Genauso sicher wie die Jamaika-Koalition lässt sich ein rot-rot-grünes Linksbündnis ausschließen. Mag ein solches Bündnis für die Linke selbst und für Teile der Grünen eine durchaus gangbare Möglichkeit darstellen, würde es die SPD zum jetzigen Zeitpunkt schier zerreißen. Ursächlich dafür sind zum einen die historischen und personellen Unverträglichkeiten mit der Linken, für die symbolhaft der Name Oskar Lafontaines steht, zum anderen die programmatischen Differenzen. Mit Blick auf den Mindestlohn und andere Themen der Sozial- und Wirtschaftspolitik findet man gelegentlich die Behauptung, letztere seien gar nicht so groß oder jedenfalls kleiner als die Differenzen der SPD mit Union oder FDP. Dabei wird jedoch übersehen, dass die Themen nicht alle über einen Kamm geschoren oder nur an ihrer elektoralen Bedeutung gemessen werden dürfen. Diese mag z.B. für die Außenpolitik eher gering zu veranschlagen sein, die sich jedoch koalitionspolitisch als unüberwindbarer Stolperstein entpuppen kann (und mit Blick auf die Positionen der Linken in diesem Feld heute tatsächlich entpuppt). Aus Sicht der SPD ist es daher folgerichtig, wenn sie eine Zusammenarbeit mit der Linken auf der Bundesebene anders betrachtet in den Ländern. Allerdings dürfte dieser Unterschied den Wählern nur schwer zu vermitteln sein, weshalb die Partei mit einer gewaltigen Gegenmobilisierung in der Koalitionsfrage rechnen muss. Dies gilt umso mehr, als die Landtagswahlen im Saarland und in Thüringen, wo es zu rot-roten oder rot-rot-grünen Koalitionen kommen könnte, mitten in den Bundestagswahlkampf hineinplatzen.

4.) Das Koalitionsmodell, das die Phantasie zur Zeit am meisten beflügelt, ist die Ampel. Wenn Schwarz-Gelb die angestrebte Mehrheit erneut verfehlt und Jamaika aus den oben dargelegten Gründen ausscheidet, wäre ein Bündnis mit Rot-Grün für die FDP die einzige Chance, nach elf Jahren Abstinenz wieder an die Regierung zurückzukehren. Aus Sicht der Sozialdemokratie versteht sich die Präferenz für ein solches Bündnis fast von selbst. Da sie davon ausgehen muss, bei der Wahl hinter der Union zu liegen, könnte die SPD nur so die Führung der Regierung übernehmen und ihren Anspruch auf das Kanzleramt durchsetzen. Aus demselben Grund halten sich auch die Grünen den Weg in eine Ampelkoalition offen, selbst wenn sie dies weniger offensiv erklären als die SPD. Der Schlüssel für das Zustandekommen der Ampel liegt von daher bei den Freidemokraten oder genauer: bei deren Vorsitzenden Guido Westerwelle. Nimmt dieser die hohen Risiken, die sich für die FDP aus einer solchen Konstellation ergäben, in Kauf, um sein politisches Lebensziel zu erreichen, Außenminister zu werden? Oder entscheidet er sich für die aus elektoraler Sicht bequemere Option, die Partei in der Opposition zu halten? Westerwelles Position in der FDP ist inzwischen so unangefochten, dass er beides durchsetzen könnte. Wohin die Reise am Ende geht, weiß er vielleicht im Moment noch nicht einmal selbst.

5.) Gegen die Ampel als Regierungsmodell sprechen übergeordnete Gründe. SPD, FDP und Grüne wären in allen wichtigen Fragen auf die Unterstützung der Opposition angewiesen, denn nach jetzigem Stand hätte ein solches Dreierbündnis im Bundesrat gerade mal sieben (!) Stimmen. Ob eine aus der Regierung hinauskatapultierte Union diese Unterstützung leisten würde, darf mit Fug bezweifelt werden. Unter Regierungsgesichtspunkten (nicht unbedingt unter Demokratiegesichtspunkten) wäre es deshalb vermutlich besser, die SPD würde als Juniorpartner in der Großen Koalition verbleiben (obwohl selbst diese in der Länderkammer mittlerweile über keine Mehrheit mehr verfügt). Die Union dürfte ohnehin kein großes Interesse verspüren, die Unwägbarkeiten einer anderen (Jamaika-)Koalition gegen die relative Verlässlichkeit der bestehenden Regierung einzutauschen, in der sie ja als wahrscheinlich stärkerer Partner auch fortan die Kanzlerin stellen könnte. Insofern gibt es mit Blick auf die Koalitionsbildung im September eigentlich nur zwei offene Fragen: Erreichen Union und FDP eine gemeinsame Mehrheit und würde Westerwelles FDP das Wagnis einer Ampelkoalition eingehen? Tritt beides nicht ein, können Union und SPD sich auf eine weitere Amtszeit der Großen Koalition einrichten.

Die Neue Gesellschaft / Frankfurter Hefte 56 (2009) H. 7/8, S. 52-55.

Droht der alte Lagerkoller?

Als die Innenarchitekten des Berliner Reichstagsgebäudes Mitte der neunziger Jahre die Fraktionssäle unter der gläsernen Kuppel einrichteten, konnten sie die Verschiebungen der parteipolitischen Kräfteverhältnisse, die ein Jahrzehnt später eintreten würden, noch nicht vorausahnen. Der Abstand zwischen der kleinsten großen Partei, der SPD, und der größten kleinen Partei, der FDP, ist mittlerweile so eng geworden, dass in den hinteren Reihen des Fraktionssaals der Sozialdemokraten gähnende Leere herrscht und die im Vergleich zu 2002 auf das doppelte angewachsene FDP-Fraktion einen neuen Saal benötigt, um alle Abgeordneten unterzubringen. Auch unter den Abgeordneten- und Fraktionsmitarbeitern werden in den kommenden Tagen viele Vertreter der Großen ihre Büros für die Kleinen räumen müssen.

Mit Blick auf die Entwicklung des bundesdeutschen Parteiensystems verdienen insbesondere fünf Aspekte des Bundestagswahlergebnisses festgehalten und analysiert zu werden. *Erstens* hat die Wahl die Fünfparteienstruktur verfestigt, die durch die erfolgreiche Etablierung einer gesamtdeutschen Linkspartei auf der Bundesebene seit 2005 entstanden war. *Zweitens* hat sie die bipolare Struktur des Systems bekräftigt, in dem sich zwei elektoral und koalitionspolitisch abgrenzbare Lager gegenüberstehen. *Drittens* hat sie die Kräfteverhältnisse innerhalb der beiden Lager deutlich zugunsten der kleinen Partner verschoben. *Viertens* hat sie im Verhältnis der beiden großen Parteien eine strukturelle Asymmetrie zugunsten der Union herbeigeführt. Und *fünftens* hat sie die Erwartung widerlegt, dass kleine Zweierkoalitionen in einem Fünfparteiensystem keine Mehrheiten mehr erreichen können.

Die Verfestigung des Fünfparteiensystems durch die Bundestagswahl stellt keine Überraschung dar, war sie doch aufgrund der Entwicklung in den Ländern seit 2005 längst abzusehen. Im ersten halben Jahr nach Bildung der Großen Koalition hatte es noch den Anschein, als ob der Durchbruch der Partei „Die Linke" in den alten Bundesländern kein Selbstgänger sein würde. Deren schwache Ergebnisse bei den Landtagswahlen im Frühjahr 2006 (in Baden-Württemberg und Rheinland-Pfalz) waren aber hauptsächlich auf das zu diesem Zeitpunkt noch ungebrochene Ansehen der Großen Koalition zurückzuführen, auch wenn die SPD daraus weniger Nutzen zog als die Union. Die Bürgerschaftswahl in Bremen (Mai 2007) und die Landtagswahlen in Hessen, Niedersachsen und Hamburg (Januar / Februar 2008) kehrten den Trend um. Die SPD sah sich deshalb zu einem Strategiewechsel gegenüber der erstarkenden Konkurrenz gezwungen, der freilich wenig professionell betrieben wurde. Dass die koalitionspolitische Öffnung zur Linken in Hessen gegen ein ausdrückliches Wahlversprechen erfolgte, führte zu einem massiven Vertrauensverlust bei den Wählern. Die dadurch ausgelöste innerparteiliche Zerreißprobe sollte nicht nur der hessischen Spitzenkandidatin Andrea Ypsilanti zum Verhängnis werden, sondern am Ende auch den Bundesvorsitzenden Kurt Beck das Amt kosten.

Die Finanz- und Wirtschaftskrise konnte den Aufstieg der Linken ebenfalls nur vorübergehend bremsen. In den ersten Monaten der Krise richteten sich die Augen naturgemäß auf die Regierenden, die das Heft des Handelns in der Hand hielten und für ihr Krisenmanagement von der Öffentlichkeit insgesamt gute Noten bekamen. Dass die Linke mit ihrer Kritik am internationalen Finanzkapitalismus scheinbar Recht behalten hatte, brachte ihr in dieser Phase keine Unterstützung ein, im Gegenteil: Neben den Regierungsparteien profitierte von der Krise ausgerechnet die FDP, die sich als Warnerin vor zu viel Staatsinterventionismus geschickt zu profilieren wusste. Der Agendawechsel hin zu Sicherheit und Besitzstandswahrung, der den bürgerlichen Parteien mit der ihnen traditionell stärker zugeschriebenen Wirtschaftskompetenz zugute kam, ließ das Thema soziale Gerechtigkeit allerdings nur kurzzeitig in den Hintergrund treten. Konnte die SPD ihr schwaches Ergebnis bei der Europawahl im Juni 2009 noch mit dem Hinweis beschönigen, dass zumindest die Abwanderung zur Linken gestoppt sei, so musste sie am Wahlabend des 27. September schmerzlich erkennen, dass sie erneut eine Million Wähler an Lafontaines und Gysis Partei verloren hatte.

Das Vorhandensein zweier politischer Lager im deutschen Parteiensystem, das Politologen nicht nur aufgrund der fragwürdigen Benennungen der Lager als „bürgerlich" oder „links" gelegentlich anzweifeln, wird durch Ergebnis und Vorgeschichte der Bundestagswahl erneut belegt. Es kann einerseits an den Wählerbewegungen, andererseits am Koalitionsverhalten der Parteien festgemacht werden. Das Gros der Wähler, die sich bei der jetzigen Bundestagswahl anders entschieden haben als 2005, ist laut Daten von Infratest dimap auch dieses Mal innerhalb des eigenen Lagers verblieben oder hat die Option der Nichtwahl der Wahl einer Partei des anderen Lagers vorgezogen. Besonders eindrucksvoll zeigt sich dieser Effekt bei den Unionswählern, von denen jeweils gut eine Million der Wahl ferngeblieben und zur FDP gegan-

Droht der alte Lagerkoller? 97

gen sind, während die Abgänge zu den linken Parteien kaum messbar waren. Auch bei der SPD überwiegen die internen Abgänge die Lagerwechsler deutlich. Über vier Millionen ihrer Wähler von 2005 sind 2009 zu Hause geblieben oder haben Linke (1,1 Millionen) und Grüne (860.000) gewählt, rund 1,4 Millionen sind zu Union oder FDP übergelaufen (darunter erstaunlicherweise mehr als eine halbe Million zur FDP!). Zusammen mit den Nichtwählern haben die Lagerwechsler damit die Wahl zugunsten der bürgerlichen Parteien entschieden.

Die ausschlaggebende Bedeutung der Lagerwechsler zeigt ein Vergleich des Gesamtstimmenverhältnisses. Lagen die drei linken Parteien 2005 mit 51,0 Prozent noch deutlich vor Union und FDP, die zusammen 45,1 Prozent erhielten, so hat sich das Verhältnis diesmal zugunsten der bürgerlichen Parteien umgedreht (48,4 Prozent für Union und FDP, 45,6 Prozent für die drei linken Parteien). Die beiden Seiten liegen also durchaus knapp beieinander. Dies lässt sich auch am Überraschungsergebnis der Piratenpartei ablesen, deren 2,0 Stimmenprozente primär zulasten der linken Parteien gegangen sein dürften. Eine relativ geringe Zahl von Rückkehrern und Nichtwählern aus dem bürgerlichen Lager reicht von daher schon aus, um eine erneute Umkehrung der Mehrheitsverhältnisse zu bewirken.

Gemessen am Koalitionsverhalten der Parteien muss die These der zwei Lager weiterhin mit Einschränkungen versehen werden. Die Entwicklung des Parteiensystems (und damit der Koalitions- und Regierungsbildung) wird mit davon abhängen, ob diese Einschränkungen auch in Zukunft gelten. Während Union und FDP koalitionspolitisch fest zusammengebunden bleiben, steht den drei linken Parteien nun ein mühsamer Prozess der wechselseitigen Öffnung und Annäherung bevor, der über die Anbahnung von Koalitionen auf der Länderebene auch zu einer koalitionspolitischen Machtperspektive für die Bundestagswahl 2013 führen könnte. Der Tabubruch in Hessen hat zwar dafür gesorgt, dass der Weg für eine Zusammenarbeit mit der Linken von Seiten der SPD schon vor der Wahl freigemacht wurde – bei den Landtagswahlen im Saarland und in Thüringen sollten die Sozialdemokraten diese Option als Chance zur Regierungsübernahme erstmals offensiv nutzen. Dennoch überrascht die Einmütigkeit des von der Bundespartei nun verkündeten Strategiewechsels, dem auch die Vertreter der Parteirechten nicht widersprochen haben. Dies geht soweit, dass sich der von Christoph Matschie geführte thüringische Landesverband Vorhaltungen machen lassen muss, warum er bei der Bildung der neuen Landesregierung anstelle des erwarteten, von den meisten SPD-Anhängern offenbar herbeigesehnten Linksbündnisses einer Koalition mit der CDU den Vorzug geben will.

Zu den dramatischen Ergebnissen der Bundestagswahl gehört die Kräfteverschiebung zwischen den großen und kleinen Parteien. Union und SPD kommen zusammengenommen auf nur noch 58 Prozent der Stimmen (gegenüber 69 Prozent 2005), was einen historischen Tiefstand markiert. (Bei der ersten Bundestagswahl 1949, die in vielerlei Hinsicht noch in der Kontinuität des Vielparteiensystems von Weimar stand, betrug ihr gemeinsamer Anteil 60 Prozent.) Noch eindrucksvoller sind die Zahlen, wenn man sie auf die Gesamtwählerschaft bezieht. Aufgrund der stark gesunkenen Wahlbeteiligung (von 77,6 auf 70,8 Prozent) können die Volksparteien danach zusammen gerade noch 40 Prozent der Wähler auf sich vereinigen. In der Hochzeit der Stabilität des Zweieinhalbparteiensystems – Anfang-Mitte der siebziger Jahre – lag dieser Wert mit 80 Prozent doppelt so hoch.

Ab welchem Stimmenanteil hört eine Volkspartei auf, Volkspartei zu sein? Kommentatoren haben diese Frage – hämisch oder ernsthaft besorgt – vor allem mit Blick auf die SPD gestellt, die am 27. September mit 23,0 Prozent ihr mit Abstand schlechtestes Ergebnis bei einer Bundestagswahl hinnehmen musste, während die Union ihren bisherigen Tiefstwert von 1949 (31,0 Prozent) diesmal noch knapp überbot (33,8 Prozent). So wichtig es ist, die längerfristigen Ursachen der rückläufigen Wählerunterstützung im Auge zu behalten, so richtig ist auch, dass der Hauptgrund für das starke Absinken der Großen bei der Bundestagswahl 2009 in der Regierungskonstellation zu suchen ist, die Union und SPD 2005 unfreiwillig zusammengeführt hatte. Einerseits gibt es einen natürlichen Oppositionseffekt Großer Koalitionen, andererseits wurde der Anreiz, die Kleinen zu unterstützen, bei dieser Wahl durch die Koalitionspräferenzen und -optionen der Regierungsparteien zusätzlich verstärkt. Während Unionswähler, die sicher gehen wollten, dass ihre Stimme nicht erneut in eine Große Koalition münden würde, in die Arme der FDP getrieben wurden, fehlte es den Sozialdemokraten von vornherein an einer realistischen Chance, einen Regierungswechsel herbeizuführen, nachdem die FDP eine Ampelkoalition kategorisch ausgeschlossen hatte. Die SPD konnte ihre Kampagne am Ende daher nur noch auf das Ziel abstellen, eine schwarz-gelbe Koalition zu verhindern.

Droht der alte Lagerkoller?

Die Bedeutung der Regierungskonstellation für das Abschneiden der großen und kleinen Parteien könnte sich bei den kommenden Landtagswahlen bestätigen. Wenn die Bundesrepublik zum normalen Dualismus von Regierung und Opposition zurückkehrt, der in ihrer sechzigjährigen Geschichte bis auf die Ausnahme der beiden Großen Koalitionen Bestand hatte, wird auch der normale Sanktionswahlmechanismus bei den „Zwischenwahlen" wieder aufleben, der den Regierungsparteien im Bund erfahrungsgemäß Verluste und den Oppositionsparteien Gewinne beschert. Nicht von ungefähr sehen Union und FDP dem Landtagswahltermin in Nordrhein-Westfalen am 9. Mai 2010 bereits jetzt mit Sorge entgegen, wo eine Niederlage zugleich den Verlust ihrer Bundesratsmehrheit nach sich ziehen würde. Legt man die bisherigen Muster der Sanktionswahl zugrunde, muss vor allem die CDU als größte Regierungspartei fürchten, für unpopuläre Maßnahmen der Bundespolitik abgestraft zu werden, während der kleinere Partner in der Regel verschont bleibt. Im speziellen Fall der jetzigen Koalition könnte es aber auch anders kommen. Im Unterschied zur CDU (weniger zur CSU) ist die FDP mit so hochfliegenden Plänen und weitreichenden Ankündigungen in die Wahl gegangen, dass sie in der Regierungswirklichkeit besonders viel zu verlieren hat. Es ist kaum anzunehmen, dass ihnen ihre Wähler einen Bruch der Wahlversprechen einfach durchgehen lassen werden. Und ob die Unionsparteien diejenigen, die jetzt zu den Liberalen übergelaufen sind, zurückholen können, wenn die Regierungsparteien die in sie gesetzten Erwartungen enttäuschen, erscheint ebenfalls wenig wahrscheinlich.

Blickt man auf die andere Seite, so kann sich die SPD im Umkehrschluss ausrechnen, als größte Oppositionspartei den Hauptnutzen aus der Oppositionsrolle zu ziehen, die sie ab jetzt mit Linken und Grünen teilt. Dabei dürfte ihr zugute kommen, dass sie in den Ländern – im Unterschied zur bisherigen Situation im Bund – durch die erfolgte koalitionspolitische Öffnung gegenüber der Linken über eine tatsächliche Machtperspektive verfügt, die es ihr ermöglicht, vorhandene schwarz-gelbe Regierungen abzulösen. Wie sich im Zuge dieser Öffnung und der Regierungsbeteiligung der Linken die Konkurrenz der beiden Parteien entwickelt und in ihren jeweiligen Wahlergebnissen niederschlägt, dürfte eine der spannendsten Fragen der kommenden Legislaturperiode sein. Zu den Paradoxien der Parteiensystementwicklung gehört, dass sich die Situation für die SPD dabei im Osten – arithmetisch betrachtet – inzwischen komplizierter gestaltet als im Westen. Denn in den neuen Ländern sind die Sozialdemokraten gegenüber der Linken zuletzt deutlich zurückgefallen; nur in Berlin lag sie bei der Bundestagswahl mit den PDS-Nachfolgern noch gleichauf. Reproduzieren sich diese Verhältnisse bei den Landtagswahlen, dann könnte die Koalitionsbildung in den alten Bundesländern demnächst leichter werden als in den neuen. Der Versuch der Thüringer SPD, die bei der Landtagswahl klar stärkere Linke auf die Rolle eines Juniorpartners zu reduzieren, hat das Dilemma deutlich gemacht.

Dabei wären gerade Regierungsbeteiligungen geeignet, die Linke wieder auf Normalmaß zurückzustutzen. Bezeichnenderweise hat die vormalige PDS bei den zurückliegenden Landtagswahlen dort am schlechtesten abgeschnitten, wo sie selbst mittelbar oder unmittelbar in die Regierungsverantwortung einbezogen war (in Sachsen-Anhalt, Mecklenburg-Vorpommern und Berlin). Die koalitionspolitische Einbindung des unliebsamen Konkurrenten würde es der SPD also nicht nur ermöglichen, ihre Mehrheitsfähigkeit gegenüber dem bürgerlichen Lager zurückzugewinnen; sie wäre auch ein Mittel in der Auseinandersetzung mit der Linken selbst.

Nicht weniger heikel als in den Ländern stellt sich für die SPD die Rivalität mit der Linken auf der Bundesebene dar. Dass Konkurrenz aus dem eigenen Lager in der Oppositionsrolle noch ungemütlicher sein kann als in der Regierung, musste die Partei bereits in den achtziger Jahren schmerzlich erfahren, als ihr die Grünen auf der parlamentarischen Bühne zeitweilig den Rang abliefen. Dasselbe könnte ihr nun erneut passieren. Ob der gescheiterte Kanzlerkandidat Steinmeier, der noch nie in einem Parlament gesessen hat und dem die Fähigkeiten eines Polarisierers abgehen, sich mit seiner Selbstausrufung zum Oppositionsführer am Wahlabend einen Gefallen getan hat, bleibt abzuwarten. Um in der Auseinandersetzung mit Gysi, Künast und Trittin zu bestehen, wäre es vielleicht besser gewesen, man hätte dem designierten Parteichef Gabriel das Fraktionsamt und Steinmeier den Parteivorsitz angetragen. Wenn Steinmeier sich die Bühne des Bundestages mit dem rhetorisch versierten Gabriel teilen muss, dürfte er in der öffentlichen Wahrnehmung der SPD-Führung bald ins Hintertreffen geraten.

Bleibt die Frage nach der inhaltlichen Ausrichtung der Partei. Die neue Doppelspitze kann sicher nicht als Hinweis gewertet werden, dass die SPD ihre Koordinaten jetzt nach links verschiebt. Damit wäre die Partei gleich in doppelter Hinsicht schlecht beraten. Zum einen würde es ihren Anspruch gefährden, auch für die Wähler der breiten aufstiegsorientierten Mitte wählbar zu bleiben. Wenn 3,5 Millionen SPD-Wähler durch Abstinenz geglänzt oder für Union und FDP gestimmt haben, wird man diese nur durch ein Politikangebot zurückgewinnen können, das sich nicht einseitig an den Interessen sozialstaatlicher Leistungsempfänger oder anderer Benachteiligtengruppen ausrichtet. Zum anderen wäre ein programmatischer Schwenk nach links auch koalitionspolitisch kontraproduktiv, würde er doch die Linke davon abhalten, sich ihrerseits stärker in die Mitte zu bewegen und unrealistische Positionen zu räumen. Gerade hier liegt ja neben den personellen und historischen Unverträglichkeit das Hauptproblem für die künftige Zusammenarbeit, das sich auch in den zum Teil chaotischen Zuständen der im Aufbau begriffenen Landesverbände der Linken widerspiegelt. Einen populistischen Überbietungswettlauf mit dem Konkurrenten könnte die SPD niemals gewinnen.

Die koalitionspolitische Öffnung der SPD gegenüber der Linken ist die Antwort auf die hegemoniale Position der Union im neuen deutschen Fünfparteiensystem. Auch hier haben wir es mit einer bemerkenswerten Verschiebung zu tun. Bei den drei vorangegangenen Bundestagswahlen lag die SPD mit der Union ganz oder nahezu gleichauf bzw. einmal (1998) sogar deutlich vor dieser, was die Wahl- und Parteienforscher veranlasste, von einer strukturellen Symmetrie im bundesdeutschen Parteiensystem zu sprechen. Heute kann von einer solchen Symmetrie nur noch mit Blick auf die beiden Blöcke, nicht jedoch mit Blick auf die Volksparteien die Rede sein. Weil CDU/CSU es nur mit einem, die SPD dagegen mit zwei Konkurrenten im eigenen Lager zu tun hat, muss letztere fürchten, im Verhältnis der beiden großen Parteien auf längere Sicht in eine Minoritätsposition zu geraten. Der Status als stärkste Partei verschafft der Union einen doppelten machtstrategischen Vorteil. Einerseits erhält er ihr im Bund wie in den meisten Ländern die Möglichkeit, kleine Zweierkoalitionen zu bilden, wobei neben der FDP neuerdings auch die Grünen als Partner in Frage kommen. Und wenn die Mehrheiten dafür nicht reichen, tut sie sich andererseits leichter als die SPD, eine Große Koalition einzugehen, in der sie das Amt des Regierungschefs für sich beanspruchen kann. Die SPD scheint dagegen heute nur noch in Dreierbündnissen mehrheitsfähig, die sie entweder mit Linken und Grünen oder – lagerübergreifend – mit FDP und Grünen schließen müsste.

Weil beide Optionen bei der Bundestagswahl nicht zur Verfügung standen, hatten die Sozialdemokraten gegenüber Union und FDP einen gravierenden Wettbewerbsnachteil. Allein damit lässt sich die Abwanderung von

SPD-Wählern zur bürgerlichen Konkurrenz jedoch nicht erklären. Sie ist auch das Ergebnis einer geschickten Neupositionierung der Merkel-CDU, die aus ihren haarsträubenden Wahlkampffehlern 2005 die Konsequenz gezogen hatte, der SPD diesmal bloß keine Angriffsflächen zu bieten. Merkel nutzte die ihr aufgezwungene Große Koalition, um die Union von konservativem und neoliberalem Ballast zu befreien. Indem sie eine Modernisierung der Familienpolitik durchsetzte und allen radikalreformerischen Ansätzen in der Sozial- und Arbeitsmarktpolitik eine Absage erteilte, gelang es der Kanzlerin, sozialdemokratisches Terrain so erfolgreich zu besetzen, dass die schwarzgelbe Koalition als Schreckgespenst im Wahlkampf nicht taugte. Der Kanzlerbonus der populären Amtsinhaberin tat ein Übriges. Die Unionsstrategie beförderte zwar die Abwanderung vieler Wähler zu den ungeliebten Liberalen. Das Festhalten der FDP an einer „entsozialdemokratisierten" Agenda, in deren Zentrum die gebetsmühlenhaft verkündete Forderung nach Steuersenkungen stand, sorgte aber am Ende für eine breite Wählerkoalition, die die Mehrheit für Schwarz-Gelb sicherstellte.

Wie wird sich das Parteiensystem der Bundesrepublik weiter entwickeln? Nach der Zäsur der Bundestagswahl 2005 war die Mehrzahl der journalistischen und wissenschaftlichen Beobachter davon ausgegangen, dass die Ära des klassischen Volksparteien-Dualismus, die das Standardmodell der kleinen Zweierkoalition begründet hatte, unwiderruflich ans Ende gelangt sei. Zwei Zukunftsszenarien – ein negatives und ein positives – wurden ausgemalt. Entweder – so hieß es – komme es wie in Österreich zu einer Perpetuierung der Großen Koalition. Oder eine multiple Koalitionslandschaft wie in den skandinavischen Ländern würde entstehen, in der lagerübergreifende Dreierbündnisse das Bild prägten.

Beide Szenarien haben sich nicht bewahrheitet. Die koalitionspolitische Öffnung der Grünen hat zwar zur Bildung des ersten schwarz-grünen Bündnisses auf Landesebene geführt (in Hamburg). Der Option „Jamaika" musste sich die Grünen-Führung vor der Bundestagswahl auf Druck ihrer Basis dann aber doch verschließen – erst nach der Wahl wurde sie im Saarland erstmals realisiert. Noch hermetischer bleibt die Abschottung der FDP gegen ein Ampelbündnis mit SPD und Grünen, die von den Liberalen auch in den Ländern bisher konsequent durchgehalten worden ist.

Vor dem Hintergrund der nicht zustande gekommenen lagerübergreifenden Dreierbündnisse ist es erstaunlich, dass die Große Koalition als alternati-

Droht der alte Lagerkoller?

ves Regierungsmodell zuletzt ebenfalls an Attraktivität eingebüßt hat. Wurden bis zu den Landtagswahlen im August und September 2009 fünf Länder von CDU und SPD gemeinsam regiert, so könnten es demnächst nur noch drei sein (wenn in Brandenburg ein rot-rotes und in Thüringen ein schwarz-rotes Bündnis zustande kommt). Rechnet man Schwarz-Grün in Hamburg und Jamaika im Saarland hinzu, gäbe es auf der Länderebene damit fünf lagerübergreifende Bündnisse, denen zehn bürgerliche oder linke Koalitionen nach klassischem Muster gegenüberstehen. (Das Land Rheinland-Pfalz bleibt mit seiner SPD-Alleinregierung ein Exot.)

Es scheint also ganz so auszusehen, als ob die Zeichen auf eine Rückkehr zum dualistischen Modell stehen. Gelingt es Rot-Grün und der Linken, ihre wechselseitige Abneigung zu überwinden, dann könnten sich in der Bundesrepublik demnächst wieder zwei annähernd gleich starke, koalitionspolitisch abgrenzbare Formationen begegnen, die um die Regierungsmacht streiten. Die Situation wäre damit ähnlich wie in den achtziger Jahren, nur sich dass das linke Lager jetzt statt aus zwei aus drei Teilen zusammensetzt.

Gegen ein solches Szenario spricht die Ungewissheit, wie sich das Verhältnis von SPD, Grünen und Linken entwickeln wird. Einerseits ist das Interesse an einer gemeinsamen Machtperspektive noch kein Garant, dass sich bestehende personelle und programmatische Unverträglichkeiten überwinden lassen. Andererseits führen die unterschiedlichen Koalitionsmöglichkeiten der beteiligten Partner dazu, dass ihre strategischen Interessen nicht deckungsgleich sind. Einer vollständigen Vereinnahmung im linken Lager dürften sich insbesondere die Grünen widersetzen. Denn hält sich die Öko-Partei den Weg frei, gegebenenfalls auch mit den bürgerlichen Parteien zu paktieren, könnte sie demnächst eine ähnliche Züngleinrolle im Parteiensystem einnehmen wie früher die FDP. Warum sollte sie auf diesen Vorteil verzichten? Bei den Wahlen in Schleswig-Holstein und im Saarland hat das Offenhalten der Koalitionsfrage den Grünen an der Urne nicht geschadet. Das Problem liegt – wenn schon – eher bei der Parteibasis, die sowohl im Verhältnis zur Wählerschaft als auch im Verhältnis zur Parteispitze deutlicher nach links tendiert. Die klare Parteitagsmehrheit für Jamaika im Saarland zeigt aber, dass sich Delegierte wie Mitglieder vom Schwenk in das „bürgerliche" Lager durchaus überzeugen lassen, wenn er von der Führung gut vorbereitet und begründet wird.

Eine vollständige Bipolarisierung wird und kann es wohl allein schon aufgrund der föderalen Verfassung der Bundesrepublik nicht geben. Dass sich Landespolitiker der Koalitionsräson ihrer Bundesparteien bisweilen entziehen, gehört hierzulande zu den normalen Usancen der Koalitionspolitik. Der gescheiterte Versuch der hessischen SPD, ein von der Linken geduldetes rotgrünes Bündnis zustandezubringen, oder die noch andauernde Regierungsbildung in Thüringen, wo der freiwillige Verzicht des Linken-Spitzenkandidaten auf das Ministerpräsidentenamt genauso großen Unmut in der eigenen Partei erzeugt hat wie die Entscheidung des SPD-Landesvorstandes, statt mit der Linken lieber eine Koalition mit der CDU einzugehen, stehen hier nur pars pro toto. Wenn Parteien, die auf Bundesebene gegeneinander stehen, in den Ländern miteinander regieren, stößt das antagonistische Modell notgedrungen an Grenzen. Das Gegenüber zweier klar unterscheidbarer Blöcke mag zwar unter Demokratiegesichtspunkten vorzugswürdig sein, indem es dem Wähler eine ebenso klare Entscheidung ermöglicht. Fraglich ist aber, ob es die faktischen Entscheidungsnotwendigkeiten und -alternativen im komplizierten Regierungsgeschehen noch hinreichend abbildet.

Stellt man diese Notwendigkeiten in Rechnung, dann ist die Zeit der lagerübergreifenden Bündnisse in der deutschen Politik nicht vorbei. Gewiss wäre ein Modell multipler Koalitionen anspruchsvoller als das bisherige Verharren im Lagerdenken, würde es doch eine grundlegende Veränderung im Verhalten von Parteien und Wählern erfordern. Die ersteren müssten lernen, ihre konfrontativen Neigungen zurückzustellen und pfleglicher miteinander umzugehen, die letzteren akzeptieren, dass am Ende nicht sie, sondern Parteien bzw. Parteiführungen über die Regierungsbildung entscheiden. Der klare Wahlsieg von Schwarz-Gelb kann die veränderten Bedingungen des Fünfparteiensystems nicht rückgängig machen, dürfte den Übergang zu einem stärker konsensuell ausgerichteten System aber erschweren. Frühestens die Landtagswahlen im nächsten und übernächsten Jahr werden Aufschluss geben, ob der sich jetzt abzeichnende Rückweg zum Bipolarismus tatsächlich das künftige Modell des Parteienwettbewerbs in der Bundesrepublik markiert. Für das Land wäre es ein schlechtes Omen.

Berliner Republik 11 (2009) H. 5, S. 21-28.

Mehrheit ohne Projekt

In der politikwissenschaftlichen Koalitionsforschung werden zwei Hauptfaktoren der Koalitionsbildung unterschieden: Macht- und Ämterstreben (*office-seeking*) sowie programmatische Positionen (*policy-seeking*). Empirische Überprüfungen haben allerdings ergeben, dass sich das Phänomen damit nur unvollständig erklären lässt. Mindestens zwei weitere Faktoren sind deshalb hinzuzufügen. So können z.b. habituelle oder personelle Unverträglichkeiten zwischen den künftigen Partnern ein Zusammengehen erschweren. Ein eigenständiger Einfluss geht zudem von positiven oder negativen Koalitionsaussagen aus, die vor der Wahl getroffen werden; deren Zustandekommen steht wiederum mit den zuvor genannten Faktoren in engem Zusammenhang. Darüber hinaus sind institutionelle und politisch-kulturelle Eigenschaften des jeweiligen Regierungssystems zu berücksichtigen.

So wie 2005 war Schwarz-Gelb auch 2009 die erklärte Wunschkoalition von Union und FDP. Gleichwohl herrschte im Vorfeld der Wahl hinsichtlich der Eindeutigkeit der Koalitionsaussage ein wechselseitiges Misstrauen. Während die FDP monierte, dass manche in der Union wohl mit einer Fortsetzung der Großen Koalition liebäugelten, vermissten CDU und CSU bei den Liberalen eine klare Absage an eine Ampelkoalition mit SPD und Grünen (die tatsächlich erst kurz vor der Wahl erfolgte). In ihrer Wortwahl und Tonlage waren die Akteure dabei nicht zimperlich. So bescheinigte CSU-Generalsekretär Alexander Dobrindt der FDP „geistige Windstille" und nannte sie „eine Partei ohne Köpfe und ohne Konzept". CSU-Chef Seehofer warnte vor einem „neoliberalen Streichkonzert". FDP-Vize Rainer Brüderle unterstellte der CSU im Gegenzug, sie setze auf „parasitäre Publizität" und profiliere sich zu Lasten der Formation, mit der sie eigentlich die Wahl gewinnen wolle. Auch von der CDU wurde die FDP nicht mit Samthandschuhen angefasst. Angela Merkel äußerte etwa, deren Regierungsbeteiligung sei auch deshalb geboten, weil sie dann „nicht mehr das Blaue vom Himmel versprechen" könne. Hintergrund der Auseinandersetzung war, dass die Union fürchtete, massiv Stimmen an die FDP zu verlieren und damit auch an Gewicht in einer schwarz-gelben Koalition einzubüßen. Mit der Kritik am „Wunschkoalitionspartner" taten sich CDU und CSU freilich keinen Gefallen. Insbesondere die CSU erreichte mit ihren Ausfällen das genaue Gegenteil des Erhofften: Ihr bayerisches Ergebnis war so schwach, dass sie mit bundesweit hochgerechneten 6,5 Prozent am Ende deutlich hinter den Liberalen lag (14,6 Prozent). Wie 2005 sprachen auch 2009 das Interesse an einer kleinen Koalition, die habituellen und persönlichen Nähen der Partner sowie deren Festlegungen im Vorfeld der Wahl für ein Zusammengehen von Union und FDP. Nicht nur, dass beide Parteien in der 16 Jahre währenden Ära Helmut Kohls gut zusammengearbeitet hatten und ein Bruch der Koalition in dieser Zeit nie zu befürchten stand. Auch während der rot-grünen Regierungszeit pflegten Merkel und Westerwelle als Vorsitzende der Oppositionsparteien einen engen und vertrauensvollen Kontakt. Hinzu kam das Motiv der Kanzlerin, die eigene innerparteiliche Machtposition durch einen Sieg von Schwarz-Gelb abzusichern, die bei einer Wiederauflage der Großen Koalition zumindest mittelbar gefährdet gewesen wäre. Von daher konnte es keinen Zweifel geben, dass Union und FDP tatsächlich regieren würden, wenn das Bundestagswahlergebnis eine Mehrheit für beide Parteien ermöglichte.

Wesentlich gravierender als 2005 stellten sich dagegen die programmatischen und politikinhaltlichen Differenzen zwischen den neuen Koalitionspartnern dar. Dies lag zum einen an der Regierungskonstellation. 2005 hatte die Union den Wahlkampf aus der Opposition heraus betrieben. Nun war sie – im Unterschied zu FDP – selbst Regierungspartei und konnte nicht all das kritisieren oder zur Disposition stellen, was sie zusammen mit der SPD auf den Weg gebracht hatte. Zum anderen hatte die von der damaligen Fast-Niederlage traumatisierte CDU ihre Positionen aus freien Stücken korrigiert. War sie 2005 noch mit einer Agenda der Arbeitsmarkt-, Wirtschafts- und Sozialpolitik in den Wahlkampf gezogen, die sich in punkto Radikalität von jener der FDP nicht sonderlich unterschied, so wollte sie jetzt von einschneidenden Strukturreformen nichts mehr wissen und die in der Großen Koalition begonnene Politik am liebsten fortsetzen. Diese Positionsverschiebung gehört zweifellos zu den bemerkenswertesten Errungenschaften von Merkels Kanzlerschaft. Obwohl sich die CDU/CSU traditionell durch eine hohe Folgebereitschaft ihrer Mitgliederbasis und Wählerschaft auszeichnet, wenn sie regiert, bleibt doch erstaunlich, wie wenig Widerstand der Kurs der Kanzlerin aus den eigenen Reihen erfuhr. Tatsächlich waren die programmatischen Übereinstimmungen der Union mit der SPD nach vier Jahren gemeinsamer Regierung in vielen Politikfeldern größer als die Gemeinsamkeiten mit dem eigentlichen Wunschpartner FDP.

Mehrheit ohne Projekt 107

Entsprechend mühsam gestalteten sich die Koalitionsverhandlungen, worüber deren vergleichsweise kurze Dauer leicht hinwegtäuscht. Mit der Atompolitik gab es hier im Grunde nur einen bedeutsamen Bereich, in dem Union und FDP eine Kursänderung – für eine Verlängerung der Kraftwerklaufzeiten – einvernehmlich beschlossen (was in der Großen Koalition aufgrund des Widerstandes der SPD nicht möglich gewesen war). In anderen Bereichen wie der Innen- und Rechtspolitik oder beim Wehrdienst, wo die Positionen weit auseinander klafften, verständigten sich die Koalitionspartner wiederum auf mehr oder weniger tragfähige Kompromisse, mit denen beide Seiten gut leben konnten. Als Stolpersteine sollten sich hingegen die Themen entpuppen, die den Wahlkampf dominiert hatten und die insbesondere von der FDP mit weitreichenden Ankündigungen und Versprechungen verknüpft worden waren: der Arbeitsmarkt, die Steuerpolitik und das Gesundheitswesen.

In der Arbeitsmarktpolitik vereinbarten Union und FDP eine Erhöhung des Schonvermögens für Hartz IV-Empfänger. Mit Blick auf die geringe Zahl von Menschen, die das Problem betrifft, ist dieser Beschluss in der Sache nicht sonderlich aufregend. Seine Bedeutung liegt vor allem in der Symbolik. Union und FDP können damit dem Vorwurf entgegentreten, mit der neuen Regierung breche in Deutschland eine Zeit der „sozialen Kälte" an. Ansonsten konnte sich die FDP mit ihren Forderungen nach einer Lockerung des Kündigungsschutzes, einer Aufweichung der Mitbestimmung und einer Reform der Arbeitsagenturen gegen die Unionsparteien nicht durchsetzen, die sich schon im Wahlkampf verpflichtet hatten, hier keine Änderungen vorzunehmen. Dasselbe galt für die kurz vor der Wahl ausgesprochene Rentengarantie, die weiter Bestand haben sollte.

Für ihre Unnachgiebigkeit in Sachen Arbeitsmarkt zahlte die Union einen Preis, musste sie den Liberalen in der Steuer- und Gesundheitspolitik doch weiter entgegen kommen, als es vielen in der Partei aus Sorge um die ausufernden Staatsschulden recht war. Es wäre allerdings voreilig, die Beschlüsse in diesem Bereich als klaren Sieg für die FDP zu verbuchen, wie es Guido Westerwelle vor den Parteitagsdelegierten noch ganz im Stile des Wahlkämpfers getan hat. („Wir haben uns in 20 von 20 Punkten durchgesetzt.") Wie groß die Steuerreform strukturell und vom Entlastungsvolumen her ausfallen und welche Form das künftige Gesundheitssystem annehmen wird, weiß von den Koalitionären heute noch niemand. Denn gerade hier bleiben die Formulierungen im Koalitionsvertrag unscharf und offen für unterschiedliche Interpretationen, was für den weiteren Verlauf der Legislaturperiode harte Auseinandersetzungen erwarten lässt. So wurden z.B. die Ausarbeitung der Gesundheitsreform einer Kommission übertragen, der genaue Zeitpunkt der versprochenen Steuerentlastungen im Unklaren belassen und alle im Koalitionsvertrag vereinbarten Ausgaben und Mindereinnahmen unter einen generellen Finanzierungsvorbehalt gestellt. Als Desaster für die FDP entpuppte sich die von ihrem finanzpolitischen Unterhändler Hermann-Otto Solms ventilierte Idee, die zur Finanzierung der Steuersenkungen zusätzlich notwendigen Kredite in einem Schatten- oder Nebenhaushalt zu verstecken. Nach massiver öffentlicher Kritik und nachdem Innenminister Schäuble verfassungsrechtliche Bedenken angemeldet hatte, mussten die Koalitionäre von diesem Vorhaben ablassen. Solms selbst war damit als Kandidat für das Finanzministerium nicht mehr tragbar, das dann von der CDU konsequenterweise mit Wolfgang Schäuble besetzt wurde.

Aus heutiger Sicht spricht wenig dafür, dass die FDP ihr der Union abgenommenes Steuersenkungsversprechen wird halten können. Denn wenn der Weg über die Kreditfinanzierung durch die Schuldenbremse des Grundgesetzes verbaut ist, müssten die Koalitionsparteien bereit sein, dazu entweder unpopuläre Ausgabenkürzungen vorzunehmen oder die Steuern und Abgaben an anderer Stelle zu erhöhen. Beides ist im Koalitionsvertrag bezeichnenderweise nicht vorgesehen. Hinzu kommt, dass den Regierungsparteien erheblicher Widerstand aus den Reihen der eigenen Ministerpräsidenten droht, wenn die Länder einen wesentlichen Teil der von der Koalition eingeplanten Steuerausfälle zu verkraften haben werden. Schert von den schwarz-gelb regierten Ländern nur eines aus der gemeinsamen Linie aus, ist die Mehrheit im Bundesrat dahin. Unter diesen Bedingungen dürfte das Regieren für Kanzlerin Angela Merkel in den nächsten vier Jahren eher schwieriger sein als in der zu Ende gegangenen Großen Koalition, der dank der konjunkturbedingt günstigen Haushaltslage bis zum Beginn der Finanz- und Wirtschaftskrise vergleichbare Verteilungsauseinandersetzungen erspart geblieben waren.

Was für die Steuerpolitik gilt, gilt auch für das Gesundheitswesen. Hier konnte die FDP zum einen die Einführung einer kapitalgedeckten Säule bei der Pflegeversicherung, zum anderen einen partiellen Wechsel bei den Beiträgen zur Krankenversicherung im Koalitionsvertrag verankern, die nun zum Teil einkommensunabhängig von den Versicherten erhoben werden sollen (bei gleichzeitiger Deckelung des Arbeitgeberanteils). Als Erfolg darf die Partei zudem verbuchen, dass sie zum ersten Mal selbst den Gesundheitsminister stellt – nachdem die FDP beim Finanzministerium leer ausgegangen war, mussten die Unionsparteien ihr das andere Schlüsselressort für Strukturreformen überlassen. Die Personalie ändert aber nichts daran, dass es die Liberalen schwer haben werden, einen radikalen Systemwechsel durchzusetzen. Insbesondere der Umfang des steuerlichen Ausgleichs, der bei Umstellung auf ein Prämienmodell notwendig wäre, dürfte die Unterhändler in der jetzt einzurichtenden Kommission vor unüberwindliche Hindernisse stellen. Zudem widerspricht die zusätzliche Steuerfinanzierung dem Ziel, die Steuern zu senken, das die Liberalen mit der Union im Koalitionsvertrag vereinbart haben.

Die Verteilung der Ministerposten verlief im Unterschied zu den inhaltlichen Verhandlungen weitgehend problemlos. Strukturelle Veränderungen in der Zahl und im Zuschnitt der Ministerien gab es nicht. Die Verteilung folgte dem aus früheren kleinen Koalitionen bekannten Muster, wonach die inhaltlich verwandten Ressorts Auswärtiges und Verteidigung, Innen und Justiz sowie Finanzen und Wirtschaft zwischen dem großen und kleinen Koalitionspartner aufgeteilt werden. Gemessen an ihrer Mandatsstärke wurde die FDP in der Regierung leicht, die CSU stark überproportional berücksichtigt. Auch innerhalb der Parteien blieben größere Konflikte über die Besetzung der Ministerposten aus. Kein einziges Unionsmitglied der Großen Koalition schied aus der neuen Regierung aus – nicht einmal Franz-Josef Jung, der vom Verteidigungs- in Arbeitsministerium wechselte. Als größte Überraschung darf die Berufung des erst 36-jährigen Philipp Rösler zum Gesundheitsminister gelten. Ihm stehen mit Angela Merkel, Sabine Leutheusser-Schnarrenberger und Wolfgang Schäuble drei „Veteranen" gegenüber, die bereits in den Unions-FDP-Regierungen unter Helmut Kohl als Minister gedient hatten.

Unter dem Strich bleibt das Bild eines gründlich vermasselten Startes. Weder konnte die neue Koalition die erhoffte politische Aufbruchstimmung verbreiten, noch erweckte sie den Eindruck, sie umgebe irgendeine Art von gemeinsamem Projekt. Die leichtfertig abgegebenen Wahlversprechen haben den Handlungsspielraum der neuen Regierung weiter eingeschränkt, als dass durch die finanziellen Beanspruchungen des Staates in der Wirtschaftskrise ohnehin der Fall wäre. Diese Selbstfesselung paart sich mit dem Unwillen, den Wählern vor der wichtigen Landtagswahl in Nordrhein-Westfalen Einschnitte zuzumuten. Dies gilt für die FDP nicht weniger als für die Union. Schaut man sich den Koalitionsvertrag genauer an, stellt man fest, dass die Liberalen besonders erfolgreich verhandelt haben, wo es um die konkreten Interessen bestimmter Klientelgruppen ging – von Apothekern, Vermietern, Steuerberatern und Erben größerer Vermögen bis hin zu den 1945 enteigneten Grundbesitzern in der Sowjetischen Besatzungszone. Ob die neu hinzugewonnenen Wähler mit einem solchen Politikangebot bei der Stange gehalten werden können, ist zweifelhaft.

Mit dem Wahlsieg von Schwarz-Gelb ist die Bundesrepublik zum „normalen" Dualismus von Regierung und Opposition zurückgekehrt, der in ihrer sechzigjährigen Geschichte bis auf die Ausnahme der beiden Großen Koalitionen Bestand hatte. Damit dürfte auch der normale Sanktionswahlmechanismus bei den Zwischenwahlen wieder aufleben, der den Regierungsparteien im Bund erfahrungsgemäß Verluste und den Oppositionsparteien Gewinne beschert. Nicht von ungefähr sehen Union und FDP dem Landtagswahltermin in Nordrhein-Westfalen am 9. Mai 2010 mit Sorge entgegen, wo eine Niederlage zugleich den Verlust ihrer Bundesratsmehrheit nach sich zöge. Was Gerhard Schröder im dritten Jahr seiner zweiten Amtszeit zum Verhängnis wurde, könnte Schwarz-Gelb also schon nach einem halben Jahr blühen – mit unabsehbaren Konsequenzen für den inneren Zusammenhalt der Koalition und die Regierungsfähigkeit des Landes. Man darf gespannt sein, wie die neue Regierung diese Herausforderung besteht.

MUT. Forum für Kultur, Politik und Geschichte Nr. 507 (Dezember 2009), S. 6-13.

Noch eine Chance für die Liberalen?

Als die Freien Demokraten 2009 mit einem Rekordwahlergebnis von 14,6 Prozent nach elf Jahren Opposition in die Regierung zurückkehrten, konnte niemand voraussahen, welcher dramatische Abstieg der Partei in den kommenden zwei Jahren bevorstehen würde. Die FDP befindet sich heute in ihrer schlimmsten Krise seit der Neugründung der Partei im Jahre 1948. Sollte sie es nicht schaffen, in den nächsten Bundestag zurückzukehren, könnte es das

Aus für die Liberalen als relevante politische Kraft bedeuten. Dies war in keiner ihrer bisherigen Tiefphasen ernsthaft zu befürchten gewesen – weder 1961, als der FDP nach ihrem Wiedereintritt in die Regierung Adenauer das Etikett der „Umfallerpartei" angeheftet wurde, noch nach den Koalitionswechseln von 1969 und 1982, die sie mit Verlusten von erheblichen Teilen ihrer vormaligen Mitglieder und Wähler bezahlte, und auch nicht in den neunziger Jahren, als die Freidemokraten die für ihren früheren Erfolg maßgebliche Funktion eines Mehrheitsbeschaffers und politischen Korrektivs scheinbar eingebüßt hatten.

Die Beobachter streiten jetzt darüber, ob die in der Regierungsverantwortung arg gebeutelte Partei der Versuchung erliegen könnte, sich in Populismus zu üben, um aus ihrer elektoralen Misere herauszukommen. Die Einlassungen des Vorsitzenden Rösler zur Euro-Krise und das von Kritikern der Parteiführung angestrengte Mitgliederbegehren gegen die geplante Zustimmung zum Euro-Rettungsschirm dienen ihnen dafür als Beleg. Es gebe das Bedürfnis – so heißt es –, durch einen EU-skeptischen Kurs verloren gegangenen Kredit auf dem für die Liberalen identitätsstiftenden Gebiet der Wirtschaftspolitik zurückzugewinnen. Dass diese Strategie bei der Wahl zum Berliner Abgeordnetenhauswahl im September scheinbar nach hinten losgegangen ist, dürfte nicht an der mangelnden Resonanz euroskeptischer Positionen in der Bevölkerung liegen. Die meisten Bürger lehnen den faktisch ja schon begonnenen Einstieg in eine Haftungsunion klar ab. Zugleich haben die Wähler aber ein Gespür dafür, ob ein Positionswechsel ernst gemeint ist und zu politischen Konsequenzen führt oder als bloßes Wahlkampfmanöver daherkommt. Ein tief greifender Vertrauensverlust lässt sich nicht durch kurzfristige Stimmungspolitik wettmachen. Insofern ist ein genauerer Blick auf die Ursachen der FDP-Krise geboten. Diese reichen lange vor 2009 zurück und können keineswegs auf die „Lieferschwierigkeiten" der Liberalen an der Regierung, mithin auf das Nichteinhalten ihrer zentralen Wahlversprechen, reduziert werden.

In Wahrheit hat die Hinwendung der FDP zum Populismus schon in den neunziger Jahren begonnen. Sie war das eigentliche Signum der programmatischen und strategischen Neuausrichtung der Partei unter Guido Westerwelle. Der Generalsekretär und spätere Vorsitzende fragte sich zurecht, warum die deutsche FDP in der Wählergunst weit hinter den liberalen Schwesterparteien in den Niederlanden, Belgien und Dänemark zurückblieb, wo sie Konservativen und Christdemokraten längst erfolgreich den Rang abgelaufen hatten. Die Antwort lag im verengten Wählerspektrum: Das Elektorat der FDP konzentrierte sich bis in die achtziger Jahre hinein auf das mittelständische Bürgertum, das ausgesprochen staatstreu war und die Liberalen deshalb vor allem als Regierungspartei schätzte. Folgt man dem Göttinger Parteienhistoriker Franz Walter, so haben die Revolte der Achtundsechziger, die sozialdemokratischen Wohlfahrtsstaatsreformen und der Postmaterialismus der Grünen diese Klientel seither in eine immer stärkere Distanz zum Staat gebracht. Dies sei die Einbruchstelle für die neoliberale Wende gewesen. Insofern war es ein Glücksfall für Westerwelle, dass die Partei nach 29 Jahren ununterbrochener Regierungsbeteiligung 1998 tatsächlich auf den Oppositionsbänken Platz nehmen musste.

Dass die FDP die Reformmaßnahmen, die sie jetzt anmahnte, als Regierungspartei selber unterlassen hatte, schadete ihr in der öffentlichen Wahrnehmung kaum. Im Gegenteil: Beflügelt vom neoliberalen Zeitgeist, konnte sie die rot-grüne Regierung vor sich hertreiben, als diese 2003 ihre Agenda-Politik auf den Weg brachte. Und nach der Bildung der Großen Koalition 2005 konnte sie sogar ein Alleinstellungsmerkmal reklamieren, wenn es um die Forderung nach durchgreifenden marktwirtschaftlichen Reformen ging. Die populistisch aufgeladene Kritik an den vermeintlich überforderten Leistungsträgern, die zur Finanzierung eines ausufernden Sozialstaats herhalten müssten, resultierte in vollmundig vorgetragenen Steuersenkungsversprechen, von denen die FDP spätestens nach der 2008 ausgebrochenen Finanzkrise hätte wissen können, dass sie nicht einzuhalten sind.

Das Buhlen der Liberalen um die aufstrebenden Selbständigen der New Economy schlug sich zugleich in einer Popularisierung der Wähleransprache nieder: Guido Westerwelle wollte mit der Behäbigkeit der alten Honoratiorenpartei brechen und stattdessen auf Jugendlichkeit und mediale Selbstdarstellung setzen. Auch wenn das Konzept der Spaßpartei bei der Bundestagswahl 2002 einen herben Rückschlag erlitt, änderte das nichts an der populistischen Grundphilosophie. Die FDP verstand sich nun nicht mehr in erster Linie als elitärer Verein der Wohlhabenden und Gesetzten, als „Partei der Besserverdienenden", wie es einem vom politischen Gegner gerne benutzten (und von der FDP selbst in die Welt gesetzten) Klischee entsprach. Sie artikulierte auch den Protest der „kleinen Leute", die sich von Steuerbelastung, bürokratischen Vorschriften und politischen Korrektheitsgeboten gegängelt fühlten. Ein Blick auf die Sozialstruktur ihrer Wähler bei der Bundestagswahl 2009 zeigt, dass die Partei damit durchaus richtig lag.

Der Populismus der Oppositionspartei FDP blieb freilich ein ideologisch halbierter, indem er sich ganz auf die ökonomische Sphäre beschränkte. Der Versuchung, auch in kulturellen oder wertebezogenen Fragen nach rechts zu driften, erlagen die Liberalen nicht – im Unterschied zu manchen ihrer europäischen Schwesterparteien wie etwa der österreichischen FPÖ. Ob der verstorbene Parteivize Jürgen Möllemann eine solche Kursänderung wirklich im Sinn hatte, als er Westerwelle auf das von ihm entworfene Projekt 18 verpflichtete, darf bezweifelt werden. Sollte es so gewesen sein, dann hätte Möllemann dafür kaum ein ungeeigneteres Thema finden können als seine von einem pro-arabischen Standpunkt aus formulierte Israel-Kritik, die er zu allem Überfluss noch mit antisemitisch klingenden Untertönen versetzte. Eine erfolgreiche rechtspopulistische Strategie hätte neben einer konsequenten Anti-Establishment-Orientierung vor allem die Thematisierung des Zuwanderungsproblems erfordert, das in anderen Ländern zum wichtigsten Mobilisierungsthema der Rechtsaußenparteien avanciert ist. Für eine restriktive Politik in Sachen Einwanderung und Multikulturalismus gab und gibt es aber innerhalb der FDP keine ideologische Basis mehr, nachdem die Partei ihre nationalen Traditionen abgeschüttelt hat, die in den fünfziger und sechziger Jahren noch eine wichtige Rolle spielten. Das ruhmlose Ende des Projekts 18 machte zudem deutlich, dass es in der einstigen Honoratiorenpartei nicht einmal möglich war, die Basis für eine gebremste populistische Strategie der Wähleransprache zu erwärmen. Insofern kam es der Parteiführung um Westerwelle sicher nicht ungelegen, dass sie die Schuld am schwachen Bundestagswahlergebnis 2002 ganz auf Möllemann abladen konnte.

Betrachten wir die ideellen Wurzeln der Liberalen etwas genauer. Neben den überkonfessionell ausgerichteten Unionsparteien stellte die FDP die wichtigste Neuerfindung des bundesdeutschen Parteiensystems dar, der es erstmals gelang, die nationale und fortschrittliche Strömung des Liberalismus in einer gemeinsamen Partei zu vereinigen. Dass die nationalen Traditionen dabei zunächst deutlich stärker ausgeprägt waren und die Oberhand behielten, lag in der Kontinuität des Kaiserreiches und der Weimarer Republik. Die wichtigste Mission der Fortschrittlichen (oder Linksliberalen) war die Parlamentarisierung und Demokratisierung des politischen Systems. Nachdem sie 1918/19 erfüllt war, traten verstärkt sozialliberale Positionen an ihre

Stelle. So verstand sich die Weimarer DDP gemäß ihrem Grundsatzprogramm von 1920 als „Partei der Arbeit", die einen „Staat des sozialen Rechts" schaffen und sogar „eine Demokratisierung der Wirtschaft" herbeiführen wollte – bei prinzipieller Anerkennung der Privatwirtschaft. Die Freiburger Thesen der FDP von 1971, die dem Sozialliberalismus ein programmatisches Fundament geben sollten, knüpften an diese Forderungen an, auch wenn sie in der praktischen Regierungspolitik ebenso wenig Bedeutung erlangten wie jene. Als Mehrheitsströmung konnte sich der Sozialliberalismus in der FDP jedenfalls nicht durchsetzen. Seine wichtigsten Funktionen lagen – rückblickend betrachtet – in der Überwindung des Nationalliberalismus, dessen Wurzeln nun gänzlich gekappt wurden, und in der Legitimierung der 1969 geschlossenen sozialliberalen Koalition. Weil die Exponenten des nationalen Flügels die FDP bis auf wenige Ausnahmen verließen, ließ sich an die alte Tradition später nicht mehr anknüpfen. Dies dürfte die Partei auch gegen eine Hinwendung zum „Euroskeptizismus" immunisieren, die man ihr aktuell unterstellt. Gäbe es solche Bestrebungen in der Führung tatsächlich oder müsste sie sich in dieser Frage dem Druck der Basis beugen, würde das die FDP vermutlich zerreißen. Die Parteispitze bemüht sich deshalb zur Zeit emsig, eine Mehrheit gegen die von den Euro-Kritikern um Frank Schäffler vertretene ablehnende Haltung zum permanenten Rettungsschirm zu organisieren, über die in einem Mitgliederentscheid abgestimmt werden soll.

Weil der Nationalliberalismus Geschichte ist und der Sozialliberalismus in der FDP jenseits der Rhetorik nie eine nennenswerte Rolle gespielt hat, lässt sich das Gegenüber von rechten und linken Strömungen in der Partei mit diesem Begriffspaar heute nicht mehr abbilden. Von entscheidender Bedeutung für den liberalen Markenkern ist stattdessen das Nebeneinander von Wirtschafts- und Bürgerrechtsliberalismus geworden. Gegensätze zwischen „rechten" und „linken" Positionen bestehen bei den Liberalen weniger innerhalb der beiden Strömungen als in der Frage, was Priorität haben soll. Für die Charakterisierung als rechts oder links ist hier das Gleichheitsverständnis maßgebend. Die Wirtschaftsliberalen gelten als „rechts", weil sie soziale Ungleichheiten für legitim oder sogar wünschenswert halten, die Bürgerrechtsliberalen als „links", weil sie emanzipatorische Grundwerte vertreten und sich für gleiche Rechte einsetzen.

Noch eine Chance für die Liberalen?

Während der Sozialliberalismus auf dem ökonomischen Feld den linken Gegenpol zum (reinen) Marktwirtschaftsliberalismus markiert, stellt er auf dem Feld der Bürgerrechtspolitik eine Voraussetzung dafür dar, dass formal gleiche Freiheiten sich auch materiell entfalten können. Dass dieser Zusammenhang von den linken Bürgerrechtsliberalen nie konsequent eingefordert worden ist, hat die Koexistenz der beiden Strömungen in der FDP gewiss erleichtert. Verschoben haben sich freilich die Gewichte. Bestand zu Zeiten der sozialliberalen Koalition zwischen Wirtschafts- und Bürgerrechtsliberalen ein annäherndes Patt, sahen sich die letzteren nach der Bonner Wende von 1982 zunehmend an den Rand gedrängt. Dies hatte für die FDP in doppelter Hinsicht ungute Folgen. Zum einen reduzierte es die Rolle der Liberalen in der Bürgerrechtspolitik auf die eines Korrektivs gegenüber den Unionsparteien. Die FDP geriet dadurch auch bei einem Teil ihrer eigenen Anhänger immer mehr in den Geruch einer „Dagegen-Partei", die vermeintlich notwendige Maßnahmen auf dem Gebiet der Inneren Sicherheit blockierte oder verwässerte – ein Dilemma, das sich im Zuge der neuen terroristischen Bedrohungen nach den Anschlägen des 11. Septembers 2001 und den daraus erwachsenden Sicherheitsbedürfnissen weiter verschärft hat.

Zum anderen – und damit verbunden – büßte die nurmehr defensiv agierende Partei ihre ehemals gestalterische Funktion in der Rechtspolitik ein. Die FDP musste zuschauen, wie sich die in den achtziger Jahren aufstrebenden Grünen der Bürgerrechtsthemen bemächtigten und diese mit neuen Akzenten versahen. Liberalisierungsmaßnahmen wie die Reform des Staatsbürgerschaftsrechts oder die Besserstellung gleichgeschlechtlicher Lebenspartnerschaften wurden von der Öko-Partei zusammen mit den Sozialdemokraten vorangetrieben und nicht mehr von der FDP, der hier im Verhältnis zur Union allenfalls eine nützliche Vermittlerrolle zukam. Die FDP verkannte auch, welche Chancen sich in dem Feld mit Blick auf die jüngeren Wählerkohorten auftun würden, die sie ja unter Guido Westerwelle besonders umwarb. Obwohl sie die Bedeutung des Internets in der Wahlkampfkommunikation früher entdeckt hatte als die anderen Parteien (einschließlich der Grünen), beschäftigte sie sich mit dessen gesellschaftspolitischen Implikationen, die ein Freiheitsthema ersten Ranges darstellten, kaum. Damit hat sie mit dazu beigetragen, die Nische für die neu entstandene Piratenpartei zu öffnen, die dieses Thema für sich besetzen konnte.

Eingeklemmt zwischen neuen Sicherheits- und anders gelagerten Freiheitsbedürfnissen, wirkt der Bürgerrechtsliberalismus der FDP heute noch antiquierter als in den achtziger Jahren. „Die freidemokratischen Linksliberalen tun immer noch so, als gälte es dem allgegenwärtigen Obrigkeitsstaat zu trotzen, das Individuum gegen den Zugriff der großen Institutionen, Apparate und kollektiven Regelwerke zu schützen. Aber die Individuen der postindustriellen Gesellschaft haben sich längst den Großorganisationen und reglementierenden Bindungen entzogen, durch Austritt, Abwahl, Auflösung, Scheidung, eben durch die Individualisierung. In der Single-Gesellschaft kommt die Bedrohung der Freiheit nicht mehr aus der gleichen Ecke wie im späten Kaiserreich" – diagnostizierten Peter Lösche und Franz Walter schon 1995, als sich die neuen Herausforderungen durch das Internet noch gar nicht abzeichneten. Viel geändert hat sich seither nicht. Die Erwartung, die FDP könne ihrer derzeitigen Krise durch eine Revitalisierung des Bürgerrechtsliberalismus begegnen, erscheint daher grundsätzlich verfehlt.

Dies gilt umso mehr, als die FDP ihr Renommee auch auf einem anderen Feld vollständig eingebüßt hat: der Außenpolitik. Dass der geborene Innenpolitiker Guido Westerwelle sich 2009 für das Auswärtige Amt entschied, statt Fraktionsvorsitzender zu bleiben oder das Finanzressort zu übernehmen, sollte sich als schwerer Fehler erweisen. Immerhin hatte er ja vier Jahre zuvor noch erwogen, auf den prestigeträchtigen Posten zugunsten des außenpolitisch versierteren Wolfgang Gerhardt zu verzichten. Nachdem die FDP unter Walter Scheel, Hans-Dietrich Genscher und – eingeschränkt – Klaus Kinkel aus der Zuständigkeit für die Außenpolitik großen Nutzen gezogen hatte, gelang es Westerwelle zu keiner Zeit, einen vergleichbaren Bonus zu entwickeln. Für die falsche Entscheidung beim Libyen-Einsatz trägt er zwar nicht die alleinige Verantwortung; sie bleibt aber mit seinem Namen verbunden und dürfte somit auch auf die FDP negativ ausstrahlen.

Weil die Außenpolitik zur Profilierung genauso wenig taugt wie das Thema Bürgerrechte, kann die FDP ihre Krise nur dort überwinden, wo sie hauptsächlich verursacht worden ist: auf dem Feld der Wirtschaftspolitik. Die Liberalen sind hier geradewegs in die Populismusfalle getappt. Statt mit einer breiten Reformagenda zu werben, die die komplexen Zusammenhänge von Fiskal-, Sozial- und internationaler Finanzpolitik reflektiert und in ein positives, auch gesellschaftspolitisch unterfüttertes Gerechtigkeitskonzept übersetzt, haben sie sich ganz auf die Popularität ihrer Steuersenkungsvorschläge verlassen, die dem Wählerpublikum gebetsmühlenhaft präsentiert wurden. Als die Partei ihr Versprechen nach der Bundestagswahl kleinlaut einkassieren musste, war der Absturz vorprogrammiert. Insofern ist die Unterscheidung zwischen dem angeblich guten Oppositionspolitiker Guido Westerwelle und dem schlechten Regierungspolitiker falsch. Auch wenn man der politikwissenschaftlichen Formel, wonach aus der Regierung abgewählte Parteien sich in der Opposition „regenerieren", nicht allzu viel Bedeutung beilegen sollte, muss von einer Oppositionspartei erwartet werden, dass sie versucht, sich für die angestrebte Regierungsverantwortung intellektuell und programmatisch zu rüsten. Dies hat die FDP vor der Bundestagswahl nicht einmal ansatzweise vermocht.

In der Zurückgewinnung der wirtschaftspolitischen Kompetenz liegt mithin der wichtigste Schlüssel, um aus der derzeitigen Misere herauszukommen. Die Voraussetzung dafür ist nicht nur, dass die Partei ihre Fixierung auf das Steuerthema aufgibt – wozu sie durch die Regierungsbeteiligung ohnehin gezwungen ist – und sich in der Wirtschafts- und Sozialpolitik breiter aufstellt. Sie muss auch Antworten darauf finden, dass die internationale Finanzkrise das Produkt einer ökonomischen Denkrichtung darstellt, die sie als Vertreterin neoliberaler Deregulierungs- und Entstaatlichungskonzepte selbst lautstark propagiert hat. Ob die Ablehnung einer Finanztransaktionssteuer eine solche Antwort ist, scheint fraglich. Und es ist auch nicht ganz nachvollziehbar, warum sich die Liberalen mit der Ablehnung eines gesetzlichen Mindestlohnes so schwer tun, wo doch gerade die Fixierung einer solchen Lohnuntergrenze Voraussetzung dafür ist oder sein könnte, dass eine größere Flexibilität auf dem Arbeitsmarkt einkehrt. Nachdem die CDU ihre abwehrende Position beim Mindestlohn soeben geräumt hat, muss die FDP fürchten, in dieser für den Nachweis ihrer wirtschafts- und sozialpolitischen Kompetenz symbolträchtigen Frage genauso düpiert zu werden wie auf dem Feld der Steuerpolitik. Dass die Merkel-CDU auf die Befindlichkeiten des Koalitionspartners inzwischen keine Rücksicht mehr nimmt, macht es für die Liberalen praktisch unmöglich, als Regierungspartei noch irgendetwas zu gewinnen.

Natürlich könnte man dagegen einwenden, dass die Partei durch eine Abkehr von allzu marktliberalen Positionen ihre Alleinstellungsmerkmale und damit ihre potenzielle Attraktivität für bestimmte Wählergruppen einbüßt. Auch Positionen, die man selbst nicht teilt, sollten im Parteiensystem repräsentiert werden. Ebenso wenig ist der FDP vorzuwerfen, dass sie „Klientelpolitik" betreibt. Der abwertend gemeinte Begriff übersieht, dass alle Parteien, auch die Volksparteien, stets die Interessen bestimmter Gruppen favorisieren, wären sie doch als Parteien ansonsten gar nicht mehr unterscheidbar. Probleme entstehen allerdings, wenn die Klientelgruppen immer kleiner werden und die Alleinstellungsmerkmale zum schieren Selbstzweck geraten. Die Zeichen der Zeit zu erkennen, heißt eben nicht, dem Zeitgeist hinterherzulaufen. Dass die Westerwelle-FDP an ihrem neoliberalen Mantra auch nach Ausbruch der globalen Finanzkrise unbeirrt festhielt, hat sie ins Abseits gebracht. Aber ob sie umgekehrt gut beraten war, den nach der Fukushima-Katastrophe herbeigeführten raschen Atomausstieg mit demselben Eifer zu befördern wie die übrigen Parteien, darf man bezweifeln. Gerade hier könnte sie eine Chance verpasst haben, sich durch eine ausgewogenere Konzeption von den Wendemanövern der Unionsparteien abzusetzen.

Der letzte Punkt führt unmittelbar zum Sozialliberalismus der Freiburger Thesen zurück. Dass die FDP ab 1969 den ersten Umweltminister in der Bundesrepublik gestellt hat – der Umweltschutz ressortierte damals in Genschers Innenministerium – ist weithin in Vergessenheit geraten. In den Freiburger Thesen zur Gesellschaftspolitik rangierte das Umweltthema gleichrangig neben den zu Beginn der siebziger Jahren stark diskutierten Fragen der Eigentumsordnung, Vermögensbildung und Mitbestimmung, die unter dem Oberbegriff „Demokratisierung der Gesellschaft" zusammenzufassen waren. Vor allem auf diesen vier Gebieten sollten sich die praktischen Konsequenzen liberaler Gesellschaftspolitik bewähren. Wie wenig daraus geworden ist, lässt sich vielleicht am deutlichsten an der Umweltpolitik aufzeigen. Übernahmen die Freidemokraten mit den Freiburger Thesen auch programmatisch eine Vorreiterfunktion, so wurde ihnen die Umweltkompetenz später von den anderen Parteien, besonders von den Grünen, nahezu vollständig entwunden. Nicht nur, dass das Thema auf der Agenda der FDP weit nach unten rutschte. Indem der Umweltschutz primär als wirtschaftlicher Hemmschuh und Wachstumshindernis betrachtet wurde, erweckten die Liberalen den Eindruck einer dezidiert anti-ökologischen Partei, den sie mitunter sogar lustvoll kultivierten. Symbolhaft markiert wurde dies beispielsweise durch die Rigorosität, mit der die FDP die von der rot-grünen Bundesregierung eingeführte Öko-Steuer ablehnte, obwohl diese ein ordnungspolitisch durchaus sinnvolles Instrument darstellte (dessen Rücknahme die Liberalen später nicht mehr erwogen).

Ähnlich schwer wiegen die Versäumnisse der FDP auf anderen Feldern der Sozial- und Gesellschaftspolitik. In einem Grundsatzbeitrag zur Programmdiskussion hat Generalsekretär Christian Lindner kürzlich noch einmal aufgeschrieben, was Liberale unter „Freiheit" und „Gerechtigkeit" verstehen sollten. Lindner betrachtet Freiheit im Anschluss an Ralf Dahrendorf als Summe von Lebenschancen. „Frei ist derjenige, der zwischen möglichst vielen, wertvollen und realisierbaren Optionen für den eigenen Lebensweg wählen kann. Diese Freiheit bedarf für jeden einzelnen einer materiellen Grundlage, aber genauso auch ideeller Voraussetzungen wie Toleranz, Bildung, Leistungsbereitschaft und Verantwortungsgefühl für sich wie andere. Hingegen ist nicht frei, wer Angst vor Krankheit, Alter, Arbeitslosigkeit, Ausgrenzung und Diskriminierung haben muss." Eine Gesellschaft ist laut Lindner gerecht, wenn sie über ihre Institutionen sicherstellt, dass jeder die Befähigungen erhalten kann, die notwendig sind, um Lebenschancen tatsächlich zu realisieren.

Das ist nichts anderes als ein Plädoyer für Startgerechtigkeit, für möglichst gleiche Chancen. Gerade weil Liberale den Leistungsgedanken betonen und deshalb nicht für Ergebnisgleichheit eintreten, müssen sie dafür Sorge tragen, dass alle vergleichbare Chancen haben, ihre Befähigungen auszubilden. Hier und nicht bei der nachträglichen Umverteilung liegt nach Lindner die Hauptfunktion des sozialen Ausgleichs. Dass der Staat dabei nicht die alleinige, aber doch eine wichtige Rolle spielt, wird in seinem Beitrag nur angedeutet. Das mag vielleicht damit zu tun haben, dass eine programmatische Konkretisierung in die Nähe sozialdemokratischer Überlegungen führen könnte, den bisher überwiegend nachsorgenden, fürsorglich alimentierenden Sozialstaat zu einem vorsorgenden, aktivierenden Sozialstaat umzubauen – immerhin wird der zuletzt genannte Begriff von Lindner ausdrücklich benutzt. Wichtiger dürfte aber auch hier die praktische Folgenlosigkeit des von Lindner postulierten liberalen Gerechtigkeitsbegriffs sein. Symptomatisch dafür ist die sträfliche Vernachlässigung des Bildungsthemas durch die FDP, das der Generalsekretär wohl nicht zufällig unter den „ideellen" Voraussetzungen der Freiheit verortet. Dabei handelt es sich beim Aufbau und der Pflege der Bildungsinfrastruktur um eine klassische Staatsaufgabe, die heute zugleich als integraler Teil der Sozialpolitik verstanden werden muss.

So wie im Bereich des Umweltschutzes, galt die FDP auch in der Bildungspolitik einmal als Pionier. An ihr stolzes Erbe aus den sechziger Jahren vermochte sie aber danach nie wieder anzuknüpfen – auch nicht zu sozialliberalen Regierungszeiten. Heute muss sich die Bundesrepublik von internationalen Organisationen wie der OECD vorhalten lassen, dass in keinem entwickelten Industrieland der Zusammenhang zwischen sozialer Herkunft und Bildungserfolg so groß ist wie hier. Bei den Leistungsvergleichen landen wir allenfalls im Mittelfeld. Hinzu kommt, dass die Bildungspolitik bei uns lange Zeit ausschließlich als Schul- oder Hochschulpolitik verstanden wurde. Wenn Deutschland bei der vorschulischen Kinderbetreuung anderen Ländern immer noch weit hinterherhinkt, trifft die FDP daran genauso viel Schuld wie die Union. Denn in dieser Lebensphase werden die Weichen für den späteren Bildungserfolg gestellt. Nicht von ungefähr weist die FDP gerade unter den weltoffenen und leistungsbereiten mittleren Jahrgängen in den urbanen Zentren eklatante Mobilisierungsdefizite auf, vor allem unter den gut ausgebildeten Frauen. Dass Philipp Rösler die neuen Bürgerlichen jetzt als Zielgruppe ausgemacht hat, ist richtig. Erfolg haben wird er damit aber nur, wenn das in der Politik der Liberalen Niederschlag findet: durch ein besseres, im Zweifel auch teureres Bildungssystem, durch bezahlbare Mieten in Innenstädten, durch flexiblere Lebensarbeitszeitmodelle und durch eine Betreuungsinfrastruktur, die die Vereinbarkeit von Familie und Beruf ermöglicht. Dies würde auch Veränderungen in der Steuerpolitik nach sich ziehen, wo die FDP sich beispielsweise für eine Reform des überkommenen Ehegattensplittings einsetzen könnte, statt immer nur Steuersenkungen für alle zu fordern.

Den Geist des Sozialliberalismus neu zu beleben, scheint mir neben der Rückgewinnung der Wirtschaftskompetenz die zweite große Herausforderung zu sein, vor der die Freien Demokraten heute stehen. Wenn die Partei sie programmatisch annimmt und das in der praktischen Politik nicht folgenlos bleibt, dann hat sie alle Chancen, als eigenständige liberale Kraft im deutschen Parteiensystem zu überleben.

Berliner Republik 13 (2011) H. 5, S. 58-65.

Wer füllt die Lücke rechts von der Union?

Anders als in den meisten europäischen Ländern gibt es in Deutschland keine erfolgreiche Partei rechts von der Union. Die Gründe dafür sind nicht leicht zu enträtseln. Entweder könnte es sein, dass das Potenzial für eine solche Partei gar nicht vorhanden bzw. geringer zu veranschlagen ist als bei unseren Nachbarn. Oder es gibt ein solches Potenzial, nur ist keine Person oder Organisation in Sicht, die es parteipolitisch ausfüllen könnte.

Im deutschen Fall sind vermutlich beide Erklärungen relevant. Auf der einen Seite bleibt das rechte Terrain in der Bundesrepublik ein schwieriges. Das hat zum einen mit einer historisch bedingten generellen Reserve gegenüber rechtspopulistischen oder rechtsextremen Versuchungen zu tun, die deshalb kaum mit öffentlicher Unterstützung rechnen können. Zum anderen sind die politischen Gelegenheiten, die sich den rechten Herausfordern bieten, weniger günstig als anderswo. Das lässt sich an den beiden wichtigsten Mobilisierungsthemen des westeuropäischen Rechtspopulismus ablesen: der Einwanderung und der Europäischen Integration.

Die Sarrazin-Debatte im letzten Jahr hat gezeigt, dass es unter der Konsensdecke des faktischen Multikulturalismus auch hierzulande brodelt. Die hohen publizistischen Wellen, die Sarrazins Intervention geschlagen hat, stehen allerdings in einem eigentümlichen Kontrast zu ihrer politischen Folgenlosigkeit. Woran liegt das? Womöglich ist die Eingliederung der Zuwanderer in Deutschland doch besser geglückt, als Sarrazin und seine Unterstützer das Publikum haben glauben machen wollen. Verglichen mit der Situation etwa in Frankreich handelt es sich sogar um eine ausgesprochene Erfolgsgeschichte. Das Thema eignet sich insofern kaum für eine umfassende gesellschaftliche Gegenmobilisierung. Hinzu kommt, dass die Unionsparteien, voran die CSU, den Sorgen der Mehrheitsgesellschaft vor einer „Überfremdung" in der Wähleransprache stets Rechnung getragen haben, auch wenn sie in der Substanz der Ausländerpolitik in den letzten Jahren nach links gerückt sind.

Ähnliches gilt für die Europapolitik. Auch hier ist es der Union gelungen, das Aufkommen einer EU-feindlichen Stimmung durch eine Mischung von nationaler Rhetorik und integrationspolitischem Pragmatismus zu verhindern. Die Kritiker des Euro-Kurses konzentrieren sich bezeichnenderweise in den Reihen des kleineren Koalitionspartners FDP. Auch sie zogen in dem vom „Euro-Rebellen" Frank Schäffler angestrengten Mitgliederentscheid gegen die Parteiführung am Ende den Kürzeren. Von einer öffentlich getragenen, breiten Unterstützung für ihr Anliegen konnte keine Rede sein.

Umfragen, wonach sich eine zweistellige Prozentzahl von Bürgern vorstellen mag, eine neue Partei rechts von der Union zu wählen, sind vor diesem Hintergrund mit Vorsicht zu betrachten. Vorstellen lässt sich vieles. Selbst wenn es das Potenzial gäbe, fehlt es in der Bundesrepublik an der für die erfolgreichen Rechtsparteien in Europa charakteristischen Verbindung von programmatischer Gewinnerformel und charismatischer Führerfigur. Der von einem Comeback raunende Noch-CSU-Politiker Guttenberg mag über Charisma verfügen, hat aber außer Pauschalkritik an der Führungskunst der politischen Eliten programmatisch nichts anzubieten. Der frühere Industriepräsident Hans-Olaf Henkel hegt wiederum recht genaue Vorstellungen von einer Lösung der Euro-Krise, taugt aber wohl kaum zum Volkstribun. Dass die beiden nichts miteinander zu tun haben wollen, spricht Bände.

Droht den Unionsparteien von den Guttenbergs und Henkels einstweilen also ebensowenig Gefahr wie von den Clements, Merzens und Sarrazins, oder wer auch immer als *Spiritus rector* einer neuen rechten Partei genannt wird? Dass keine dieser mit ihren Noch- oder Ex-Parteien im Clinch liegenden Personen die Bequemlichkeit des publizistischen Dauernörglers gegen die Mühsal einer Neugründung eintauschen dürfte, erscheint ziemlich gewiss – das Scheiternsrisiko wäre einfach zu groß. Ob dasselbe auch für den Versuch gilt, an eine bereits bestehende Organisation anzudocken, ist dagegen nicht ganz so sicher. Weil die FDP nach ihrem Euro-Beschluss gegen eine Übernahme durch EU-skeptische oder rechtspopulistische Kräfte gefeit scheint, hat Hans-Olaf Henkel jetzt als mögliche Plattform für solche Positionen die Freien Wähler ausgemacht. Nachdem diese bei einigen der zurückliegenden Landtagswahlen Achtungserfolge erzielt haben und in Bayern sogar in den Landtag eingezogen sind, könnte ihnen das Europathema einen willkommenen Anlass bieten, um den Sprung auf die Bundesebene zu wagen.

Die Wahrscheinlichkeit, dass sie damit Erfolg haben, bleibt aber schon aus organisatorischen Gründen gering. Die Freien Wähler stellen eine heterogene Gruppierung dar, deren Gliederungen in den Bundesländern höchst unterschiedlich aufgestellt sind. Ihrem Selbstverständnis als primär kommunal orientierten Wählergemeinschaften und „Anti-Parteien-Partei" würde es

Wer füllt die Lücke rechts von der Union?

zuwiderlaufen, wenn man fortan gemeinsame programmatische Positionen zu allen Fragen der „großen Politik" entwickeln müsste. Einige Landesverbände wie z.B. Baden-Württemberg halten deshalb prinzipiell nichts von einer Bundesausdehnung und haben aus diesem Grund den Bundesverband schon wieder verlassen. Sie können sich durch das klägliche Scheitern der Freien Wähler bei der Europawahl 2009 bestätigt fühlen, als die von der früheren CSU-Landrätin Gabriele Pauli angeführte Bundesliste gerade einmal 1,7 Prozent der Stimmen erreichte.

Das Beispiel Paulis müsste Henkel eigentlich Warnung genug sein. Es zeigt, dass die organisatorischen Defizite einer Partei durch Prominenz allein nicht wettgemacht werden können. Der manchmal angeführte Vergleich mit der Linkspartei, deren Erfolg in den alten Bundesländern ohne Oskar Lafontaine nicht möglich gewesen wäre, ist hier fehl am Platze. Der frühere SPD-Vorsitzende hatte ja seinen Übertritt in die WASG ausdrücklich von einem Zusammengehen mit der in Ostdeutschland bestens verankerten PDS abhängig gemacht, was sich als entscheidende Erfolgsvoraussetzung für die neue Partei entpuppen sollte. Die potenziellen Anführer einer neuen Rechtspartei können von solchen Ausgangsbedingungen nur träumen.

Mit den unterschiedlichen Tendenzen im rechten und linken Lager haben sich die Asymmetrien im deutschen Parteiensystem verstärkt. Auf der einen Seite ist die Stellung der Unionsparteien im Mitte-Rechts-Lager unangefochtener denn je – bedingt durch den Niedergang der Freien Demokraten und das Nicht-Vorhandensein bzw. Unvermögen anderweitiger Konkurrenten. Auch innerparteilich scheint der Zusammenhalt der Union kaum gefährdet. Gewiss: Der von Vertretern des konservativen Flügels unlängst gegründete „Berliner Kreis" der CDU signalisiert ein diffuses Unbehagen an dem von Angela Merkel eingeschlagenen Modernisierungskurs, der mit vielen traditionellen Positionen der Partei gebrochen hat – von der Familien- über die Schulpolitik bis hin zur Atomkraft. Eine Revolte dürfte davon jedoch nicht ausgehen, zumal die Kritiker jeglichen Hinweis schuldig bleiben, wie denn die Alternativen aussehen könnten. Dasselbe gilt für das Verhältnis der CDU zur bayerischen Schwester. Die Positionsunterschiede (etwa beim Betreuungsgeld oder in der Europapolitik) mögen die Zusammenarbeit in der Regierung belasten, tragen aber zugleich dazu bei, ein möglichst umfassendes Wählerspektrum zu bedienen.

Auf der anderen Seite – im linken Lager – hat die Pluralisierung dagegen weiter zugenommen. Die Sozialdemokraten als immer noch führende Kraft haben es hier mittlerweile sogar mit drei Konkurrenten zu tun: den erstarkenden Grünen, der zumindest im Osten stabilen Linken und der neu entstandenen Piratenpartei. Ob die letztgenannte sich dauerhaft etablieren wird, bleibt abzuwarten. Dafür sprechen könnten das Vorhandensein eines von den anderen Parteien vernachlässigten zentralen Themas (der Netzpolitik) als inhaltliches Alleinstellungsmerkmal und das organisatorische Potenzial des Newcomers. Beides markiert einen deutlichen Unterschied zu den Herausforderern der Union im Mitte-Rechts-Lager.

Ambivalente Folgen ergeben sich aus der unterschiedlichen Entwicklung im rechten und linken Lager für die Machtverhältnisse. Das dramatische Scheitern der aus der Bundestagswahl 2009 hervorgegangenen vermeintlichen Wunschkoalition aus Union und FDP hat die drei bürgerlichen Parteien gegenüber ihren linken Konkurrenten inzwischen weit ins Hintertreffen gebracht. Die FDP muss bei der nächsten Bundestagswahl sogar um ihre parlamentarische Existenz fürchten, während das Hinzutreten der Piraten dazu führt, dass die linken Parteien ihr Wählerpotenzial unter dem Strich vergrößern. Solange die linken Parteien aber nur elektoral ein gemeinsames Lager bilden, die SPD also nicht bereit ist, mit der Linken (oder gegebenenfalls den Piraten) zu koalieren, könnte die Union eine Schlüsselrolle bei der Regierungsbildung behalten. Dies gilt umso mehr, als CDU und CSU aufgrund der ungleichen Konkurrenzsituation im rechten und linken Lager gute Chancen haben, erneut stärkste Partei zu werden. Der SPD bliebe dann nur die Hoffnung auf eine eigene Mehrheit mit den Grünen, um Angela Merkel 2013 aus dem Kanzleramt zu vertreiben.

MUT. Forum für Kultur, Politik und Geschichte Nr. 531 (Februar 2012), S. 41-43.

II. Verfassung

II. Vorlesung

Zwischen Wahlen

Jüngst hat Bundeskanzler Schröder vorgeschlagen, die Landtagswahlen in der Bundesrepublik zusammenzulegen. Danach soll die eine Hälfte der insgesamt 16 Urnengänge am Tag der Bundestagswahl stattfinden, die andere Hälfte zur Mitte der Legislaturperiode abgehalten werden. Man mag diese Idee für einen begrüßenswerten Denkanstoß halten oder als einen der üblichen rhetorischen Winkelzüge abtun, um von eigenen Fehlern abzulenken – Schröders Äußerung scheint ihre Wirkung nicht zu verfehlen. Die nordrheinwestfälische Landesgruppe der SPD im Bundestag hat schon angekündigt, noch in dieser Legislaturperiode einen entsprechenden Antrag einzubringen. Die Sozialdemokraten wollen aber nicht nur die Termine der Landtagswahlen bündeln. Angestrebt wird auch, die Wahlperiode des Deutschen Bundestages von vier auf fünf Jahre zu verlängern. Der Vorschlag des Bundeskanzlers beginnt also seine eigene Dynamik zu entfalten. Besser wird er dadurch nicht.

Die Problemdiagnose, die dem Ruf nach einer Verringerung der Wahltermine zugrunde liegt, scheint plausibel. Die Vielzahl der Landtagswahlen, so heißt es, lähme die Politik, denn sie erschwere unpopuläre Reformen oder mache sie gar unmöglich. Die Lautstärke macht allerdings stutzig, mit der diese Klage ausgerechnet von der Bundesregierung erhoben wird. Es waren ja die Regierenden selbst, allen voran Bundeskanzler Schröder, die durch ihre Ankündigungen vor der Bundestagswahl dafür gesorgt haben, dass sie nach der Wahl eine glaubwürdige Reformpolitik nicht betreiben konnten. Offenbar hat das nachträgliche Erschrecken über die eigene Chuzpe, die Erkenntnis, dass Populismus sich auszahlt, bei der Regierung die Sehnsucht geweckt, den Einfluss der Wähler auf die Politik stärker zu begrenzen. Denn auf eine solche Begrenzung, ein Weniger an Demokratie, liefe die Zusammenlegung der Landtagswahlen unweigerlich hinaus.

Das eigentliche Problem der Landtagswahlen ist aber nicht, dass sie als Stimmungsbarometer einer Gefälligkeitspolitik Vorschub leisten. Auch ohne Wahlen sorgen die mediale Überwachung und demoskopische Dauerbegleitung der Regierenden dafür, dass sich ihr Handeln an den Bedürfnissen und Meinungen der Wählerschaft orientiert. Schwerer wiegt hingegen, dass bei Wahlentscheidungen kurzfristige Entwicklungen immer stärker ins Gewicht fallen, weil langfristig stabile Parteibindungen sich abschwächen oder überhaupt nicht mehr aufgebaut werden. Gleichzeitig steht die Politik vor Aufgaben, die sie an die Grenzen ihrer Handlungsfähigkeit führt. Beides zusammengenommen führt dazu, dass die Bürger unduldsamer und sanktionsbereiter werden. Die Regierenden müssen damit rechnen, dass die heute gewährte Unterstützung ihnen schon morgen wieder entzogen wird. Es ist daher nicht verwunderlich, wenn ihnen der Mut zu Reformen fehlt und sie bei den Wählern zunächst nur eines verbreiten wollen: möglichst gute Stimmung.

Das gravierende Problem der Landtagswahlen liegt hingegen in der Entwicklung des Föderalismus hierzulande begründet. Politikwissenschaftler beschreiben den deutschen Bundesstaat oft als „unitarisch". Damit meinen sie die Ballung der Zuständigkeiten für die Gesetzgebung und Verwaltung beim Bund. Diese „Unitarisierung", eine Folge der Zunahme leistungsstaatlicher Aktivität, ging zu Lasten der Eigenständigkeit der Länder, führte aber nicht zu deren Entmachtung. Im Gegenteil: Was den Ländern an Kompetenzen abhanden kam, wurde durch eine stärkere Beteiligung an den bundespolitischen Entscheidungsprozessen in der zweiten Kammer, dem Bundesrat, ausgeglichen. Der Machtzuwachs der Länderkammer schlug sich dann in einer Erhöhung des Anteils der zustimmungspflichtigen Gesetze nieder. Da die Länder die Erstzuständigkeit für die Verwaltung besitzen, müssen sie inzwischen nicht mehr nur 30 Prozent, wie ursprünglich veranschlagt, sondern 60 Prozent der formellen Gesetze zustimmen.

Die weitgehende Unitarisierung der Gesetzgebung und der größere Einfluss des Bundesrates haben bei den Bürgern den Eindruck verfestigt, dass über ihre materielle Lebenswirklichkeit, so sie denn von politischen Entscheidungen abhängt, in erster Linie vom Bund bestimmt wird. Diese Wahrnehmung hat Folgen für den Wettbewerb der Parteien. Weil die Länder kaum noch über eigenständige Gestaltungsmöglichkeiten verfügen, spielen bundespolitische Aspekte auf der Landesebene eine immer größere Rolle. Dies wirkt sich nicht nur auf das Wahlverhalten aus, sondern führt auch dazu, dass im Bundesrat Interessen des Landes von „Parteiinteressen" überlagert werden. Das Ausmaß der wechselseitigen Durchdringung von Bundes- und Landespolitik hängt dabei von vielen Faktoren ab. Es dürfte aber besonders groß sein, wenn die Mehrheitsverhältnisse in Bundestag und Bundesrat auseinanderfallen.

Seit 1972 die sozialliberale Koalition ihre Mehrheit in der Länderkammer verlor, ist dieses Auseinanderfallen fast schon die Regel. Das liegt an den Landtagswahlen, die ja über die Zusammensetzung des Bundesrates entscheiden. Da das Grundgesetz die direktdemokratischen Möglichkeiten des Bürgers auf die alle vier Jahre stattfindenden Bundestagswahlen begrenzt hat, bieten Landtagswahlen (neben der Europawahl) die einzige Gelegenheit, Zufriedenheit oder Unzufriedenheit mit der Bundesregierung während der Legislaturperiode kundzutun. Landtagswahlen haben deshalb den Charakter von „Zwischenwahlen" angenommen; sie dienen als Stimmungsbarometer für die Bundespolitik und werden als Testwahlen entweder geschätzt oder gefürchtet.

In der Regel erleiden die Parteien Stimmenverluste, die im Bund regieren. Diese „verlorenen" Stimmen müssen – wie die Wahlerfolge von Republikanern und DVU in den neunziger Jahren gezeigt haben – nicht immer der jeweiligen Opposition zugute kommen. Sie können zu „Protest" werden, der sich gegen die etablierten Parteien insgesamt richtet. Beide Gruppen, die Oppositions- wie die Protestwähler, votieren bei Landtagswahlen anders als bei der Bundestagswahl – nämlich gegen ihre „eigentliche" Parteipräferenz. Dabei schätzen viele das direkte Risiko einer abweichenden Stimmabgabe relativ gering ein. Mögen sich die Mehrheitsverhältnisse im Land auch ändern, im Bund scheinen die direkten Folgen gering.

Die mittelbaren Folgen der Sanktionswahl können allerdings beträchtlich sein. Weil Zwischenwahlen Gelegenheit bieten, die jeweilige Bundesregierung während der Legislaturperiode zu mahnen, vermindern sie den Sanktionsanreiz bei der nachfolgenden Bundestagswahl. Mit Blick auf den rechtsextremen Protest hatten Landtagswahlen bislang die Wirkung, dass dessen Vertreter nicht in den Bundestag gelangten. Prekärer sind die Folgen aus Sicht der Opposition im Bund: Werden die Landtagswahlen ihrer Korrektivfunktion gerecht, können die Bürger bei der Bundestagswahl der Regierung abermals ihr Vertrauen schenken und die Machtverhältnisse im Bund bestätigen. Die für das parlamentarische System grundlegende Chance des Wechsels wäre damit beschnitten.

Sanktionswahlverhalten führt indes zu einer Vorherrschaft der Oppositionsparteien im Bundesrat. Die Korrektivfunktion erstreckt sich dadurch auf das Feld der materiellen Politik. Gemessen an dem Ziel jeder Opposition, die Regierungsmehrheit zu erringen, ist die Wahrnehmung dieser Korrektivfunktion nicht unproblematisch. Die Einbindung in das materielle Regierungsgeschehen macht es den Oppositionsparteien zwar möglich, Gesetzesvorhaben zu verbessern oder zu verhindern. Sie zahlen dafür aber den Preis der politischen Mitverantwortung, der Korrektur von Fehlern und damit auch der Stabilisierung der Regierung. Sorgt die Opposition für Ausgleich, trägt sie in gewissem Sinne dazu bei, dass die Regierung eine „gute" bleibt. Damit steht sie vor dem Problem, wie sie dem Bürger vermitteln kann, wozu überhaupt ein Regierungswechsel notwendig oder gar unerlässlich sein sollte.

Nicht weniger heikel sind die Folgen der doppelten Mehrheiten allerdings für die Regierung. Wie groß der Anteil der Opposition an einem Gesetzesvorhaben auch sein mag – in erster Linie steht die Mehrheit für das Ergebnis gerade. Der Grund dafür liegt in ihrer höheren demokratischen „Dignität": Während der Bundesrat als Vertretung von 16 Landesregierungen nur über eine mittelbare Legitimation verfügt, kann sich die Regierung auf das direkte Votum der Gesamtwählerschaft stützen. Dies verschafft ihr das Vorrecht der politischen Initiative und belastet sie zugleich mit der Bürde der Verantwortung. Die Oppositionsmehrheit im Bundesrat hat demgegenüber den strategischen Vorteil, dass sie ihre faktische Mitwirkung hinter dem breiten Rücken der Regierung verstecken kann.

Wie die von Oskar Lafontaine als SPD-Vorsitzendem organisierte Ablehnung der Steuerreform von Bundesfinanzminister Waigel (CSU) im Jahre 1997 gezeigt hat, kann eine Bundesregierung einer geschickt angelegten Obstruktionspolitik nichts entgegensetzen. Auch das Zuwanderungsgesetz der rot-grünen Koalition scheiterte in der vergangenen Legislaturperiode an einer Konstellation, in der die Vorteile einer Nichteinigung für die Opposition überwogen. Diese Beispiele bedeuten nicht, dass Blockade und Stillstand im deutschen Föderalismus die Regel wären. Die Ausnahmen sind aber schwerwiegend genug, um Zweifel an einem institutionellen Arrangement zu wecken, in dem die Parteien, wie es Fritz Scharpf einmal ausgedrückt hat, gleichzeitig aufeinander einschlagen (auf der parlamentarischen Ebene) und miteinander kooperieren sollen (auf der bundesstaatlichen Ebene).

Die Feststellung einer bundespolitischen Durchdringung der Landtagswahlen ist natürlich nur die eine Seite. Eine andere Frage ist, wie dieser Einfluss bewertet werden muss, ob er unter den Bedingungen des deutschen Föderalismus wirklich ein Problem darstellt. Gegen eine solche These könnte man einwenden, dass es allein Angelegenheit des Bürgers ist, von welchen Motiven er sich bei der Stimmabgabe leiten lässt. Da nun die Lebensumstände von der Politik im Bund stärker abhängen als von der Landespolitik, wäre es geradezu absurd zu erwarten, dass bundespolitische Vorhaben bei der Wahlentscheidung keine Rolle spielten. Das Argument ließe sich sogar ganz ins Positive wenden, wenn man die weiteren Folgen der Überlagerung betrachtet. Die Landtagswahlen gewinnen danach – ohne ihren landespolitischen Charakter vollständig einzubüßen – die Funktion einer bundespolitischen „Wetterfahne". Indem sie der amtierenden Bundesregierung ein Zwischenzeugnis ausstellen, tragen sie dazu bei, dass diese sich von den Wählerbedürfnissen nicht allzu weit entfernt. Damit zwingen sie die Regierung zugleich, ihre Politik „konsensueller" zu gestalten.

So richtig diese Beobachtungen im allgemeinen sind, an den eigentlichen Problemen der Zwischenwahlen gehen sie vorbei. Das erste ist, dass sich die Landtagswahlen über die Gestaltung der Mehrheitsverhältnisse im Bundesrat auch in institutioneller Hinsicht auf die Bundespolitik auswirken. Wie das geschieht, ist für den Wähler allerdings wenig durchschaubar, weil ja die Länderkammer weder direkt noch in ihrer Gesamtheit gewählt wird. Darüber hinaus haben die Wähler auf die Koalitionsbildungen in den Ländern, die für die Zusammensetzung des Bundesrates von großer Bedeutung sind, nur bedingt Einfluss.

Das zweite, wichtigere Problem ist, dass die bundespolitische Durchdringung der Landtagswahlen ein Grundprinzip demokratischer Regierungsweise verletzt: die Zurechenbarkeit politischer Verantwortung. Geraten die Landtagswahlen in den Sog der Bundespolitik, dann werden die zur Wahl stehenden Landesregierungen für Leistungen belohnt oder für Versäumnisse bestraft, an deren Zustandekommen sie selbst unmittelbar gar keinen Anteil haben.

Ob und wie schnell es der Opposition gelingt, die Mehrheit in der Länderkammer zu erringen, hängt dabei nicht selten von Zufälligkeiten ab. Es kann ja sein, dass eine Landesregierung nur deshalb abgewählt wird, weil die Wahl zu einem Zeitpunkt stattfindet, in dem sich das Ansehen der Bundesregierung gerade auf einem Tiefpunkt befindet. So war es Anfang 1999 in Hessen, als die rot-grüne Koalition unter dem Einfluss der Diskussion über das neue Staatsangehörigkeitsrecht einer CDU-FDP-Regierung weichen musste. Umgekehrt kann die im Bund amtierende Regierung von einem für sie günstigen Wahltermin profitieren. Auch hier liefert das Land Hessen ein gutes Beispiel. Da die erste rot-grüne Landesregierung in Wiesbaden Anfang 1987 vorzeitig ein Ende fand, wurde der Landtag nur wenige Wochen nach der Bundestagswahl neu gewählt. CDU und FDP profitierten von der Nachwahl-Hochstimmung des Bonner Wahlsiegers. Ob des knappen Ausgangs der Landtagswahl ist die Annahme berechtigt, dass die SPD ihre Niederlage hätte abwenden können, wenn die Wahl etwas später stattgefunden hätte.

Um solche Zufälligkeiten zu vermeiden und die Politik aus den Fängen eines Dauerwahlkampfes zu befreien, liegt es nahe, über eine bessere Koordinierung der Wahltermine nachzudenken. In der radikalen Variante, die Gerhard Schröder vorgeschlagen hat, wäre dem Föderalismus ein Bärendienst erwiesen. Insbesondere wäre sie nicht geeignet, die Landtagswahlen aus dem Schatten der Bundespolitik zu rücken. Im Gegenteil: Mehrere Landtagswahlen zur Hälfte der Legislaturperiode am selben Tag würden erst recht als Zwischenwahlen aufgefasst, bei denen die Politik der Bundesregierung auf dem Prüfstand steht. Würden die Berliner Regierungsparteien in mehreren Ländern gleichzeitig die Wahl verlieren, veränderten sich die Machtverhältnisse im Bundesrat dramatisch. Eine Bundesregierung müsste so schon zu Beginn ihrer Amtszeit damit rechnen, nach einem solchen Wahltag mit einer gegenläufigen Mehrheit in der Länderkammer konfrontiert zu sein. Die Landtagswahlen würden faktisch zu einer zweiten Bundestagswahl.

Nicht minder absurde Folgen hätte es, würde der andere Teil der Wahlen am selben Termin abgehalten wie die Bundestagswahl. Wenn die Wähler gleichzeitig eine wichtige (bundespolitische) und weniger wichtige (landespolitische) Wahlentscheidung treffen müssten, wären die Landtagswahlen zwar ihres potenziellen Protestcharakters beraubt. Stattdessen strahlte das Wahlergebnis im Bund auf die Landtagswahlergebnisse aus. Für die Wahlsieger hätte das den erfreulichen Effekt, dass sie bis zu den Zwischenwahlen mit stabilen Mehrheitsverhältnissen im Bundesrat rechnen könnten. Der Preis dafür wäre jedoch eine noch stärkere Unitarisierung: Die Landespolitik würde vollends ins Hintertreffen geraten.

Daher ist es einigermaßen beruhigend, dass eine Zusammenlegung der Landtagswahlen in dieser Form ohnehin kaum realisierbar sein dürfte. Die Bundesregierung benötigte für ein solches Vorhaben die Zustimmung der Länder. Diese müssten bereit sein, die Dauer der Wahlperioden und Modalitäten der Parlamentsauflösung untereinander anzugleichen. Es ist kaum vorstellbar, dass die Länder einen solchen Eingriff in ihre Verfassungsautonomie dulden oder unterstützen würden. Gemessen an anderen föderalen Systemen ist die Bandbreite des Verfassungsrechts und der institutionellen Strukturen in den deutschen Ländern schon heute gering. Warum sollte man sie noch weiter verringern?

Das bedeutet selbstverständlich nicht, dass man sich mit dem bisherigen Zustand abfinden muss. Schon heute werden Wahltermine koordiniert, wie etwa am vergangenen Sonntag in Hessen und Niedersachsen. Diese Art der Zusammenlegung könnte bei entsprechender Bereitschaft der Länder weiter ausgebaut werden. Dazu müssten lediglich die Wahlperioden etwas flexibilisiert werden. Automatisch entlastet würde der Wahlkalender, wenn man sich endlich zu einer Neugliederung des Bundesgebietes durchringen könnte. Doch dieses Projekt steht, von der gescheiterten Fusion Berlin – Brandenburg abgesehen, zur Zeit nicht auf der Tagesordnung.

Eine systemgerechte Auflösung der institutionellen Blockaden müsste bei der Struktur des Föderalismus selbst ansetzen – und zwar sowohl auf der Ebene der Zuständigkeiten wie auf der der Beteiligung. Auf der Zuständigkeitsebene müssten die unitarischen Tendenzen des Bundesstaates zurückgedrängt werden und die Länder wieder mehr Gestaltungsmöglichkeiten erhalten. Dabei müssten nicht nur Fehlentwicklungen korrigiert werden, die durch die Reformen des Föderalismus in den sechziger Jahren herbeigeführt wurden.

Vielmehr müsste der Ausgangszustand überprüft werden, der zu der Unitarisierung geführt hat. Die Stichworte einer solchen Reform lauten „Entflechtung" und „Reföderalisierung". Entflechtung bedeutet, dass Bund und Länder die Verantwortung für bestimmte Politikfelder nicht mehr gemeinsam, sondern getrennt wahrnehmen. Reföderalisierung heißt, dass die Länder Zuständigkeiten erhalten, die vorher vom Bund oder von Bund und Ländern gemeinsam wahrgenommen wurden.

Eine Entflechtung und Rückverlagerung von Kompetenzen auf die Länder wäre nicht nur für sich genommen wünschenswert. Sie hätte auch den Vorteil, dass die Beteiligung der Länder an der Gesetzgebung des Bundes auf ein verträgliches Maß zurückgeführt wird. Erhielten die Länder Zuständigkeiten aus dem Bereich der konkurrierenden Gesetzgebung, reduzierte sich auch die Zahl der zustimmungspflichtigen Gesetze.

Will man sich mit diesem Gratiseffekt nicht zufrieden geben, könnten die Beteiligungsrechte auch dadurch eingeschränkt werden, dass die Zustimmungspflicht des Bundesrates entfiele oder an verschärfte Bedingungen geknüpft würde. Zugleich könnten die Abstimmungsregeln in der Länderkammer so geändert werden, dass Enthaltungen nicht mehr wie faktische Neinstimmen wirken.

Eine Reform des Bundesstaates, die den Ländern Gestaltungsspielräume zurückgäbe und gleichzeitig ihre Mitwirkungsrechte im Bund verkürzte, würde den Landtagswahlen ihre eigentliche Bedeutung zurückgeben. Landespolitische Themen kämen wieder stärker zu ihrem Recht, und die Regierungsparteien im Bund müssten nicht fürchten, durch den Wahlausgang handlungsunfähig zu werden. Die Frage der Wahltermine würde damit an Brisanz verlieren. Die Landtagswahlen wären zwar weiterhin ein wichtiges Stimmungsbarometer; sie könnten die Regierungsmehrheit aber nicht daran hindern, ihre Gesetzesvorhaben wie geplant zu verwirklichen. Die Regierung müsste selber entscheiden, ob sie einen etwaigen Rückschlag bei den Landtagswahlen zum Anlass nimmt, ihre Politik zu korrigieren, um darüber die Wahlchancen bei der nachfolgenden Bundestagswahl zu verbessern. Die Öffentlichkeit wiederum hätte die Möglichkeit, sich von der politischen Stimmungslage regelmäßig ein Bild zu machen.

Frankfurter Allgemeine Zeitung vom 7. Februar 2003, S. 11.

Die Schattenseiten des Bundesstaates

In seiner inzwischen legendär gewordenen Berliner „Ruck-Rede" prägte Bundespräsident Roman Herzog vor einigen Jahren die treffende Formel, wir hätten hierzulande – was die Einleitung von überfälligen Reformen angeht – weniger ein „Erkenntnis- als ein Handlungsproblem." Der Satz war in erster Linie auf die Reformen des Arbeitsmarktes und der sozialen Sicherungssysteme gemünzt, lässt sich aber mit demselben Recht auf die Strukturen des Regierungssystems übertragen. In den Mittelpunkt rückt hier vor allem der Föderalismus. Über dessen dringende Reformnotwendigkeit wird in der Wissenschaft nun schon seit dreißig Jahren laut nachgedacht, ohne dass sich die politischen Akteure davon sonderlich hätten beeindrucken lassen. Selbst

Die Schattenseiten des Bundesstaates 135

die Gelegenheit der staatlichen Vereinigung wurde anfangs der neunziger Jahre nur für kosmetische Korrekturen genutzt. Um so erfreulicher ist, dass mit der jetzt eingesetzten „Kommission zur Modernisierung der bundesstaatlichen Ordnung" endlich Bewegung in die Sache kommt.

Hintergrund der Reformdiskussion ist die offenkundige Schieflage, in die das föderale System im Laufe der Zeit geraten ist. Auf der einen Seite verfügen die Länder mit Ausnahme des Schul- und Hochschulbereichs kaum noch über originäre Kompetenzen, auf der anderen Seite wurden sie an der Bundesgesetzgebung über den Bundesrat immer stärker beteiligt. Die Verschiebung vom Kompetenz- zum Beteiligungsföderalismus war im Grundgesetz bereits angelegt und entsprach einer Tradition, die sich bis auf den Deutschen Bund zurückverfolgen lässt. Richtig akut wurde sie aber erst durch die seit 1949 vorgenommenen Grundgesetzänderungen, die der als „konkurrierend" verbrämten faktischen Vorranggesetzgebung des Bundes weitere Bereiche hinzufügten und das System des Verbundföderalismus perfektionierten. Insofern ist es nicht ohne Ironie, dass der heutige Verfassungsgesetzgeber einen Großteil von dem wieder rückgängig machen müsste, was von der Großen Koalition seinerzeit in gut gemeinter Absicht eingeführt wurde.

Die damalige Föderalismusreform fügte sich in das Bild des aktiven, die wirtschaftliche und gesellschaftliche Entwicklung gestaltenden Staates, das ausgangs der sechziger Jahre en vogue war. Konjunkturelle Störungen und Modernisierungsrückstände wie jene im Bildungswesen hatten Bedürfnisse nach mehr und besserer Steuerung geweckt, die auch in institutioneller Hinsicht der Antwort bedurften. Eine neue Finanzverfassung sollte das politische Handeln verstetigen und die staatlichen Organe für den erwarteten Aufgabenzuwachs wappnen. Zunächst schien es, dass sich die damit verbunden Hoffnungen erfüllten. Der positive Eindruck währte aber nicht lange. Je dichter das Netz der Kooperation zwischen Bund und Ländern wurde, um so deutlicher traten die Schattenseiten des Systems hervor. Schon nach wenigen Jahren legte eine wissenschaftliche Analyse von Fritz Scharpf die Schwächen der „Politikverflechtung" offen. Grob gesprochen lassen sich die Probleme in vier Komplexe unterteilen:

1) *Funktions- und Effizienzprobleme.* Ein generelles Charakteristikum der Politikverflechtung ist ihre durch die große Zahl der beteiligten Akteure herbeigeführte Schwerfälligkeit, die Innovationen erschwert und Entscheidungen

oft nur auf dem kleinsten gemeinsamen Nenner möglich macht. Die Kooperationsbeziehungen im Bundesstaat beruhen auf dem Konsens- oder Verhandlungsprinzip. Die Beschlüsse werden entweder einstimmig getroffen oder setzen ein hohes Zustimmungsquorum voraus. Das System tendiert daher zur vorsorglicher Konfliktvermeidung, etwa durch Vertagung, Besitzstandswahrung oder gänzlichen Lösungsverzicht. Zugleich ist es unfähig, die Grundlagen seiner eigenen Entscheidungslogik zu verändern. Scharpf hat dafür den schönen Begriff der „Politikverflechtungsfalle" geprägt.

Ein zweites Problem liegt in der Nivellierung der Finanzkraft der Bundesländer durch den vertikalen und horizontalen Finanzausgleich. Dies wird seit geraumer Zeit unter dem Stichwort „Wettbewerbsföderalismus" diskutiert und hat – angestoßen durch eine von den Geberländern Bayern, Baden-Württemberg und Hessen angestrengte Klage vor dem Verfassungsgericht – inzwischen auch zu politischen Konsequenzen geführt. Die Art und Weise, wie der Gesetzgeber auf die Vorgabe des Verfassungsgerichtsurteils reagiert hat, den Finanzausgleich bis zum Jahre 2003 neu zu ordnen, macht allerdings deutlich, dass auch die Geberländer einen grundlegenden Systemwechsel letztlich nicht im Sinn hatten. Nach dem im Juni 2001 gefundenen Kompromiss können sie ihre Leistungen zwar wie gewünscht zurückschrauben; die Verluste der Nehmerländer werden jedoch durch zusätzliche Bundesmittel kompensiert, sodass sich am Gesamtvolumen des Ausgleichs kaum etwas ändert. Um ein solches Ergebnis zu erzielen, hätte man sich den Gang nach Karlsruhe getrost sparen können. Der Umgang mit dem Urteil belegt insofern eindrucksvoll die Status quo-Orientierung des Systems.

2.) Zu den *demokratischen Problemen* des Verbundsystems gehören zum einen seine mangelnde Transparenz, und zum anderen – damit verbunden – der Mangel an politischer Verantwortlichkeit. Nur wo die Verantwortung für Entscheidungen klar erkennbar und zurechenbar ist, können die Urheber der Entscheidungen haftbar gemacht und – falls notwendig – mit Sanktionen belegt werden. Der Verflechtungswildwuchs im deutschen Föderalismus, der die Zahl der Bund-Länder-Gremien auf über tausend hat anschwellen lassen, führt dieses Prinzip ad absurdum. Wenn alle an allem mitwirken, ist letztlich niemand (mehr) verantwortlich. Besonders drastisch zeigt sich das bei der Finanzverfassung, wo die Zuständigkeiten für die Einnahmen und Ausgaben zwischen der Bundes- und Landesebene weit auseinander klaffen. Der Bür-

Die Schattenseiten des Bundesstaates 137

ger kann deshalb kaum noch nachvollziehen, für welche Zwecke die Steuern erhoben und von wem sie ausgegeben werden.

3.) *Entparlamentarisierung*. Wo bisher von Bund und Ländern die Rede war, müsste man eigentlich genauer von den Regierungen in Bund und Ländern sprechen. Sowohl auf der vertikalen als auch auf der horizontalen Ebene sind es ja die Mitglieder der Exekutiven, die miteinander kooperieren. Auf die Spitze getrieben wird dieses Prinzip durch die Struktur des föderalen Beteiligungsorgans Bundesrat, in dem ebenfalls ausschließlich Regierungsvertreter sitzen. Es ist eine alte Streitfrage, ob man den Bundesrat deshalb überhaupt als eine parlamentarische Kammer bezeichnen kann. Sucht man nach Analogien, dann ist der Bundesrat in seiner exekutivischen Struktur am ehesten mit dem Ministerrat der EU vergleichbar. Unter den klassischen Bundesstaaten ist er als föderal konstituierte Zweite Kammer ohne Pendant.

Die Exekutivlastigkeit des deutschen Föderalismus betrifft die Landesparlamente weitaus stärker als den Bundestag. Während die Landesregierungen sich für die unitarisierungsbedingten Kompetenzeinbußen durch eine verstärkte Beteiligung an der Bundesgesetzgebung schadlos gehalten haben, gingen die Landesparlamente auf der Beteiligungsebene leer aus. Nicht nur, dass sie als Akteure auf der dritten und vierten Ebene außen vor blieben; auch das Recht, auf das Verhalten der Regierungen im Bundesrat kontrollierend Einfluss zu nehmen, wurde ihnen bestritten, was angesichts des parlamentarischen Charakters der Regierungssysteme in den Ländern mehr als verwunderlich ist. Die Landesregierungen haben sich als Akteure der Bundespolitik also auch von den sie tragenden Parlamentsmehrheiten emanzipiert. Ein eklatantes Beispiel dafür aus der jüngsten Zeit ist die von der Bundesregierung geplante Einführung eines Dosenpfandes, die im Bundesrat mit Hilfe der Vertreter Bayerns zu Fall gebracht wurde, obwohl sich der bayerische Landtag zuvor mehrheitlich für das Gesetz ausgesprochen hatte.

4.) *Doppelte Gesetzgebungsmehrheit*. Im deutschen „Parteienbundesstaat" treffen zwei Konfliktregelungsprinzipien zusammen, die sich nur schwer unter einen Hut bringen lassen: die parlamentarische Mehrheitsentscheidung und das föderative Aushandeln. Auch hier wirkt sich die Unitarisierung problemverschärfend aus. Vermittelt über die Verwaltungszuständigkeit der Länder hat sie einerseits den Anteil der im Bundesrat zustimmungspflichtigen Gesetze in die Höhe getrieben. Andererseits leistete sie einer Zentralisierung sowohl des Parteienwettbewerbs als auch des Wählerverhaltens Vorschub. So wie die Parteien die Bühne des Bundesrates benutzen, um bundespolitische Ziele durchzusetzen und sich dabei der Ziele „ihrer" Länderregierungen bedienen, so nutzen viele Wähler die Gelegenheit der Landtagswahlen, um die Bundesregierung während der laufenden Legislaturperiode kostengünstig abzumahnen. Abweichende Mehrheiten zwischen Bundestag und Bundesrat sind aus diesem Grund fast schon zum Normalfall geworden.

Das Dilemma des deutschen Regierungssystems besteht darin, dass sich Parteienwettbewerb und Bundesstaatlichkeit nicht produktiv ergänzen, sondern tendenziell blockieren. Da die Opposition kein systematisches Interesse am Erfolg der Regierung hat, wird sie mit Hilfe ihrer eigenen Bundesratsmehrheit versuchen, dieser das Leben möglichst schwer zu machen.

Wie sind vor diesem Hintergrund die Reformaussichten des deutschen „Parteienbundesstaates" zu bewerten? Will die Bundesrepublik die beschriebenen Blockierungstendenzen auflösen, dann müsste sie den Unitarismus ihres Bundesstaates durch eine Entflechtung und Reföderalisierung der Zuständigkeiten zurückdrängen. „Entflechtung" bedeutet, dass Bund und Länder die Verantwortung für bestimmte Politikfelder nicht mehr gemeinsam, sondern getrennt wahrnehmen. „Reföderalisierung" heißt, dass die Länder Kompetenzen zurückerhalten, die vorher vom Bund oder von Bund und Ländern gemeinsam wahrgenommen wurden. Beides ist Voraussetzung, damit die Länder im Gegenzug auf einen Teil ihrer heutigen Zustimmungsrechte im Bundesrat verzichten können.

Skeptiker halten es für schwer vorstellbar, dass eine umfassende Reform des Systems gelingt. Ihre Zweifel werden durch die Selbstbescheidung der jetzt eingesetzten Kommission genährt, die in vermeintlich realistischer Beschränkung auf das Machbare bestimmte Problemkomplexe in die Beratungen erst gar nicht einbezogen hat. Tatsächlich ist es fraglich, warum sich der Bund auf eine Rückverlagerung substanzieller Kompetenzen einlassen sollte. Selbst die Länder tun sich bisweilen schwer, Bereiche zu nennen, in denen sie sich einen vollständigen Rückzug des Bundes vorstellen könnten. Auch Öffnungsklauseln im Bereich der Konkurrierenden Gesetzgebung lösen das Problem nicht, da sie in Widerspruch zur Notwendigkeit einer einheitlichen Regelung stünden, die ja als Voraussetzung für ein Tätigwerden des Bundes gegeben sein muss. Und eine durchgreifende Entflechtung der Finanzbezie-

Die Schattenseiten des Bundesstaates

hungen zwischen Bund und Ländern, die über eine Beseitigung der bisherigen Mischfinanzierungen hinausgeht, würde wohl nur bei den großen, finanzstarken Ländern auf ungeteilte Zustimmung stoßen.

Die Wahrscheinlichkeit, dass es über eine Entflechtung und Reföderalisierung automatisch auch zu einer Reduzierung des Anteils der zustimmungspflichtigen Gesetze im Bundesrat kommt, dürfte also gering sein. Dies bedeutet jedoch nicht, dass man sich mit dem bestehenden Zustand abfinden muss. Eine Reduzierung könnte auch dadurch erreicht werden, dass man die Kriterien der Zustimmungspflicht verschärft. So ist z.B. nicht einzusehen, warum die Zustimmung stets für das ganze Gesetz erteilt werden muss und nicht nur für jene Teile, die die Länder tatsächlich angehen. Letzteres betrifft vor allem die administrative Durchführung der Gesetze gemäß Art. 84 Abs. 1 GG, die der Zustimmungspflicht in über 90 Prozent der Fälle zugrunde liegt. Um hier zu einer Verbesserung zu kommen, müsste entweder eine grundgesetzliche Klarstellung erfolgen oder das Verfassungsgericht von seiner bisherigen Rechtsprechung abrücken. Andererseits wäre es aber auch vorstellbar, dass der Bund den Ländern bei der Durchführung generell freiere Hand lässt, indem er auf Verwaltungsvorschriften im bisherigen Umfang verzichtet. Darüber könnte zugleich eine größere Vielgestaltigkeit der Lebensverhältnisse erreicht werden.

Eine Rückführung der Beteiligungsposition des Bundesrates würde, wenn man sie so angeht, die Regierungsprobleme im deutschen „Parteienbundesstaat" entschärfen, ohne die Interessen der Länder selbst allzu sehr in Mitleidenschaft zu ziehen. Auch die Widerstände der parteipolitischen Akteure gegen eine solche Reform würden sich vermutlich in Grenzen halten. Gewiss ist das Interesse an einer Entmachtung der Länderkammer bei den Oppositionsparteien, wenn sie dort die Mehrheit halten, geringer als bei der Regierung. Als Regierung von morgen muss die Opposition aber damit rechnen, dass sich Spiel irgendwann unter umgekehrten Vorzeichen wiederholt. Machtpolitisch gesehen verhält sich die Beschneidung der Zustimmungsrechte also neutral. Von daher sollte sie also auch ohne weitergehende Föderalismusreform machbar sein.

Das Parlament Nr. 53 vom 29. Dezember 2003, S. 3.

Hände weg vom Präsidenten!

Wann immer die Wahl oder Wiederwahl eines Bundespräsidenten ansteht, kann man sicher sein, dass von Politikern, journalistischen und wissenschaftlichen Beobachtern und Teilen der interessierten Öffentlichkeit die Forderung erhoben wird, das bisherige indirekte Wahlverfahren durch eine unmittelbare Volkswahl zu ersetzen. Das war und ist auch bei der jetzt bevorstehenden Neuwahl nicht anders, nur dass die Fürsprecher einer Verfassungsänderung dieses Mal noch lauter und prominenter vernehmbar waren als bei früheren Wahlgängen. Die Vehemenz hängt natürlich mit der Art und Weise zusammen, wie die Parteien bei der Nominierung der Präsidentschaftskandidaten zu Werke gegangen sind. Dass machtpolitische Motive dabei eine wichtige Rolle spielen und Kriterien wie die Qualität oder Repräsentativität eines Bewerbers bisweilen in den Hintergrund drängen, konnte man schon bei vergangenen Bundespräsidentenwahlen beobachten. Wenn sie in diesem Jahr besonders geballt zu Tage traten, so lag das an einer Verquickung mehrerer Umstände. *Erstens* verfügen Union und FDP in der Bundesversammlung nur über eine knappe Mehrheit, weshalb sie auf die Zustimmungsfähigkeit des gemeinsamen Kandidaten in den eigenen Reihen größten Wert legen mussten. Eine Niederlage hätte sie im Wettbewerb um die Regierungsmacht gegenüber Rot-Grün zurückgeworfen. *Zweitens* wurde die Präsidentenfrage im unionsinternen Führungskampf instrumentalisiert und zu einem Teil der Entscheidung über die kommende Kanzlerkandidatur gemacht. Dafür hatte es bisher nur einen einzigen Präzedenzfall gegeben, nämlich die „Präsidentschaftsposse" (Hans-Peter Schwarz) von 1959, als Adenauer die Suche nach einem Nachfolger für Theodor Heuss benutzte, um dem von ihm wenig geschätzten Ludwig Erhard den Weg ins Kanzleramt zu verbauen (wie man weiß, vergebens). Und *drittens* bleibt die Kür eines Präsidenten nicht unberührt von den plebiszitären oder medialen Tendenzen, die das Regierungsgeschehen zunehmend überlagern. Was früher noch im Verborgenen beraten und entschieden werden konnte, findet heute als Machtschauspiel auf offener Bühne statt. Damit treten naturgemäß auch die unschönen Seiten der Prozedur stärker ins öffentliche Bewusstsein.

Soll die Konsequenz aus alledem nun lauten, den Parteien das Amt „wegzunehmen", wie es die Befürworter einer Direktwahl beabsichtigen? Bei nüchterner Abwägung der Pro- und Kontra-Argumente spricht nach wie vor kaum etwas dafür. Um so verwunderlicher ist, dass der Direktwahlvorschlag immer mehr prominente Unterstützer findet. Wo der Vorschlag von den Parteien selbst eingebracht wird, mag man das als Akt der populistischen Anbiederung abtun und nicht allzu wichtig nehmen. Besonders die Freien Demokraten haben sich im letzten Jahr in dieser Hinsicht unrühmlich hervorgetan. Anders verhält es sich jedoch, wenn die Forderung von Persönlichkeiten vorgetragen wird, deren Meinung in der öffentlichen Debatte großes Gewicht hat, wie es bei den derzeitigen und früheren Amtsinhabern Johannes Rau und Richard von Weizsäcker der Fall ist. Auch die Tatsache, dass sich mit Jürgen Rüttgers und Peter Glotz zwei Politiker für die Direktwahl ausgesprochen haben, die in ihren Parteien den Ruf von „Vordenkern" genießen, sollte einem zu denken geben. Dasselbe gilt für die Unterstützung des Vorschlags durch namhafte Politikwissenschaftler und Staatsrechtler.

Doch was wäre mit der Einführung der Direktwahl wirklich gewonnen? Die Hoffnung, man könne die Parteien auf diese Weise entmachten, ist schon deshalb trügerisch, weil natürlich auch bei einer Direktwahl die Hauptverantwortung für die Kandidatennominierung den Parteien obläge. Dabei würden genau dieselben Fragen virulent werden wie heute. Welcher Kandidat hat die besten Chancen, eine Mehrheit zu bekommen? Wen wird das gegnerische Lager vermutlich aufstellen? Gibt es die Möglichkeit, einen innerparteilichen Rivalen ins höchste Staatsamt wegzuloben? Eine Direktwahl hätte gewiss den Vorzug, dass sie die Chancen eines ideologisch einseitigen, polarisierenden Bewerbers mindern würde. Dem stünden auf der anderen Seite aber auch handfeste Nachteile gegenüber. Da es bei einer Direktwahl vor allem auf Popularität ankommt, würde das Rekrutierungsfeld kleiner sein als bei der Wahl durch eine Versammlung, hätten Kandidaten wie die jetzt nominierten Horst Köhler und Gesine Schwan, deren öffentlicher Bekanntheitsgrad gering ist, wenig Chancen, aufgestellt zu werden. Auch Roman Herzog wäre unter diesen Voraussetzungen wohl kaum Bundespräsident geworden. Das Wahlverfahren diskriminiert also gerade jenen Typus des parteifernen Bewerbers, der von seinem Zuschnitt dem überparteilichen Charakters des Amtes besonders gut entsprechen würde.

Dies führt zu einem weiteren, noch wichtigeren Gegenargument. Das bisherige indirekte Verfahren des Art. 54 Abs. 1 impliziert, dass der Bundespräsident „ohne Aussprache" gewählt wird, was eine vorherige öffentliche Diskussion über die Kandidaten selbstverständlich nicht ausschließt. Bei der

Direktwahl hingegen wäre eine solche Diskussion zwingend, müsste ein regelrechter Präsidentschaftswahlkampf stattfinden. Doch um welche Themen sollte dabei gestritten werden? Da der Bundespräsident von Verfassungs wegen nur über geringe politische Befugnisse verfügt, würden die Kandidaten Gefahr laufen, im Wahlkampf Erwartungen zu wecken, die sie später gar nicht erfüllen könnten. Eine Direktwahl macht unter diesen Umständen keinen Sinn. Sie wäre gemessen an der faktischen Machtlosigkeit des Amtes ein verfassungspolitischer Fremdkörper.

Nun sind die Befürworter der Direktwahl keineswegs so naiv, dass ihnen dieser Zusammenhang entgangen wäre. Von daher ist es zumindest logisch konsequent, wenn von Weizsäcker und Glotz neben der Direktwahl auch eine institutionelle Stärkung des Amtes ins Auge fassen. Welcher Art die zusätzlichen Kompetenzen sein könnten, lassen sie allerdings in der Schwebe, obwohl die Antwort eigentlich auf der Hand liegt. Es handelt sich um die Reservebefugnisse, über die das Staatsoberhaupt im Bereich der Regierungsbildung und Gesetzgebung derzeit nur beschränkt verfügt. Ihre Ausweitung würde die Position des Präsidenten innerhalb der doppelköpfigen Exekutive aufwerten und ihn dadurch in eine stärkere Konkurrenzsituation zum Bundeskanzler und dessen parlamentarisch verantwortliche Regierung bringen.

Doch warum sollte die Bundesrepublik einen solchen Weg einschlagen, der auf eine Änderung ihres bisherigen Verfassungsgefüges hinauslaufen würde? Nur um die unter Demokratiegesichtspunkten gewiss sympathische Einführung der Direktwahl zu legitimieren? Als die Verfassungsgeber im Parlamentarischen Rat über das Regierungssystem des zu gründenden Weststaates nachdachten, waren sie sich darin einig, dass man den unseligen Dualismus im Bereich der Exekutive beseitigen müsse, der in der Weimarer Republik eine verhängnisvolle Rolle gespielt hatte. Statt eines „semi-präsidentiellen" Systems, in dem der Regierungschef sowohl dem Parlament als auch dem Präsidenten gegenüber verantwortlich war, sollte das Grundgesetz eine strikt parlamentarische Regierungsform begründen und die Hegemonie beim Kanzler liegen. Dem Staatsoberhaupt wurden nurmehr zeremonielle (und staatsnotarielle) Funktionen zugewiesen und seine Autorität ganz auf die Macht des Wortes beschränkt. Zwar lassen sich die Erfahrungen von Weimar auf die heutige Situation nicht mehr ohne Weiteres übertragen, nachdem die Bundesrepublik zu einer politisch-kulturell gefestigten Demokratie herangereift ist. An den Argumenten, die damals gegen eine Neuauflage des Semi-

Hände weg vom Präsidenten! 143

Präsidentialismus sprachen, hat sich jedoch kaum etwas geändert. Eine Neuaufteilung der Funktionen wäre nur sinnvoll, wenn es Gründe gäbe, die Macht des Bundeskanzlers innerhalb der Exekutive sowie im Verhältnis zur Legislative stärker zu begrenzen. Ein deutscher Regierungschef hat es aber schon heute eher mit zu vielen als mit zu wenigen Gegenmächten zu tun. Sowohl das mit Normenkontrollbefugnis ausgestattete Verfassungsgericht als auch der im überwiegenden Teil der Gesetzgebung gleichberechtigt mitwirkende Bundesrat können ihm bei der Durchsetzung seiner Gesetzesvorhaben Steine in den Weg legen. Die Koalitionszwänge des Mehrparteiensystems und der starke Interessengruppeneinfluss tun ein Übriges. Welchen Sinn sollte es haben, dem einen weiteren potenziellen Vetospieler hinzuzufügen?

Auch der Verweis auf Länder wie Österreich oder Frankreich, in denen die Direktwahl des Staatsoberhauptes eine Selbstverständlichkeit sei und sich in die jeweiligen Systeme gut einfüge, taugt bei Lichte betrachtet als Gegenargument nicht. Die österreichische Verfassung billigt dem Bundespräsidenten weitreichende exekutive Befugnisse zu, die dieser in der Praxis freilich kaum noch einlöst. Insofern passt die Direktwahl heute eigentlich nicht mehr zur rein parlamentarischen Regierungsform des Landes. (Deren Konsequenzen hatte der jetzt scheidende Amtsinhaber Thomas Klestil Anfang 2000 schmerzhaft erfahren, als er die gegen seinen Willen zustande gekommene schwarz-blaue Regierungskoalition ernennen musste.) Die französische Verfassung von 1958 gesteht dem Staatspräsidenten weniger Rechte zu als die österreichische, doch hat sich die Praxis hier genau in der gegenteiligen Richtung entwickelt. Deshalb war es konsequent, dass die ursprünglich nicht vorgesehene Direktwahl 1962 in der Fünften Republik nachträglich eingeführt wurde. Nachdem auch Finnland (als einzig vergleichbarer Fall) inzwischen zur parlamentarischen Regierungsform übergangen ist, steht Frankreich mit seiner dualistischen Exekutive unter den EU-Ländern heute alleine da. Lediglich in den postkommunistischen Transformationsstaaten Mittel- und Osteuropas hat der Semi-Präsidentialismus Nachahmer gefunden.

Mit einer Aufwertung des Präsidentenamtes würde sich die Bundesrepublik folglich gegen den in Westeuropa vorherrschenden Trend stellen, der die Position des Staatsoberhaupts eher zurückgenommen als gestärkt hat. Auch das spricht dafür, es bei der derzeitigen Konstruktion zu belassen, mit der die Deutschen insgesamt gut gefahren sind. Das Festhalten an der indirekten

Wahl bedeutet freilich nicht, dass man mit ihr zugleich die bisherige Praxis der Kandidatennominierung gutheißen müsste. Gerade hieran hat sich ja die Kritik an der aktuellen Kampagne zu Recht entzündet, nur dass die Direktwahlbefürworter daraus die falschen Konsequenzen ziehen. Das Problem besteht darin, dass die überparteiliche Ausübung des Amtes, die sich in der Verfassungspraxis durchgesetzt hat, bei der Bestellung keine Entsprechung findet. Wann immer die Mehrheitsverhältnisse so waren, dass sie den Posten mit einem eigenen Kandidaten besetzen konnten, haben die Parteien diese Möglichkeit genutzt. So vereitelte die Union 1979 eine zweite Amtszeit des weithin anerkannten Walter Scheel und setzte sie 1994 die Wahl Roman Herzogs gegen den in der Bevölkerung bekannteren und populäreren SPD-Politiker Johannes Rau durch. Amtierende Präsidenten konnten bei ihrer Wiederwahl nur dann auf die Unterstützung des gegnerischen Lagers rechnen, wenn dieses keine eigene Mehrheit hatte (so 1954 Theodor Heuss, 1964 Heinrich Lübke oder 1989 Richard von Weizsäcker). Wo diese nicht gesichert war – wie bei Scheel oder dem jetzigen Amtsinhaber Rau –, mussten sie auf eine neuerliche Kandidatur verzichten.

Das überragende Interesse der Parteien an der Besetzung des Amtes wirkt befremdlich, wenn man ihm die geringen Machtbefugnisse des Präsidenten und die Praxis der überparteilichen Amtsführung gegenüberstellt. Zurückgeführt wird es üblicherweise auf die Signalwirkung, die von der Präsidentenwahl auf die politischen Kräfteverhältnisse angeblich ausgehe. Für einen Einfluss auf die nachfolgenden Bundestagswahlen gibt es empirisch aber keine wirklichen Belege. Der einzige Fall, der das Attribut der Signalwirkung unzweifelhaft verdient, war die Wahl Gustav Heinemanns im Jahre 1969, als das Abstimmungsverhalten der FDP die nachmalige Bildung der sozialliberale Koalition vorwegnahm. Unter dem Eindruck dieses einschneidenden Ereignisses wurde die parteipolitische Bedeutung der späteren Präsidentenwahlen notorisch überschätzt. So verhinderte die Wahl von Karl Carstens 1979 z.B. nicht die Niederlage der Union bei den im Jahr darauf stattfindenden Bundestagswahlen. Und Helmut Kohl hätte gegen Rudolf Scharping 1994 vermutlich auch dann gewonnen, wenn es der SPD gelungen wäre, Rau in der Bundesversammlung gegen Herzog durchzubringen.

Im Umkehrschluss heißt das, dass es für die Parteien machtpolitisch keineswegs ein Schaden sein muss, wenn sie bei der Nominierung des Präsidentschaftskandidaten den Konsens mit dem gegnerischen Lager suchen und / oder auf die Aufstellung eines eigenen Bewerbers ganz verzichten. Warum hätte sich die SPD 1999 nicht darauf verständigen können, eine zweite Amtszeit von Roman Herzog zu unterstützen? Dieselbe Frage muss sich die Union mit Blick auf den nun ausscheidenden Johannes Rau gefallen lassen. Selbst wenn man der stärksten Partei in der Bundesversammlung das erste Vorschlagsrecht zugesteht, hindert es sie doch nicht, nach einer überparteilichen Lösung zu suchen. Auch nach Raus Verzicht wäre die Einigung auf einen gemeinsamen Kandidaten durchaus möglich gewesen – immerhin hatte die SPD ihre Unterstützung für Klaus Töpfer ausdrücklich signalisiert. Und vielleicht hätte das Regierungslager sogar Horst Köhler mit getragen, wenn dieser als ein für alle Seiten akzeptabler Bewerber von vornherein ins Spiel gebracht worden wäre. So aber muss der vermutliche Amtsnachfolger von Johannes Rau mit dem Stigma leben, selbst im eigenen Lager bei der Nominierung nur zweite oder dritte Wahl gewesen zu sein.

Mit einem Appell an die Parteien, bei der Besetzung des Amtes verantwortungsbewusster vorzugehen, wird es aber sicher nicht getan sein. So wie die Realität der Wettbewerbsdemokratie nun mal ist, werden sich die parteipolitischen Akteure wohl kaum in der hier geforderten Zurückhaltung üben. Dies gilt zumal, wenn die Präsidentenkür – wie im aktuellen Fall – von innerparteilichen und koalitionstaktischen Ränkespielen überschattet ist. Von daher stellt sich die Frage, ob man dem Verhalten der Parteien nicht durch geeignete verfassungsrechtliche Vorkehrungen „nachhelfen" könnte. Denkbar wäre z.B. eine Änderung des Wahlverfahrens in der Bundesversammlung dergestalt, dass statt der absoluten Mehrheit im ersten und zweiten Wahlgang eine Zwei-Drittel-Mehrheit erforderlich ist und erst im dritten Wahlgang die absolute Mehrheit genügt (heute reicht bereits die relative Mehrheit). In Italien wird eine ähnliche Regelung mit gutem Erfolg praktiziert. Zwar zeigen die dortigen Erfahrungen, dass die Quoren einen Konsens nicht automatisch erzwingen – die meisten der bisherigen zehn Präsidenten wurden mit absoluter Mehrheit gewählt. Dennoch erhöhen sie den Druck auf die politischen Akteure, zu einer einvernehmlichen Lösung zu kommen. Übertragen auf die Bundesrepublik hätte das gleich mehrere Vorteile. *Erstens* würde es die Wiederwahl eines bewährten Amtsinhabers wahrscheinlicher machen, dessen Partei in der Versammlung die Mehrheit eingebüßt hat. *Zweitens* wäre das Erpressungspotenzial der kleinen Parteien geringer, die unter dem jetzt geltenden Verfahren einen ihnen nicht gebührenden Einfluss ausüben. (Wenn es im Bereich der Regierung üblich ist, dass die größere Partei den Kanzler stellt, erhebt sich die Frage, warum das nicht auch beim Präsidenten der Fall sein sollte.) Und *drittens* hätten parteiferne Bewerber bessere Chancen, nominiert und gewählt zu werden. Der Charme der Zwei-Drittel-Mehrheit besteht darin, dass sie dem überparteilichen Charakter des Amtes Rechnung trägt, an seiner verfassungsrechtlichen Ausgestaltung ansonsten aber nicht rüttelt. Damit wäre sie die eigentliche, systemkonforme Alternative zur Direktwahl.

Berliner Republik 6 (2004) H. 3, S. 12-16.

Direkte Demokratie auf hanseatisch

Am 29. Februar hat sich einmal mehr bewahrheitet, dass die Hamburger, wenn sie zur Wahlurne schreiten, stets für Überraschungen gut sind. Aus dem an Superlativen reichen Ergebnis ragen zwei Befunde besonders hervor. Erstens: Noch nie zuvor ist es einer Partei gelungen, bei einer Landtagswahl einen so hohen Stimmenzuwachs zu erzielen. Und zweitens: Noch nie zuvor hat die Person und Persönlichkeit eines kandidierenden Amtsinhabers eine so große Rolle gespielt und die anderen (sachlichen und politischen) Gründe der Wahlentscheidung dermaßen in den Hintergrund gedrängt. Für den ersten Befund gibt es eine Reihe von Erklärungen, die hier nicht weiter ausgeführt werden brauchen: die (Selbst-)Entzauberung des 2001 triumphierenden Rechtspopulisten Schill, die kontinuierliche Kräfteverschiebung zugunsten des Mitte-Rechts Lagers in Hamburg seit 1993 und der für die CDU günstige Bundestrend. Der zweite Befund bedarf hingegen einer genaueren Erläuterung. Dass der personelle Faktor bei Wahlen heute stärker ins Gewicht fällt als früher, ist keine neue Erkenntnis und konnte exemplarisch auch bei der letzten Bundestagswahl studiert werden. Die Hauptursache dafür liegt in den schwindenden Parteibindungen. Weil die soziologischen und ideologischen Gewissheiten von einst ihre Bedeutung eingebüßt haben, müssen die Wähler andere Gründe finden, um ihre Entscheidung zu treffen. Personalisierung ist dabei zugleich eine Antwort auf die schrumpfenden Handlungsspielräume der Politik, die die Akteure zwingt, im Prinzip dieselben Ziele zu verfolgen und ähnliche Lösungen anzubieten. Um voneinander unterscheid-

Direkte Demokratie auf hanseatisch

bar zu bleiben, haben sie deshalb nur die Wahl, sich in komplizierten Details zu ergehen oder auf andere, symbolische, populistische oder eben personelle Strategien auszuweichen. Dass die letztgenannte Option in der heutigen Mediengesellschaft die attraktivere ist, versteht sich von selbst.

Handelt es sich dabei um eine allgemeine Entwicklung, so müssen auf der anderen Seite die besonderen Rahmenbedingungen der Hamburger Stadtpolitik in den Blick genommen werden. Zu nennen ist hier zum einen die direkte Demokratie. In der Wahlberichterstattung (zumindest der überregionalen) war so gut wie nichts darüber zu vernehmen, dass parallel zur Bürgerschaftswahl am 29. Februar auch ein Volksentscheid abgehalten wurde, bei dem die Wähler zu befinden hatten, ob der sich mehrheitlich im Besitz der Hansestadt befindende Landesbetrieb Krankenhäuser an einen privaten Träger veräußert werden soll. Das Votum der Hamburger war eindeutig. 76,8 Prozent sprachen sich gegen einen Verkauf aus. Dieses Ergebnis ist deshalb bemerkenswert, weil sich die Union und ihr Bürgermeister vor der Wahl für eine Privatisierung stark gemacht hatten und die Oppositionsparteien SPD und GAL nicht minder dezidiert dagegen aufgetreten waren. Ungeachtet der umstrittenen Frage, wieweit der Entscheid für den neuen Senat verbindlich ist, haben die Wähler von Beust damit eine Position aufgenötigt, die nicht die seine ist. Ein solches Abstimmungsverhalten mag widersprüchlich sein – irrational wird es dadurch keineswegs, im Gegenteil: Gerade weil über die Sachfrage separat entschieden wurde, konnten sich die Wähler bei der zeitgleichen Parlamentswahl unbeirrt von anderen Motiven leiten lassen. Das Vorhandensein der direkten Demokratie hat von daher mit dazu beigetragen, dass der Wahlkampf entpolitisiert wurde und der Sympathiefaktor zugunsten des Bürgermeisters voll durchschlagen konnte. Wäre das Thema im Kontext der Wahlentscheidung verblieben, hätte die Opposition vermutlich ein besseres Ergebnis erzielt.

Zusätzlich untermauert wird die These des rationalen Wählerverhaltens, wenn man die Ergebnisse der Wahlen zu den Bezirksversammlungen betrachtet. (Die kommunalen Vertretungskörperschaften werden im Stadtstaat traditionell zusammen mit der Bürgerschaft gewählt.) Obwohl die Union in allen sieben Bezirken stärkste Kraft wurde, konnte sie nur in zwei Kommunalparlamenten (Wandsbek und Bergedorf) die absolute Mehrheit erzielen. SPD und GAL hatten hingegen in vier Bezirken die Nase vorn. Addiert man sämtliche Stimmen, ergibt sich auf der kommunalen Ebene auch insgesamt ein leichter Vorsprung für Rot-Grün (45,1 gegenüber 44,7 Prozentpunkten). Die abweichenden Stimmenergebnisse sind insofern ein weiteres Indiz, dass die Union ihre komfortable absolute Mehrheit bei der Bürgerschaftswahl vor allem ihrem Spitzenkandidaten zu danken hatte.

Gewiss ist es verständlich und legitim, dass sich die Wähler bei ihrer Entscheidung auch vom Auftreten und der sympathischen Ausstrahlung eines Kandidaten „vereinnahmen" lassen. Problematisch könnte es aber werden, wenn solche weichen Faktoren größere Bedeutung erlangen als Sachverstand und politische Führungsfähigkeit – jene Eigenschaften also, von denen „gutes" Regieren am Ende abhängt. Dies würde auf eine Entwertung der demokratischen Wahlen hinauslaufen. Fraglich bleibt, welche Konsequenzen daraus zu ziehen sind. Was die direktdemokratischen Beteiligungsmöglichkeiten betrifft, kann die Konsequenz sicher nicht lauten, dieses erst kürzlich eingeführte Instrument wieder zurückzustutzen oder gar abzuschaffen. Wenn die plebiszitären Elemente zur weiteren Entleerung der Wahlauseinandersetzung beitragen, heißt das im Umkehrschluss ja zugleich, dass sie die Politisierung der eigentlichen Sachentscheidungen befördern. Zwar führt die Volksgesetzgebung zu einer Unterminierung des Dualismus von Regierung und Opposition, indem sie der parlamentarischen Minderheit die Möglichkeit eröffnet, ein von der Regierungsmehrheit beschlossenes Gesetz gleichsam durch die Hintertür zu Fall zu bringen. Zumal auf der kommunalen und Länderebene muss darin jedoch nicht unbedingt ein Nachteil liegen. Nicht nur, dass die plebiszitären Elemente dem demokratischen Prinzip der Orts- und Betroffenennähe besser Rechnung tragen als ein reines Repräsentativsystem. Sie führen auch dazu, dass die Parteigrenzen ihre trennende Wirkung verlieren und die Politik konsensueller gestaltet werden kann. Helmut Schmidts kürzlich geäußertes Bekenntnis, dass er das Gegenüber von Regierung und Opposition in der Hamburger Politik bisweilen etwas übertrieben finde, hat den Anachronismus des mehrheitsdemokratischen Parlamentarismus im Stadtstaat treffend zum Ausdruck gebracht.

Eine denkbare Antwort auf dieses Problem, die der Funktionsweise der plebiszitären Elemente entsprechen würde, wäre die Einführung der Direktwahl des Bürgermeisters. Der unitarische Föderalismus der Bundesrepublik bringt es mit sich, dass die Länder heute vorwiegend mit nachgelagerten Verwaltungsaufgaben betraut sind. Von daher liegt es nahe, sie auch unter institutionellen Gesichtspunkten weniger mit dem Bund zu vergleichen als mit den Kommunen. Auf der örtlichen Ebene ist die Direktwahl nach dem Siegeszug der Süddeutschen Kommunalverfassung inzwischen überall eingeführt worden. Warum sollte das, was in München oder Köln möglich ist und sich offenbar bewährt hat, nicht auch in Hamburg oder Bremen funktionieren? (Für Berlin wird sich die Frage erübrigen, wenn die Fusion mit dem Nachbarland Brandenburg im zweiten Anlauf gelingt und es die dort gültige Kommunalverfassung übernimmt.) Es liegt in der Natur der „verwaltungslastigen" Landespolitik, dass sie sich der Logik des gegnerschaftlichen Parteienwettbewerbs auf weite Strecken entzieht. Der Politikwissenschaftler Wilhelm Hennis hat diesen Sachverhalt schon in den fünfziger Jahren auf den Punkt gebracht, als er davon sprach, dass es „keinen christlichdemokratischen Straßenbau und keine sozialdemokratische Wasserwirtschaft gebe." Der Hinweis auf die verbliebenen Restkompetenzen in der Gesetzgebung taugt hier als Gegenargument ebenso wenig wie die Mitregierung der Länder im Bundesrat. Letztere wird ja heute bereits ausschließlich durch die Exekutiven wahrgenommen, was sich auch nach der Einführung der Direktwahl nicht ändern würde. Und die schul- und hochschulpolitischen Fragen, bei denen die Länder ihre Zuständigkeit bewahrt haben, sind heute längst nicht mehr so ideologisiert, dass sie einer parteiübergreifenden Zusammenarbeit zwingend im Wege stehen müssten.

Die Direktwahl würde auf einen Systemwechsel hin zur „präsidentiellen" Regierungsform hinauslaufen. Der Bürgermeister, in dessen Amt sich die Funktionen eines Verwaltungs- bzw. Regierungschefs und Stadtoberhaupts vereinigen, würde getrennt von der Bürgerschaft bestellt und müsste mit dieser auch bei abweichenden parteipolitischen Mehrheitsverhältnissen kooperieren. Die Erfahrungen aus vielen deutschen Kommunen zeigen, dass solche Konstellationen durchaus keine Seltenheit sind und vom Wähler mitunter ganz bewusst herbeigeführt werden. Ihr Nutzen läge auf beiden Seiten. Bürgermeister und Senatoren würden über eine vom Parlament unabhängige Legitimation verfügen und ein populärer Amtsinhaber müsste nicht fürchten, bei einer Direktwahl durch einen weniger populären Kandidaten verdrängt zu werden (was von Beust hätte passieren können, wenn die CDU am Wahlsonntag nicht mit absoluter Mehrheit durchs Ziel gegangen wäre). Die Abgeordneten wiederum wären von der Notwendigkeit befreit, den Senat entweder bedingungslos zu unterstützen oder ihn ebenso schonungslos zu kritisieren. Die Folge wäre also auch eine Revitalisierung des unter dem

Druck der Fraktionsdisziplin „verkümmerten" freien Mandates und damit zugleich eine Stärkung des Parlaments im Ganzen. Dies könnte der verbreiteten Klage über den Bedeutungsverlust der Landtage entgegenwirken. Die getrennte Bestellung von Bürgermeister und Parlament wäre eine logische Folgerung aus der oben beschriebenen Entpolitisierungstendenz. Sie gäbe dem Wähler die Möglichkeit an die Hand, sich bei der Bürgermeisterwahl vorwiegend an der Persönlichkeit der Kandidaten zu orientieren, während bei der Parlamentswahl die sachlich-politischen Positionen der Parteien in den Vordergrund rücken würden. Es ist müßig darüber zu spekulieren, ob sich das Fenster für eine solche Reform irgendwann öffnen wird. In Hamburg ist die Einführung der Direktwahl im Zuge der seinerzeitigen Verfassungsreformdiskussion noch nicht einmal theoretisch in Erwägung gezogen worden. Auch heute steht sie nirgends zur Debatte. Die Beispiele der Volksgesetzgebung und Kommunalverfassung zeigen aber, dass weitreichende institutionelle Reformen in der Bundesrepublik – zumindest auf Länderebene – durchaus möglich sind. Wo sie zustande kamen, wurden die Korrekturen der bestehenden parlamentarischen Regierungsform zum Teil von den Parteien selbst betrieben, zum Teil durch die Verfahren der direkten Demokratie von unten angestoßen. Dass dies auch in Hamburg gelingen könnte, beweist der Erfolg der Volksinitiative für ein neues, demokratischeres Wahlrecht, über das die Bürger im Juni zeitgleich mit der Europawahl abstimmen. Warum sollte sich nicht eine vergleichbare Initiative irgendwann für die Direktwahl stark machen? Ihre Einführung würde gewiss einen radikalen Schnitt bedeuten. Sie wäre aber die ehrliche Antwort darauf, dass sich das parlamentarische Regierungssystem im Stadtstaat überlebt hat.

MUT. Forum für Kultur, Politik und Geschichte Nr. 442 (Juni 2004), S. 14-17.

Populistisches Manöver beim Plebiszit

In ihrem Bedürfnis, nach den wenig populären Maßnahmen der Agenda 2010 wieder eine etwas positivere Stimmung im Wählerpublikum zu erzeugen, hat die rot-grüne Regierung neben der Bürgerversicherung und dem Mindestlohn jetzt auch das Thema direkte Demokratie entdeckt. Sollen Bürgerversicherung und Mindestlohn das Empfinden sozialer Gerechtigkeit wieder herstellen, das durch die harten Einschnitte der Hartz-Reformen bei vielen Wählern verloren gegangen ist, so entspricht die Forderung, plebiszitäre Elemente künftig auch auf Bundesebene einzuführen, einem weit verbreiteten Bedürfnis nach mehr demokratischer Mitsprache und Partizipation. Der Zeitpunkt des Vorstoßes ist günstig. Die anstehende Ratifikation des europäischen Verfassungsvertrages hat den Bundesbürgern schmerzlich ins Bewusstsein gerufen, dass sie in Sachen direkter Demokratie schlechter dastehen als die Bürger der meisten anderen EU-Mitgliedsstaaten. Während dort demnächst Volksabstimmungen über das Vertragswerk stattfinden, bleibt den Deutschen diese Möglichkeit durch das Grundgesetz versagt.

Kanzler Schröder und Außenminister Fischer haben ihre Ablehnung eines Referendums mit eben diesem Argument begründet. Daraus mag eine ehrlich empfundene Skepsis gegenüber dem plebiszitären Instrument klingen, die freilich nicht offen ausgesprochen wird. Es war ja die rot-grüne Regierung, die sich 1998 die Einführung der direkten Demokratie zum Ziel gesetzt und eine entsprechende Verfassungsänderung noch für die laufende Legislaturperiode angekündigt hatte. Als der Entwurf im Frühjahr 2002 kurz vor Toresschluss in den Bundestag eingebracht wurde, gab es bei Schröder und Fischer keinen Widerspruch. Dies war auch nicht nötig, da sich die Beteiligten ohnehin sicher sein konnten, dass dem Vorhaben am Ende kein Erfolg beschieden sein würde. CDU und CSU würden ihm – so versicherte man sich augenzwinkernd – schon einen Riegel vorschieben und die notwendige verfassungsändernde Mehrheit vereiteln. So hatten sie es 1994 bereits im Rahmen der Gemeinsamen Verfassungskommission getan.

Dasselbe unwürdige Spiel droht sich nun zu wiederholen. Um das in der Bevölkerung populäre Thema „Abstimmung über die europäische Verfassung" für ihre Wahlkampfzwecke auszuschlachten, möchte die Koalition den alten Entwurf erneut aus der Mottenkiste holen. Geschickt hat sie dabei versprochen, das EU-Referendum gleich mit zu regeln. Damit macht sich Rot-Grün nicht nur die pro-plebiszitäre Stimmung in der Bevölkerung zunutze, sondern auch die Uneinigkeit innerhalb der Union, wo namentlich die CSU einer plebiszitären Ergänzung des Grundgesetzes durchaus wohlwollend gegenübersteht. Trotz dieser bröckelnden Ablehnungsfront geht der Sinneswandel der Christdemokraten aber nicht soweit, dass eine breite Unterstützung daraus erwachsen könnte. Das wissen natürlich auch die Initiatoren, die mit dem Thema insofern zunächst nur eins beabsichtigen: den politischen Gegner in Schwierigkeiten zu bringen.

Wie wenig ernst es den Regierenden mit einer Grundgesetzänderung tatsächlich ist, beweist allein das Verfahren. Die Einführung plebiszitärer Elemente würde ja den Primat der parlamentarischen Repräsentation aufweichen und damit eine tiefen Eingriff in die bisherige Verfassungssystematik bedeuten. Ein solcher Schritt bedarf der gründlichen Vorbereitung und einer sie begleitenden öffentlichen Debatte. Der normale parlamentarische Gesetzgebungsprozess kann das nicht leisten. Ihm vorausgehen müsste ein Konvent oder zumindest eine Kommission mit konkretem Reformauftrag – auch um am Ende eine möglichst breite Zustimmung sicherzustellen. Wie so etwas funktionieren könnte, zeigt die Bundesstaatskommission, die nun schon seit einem Jahr berät und deren Projekt gewiss nicht weniger anspruchsvoll und konfliktträchtig ist, als es die Einführung der direkten Demokratie wäre.

Was für das Verfahren gilt, gilt auch für das Vorhaben selbst. Der einigermaßen kundige Beobachter reibt sich hier erstaunt die Augen. Würde der von Rot-Grün vorgelegte Entwurf für eine Grundgesetzänderung Wirklichkeit, dann hätten die Bürger auf der Bundesebene demnächst mehr Beteiligungsrechte als in den meisten Bundesländern und Kommunen, wo es die direkte Demokratie schon gibt. Nicht nur wären die Hürden für die Einleitung eines Volksbegehrens und den abschließenden Entscheid niedrigerer; der Entwurf sieht auch weniger Auschlussgegenstände vor als im Regelfall die Landesverfassungen – so sind z.B. finanzwirksame Initiativen ausdrücklich zulässig.

Nun kann man an der direkten Demokratie in den Bundesländern kritisieren, dass sie viel zu zurückhaltend ausgestaltet ist und deshalb in der politischen Praxis kaum eine Rolle spielt. So hat es im Zeitraum 1946 bis 2001 in allen Ländern bei einer Gesamtzahl von 131 Verfahren ganze zehn Volksentscheide gegeben, von denen wiederum allein die Hälfte in Bayern stattfand – das entspricht einer statistischen Verfahrenshäufigkeit von 0,6 (!) pro Jahr. Diesen Makel ausgerechnet durch eine größere Anwenderfreundlichkeit des Instruments auf der Bundesebene beheben zu wollen, wäre aber eine ganz falsche Konsequenz. Umgekehrt wird ein Schuh daraus: Zyniker haben die flächendeckende Einführung von direktdemokratischen Elementen in den Bundesländern seit Ende der achtziger Jahre auch damit begründet, dass das plebiszitäre Instrument dort mangels relevanter Gesetzgebungskompetenzen ohnehin ins Leere läuft. Wenn dem so ist, dann lassen sich die positiven Erfahrungen, die man mit den Volksentscheiden in den Ländern gemacht hat, auf die Bundesebene nicht einfach übertragen. Weil die Entscheidungsgegenstände im Bund ganz andere sind und z.b. die Außen- und Europapolitik mit umfassen, muss man hier bei der Ausgestaltung der direkte Demokratie eher größere Vorsicht walten lassen.

Wie unseriös der Gesetzesentwurf der rot-grünen Koalition ist, zeigt auch ein Vergleich mit anderen Ländern. Für die Bewertung der Systemverträglichkeit der direkten Demokratie ist vor allem maßgeblich, wer berechtigt sein soll, einen Volksentscheid herbeizuführen. Grob vereinfacht lassen sich hier drei Varianten unterscheiden. Entweder ist der Entscheid von Verfassungs wegen vorgegeben (sogenanntes obligatorisches Referendum) oder er kann von den Regierenden nach eigenem Ermessen angesetzt werden (einfaches Referendum). Diese beiden Formen, unter die auch die Abstimmung über die EU-Verfassung fallen würde, sind in der Mehrzahl der westlichen Demokratien anzutreffen. Ganz anders verhält es sich bei der dritten Variante, der Initiative, die nach einhelliger Auffassung das stärkste Mittel der direkten Demokratie darstellt: hier wird der Gesetzgebungsprozess von „unten", also vom Volk selbst betrieben. Dabei kann es sich entweder um eine „Vetoinitiative" gegen ein bereits beschlossenes Gesetz handeln (in der Schweiz unter dem Begriff „fakultatives Referendum" geläufig), oder um das Recht, einen Gesetzesbeschluss positiv herbeizuführen. Nach dem Gegenstand ist zwischen der Verfassungsinitiative und der allgemeinen Gesetzesinitiative zu unterscheiden.

Lässt man die neuen Demokratien Mittel- und Osteuropas sowie die Zwergstaaten einmal außer Acht, gibt es in Europa überhaupt nur zwei Länder, die ihren Bürgern die Möglichkeit der Vetoinitiative einräumen: die nicht zur Europäischen Union gehörende Schweiz und Italien. Die Schweiz gesteht dem Volk darüber hinaus auch ein positives Gesetzgebungsrecht zu, das sich allerdings nur auf die Verfassung erstreckt. Die Einführung des Volksbegehrens in der von der Koalition vorgeschlagenen Form würde folglich bedeuten, dass sich die Bundesrepublik in Sachen direkte Demokratie an die Spitze aller europäischen Demokratien setzt! Damit wäre sie, was die Möglichkeit der Volksgesetzgebung angeht, selbst der Schweiz voraus. Es ist wenig wahrscheinlich, dass den Autoren des Entwurfs dieser Umstand bewusst gewesen ist.

Für eine plebiszitäre Ergänzung des Grundgesetzes lassen sich gewiss gute Argumente vorbringen. Entscheidend ist freilich ihre systemgerechte Ausgestaltung. Dies setzt zum einen ein realistisches Verständnis dessen voraus, was die direkte Demokratie leisten kann und was nicht. Zum anderen erfordert es eine genaue Kenntnis der Schwierigkeiten, die sich aus dem Zusammenspiel der Plebiszite mit anderen Systemelementen ergeben – insbesondere dem parlamentarischen Parteienwettbewerb. Ein solches Thema eignet sich nicht für populistische Manöver. Wenn SPD und Grüne jetzt erneut ein Versprechen abgeben, von dem sie wissen, dass es nicht haltbar ist, mag ihnen das in der politischen Auseinandersetzung kurzfristig Pluspunkte bringen – auf lange Sicht wird es dem Ansehen der Parteiendemokratie schaden. Zugleich diskreditiert es das plebiszitäre Instrument selbst, mit dessen Einführung ja gerade das Ziel verfolgt werden soll, die Legitimität der Parteiendemokratie zu stärken.

Süddeutsche Zeitung vom 27. Oktober 2004, S. 2.

Der Osten als Trendsetter

Den Redakteuren, Herausgebern und Autoren der jetzt fünf Jahre alt gewordenen „Berliner Republik" ist das Kunststück gelungen, ihre Zeitschrift als anspruchsvolles politisches Diskussionsforum in einem überfüllten publizistischen Markt fest zu etablieren. Wird die Stimme der „Berliner Republik", wie ich hoffe und annehme, in Zukunft noch vernehmbarer, könnte es vielleicht sogar sein, dass der Begriff irgendwann ausschließlich (oder in erster Linie) mit der Zeitschrift assoziiert wird und nicht mehr mit seinem ursprünglichen Bedeutungsinhalt! Dieser ist, wenn man die zahlreichen Essays resümiert, die zu diesem Thema schon verfasst wurden, mindestens ein dreifacher. „Berliner Republik" meint *erstens* das Regierungssystem und die innere Politik des seit 1990 wiedervereinigten Deutschland. Zum *zweiten* hebt der Begriff auf die internationale Situation der Bundesrepublik ab, wobei die Vereinigung hier im Kontext der großen weltpolitischen Veränderungen – Zusammenbruch der kommunistischen Regime und Ende des Ost-West-Konflikts – gesehen werden muss. Und *drittens* bezieht sich „Berliner Republik" im engeren Sinne auf die 1991 beschlossene Verlegung der Bundeshauptstadt vom Rhein an die Spree, die ausgangs der neunziger Jahre vollzogen wurde.

Allen drei Begriffen ist gemeinsam, dass sie die „Berliner" zur „Bonner Republik" in Kontrast setzen. Für einen Außenstehenden könnte dies den Eindruck erwecken, als ob die Bundesrepublik nach der Vereinigung als Staat neu gegründet worden wäre. Von einer solchen Neugründung kann bekanntlich nicht die Rede sein. Durch die Überwindung der Teilung sind weder die Verfassungsordnung noch die außenpolitischen Grundkoordinaten des Landes verändert worden. Der Unterschied zum „Übergang" von der Weimarer zur Bonner Republik, die sich als begriffliche Analogie aufdrängt, könnte kaum größer sein. Selbst in der Hauptstadtfrage gab es im Zuge des Umzugsbeschlusses keinen kompletten Neubeginn, nachdem ein Teil der Ministerien und Bundesverwaltung in Bonn verblieben sind.

Der Begriff der „Berliner Republik" kann sich sinnvollerweise also nur auf die Veränderungen beziehen, die innerhalb dieser grundsätzlichen Kontinuität durch die Vereinigung eingetreten sind. Solche Veränderungen zu identifizieren dürfte auch für den sozialwissenschaftlich geschulten Beobachter nicht ganz leicht sein. Zum einen läuft der Wandel ja nicht nur auf der harten Ebene materieller Entscheidungen und Fakten ab, sondern zugleich auf der Bewusstseinsebene. Zum anderen wird er von zahlreichen weiteren Faktoren beeinflusst, die mit der Vereinigung und ihren Konsequenzen oftmals gar nichts zu tun haben. So dürfte das neue außenpolitische Selbstbewusstsein, das die Bundesrepublik seit 1990 an den Tag legt, weniger auf die Vollendung ihres Nationalstaates zurückzuführen sein denn auf die Herausforderungen, mit denen das Land unter den veränderten Rahmenbedingungen der internationalen Politik konfrontiert worden ist – Herausforderungen, die andere Nationen in ganz ähnlicher Weise betreffen. Und in der Innenpolitik wäre vieles von dem, was heute als Reformanstrengung erbracht und nachgeholt werden muss, auch ohne die immensen ökonomischen Kosten auf die Tagesordnung gekommen, die der Volkswirtschaft durch die Integration der neuen Länder in das westdeutsche Wohlfahrtsstaatsmodell entstanden sind. Die Vereinigung hat diese Prozesse allenfalls beschleunigt.

Ähnliche Feststellungen lassen sich mit Blick auf das politische System treffen. So wie in anderen Bereichen der gesellschaftlichen und wirtschaftlichen Entwicklung begegnet uns hier eine unter dem Gesichtspunkt der Modernität auf den ersten Blick merkwürdige Ungleichzeitigkeit. Auf der einen

Seite müssen die Ostdeutschen gewaltige Rückstände aufholen und Lernleistungen erbringen, nachdem sie im „vormundschaftlichen" Staat der DDR ein Leben lang entmündigt worden waren. Das Problem liegt dabei übrigens nicht so sehr im mangelnden Demokratiebewusstsein, wie Beobachter aus dem Westen häufig meinen, sondern in der fehlenden Kultur der Freiheit, die vom Fortbestehen sozialistischer Wertvorstellungen kündet und bei den Menschen ein übermäßiges Sicherheitsbedürfnis erzeugt. Auf der anderen Seite eröffnet der Modernisierungsrückstand Chancen, gleich auf dem höchsten Niveau einzusteigen und damit Entwicklungen vorwegzunehmen, die sich in den alten Ländern erst anbahnen. Der Osten fungiert hier sozusagen als Trendsetter – und zwar auch in negativer Hinsicht. Unter den Wandlungstendenzen, die für die Akzeptanz und Legitimität des demokratischen Systems bedrohlich werden könnten, sind drei besonders hervorzuheben:

Wachsendes Wohlstandsgefälle. Die deutsche Vereinigung hat die grundgesetzliche Formel von „einheitlichen" bzw. – nach der Verfassungsänderung von 1994 – „gleichwertigen" Lebensverhältnissen endgültig als Schimäre entlarvt. Je mehr sich diese Erkenntnis durchsetzt, um so stärker halten freilich gerade die finanzschwächeren Länder an der Forderung nach eben dieser Einheitlichkeit fest. Dabei würde im Interesse einer Verbesserung der Standortfaktoren genau das Gegenteil geboten sein – eine stärkere Selbstverantwortlichkeit (in Gestalt eigener Steuer- und Gesetzgebungskompetenzen). Ob die Reformkommission des Föderalismus in dieser Hinsicht zu substanziellen Fortschritten führt darf nach dem derzeitigen Stand der Beratungen bezweifelt werden.

Pluralisierung der Parteienlandschaft. Aus dem symmetrischen Vierparteiensystem der achtziger Jahre ist nach der Vereinigung ein fluides Fünfparteiensystem geworden, das die Bildung einer Regierung nach dem vertrauten Muster kleiner Koalitionen auch auf Bundesebene künftig erschweren wird. Gleichzeitig zeigen sich Anzeichen einer zunehmenden Delegitimierung des Parteiensystems. Dies hängt zum einen mit der gesellschaftlichen Entwurzelung, zum anderen mit der abnehmenden Leistungsfähigkeit der Parteien zusammen, die den von ihnen selbst erzeugten Erwartungen widerspricht. Sichtbarster Ausdruck der Unzufriedenheit sind der Rückgang der Wahlbeteiligungen, der gestiegene Anteil der Wechselwähler sowie die wachsende Quote des „abweichenden" Stimmverhaltens, die in Ostdeutschland zuletzt bei annähernd 40 Prozent (!) lag.

Plebiszitäre Überlagerung des politischen Prozesses. Der Wandel des Parteiensystems hat auch binnenorganisatorische Folgen. Er führt dazu, dass die Parteien führungslastiger werden und ihre strategische Planung verstärkt auf die Wahlkämpfe ausrichten. Weil die elektoralen Ziele alles andere in den Hintergrund drängen, wird die parteiliche Vermittlungsfunktion durch direkte, medienvermittelte Beziehungen zwischen Wahlvolk und Politikern überlagert. Der wachsende Einfluss der Medien zeigt sich darin, dass sie die Politik heute in einen permanenten Belagerungszustand versetzen. Die plebiszitäre Transformation sorgt zwar für mehr öffentliche Kontrolle der Regierenden, birgt aber zugleich die Gefahr, dass sich die Darstellungslogik der Entscheidungen verselbständigt und gegenüber der eigentlichen Sachlogik die Oberhand gewinnt. Darüber hinaus tragen die Medien in ihrem Hang zum Negativismus ganz unmittelbar zum Ansehensverlust der Politik bei. Der Umzug vom beschaulichen Bonn in die hektische Metropole Berlin hat diese Tendenzen zweifellos befördert.

Die Veränderungen des „neuen" deutschen Regierungssystems werden von der „Berliner Republik" seit nunmehr fünf Jahren aufgespürt, offengelegt und kritisch begleitet. In der Verknüpfung von Außenbeobachtung und Insider-Perspektiven hat sich die Zeitschrift für den im Bereich der Regierungslehre arbeitenden Politologen als unschätzbare Quelle erwiesen. Zugleich bietet sie dem Wissenschaftler die Chance, mit eigenen Beiträgen und Diskussionsanstößen aus dem sprichwörtlichen Elfenbeinturm herauszutreten – was der Verfasser in der Vergangenheit gerne genutzt hat. Den Machern der Zeitschrift – allen voran Tobias Dürr – sei dafür herzlich gedankt. Ich kann mir jedenfalls eine Berliner Republik ohne „Berliner Republik" heute nicht mehr vorstellen!

Berliner Republik 6 (2004) H. 6, S. 54-57.

In der Verflechtungsfalle

Undank ist bekanntlich der Welten Lohn: Auch wenn die 32 Mitglieder der Föderalismuskommission mit ihren Verhandlungen im Dezember 2004 nicht gescheitert wären, hätte ihnen die interessierte Öffentlichkeit für das dann gefundene Kompromisspaket wohl kaum Beifall gezollt. Zu kompliziert ist das Geflecht der durch die Reform berührten Interessen, als dass am Ende ein großer Wurf hätte herauskommen können. Dieser stand von vornherein nicht zu erwarten. Insofern ist es auch zu kurz gegriffen, das Scheitern der Reform dem Verfahren und der ausschließlich aus Politikern zusammengesetzten Kommission anzulasten. Ein breiter angelegter Verfassungskonvent würde sich gewiss auf couragiertere Reformschritte verständigen können, als es diese nach einjähriger Arbeit getan hat. Das heißt aber noch lange nicht, dass sich die Entscheidungsträger auf die Vorschläge auch verpflichten ließen. Deshalb war es vom Ansatz her richtig, Fragen wie Länderneugliederung, Steuergesetzgebung oder Finanzausgleich, die an die Existenzgrundlagen des deutschen Bundesstaates rühren, aus den Verhandlungen vorsorglich auszuklammern. Um so enttäuschender ist es, dass die Verantwortlichen trotz dieser günstigen Ausgangslage kein Ergebnis zustande gebracht haben.

Bei der Föderalismusreform verquicken sich drei grundsätzliche Konflikte zu einer schwierigen interessenpolitischen Gemengelage. *Erstens* konkurrieren Parteien bzw. Regierung und Opposition miteinander. *Zweitens* stehen die Interessen des Bundes gegen jene der Länder. Und *drittens* rivalisieren die Gliedstaaten auch untereinander, wobei sich die kleineren und wirtschaftlich schwächeren Länder tendenziell mit dem Bund „verbrüdern" („zentralistische Koalition").

Betrachten wir zunächst den parteipolitischen Konflikt. Dieser hat, was in der Debatte nicht immer richtig gesehen worden ist, eine machtpolitische und eine ideologische Dimension; im ersteren Falle geht es um den kurzfristigen Nutzen einer Frage im Parteienwettbewerb, im letzteren Falle um prinzipielle politische Standpunkte. In Bezug auf die machtpolitischen Interessen hatte man zu Beginn der Verhandlungen vermutet, dass sich diese weitgehend neutralisieren würden, müsse doch die Opposition damit rechnen, sich schon bald selbst in der Rolle der Regierung zu befinden. Hier war man vielleicht etwas zu optimistisch. So ist das Interesse der Union an einer Entmachtung des Bundesrates womöglich durch die Perspektive einer eigenen Mehrheit in der Länderkammer über das Jahr 2006 hinaus begrenzt worden. Umgekehrt – und noch wichtiger – hat die von der rot-grünen Koalition in den letzten beiden Jahren betriebene Reformpolitik (Agenda 2010) gezeigt, dass sich aus der legislativen Mitwirkung der Opposition handfeste strategische Vorteile für die Regierung ergeben können. Einerseits wird der politische Gegner auf diese Weise in Mithaftung genommen (und somit in seiner Kri-

In der Verflechtungsfalle 159

tikfunktion beschränkt); andererseits vergrößern die durch die oppositionelle Mehrheit in der Länderkammer entstehenden Kompromisszwänge den Handlungsspielraum der Regierung im eigenen Lager. Hier mag einer der Gründe dafür gelegen haben, dass Kanzler Schröder und die Koalition der Arbeit der Kommission bis zum Schluss eher missmutig gegenüberstanden; offenbar konnten und können sie auch mit einem Nicht-Ergebnis gut leben.

Auch die ideologische Dimension des parteipolitischen Konflikts ist von den Beobachtern in mancherlei Hinsicht zu leicht genommen worden. So sehr sich die rot-grüne Regierung und ihr sozialdemokratischer Teil dem neoliberalen Mainstream in der Sozial- und Wirtschaftspolitik angenähert haben mögen, bleiben sie doch in ihrem politischen Grundverständnis weiterhin etatistisch geprägt, was sich in den die Staatsorganisation betreffenden Fragen auf „zentralistisch" reimt. Bei der Union und insbesondere der FDP lässt sich demgegenüber feststellen, dass sie ihre marktliberalen Positionen zunehmend auch in den Bereich der Institutionenpolitik hinein verlängern. Das Begriffspaar „solidarischer" oder „Wettbewerbsföderalismus" bringt die Kontroverse auf den Punkt. Der Übergang zu einem wettbewerbsföderalen System mit eigenen Steuerkompetenzen der Länder und einer Abschaffung oder Reduktion des Finanzausgleichs wird zwar nur von einzelnen Exponenten dieser Richtung ernsthaft ins Auge gefasst. Dennoch dürften die ideologischen Unterschiede zum Scheitern der Verhandlungen mit beigetragen haben, da die überwiegend etatistisch gesinnten Vertreter der rot-grünen Regierungsmehrheit einer Rückverlagerung von Kompetenzen auf die Länderebene generell wenig abgewinnen können.

Eine solche Rückverlagerung ist aber geboten, wenn die Länder im Gegenzug dazu gebracht werden sollen, auf einen Teil ihrer heutigen Zustimmungsrechte im Bundesrat zu verzichten. Hier kommt der zweite Konflikt – jener zwischen Bund und Ländern – ins Spiel. In den kritischen Kommentaren der letzten Wochen ist zu wenig gewürdigt worden, dass die Kommission in einem ganz zentralen Bereich der Reform ihr Ziel schon erreicht hatte. Die Länder sollten danach in Zukunft für die Umsetzung der Bundesgesetze selbst zuständig sein, also die Einrichtung der Behörden und das Verwaltungsverfahren ohne Zutun des Bundes regeln können; die Zustimmungserfordernisse gemäß Art. 84 Abs. 1 des Grundgesetzes würden dadurch weitgehend wegfallen. Darüber hinaus hätten die Länder auch eine Reihe von materiellen Kompetenzen erhalten, die heute im Bereich der konkurrierenden oder Rahmengesetzgebung vom Bund wahrgenommen werden. Hier ist an erster Stelle das Besoldungsrecht zu nennen, das den Gliedstaaten zumindest auf der Ausgabenseite ein Stück ihrer finanziellen Gestaltungsfreiheit zurückgeben könnte.

Fritz Scharpf hat in einem Beitrag für die Frankfurter Allgemeine Zeitung unlängst die von ihm selbst aufgestellte These der unentrinnbaren „Politikverflechtungsfalle" durch den Hinweis eingeschränkt, dass der Bund in den Föderalismusverhandlungen letztlich am längeren Hebel sitze. Es sei nämlich allein an ihm darüber zu entscheiden, ob er durch einen Verzicht auf die Regelung des Verwaltungsverfahrens seine Gesetze von der Zustimmungspflicht gemäß Art 84 Abs. 1 befreie oder nicht. Nach dem mit den Ländern gefundenen vorläufigen Kompromiss sollen davon lediglich Gesetze „mit erheblichen Kostenfolgen" ausgenommen sein – diese benötigen in jedem Falle die Zustimmung des Bundesrates. Wenn dem so ist, stellt sich natürlich die Frage, warum der Bund von jener Möglichkeit nicht bereits in der Vergangenheit Gebrauch gemacht hat. Die Antwort verweist auf die institutionellen Eigeninteressen der Ministerialbürokratie, die ihre Hoheit über die Gestaltung der Gesetze behaupten möchte und deshalb dazu neigt, alles bis ins kleinste Detail regeln. Wird dieses Interesse in Zukunft zurückgedrängt, könnte der Bund seine Handlungsfreiheit also auch ohne weitere Zugeständnisse an die Länder ausdehnen.

Insofern war es vielleicht etwas kurzsichtig, dass die Länder (bzw. einige von ihnen) die Verhandlungen an der Frage der Kompetenzverteilung in der Bildungspolitik haben scheitern lassen. Manche Beobachter haben darin nur einen Vorwand gesehen, damit die Ministerpräsidenten ihre bisherigen Mitwirkungsrechte im Bundesrat behalten können, was aber angesichts der eben beschriebenen Umgehungsmöglichkeiten der Zustimmungspflicht nicht sehr überzeugend ist. Parteipolitische Motive dürften ebenfalls eine Rolle gespielt haben. Die Union kann ihre schul- und hochschulpolitische Kompetenz am ehesten dadurch unter Beweis stellen, dass die von ihr regierten Länder in den einschlägigen Rankings besser abschneiden als die sozialdemokratischen Länder. Für die SPD wiederum sind die unterschiedlichen Leistungsniveaus ein nützlicher Hebel, um eine stärkere Zentralisierung der Bildungspolitik anzumahnen. Für die Zuspitzung entscheidend war aber auch hier die Überlagerung durch den grundsätzlichen Interessenkonflikt zwischen Bund und Ländern. Der Bund wollte und will seine Kompetenzen in der Bildungspolitik verteidigen, die ihm durch die länderfreundliche Rechtsprechung des Bundesverfassungsgerichts (infolge der durch die Verfassungsänderung von 1994 revidierten Kriterien für die Inanspruchnahme der konkurrierenden und Rahmengesetzgebung) zuletzt zunehmend entwunden wurden. Das noch ausstehende Urteil zu den Studiengebühren wird diese Tendenz höchstwahrscheinlich fortschreiben. Auf der anderen Seite betrachten nicht nur die unionsgeführten, sondern auch große SPD-regierte Länder wie Nordrhein-Westfalen die Bildungspolitik als ureigene Domäne, in die der Bund nicht oder nur begrenzt hineinregieren dürfe. Dass die fortgesetzten Übergriffe von Bundesministerin Bulmahn auf ihr Terrain keine Sympathie auslösen würden und als „wenig hilfreich" (Peer Steinbrück) empfunden wurden, liegt auf der Hand.

Die Ländervertreter sind gegenüber dem Bund argumentativ insofern im Vorteil, als sie ihre Position auf die Gesamtlogik der Reform stützen können, die als Preis für die reduzierten Mitwirkungsrechte im Bundesrat eine Rückverlagerung und Entflechtung der Gesetzgebungszuständigkeiten vorsieht. Warum davon ausgerechnet die Bildungspolitik ausgenommen bleiben sollte, ist in der Tat schwer einzusehen. Dennoch beleuchtet der Streit um die Kompetenzverteilung in diesem Politikfeld ein zentrales Problem der Reform. Was demokratietheoretisch nämlich unmittelbar eingängig ist – dass mit einer klaren Zuweisung der Kompetenzen an die ein oder andere Ebene auch eine klare Zurechenbarkeit politischer Verantwortung einhergeht – kann unter funktionalen oder Effizienzgesichtspunkten handfeste Nachteile haben. Auch innerhalb der Politikfelder sind viele Materien und Probleme so beschaffen, dass deren Einzelaspekte mal einer zentralen und mal einer dezentralen Regelung bedürfen. Die differenzierte und zugleich flexible Kompetenzaufteilung, die das Grundgesetz durch die Institute der konkurrierenden und Rahmengesetzgebung herbeigeführt hat, trägt dem Rechnung. Allein aus diesem Grunde wird eine Entflechtung in vielen Bereichen Wunschdenken bleiben, wie auch die vorliegenden Ergebnisse der Kommission deutlich machen. Nicht nur, dass die Gemeinschaftsaufgaben gemäß Art. 91a und 91b des Grundgesetzes größtenteils beibehalten werden sollen. Auch die Stärkung der Bundeskompetenzen in der Kriminalitätsbekämpfung, der Verzicht des Bundes auf die Regelung der Verwaltungsverfahren und die für einen Teil der konkurrierenden Befugnisse verabredeten Zugriffsrechte der Länder würden in der Konsequenz eine nochmalige Verflechtung bewirken.

Die Weigerung des Bundes, sich aus der Bildungspolitik vollständig zurückzuziehen, lässt sich vor diesem Hintergrund durchaus nachvollziehen. Dies gilt unabhängig davon, ob eine Zentralisierung der dortigen Zuständigkeiten auch sachlich geboten ist und – falls ja – zwingend vom Bund wahrgenommen werden müsste.

Gibt es in diesem Punkt keine Bewegung, dann wird die Einigung auf ein Gesamtpaket noch in diesem Jahr nur schwer erreichbar sein. Ein Ausweg ließe sich allenfalls dann finden, wenn der Bund den Ländern auf anderen Gebieten zusätzliche Kompetenzen einräumen würde. Dazu müsste er sich freilich in Gebiete vorwagen, die von den Ländern selbst zum Tabu erklärt worden sind, etwa die Regelungshoheit über die ihnen zufließenden Steuern (Vermögenssteuer, Erbschafts- und Schenkungssteuer, Grunderwerbssteuer), die nach dem bisher Vereinbarten weiterhin ausschließlich beim Bund liegen soll. Da eine Steuerautonomie auch in anderen Bereichen der Finanzverfassung (insbesondere beim Finanzausgleich) Änderungen nach sich ziehen würde, wollte sich die Mehrheit der Länder auf einen so radikalen Reformschritt nicht einlassen. Selbst die Abschaffung der Gemeinschaftsaufgaben erschien den meisten von ihnen als ein zu hohes finanzielles Risiko. Mit einer wettbewerbsföderalen Umgestaltung des Systems einverstanden erklärt hätten sich allein die großen, finanzstarken Vertreter wie Bayern, Baden-Württemberg oder Hessen, die gegen die übermächtige Phalanx von Bund und finanzschwachen Ländern jedoch wenig ausrichten können. Dem Bund kommt also auch hier eine Schlüsselrolle zu: Würde er aus der „zentralistischen Koalition" ausscheren und die großen Länder in ihrem Streben nach zusätzlicher Gestaltungsfreiheit unterstützen, dann bräuchten diese nicht so vehement auf ihr vermeintliches „Hausgut" in der Bildungspolitik zu pochen. Für ein solches Umdenken gibt es zur Zeit allerdings wenig Anzeichen.

Die Virulenz des Konflikts zwischen starken und schwachen Ländern lässt sich daran ablesen, dass in Ostdeutschland selbst FDP-Politiker unverhohlen für einen Stärkung der Bundeskompetenzen (etwa in der Bildungspolitik) eintreten. Kommentatoren wie Stefan Dietrich von der FAZ haben daraus den resignativen Schluss gezogen, dass man der Übermacht nachgeben und das Heil der Reform nun in der anderen Richtung suchen müsse: in einer noch konsequenteren Zentralisierung. Es liegt freilich im Wesen der Politikverflechtungsfalle, dass auch dieser Ausweg versperrt ist. So wie der Bund eine Reduktion der Zustimmungsrechte des Bundesrates nur erreichen kann, wenn er den Ländern eine größere Autonomie bei der Gesetzesdurchführung einräumt, so ist er auch bei der Stärkung bzw. Aufrechterhaltung seiner Kompetenzen in der Kriminalitätsbekämpfung und Bildungspolitik auf deren Einverständnis angewiesen. Zu einer verfassungsrechtlichen Neuordnung der föderalen Beziehungen gibt es deshalb keine Alternative, wenn die Regierungsfähigkeit des Landes verbessert und das System gleichzeitig demokratischer gestaltet werden soll. Um diese Ziele zu erreichen, braucht es keinen Konvent nach europäischem Vorbild, da die Grundlinien der Reform im wesentlichen feststehen. Das von der Föderalismuskommission vorgelegte Paket müsste nur an wenigen Stellen aufgeschnürt und ergänzt werden. Den politischen Akteuren verbleibt dazu ein Zeitfenster von etwa 15 Monaten. Haben sie es bis dahin nicht geschafft, dürfte die Chance einer Reform auf Jahre hinaus vertan sein.

Berliner Republik 7 (2005) H. 1, S. 14-17.

Demokratie in der Dunkelkammer

Bei aller Genugtuung, die die Oppositionsparteien CDU und FDP über die gescheiterte Wahl von Heide Simonis zur Kieler Ministerpräsidentin jetzt empfinden, geht ihre Schadenfreude nicht soweit, dass sie dem Verhalten des abtrünnigen Abgeordneten aus dem rot-grünen Lager besondere Achtung zollen würden. Allenfalls der FDP-Vorsitzende Westerwelle bildet hier mit seinem Wort von dem „letzten Gerechten" eine Ausnahme. Es ist kaum anzunehmen, dass Westerwelle sich ähnlich anerkennend geäußert hätte, wenn die eigene Partei oder die seines Koalitionspartners Opfer eines solchen Verhaltens geworden wäre. Wie es einem ergeht, wenn man die eigenen Truppen nicht hinter sich weiß, hatte vor Simonis zuletzt der sächsische Regierungschef Georg Milbradt erfahren müssen, dessen Wiederwahl zum Ministerpräsidenten im November erst im zweiten Anlauf glückte. Dass Abgeordnete die Gelegenheit des ersten Wahlgangs mitunter nutzen, um ihrem Kandidaten einen Denkzettel zu verpassen, ist an sich nichts Ungewöhnliches. Dergleichen hat es auch schon früher gegeben. In Sachsen erregte der Fall bundesweite Aufmerksamkeit, weil die Abtrünnigen es nicht bei einer Enthaltung bewenden ließen, sondern mit ihrer Stimme den Gegenkandidaten der NPD unterstützt hatten. So berechtigt die Empörung darüber war, so bezeichnend ist es, dass über den Modus der geheimen Abstimmung, der das unanständige Verhalten erst ermöglichte, in der öffentlichen Debatte kein Wort verloren wurde.

Die Wahl des Regierungschefs durch das Parlament in geheimer Abstimmung ist eine deutsche Spezialität. Zum Teil ist sie – wie in Sachsen – in der Verfassung selbst, zum Teil in den Geschäftsordnungen der Parlamente geregelt (letzteres würde eine Änderung mit einfacher Mehrheit möglich machen). Die meisten parlamentarischen Systeme kennen auf der nationalen Ebene überhaupt keine förmliche Wahl. Der Premierminister oder Ministerpräsident wird hier durch das jeweilige Staatsoberhaupt ernannt. Dieses ist in seiner Entscheidung für oder gegen einen Kandidaten allerdings nicht frei, sondern bleibt an den Willen des Parlaments gebunden, das über die Möglichkeit verfügt, den Regierungschef jederzeit aus politischen Gründen abzuberufen. Die Vertrauensabstimmungen erfolgen dabei in aller Regel offen. Die Einführung der förmlichen Wahl in das Grundgesetz muss vor dem Hintergrund der Negativerfahrungen mit dem präsidialen Ernennungsrecht in der Weimarer Republik gesehen werden. Das Trauma des 30. Januar 1933 hat den Verfassungsgeber veranlasst, einer möglichen Beeinflussung der Regierungsbildung durch das Staatsoberhaupt jeden erdenklichen Riegel vorzuschieben. Diese Konstruktion bleibt aber europaweit die Ausnahme. Übernommen wurde sie nur in wenigen Ländern wie z.B. Spanien, das sich bei der Ausgestaltung seiner Verfassung am Bonner Grundgesetz orientiert hat.

Wäre eine förmliche Wahl auf der zentralstaatlichen Ebene eigentlich verzichtbar, so rührt ihre Notwendigkeit auf der gliedstaatlichen Ebene daher, dass hier ein vom Amt des Regierungschefs getrenntes Staatsoberhaupt nicht vorhanden ist, welches als ernennende Instanz fungieren könnte. Dies heißt aber keineswegs, dass die Wahl zwingend „mit verdeckten Stimmzetteln" vorgenommen werden muss. Als Argument für die geheime Abstimmung wird in der Regel das in Art. 38 des Grundgesetzes geschützte freie Mandat ins Feld geführt. Um den Abgeordneten vor den Pressionen zu schützen, die er bei einem Abweichen von der Fraktionslinie unweigerlich zu gewärtigen hätte, soll er dem Zwang enthoben werden, sich bekennen zu müssen und mit offenem Visier zu kämpfen. Aus demokratietheoretischer Sicht ist eine solche Vorschrift kaum nachvollziehbar. Wenn grundlegende Parlamentsentscheidungen dem Transparenzgebot unterliegen, so ist nicht einzusehen,

Demokratie in der Dunkelkammer

warum davon ausgerechnet die Entscheidung über die Bildung und den Bestand einer Regierung ausgenommen sein soll, bei der es sich ja um eine politische Richtungsentscheidung schlechthin handelt. Gerade hier haben die Wähler einen Anspruch zu erfahren, wie sich „ihr" Abgeordneter bei der Abstimmung verhält. Das freie Mandat wird zu einer Farce, wenn die Parlamentarier sich nach Belieben von den Positionen entfernen können, für die sie zuvor als Parteivertreter gewählt worden sind. Dies gilt zumal in einem System wie der Bundesrepublik, wo sich die Parlamentswahlen in Bund und Ländern zu quasi-plebiszitären Kanzler- oder Ministerpräsidentenwahlen entwickelt haben. Lässt Art. 38 ein Abweichen vom Wählermandat zu, so muss der Wähler zumindest die Möglichkeit haben, ein solches Verhalten zu bewerten und gegebenenfalls zu sanktionieren. Dasselbe gilt für die Fraktionskollegen, die wissen müssen, wer und wer nicht hinter einer gemeinsam getroffenen Entscheidung steht. Andernfalls wäre eine kontinuierliche parlamentarische Arbeit nicht möglich. Zum Demokratieprinzip gehört mithin, dass die Abgeordneten für ihr Verhalten öffentlich einzustehen haben. Die geheime Wahl des Regierungschefs ist damit nicht vereinbar.

In der Literatur findet man gelegentlich die Feststellung, wonach das freie Mandat zu den Funktionsprinzipien des heutigen parteiendemokratischen Parlamentarismus in Widerspruch stehe. Diese Feststellung ist schon deshalb falsch, weil die Möglichkeit des Misstrauensvotums, auf der das parlamentarische System der Idee nach beruht, an die Garantie des freien Mandates zwingend gebunden ist. Ein einigermaßen stabiles Regieren setzt freilich voraus, dass von dieser Möglichkeit nicht allzu häufig Gebrauch gemacht wird. Das parlamentarische System kommt daher ohne ein Mindestmaß an Partei-, Koalitions- und Fraktionsdisziplin nicht aus, wenn es seine Funktionsfähigkeit aufrechterhalten will. Für die Fraktions- und Parteiführungen wäre der Übergang zu einer offenen Abstimmung gewiss von Vorteil, weil sich potenzielle Dissenter dadurch leichter auf Linie bringen ließen. Schon heute gehört die Bundesrepublik im internationalen Vergleich zu den parlamentarischen Systemen mit der am stärksten ausgeprägten Fraktionskohäsion. Umso merkwürdiger ist, dass sich der Modus der geheimen Wahl dennoch gehalten hat. Die Hauptursache dafür dürfte in der generellen Höherbewertung des konstitutionellen gegenüber dem demokratischen Prinzip liegen, das in der deutschen Verfassungsgeschichte tief verwurzelt ist und sich auch in anderen Restriktionen widerspiegelt (etwa in der bis heute nur zum Teil hergestellten Regelöffentlichkeit der Parlamentsausschüsse). Nachdem sich die Bundesrepublik zu einer politisch-kulturell gefestigten Demokratie entwickelt hat, wäre es an der Zeit, mit diesen Restriktionen langsam Schluss zu machen. Die offene Wahl des Regierungschefs in den Länderparlamenten und im Bundestag wäre ein guter Anfang.

Süddeutsche Zeitung vom 26./27./28. März 2005, S. 2.

Demokratieabbau ohne Not

Große Koalitionen haben gegenüber kleinen den Vorteil, dass sie wegen ihrer verfassungsändernden Zweidrittelmehrheit auch im institutionenpolitischen Bereich weitreichende Reformen anstoßen können. Aktuell ein erster Beleg hierfür ist die Vereinbarung zur Neuordnung des Föderalismus, die von den Unionsparteien und der SPD im Rahmen des Koalitionsvertrages getroffen wurde. Dieser Erfolg hat die Politik offenbar dazu ermutigt, auch auf einem anderen von ihr ausgemachten institutionellen „Problemfeld" Änderungen anzustreben: bei den Wahlen. In den vergangenen Wochen wurden hierzu mehrere Vorstöße unternommen: Sie reichen von einer Abschaffung des bestehenden Verhältniswahlrechts über die Zusammenlegung von Wahlterminen bis hin zur Verlängerung der Legislaturperiode. Das gemeinsame Ziel dieser Vorschläge ist eine größere Effizienz des Regierens, die durch das bestehende System der Wahlen angeblich verhindert wird. Dafür müsse notfalls auch eine Verringerung der demokratischen Mitwirkungsmöglichkeiten in Kauf genommen werden.

So diskutabel ein solcher „trade off" aus demokratiepolitischer Sicht sein mag, so fraglich bleibt, ob die den Vorschlägen zugrunde liegende Ursachenanalyse stimmt und ob ein besseres Regieren tatsächlich erreichbar wäre, wenn man ihnen folgte. Bei genauerem Hinsehen sind erhebliche Zweifel angebracht. Das Hauptmanko der Verfassungsdiskussion in Deutschland nämlich besteht darin, dass die Reformer immer nur punktuell bestimmte Probleme herausgreifen, ohne deren Einbettung in den Gesamtkontext des Regierungssystems zu bedenken. Eine so betriebene Verfassungsreform muss zwangsläufig Stückwerk bleiben.

Das vom CSU-Landesgruppenchef Peter Ramsauer angekündigte Vorhaben, die Wahlperiode des Bundestages von vier auf fünf Jahre zu verlängern, ist dafür symptomatisch. Zeitungsberichten zufolge haben die Fraktionsspitzen von Union und SPD vereinbart, den Vorschlag ernsthaft zu prüfen. Die Befürworter berufen sich hier vor allem auf das Vorbild der Länder, wo heute nur noch Bremen, Hamburg, Mecklenburg-Vorpommern und Sachsen-Anhalt an der vierjährigen Legislaturperiode festhalten. Die übrigen Länder haben die Verlängerung der Wahlperiode entweder durch eine Verfassungsänderung nachträglich beschlossen oder im Rahmen ihrer konstitutionellen Neugründung eingeführt (Berlin). Lediglich im Saarland bestand die fünfjährige Wahlperiode von Beginn an.

Auch wenn sich die Neuregelungen auf der Länderebene bewährt haben, so geht die von den Urhebern des Vorschlags suggerierte Parallele zum Bund dennoch völlig fehl. In den Bundesländern war es ja nicht das Ziel einer verbesserten Regierungseffizienz, an dem man sich bei der Verlängerung der Wahlperiode orientiert hatte. Mit der Verlängerung wurde im Gegenteil die resignative Konsequenz aus der Tatsache gezogen, dass die Landespolitik mangels relevanter gesetzgeberischer Kompetenzen eher unter zu schwachem Handlungsdruck litt (so dass man dort dann auch seltener zu wählen braucht). Darüber hinaus müssen jene Wahlrechtsreformen auf Länderebene im Zusammenhang damit gesehen werden, dass dort in etwa zeitgleich plebiszitäre Beteiligungsformen eingeführt beziehungsweise ausgebaut wurden. In den Bestrebungen der Bundespolitiker hingegen ist ein solcher Ausgleich für die entdemokratisierenden Wirkungen einer verlängerten Wahlperiode bezeichnenderweise nicht enthalten.

Das Argument einer größeren Regierungseffizienz steht aber auch ansonsten auf schwachen Füßen. Wenn diese Effizienz in der Vergangenheit zu wünschen übrig ließ, so lag das zum einen an der gegnerschaftlichen Ausrichtung des Parteienwettbewerbs, der ein gedeihliches Zusammenwirken von Union und SPD verhinderte. Zum anderen sorgten die Strukturen des föderalen Systems dafür, dass die jeweilige Oppositionspartei damit rechnen konnte, über kurz oder lang die Bundesratsmehrheit zu erringen – womit sie über einen Hebel verfügte, die Politik der Bundesregierung auch materiell zu blockieren. Wenn nun aber die Föderalismusreform die Beteiligungsposition des Bundesrates wie geplant beschneidet und die Pluralisierung des Parteiensystems die Möglichkeit einschränkt, Regierungen nach dem vertrauten

Muster einer kleinen Koalition zu bilden, könnte diese Tendenz in Zukunft abgeschwächt werden. Denn letzteres würde bedeuten, dass sich die Parteien auf ein flexibleres Koalitionsverhalten einstellen müssen, das mit dem heutigen Lagerdenken bricht. Dadurch könnte ein stärker konsensorientierter Regierungsstil Einzug halten, der sich auch auf die Regierungseffizienz positiv auswirkt.

Die Kehrseite der Konsensdemokratie besteht darin, dass sie den Einfluss der Wähler auf die Regierungsbildung schmälert. Eine Verlängerung der Wahlperiode würde dieses Problem noch verschärfen. Sie wäre deshalb nur vermittelbar, wenn dem Bürger im Gegenzug andere Möglichkeiten der Beteiligung eingeräumt werden. Nachdem alle Bemühungen, plebiszitäre Elemente in das Grundgesetz aufzunehmen, in der Vergangenheit gescheitert sind, stehen die Chancen dafür allerdings zur Zeit nicht sehr gut. Auch der Koalitionsvertrag enthält hierzu nur einen unverbindlichen Prüfauftrag.

In der Bundesrepublik Deutschland wird eine zielführende Diskussion über die Einführung und Ausgestaltung direktdemokratischer Elemente paradoxerweise weniger von deren Gegnern als von deren Befürwortern vereitelt. Diese empfehlen den Verfassungsgebern im Bund gebetsmühlenhaft dasselbe Modell der Volksgesetzgebung (mit Volksinitiative, Volksbegehren und Volksentscheid), das in den heutigen Länderverfassungen scheinbar erfolgreich existiert. Dabei übersehen sie allerdings, dass das Instrument auf beiden Ebenen ganz unterschiedlichen Anwendungsbedingungen unterliegt und seine Einfügung im Bund ungleich größere Schwierigkeiten aufwerfen würde als in den Ländern (auf Bundesebene gäbe es zum Beispiel wegen der Beteiligung des Bundesrates Probleme). Nicht von ungefähr wird ein solches Modell, bei dem das Volk in Konkurrenz zum parlamentarischen Gesetzgeber tritt, auf der nationalen Ebene nirgendwo praktiziert.

Ein realistisches und systemverträgliches Konzept setzt also voraus, dass die Fürsprecher plebiszitärer Elemente ihre einseitige Fixierung auf die Volksgesetzgebung aufgeben, die diese Debatte hierzulande in die Sackgasse geführt hat. Der Blick über den nationalen Tellerrand zeigt, dass auch von einem einfachen Referendum oder einer „Vetoinitiative" beträchtliche Wirkungen auf den politischen Prozess ausgehen. Wenn ein neuer Anlauf für eine Aufnahme direktdemokratischer Elemente ins Grundgesetz gelingen soll, gilt es, sich an solchen Erfahrungen anderer Staaten zu orientieren. In diesem Kontext, erst in ihm, wäre dann auch eine Entscheidung über die Verlängerung der Wahlperiode möglich.

Die Welt vom 22. Dezember 2005, S. 7.

Die Zukunft des Dagegenseins

Das verfassungsmäßig gewährleistete Recht auf Opposition gehört zu den Wesensmerkmalen der freiheitlichen Demokratie westlicher Prägung. Die Ausübung dieses Rechts erfolgt zum einen in institutionalisierter Form im engeren Kern des Regierungssystems, wobei unter „Opposition" in der Regel diejenigen Parteien oder politischen Kräfte verstanden werden, die nicht oder nur mittelbar an der Regierung beteiligt sind. Zum anderen bezieht sich der Oppositionsbegriff aber auch auf Gegenpositionen zur offiziellen Regierungspolitik, die im weiteren Kontext des politischen Willensbildungs- und Entscheidungsprozesses von Personen oder gesellschaftlichen Gruppen bezogen werden. Durch Garantien der Meinungs-, Versammlungs- und Koalitionsfreiheit verbürgt, konstituieren diese Formen jenes pluralistische Kräftespiel, das den Grundcharakter unserer liberalen Gesellschafts- und Staatsordnung umschreibt.

Die nicht-institutionalisierte Opposition wird in der Bundesrepublik bisweilen mit dem Begriff „außerparlamentarisch" belegt. Dies ist deshalb unglücklich, weil es den fälschlichen Eindruck erweckt, es handele sich um prinzipiell systemfeindliche und mithin unerwünschte Gegenpositionen. Sinnvoller wäre es, die nicht-institutionalisierten Formen unter den weiteren Begriff der politischen Partizipation zu fassen und innerhalb dieses Spektrums zwischen legitimen (verfassungskonformen) und nicht-legitimen Zielen und Mitteln zu unterscheiden. Dasselbe gilt für den institutionalisierten Bereich, wo es ja ebenfalls vorkommen kann, dass Parteien oder Gruppen die Grenze zur Systemfeindlichkeit überschreiten. Insofern ist es nicht sehr überzeugend, wenn manche Autoren die Zugehörigkeit zur Opposition an der Bereitschaft einer Partei messen, selbst Regierungsverantwortung zu übernehmen. Umgekehrt schließt die Zugehörigkeit zur Opposition eine mehr oder weniger direkte Einbindung in den Regierungsprozess nicht aus, wenn das Institutionensystem eine solche Einbindung erzwingt oder ermöglicht.

Die Unterscheidung zwischen institutionalisierter und nicht-institutionalisierter Opposition ist wichtig, weil beide Formen in einer Austauschbeziehung stehen. Je besser es den parlamentarischen Vertretern gelingt, die gesellschaftlichen Gegenpositionen zur Regierung zu repräsentieren, umso geringer ist die Wahrscheinlichkeit, dass sich diese auf außerparlamentarischem Weg Bahn brechen. Dies gilt für das gemäßigte und radikale Spektrum gleichermaßen. Eine vergleichbare Austauschbeziehung besteht innerhalb des institutionalisierten Bereichs zwischen den regierungswilligen und -unwilligen Kräften. Geben letztere ihre Verweigerungshaltung auf und werden sie von der Konkurrenz als potenzieller Koalitionspartner betrachtet, droht die Gefahr, dass andere, radikalere Kräfte in das sich auftuende Vakuum hineinstoßen und ihnen einen Teil der vormaligen Wählerunterstützung entwinden. Ein ähnliches Dilemma entsteht, wenn die reguläre (gemäßigte) Opposition in das Regierungsgeschehen materiell eingebunden ist. Eine allzu starke und konstruktive Mitwirkung könnte hier zur Vernachlässigung ihrer eigentlichen Funktionen führen, die in der Politikwissenschaft gemeinhin mit der Trias „Kritik, Kontrolle und Alternative" umschrieben werden.

Formen und Funktionsweise der institutionalisierten Opposition hängen von den verfassungsrechtlichen Vorgaben und deren Umsetzung in der Verfassungspraxis ab. Für letztere ist vor allem die Entwicklung des Parteiensystems maßgeblich, dessen Struktur die Wettbewerbsbeziehungen und Regierungsformate prägen. Fasst man beide Faktoren zusammen, so kann man mit dem niederländischen Politikwissenschaftler Arend Lijphart eine Grundunterscheidung der demokratischen Regierungsformen in Mehrheits- oder Konsenssysteme vornehmen. Die Mehrheitsdemokratie stellt eine Abstraktion des britischen Westminster-Modells dar. Ihre Hauptmerkmale sind zum einen die Realisierung des Prinzips der alternierenden Regierung auf der Basis eines gegnerschaftlich ausgerichteten, dualistischen Parteienwettbewerbs, und zum anderen der Umstand, dass Kabinett und Premierminister über weitreichende Handlungsmacht verfügen, da sie im Parlament in der Regel eine große zahlenmäßige Mehrheit hinter sich wissen und ihre Kreise nicht durch Mitregenten oder sonstige verfassungsrechtliche Gegengewichte gestört werden. Die Opposition ist in diesem System ganz auf ihre Kritik- und Alternativfunktion zurückgeworfen, die sie mit dem Ziel wahrnimmt, bei der nächsten Wahl selbst Regierung zu werden.

Die Konsensdemokratie orientiert sich demgegenüber am Prinzip der Machtteilung. Diese kann institutionell auf unterschiedliche Weise realisiert werden. In den sogenannten Konkordanzsystemen findet sie bereits auf der parlamentarischen Ebene statt. An die Stelle des bipolaren Wettbewerbs treten hier Verfahren der „gütlichen" Konfliktregelung, in die nach Möglichkeit alle relevanten Parteien und Gruppen einbezogen werden. Unter den Regierungsformaten dominieren entsprechend zentristische oder große Koalitionen, die im Parlament über breite Unterstützung verfügen. Aktuelle Beispiele sind Belgien oder die skandinavischen Länder. Stark ausgeprägte Konkordanzstrukturen waren in der Vergangenheit auch in Österreich, den Niederlanden und Italien anzutreffen, deren politische Systeme sich inzwischen jedoch in Richtung Wettbewerb geöffnet haben. Dies gilt in begrenztem Maße selbst für die Schweiz, die mit ihrer Proporzregierung bis heute den Extremtypus der Konkordanzdemokratie verkörpert.

Konsenszwänge entstehen auch dann, wenn die Regierungsmacht von Verfassungs wegen auf mehrere Organe verteilt ist. Handelt es sich dabei um demokratisch konstituierte Organe, deren Repräsentanten der gleichen oder teilweise gleichen Wählerschaft verantwortlich sind, treten häufig Situationen des *divided government* auf, in denen die verschiedenen Regierungszweige von unterschiedlichen Parteien kontrolliert werden. In der Praxis ergeben sich daraus allerdings ganz verschiedene Konsequenzen, wie ein Vergleich zwischen den USA (Präsident und Kongress) und der Bundesrepublik (Regierung und Bundesrat) deutlich macht. In den USA befördert die präsidentielle Regierungsform einen starken Konsensualismus auf der parlamentarischen Ebene, der im undisziplinierten Abstimmungsverhalten der Abgeordneten und Senatoren Ausdruck findet. Eine zusammenhängende Regierungsmehrheit ist hier ebenso wenig vorhanden wie eine geregelte Opposition. Diese wird lediglich fallweise ausgeübt, indem sich die Legislative den Vorschlägen des Präsidenten verweigern und der Präsident umgekehrt die Gesetzesbeschlüsse des Kongresses mit seinem Veto belegen kann. Dieses System der Gewaltenverschränkung sorgt dafür, dass die Institutionen produktiv zusammenwirken, obwohl das US-System ansonsten fast alle typischen Attribute einer Mehrheitsdemokratie aufweist.

In der Bundesrepublik besteht demgegenüber das Problem, dass der vom Vetospieler Bundesrat ausgehende Konsensbedarf im parlamentarischen Rahmen nur unzureichend befriedigt werden kann, weil die Wettbewerbsorientierung dort unvermindert dominiert und Regierung und Opposition sich als fest gefügte Blöcke antagonistisch gegenübertreten. Dies bedeutet nicht, dass Blockade und Stillstand im deutschen „Parteienbundesstaat" an der Tagesordnung wären. Von der Kohl-Waigel'schen Steuerreform im Jahre 1997 über das Zuwanderungsgesetz im Jahre 2002 bis hin zu der von Rot-Grün im selben Jahr vorgeschlagenen Streichung von Steuersubventionen lassen sich jedoch allein aus der letzten Dekade mehrere Beispiele nennen, wo einschneidende Reformvorhaben von der oppositionellen Mehrheit im Bundesrat blockiert worden sind, weil sich diese davon eine Verbesserung ihrer Position im Parteienwettbewerb versprach. Die Kombination von mehrheitsdemokratischem Parlamentarismus und föderativer Aushandlung wird deshalb von manchen Kritikern als institutionelle Fehlkonstruktion bezeichnet, die dringend der Korrektur bedürfe.

Rein theoretisch bieten sich zwei Auswege an: eine Rückführung der zu stark gewordenen Beteiligungsposition des Bundesrates oder eine „Mäßigung" der Parteienkonkurrenz, um konsensuale Entscheidungsmechanismen bereits auf der parlamentarischen Ebene zu etablieren. In der Bundesrepublik haben die Reformer das Heil bisher fast ausschließlich in der erstgenannten Richtung gesucht. Entsprechend verfolgten die Mitglieder der im Jahre 2003 eingesetzten Bundesstaatskommission den ehrgeizigen Plan, die Quote der zustimmungspflichtigen Gesetze von heute rund 60 Prozent um die Hälfte zu reduzieren. Nimmt man die von der Großen Koalition im Regierungsprogramm festgeschriebenen Eckpunkte der Reform, wird dieses Ziel nicht ganz erreichbar sein. Und selbst dann könnten die Ministerpräsidenten immer noch in vielen Politikfeldern gleichberechtigt mitwirken – besonders wo es um finanzielle Fragen geht. Zudem wäre die Wahrscheinlichkeit abweichender Mehrheitsverhältnisse vermutlich nicht geringer als heute, da die über die Zusammensetzung des Bundesrates entscheidenden Landtagswahlen weiterhin stark von bundespolitischen Themen beeinflusst würden.

Von daher drängt sich die Frage auf, ob man dem Problem nicht besser von der anderen Seite beikommen müsste: durch eine Abschwächung des gegnerschaftlichen Wettbewerbs. Die Hinwendung zu einem stärker konsensorientierten Regierungsstil könnte sich durchaus auf die deutsche Verfassungstradition berufen, die seit je vom konstitutionellen Gleichgewichtsdenken geprägt war und das auf dem Gegenüber von Regierungsmehrheit und Opposition basierende Westminster-Modell nur unvollständig rezipiert

Die Zukunft des Dagegenseins 173

hatte. Die Verfassungsgeber bahnten zwar 1948 der parlamentarischen Regierungsform den Weg, blieben aber bei der Normierung des „neuen" Dualismus gleichsam auf halbem Wege stecken. Symptomatisch dafür ist, dass das Vorhandensein und die verfassungsrechtliche Funktion der Opposition im Grundgesetz an keiner Stelle festgeschrieben sind. Auch den Begriff der „Fraktion" sucht man in der Verfassung vergeblich.

Vor diesem Hintergrund ist es bemerkenswert, dass sich das parlamentarische System in der Bonner Republik binnen kurzem zu einer Kanzlerdemokratie ähnlich dem britischen *Prime Ministerial Government* entwickelte. Die Basis dafür schuf das Parteiensystem, das 1949 noch weitgehend in der Tradition von Weimar gestanden hatte, sich dann aber rasch in Richtung einer stabilen Zweieinhalb-Parteien-Struktur veränderte. Diese Struktur hatte über die gesamten sechziger und siebziger Jahre hinweg Bestand. Sie begründete das Standardmodell der „kleinen Koalition", dem die jeweils andere Volkspartei als annähernd gleich starke Opposition gegenüberstand. Die FDP übernahm dabei die Rolle eines Scharniers, das den Wechsel von der einen zur anderen Seite ermöglichte. Lediglich der Zeitraum 1966 bis 1969 bildete hiervon eine Ausnahme.

Auch wenn das Parteiensystem keinen perfekten Dualismus etablierte, sorgte es doch dafür, dass sich die Bundestagswahlen zu quasi-plebiszitären Regierungs- oder Kanzlerwahlen herausbildeten. Union und SPD trugen dem Rechnung, indem sie die Wahlen zu einer grundlegenden Richtungsentscheidung stilisierten und ihre jeweiligen Kanzlerkandidaten prominent hervorhoben. Daran änderte sich auch nach dem Aufkommen der Grünen in den achtziger Jahren nichts. Der Dualismus wurde durch die vierte Partei sogar weiter verstärkt, weil sich die Grünen koalitionspolitisch einseitig in Richtung SPD orientierten, während die ihrer Scharnierfunktion beraubten Liberalen im Gegenzug noch enger an die Union gebunden wurden. Auf diese Weise konnte 1998 zum ersten Male ein kompletter Regierungswechsel ausschließlich von Wählerhand herbeigeführt werden.

Spätestens seit dem Hinzutreten der PDS im Zuge der deutschen Vereinigung sind die Grundlagen dieses Regierungsmodells brüchig geworden. 1994, 1998 und 2002 blieben die Postkommunisten noch zu schwach, um das Zustandekommen einer kleinen Koalition zu vereiteln, was aber schon hier nur um Haaresbreite gelang. Die erfolgreiche Etablierung einer gesamtdeutschen Linkspartei führte schließlich dazu, dass es bei der vorgezogenen Bundestagswahl 2005 für keines der beiden Lager mehr zur Mehrheit reichte. Konsequenz war die Bildung einer Großen Koalition, in die sich die Volksparteien im Unterschied zu 1966 jedoch nur widerstrebend fügten. Wie schwer ihnen die Abkehr vom dualistischen Modell fiel, zeigte sich daran, dass am Wahlabend auch über anderweitige Regierungsformate offen spekuliert wurde. Diese waren zuvor noch mit einem Tabu belegt worden, weil sie der Stabilitätsorientierung des parlamentarischen Systems scheinbar widersprachen. Auch auf der Länderebene hatte man sie nirgendwo mit Erfolg ausprobiert.

Die Fixierung der bundesdeutschen Verfassungspraxis auf das Westminster-Modell kann an den nachträglich eingefügten Oppositionsklauseln in den Länderverfassungen abgelesen werden, die implizit alle von einer Einparteienregierung oder kleinen Koalition als Regierungsmodell ausgehen. So wird die Opposition in den Verfassungen von Mecklenburg-Vorpommern, Niedersachsen, Sachsen, Sachsen-Anhalt und Schleswig-Holstein scheinbar eindeutig als derjenige Teil des Parlaments definiert, der die Regierung nicht „stützt" bzw. „trägt". Die Verfassungen von Hamburg, Mecklenburg-Vorpommern und Schleswig-Holstein enthalten darüber hinaus eine Rollenbeschreibung, welche die Opposition als „Alternative" zur Regierungsmehrheit ausweist. Das Problem dieser Klauseln liegt darin, dass sie abweichende Formate wie Minderheitskabinette oder Große Koalitionen nicht adäquat erfassen. Im ersteren Fall wird ja die Regierung durch einen Teil des Parlaments lediglich „toleriert", und im letzteren Fall kann die Opposition ihrer Alternativfunktion schon aus arithmetischen Gründen nicht genügen. Vergleichende Untersuchungen zeigen, dass solche Abweichungen in den westlichen Demokratien durchaus üblich sind und mit über 60 Prozent sogar die Mehrheit aller Fälle umfassen. In der Bundesrepublik werden sie hingegen allenfalls als Notlösung akzeptiert (so bei der Großen Koalition) oder als „Sündenfall" des parlamentarischen Systems prinzipiell verworfen (Minderheitsregierung).

Das erzwungene Zusammengehen der beiden Volksparteien im Bund bedeutet insofern für den bundesdeutschen Parlamentarismus einen tiefen Einschnitt, der das Verhältnis von Konkurrenz und Kooperation im Regierungsprozess auf lange Sicht verändern könnte. Die Große Koalition verschiebt die diesbezüglichen Parameter gleich in mehrfacher Hinsicht. *Erstens* unterminiert sie das Prinzip der alternierenden Regierung durch ihre schiere

Die Zukunft des Dagegenseins 175

zahlenmäßige Übermacht. Diese geht soweit, dass die Opposition noch nicht einmal über das volle Arsenal parlamentarischer Kontrollrechte verfügt. *Zweitens* hat sie zur Folge, dass sich der Parteienwettbewerb ein Stück weit in die Regierung selbst verlagert, in der sich Union und SPD weiterhin als Rivalen begegnen. Die Konflikte werden deshalb weniger diskret ausgetragen als in einer kleinen Koalition, was zu Blockierungen führen kann, unter Transparenzgesichtspunkten aber durchaus lobenswert ist. *Drittens* verändert sich das Verhältnis der Regierung zu den Mehrheitsfraktionen. Der Handlungsspielraum der Regierung wächst, weil sie aufgrund der parlamentarischen Mehrheitsverhältnisse potenzielle Abweichler nicht fürchten muss. Auf der anderen Seite werden Rebellionen gerade dadurch wahrscheinlicher. Der Parlamentarismus könnte aus diesem Grund an Lebendigkeit sogar gewinnen. *Viertens* schließlich wird das Problem der föderativen Mitregierung entschärft. Die Große Koalition verfügt zwar im Bundesrat zur Zeit nur über eine knappe Mehrheit. Im Unterschied zu ihren Vorgängerinnen kann sie jedoch darauf rechnen, diese Mehrheit zu halten oder sogar noch zu vergrößern – wenn nämlich der bekannte Zwischenwahleffekt eintritt und die beiden großen Parteien bei den Landtagswahlen Stimmen verlieren. In einem solchen Fall gibt es zur Bildung weiterer Großer Koalitionen entweder keine Alternative. Oder die Parteien entschließen sich aus freien Stücken dazu, um die Länderpolitik mit der Bundespolitik „gleichzuschalten". Die bevorstehenden Landtagswahlen in Baden-Württemberg, Rheinland-Pfalz und Sachsen-Anhalt werden dafür ein erster Testfall sein.

Über die elektoralen Konsequenzen der Großen Koalition kann man von heute aus nur begründete Mutmaßungen anstellen. Gewiss lässt es sich theoretisch leicht plausibilisieren, dass ein Zusammengehen der beiden Großen zu einer weiteren Ausfransung des Parteiensystems führt. Die regulären Oppositionsparteien könnten ebenso profitieren wie die Extreme an den Rändern. Der fortbestehende immanente Wettbewerb zwischen den Regierungsparteien macht einen solchen Effekt aber nicht zwingend. Dies gilt zumal, wenn es der Großen Koalition gelingt, eine Stimmungswende einzuleiten und die Reformen des Arbeitsmarktes und der sozialen Sicherungssysteme zum Erfolg zu führen. In keinem Fall darf es zu einer Entwicklung kommen, bei der sich die Große Koalition als Regierungsmodell – mangels Alternative – selber perpetuiert. Österreich steht hier als mahnendes Beispiel im Raum. Deshalb ist es wichtig, über andere Koalitionsformate nachzudenken und ihnen auf der Länderebene den Weg zu bereiten. Von rot-gelbgrünen oder schwarz-gelb-grünen Dreierbündnissen über geduldete Minderheitsregierungen bis hin zu Koalitionen mit der Linkspartei gibt es hier eine breite Palette von Möglichkeiten.

Die Abkehr vom bipolaren Modell, die eine Verbreiterung der wechselseitigen Koalitionsmöglichkeiten nach sich ziehen würde, hätte für die Funktionsweise des parlamentarischen Systems positive Folgen. Die Parteien könnten sich dann nicht mehr so feindselig begegnen, einseitig auf ihren eigenen Wettbewerbsvorteil setzen und eine Regierung unter Beteiligung des anderen kategorisch ausschließen; stattdessen wären sie zur Zusammenarbeit in der Sache gezwungen. Der Übergang zu einem kooperativeren Regierungsstil würde der Tatsache Rechnung tragen, dass sich das gegnerschaftliche Prinzip in den Zeiten der „post-parlamentarischen" Demokratie ohnehin überlebt hat. Einerseits konkurrieren die Parteien heute verstärkt um dieselben Wählergruppen, stehen sie also nicht mehr nur für die Interessen ganz bestimmter Bevölkerungsteile. Andererseits verfolgen sie ähnliche Ziele und Lösungsstrategien, nachdem die großen ideologischen Konflikte der Vergangenheit angehören und die autonomen Handlungsspielräume des Nationalstaates geschrumpft sind. Beides verschärft den Wettbewerb um die Wählerstimmen, führt aber zugleich dazu, dass sich dieser mangels realer Basis zunehmend in Scheingefechten ergeht und auf die Ebenen der Personalisierung, Inszenierung und bloßen Symbolpolitik verlagert. Dies droht die Parteiendemokratie im Ganzen zu delegitimieren.

Die Kehrseite der Konsensdemokratie besteht darin, dass sie die Bedeutung der Wahlen zwangsläufig vermindert. Die Wähler könnten keine Richtungsentscheidung mehr treffen und müssten von den Parteien über die erwünschten oder wahrscheinlichen Koalitionsoptionen vorab im Unklaren gelassen werden. Wie die Erfahrungen aus Österreich oder den Niederlanden lehren, kann ein übertriebener Konsensualismus populistische Protestreaktionen auf den Plan rufen, die das etablierte Parteiensystem von außen herausfordern. Von daher stellt sich die Frage, ob man das demokratische Defizit nicht durch anderweitige Formen der Bürgerbeteiligung auffangen könnte. Das naheliegende Beispiel liefert die Schweiz, wo das nahezu vollständige Fehlen von Parteienwettbewerb auf der Regierungsebene und die weit ausgebauten plebiszitären Entscheidungsrechte Seiten derselben Medaille darstellen. Analog dazu könnte man auch für die Bundesrepublik überlegen, das bisher ausschließlich repräsentative System um Elemente der Direktdemokratie zu ergänzen. Dies gilt umso mehr, als im Moment von den Regierungsfraktionen ernsthaft über eine Verlängerung der Legislaturperiode auf fünf Jahre nachgedacht wird.

Ein realistisches und systemverträgliches Konzept der direkten Demokratie setzt freilich voraus, dass man die einseitige Fixierung auf die Volksgesetzgebung (mit der Initiative als Herzstück) aufgibt, die die Debatte um die Plebiszite hierzulande in die Sackgasse geführt hat. Der Blick über den Tellerrand zeigt, dass auch von einem einfachen Referendum oder einer „Vetoinitiative" beträchtliche Wirkungen auf den politischen Prozess ausgehen. Wenn ein neuer Anlauf für die Aufnahme direktdemokratischer Elemente ins Grundgesetz gelingen soll, gilt es sich an diesen Varianten zu orientieren. Die Große Koalition mit ihrer verfassungsändernden Zwei-Drittel-Mehrheit böte dazu eine gute Gelegenheit.

Berliner Republik 8 (2006) H. 2, S. 18-24.

Sehnsucht nach dem starken Mann

Selbst Kritiker der Bundesregierung können nicht bestreiten, dass die Bundesrepublik nach gut einem Jahr Großer Koalition in vielerlei Hinsicht besser dasteht als zuvor: Das Wirtschaftswachstum hat angezogen, die Zahl der Arbeitslosen geht zurück, die Steuereinnahmen sprudeln und erlauben eine stärkere Rückführung der Neuverschuldung als vorausgesehen und die Reallöhne könnten zum ersten Mal seit langer Zeit wieder ansteigen. Doch merkwürdig: Diese erfreulichen Indikatoren scheinen sich auf das Ansehen der beiden Volksparteien nicht positiv auszuwirken. Die Zustimmungswerte zur Großen Koalition sind schon seit Monaten im Keller und liegen auf noch niedrigerem Niveau als jene der rot-grünen Bundesregierung in deren Endphase. Das demoskopische Tief hat gewiss damit zu tun, dass die Regierungsparteien eine Reihe von unpopulären Maßnahmen ergreifen mussten: Die Erhöhung des Renteneinstiegsalters auf 67 Jahre, die Kürzung von Steuersubventionen, die Beitragserhöhungen in der Krankenversicherung nach der geplanten Gesundheitsreform und die Erhöhung der Mehrwertsteuer um gleich drei Prozentpunkte sind Teil einer „Politik des Weniger", die nicht geeignet ist, Begeisterung hervorzurufen. Selbst wenn die Maßnahmen mittel- und langfristig zu einer Stärkung der Wachstumskräfte beitragen, werden sie von den Bürgern zunächst als Belastungen wahrgenommen.

Mindestens so sehr wie die tatsächlichen Einschnitte dürften jedoch das Erscheinungsbild der Regierung und die institutionellen Probleme der Großen Koalition für die nachlassende Unterstützung verantwortlich sein. Nachdem sich Union und SPD jahrzehntelang als Kontrahenten begegneten und unter Ausschluss des jeweils anderen regieren konnten, fällt ihnen die Gewöhnung an die neue Rolle sichtlich schwer. Statt ihre Wettbewerbsorientierung abzulegen und gemeinsame Erfolge auch nach außen hin gemeinsam darzustellen (und Unpopuläres gemeinsam zu vertreten), betrachten sie die Wählerzustimmung zur Regierungspolitik weiter als ein Nullsummenspiel, wo dem einen nützt, was dem anderen schadet. Entsprechend kleinteilig fallen die meisten gefundenen Kompromisse aus. Um nur nicht den Eindruck zu erwecken, in den Entscheidungsprozessen der Unterlegene zu sein, setzen die Regierungspartner alles daran, für sich selbst bis ins kleinste Detail hinein Vorteile herauszuholen und Veränderungen durchzusetzen. Die eigene Klientel kann das natürlich nur erkennen und würdigen, wenn die Verhandlungspositionen öffentlich dargestellt werden. So entsteht für das Publikum das Bild eines von kleinlichen Auseinandersetzungen geprägten permanenten Hickhacks, das wenig vertrauenserweckend wirkt und die Bürger von der Politik weiter entfremdet. Dass so zustande gekommene Entscheidungen auch in sachlicher Hinsicht nicht sonderlich weiterführen, hat der Streit um die Gesundheitsreform exemplarisch gezeigt.

Die Selbstbezogenheit der politischen Akteure verschärft das institutionelle Problem, das sich bei einer Großen Koalition aus der Suspendierung des normalen parlamentarischen Wechselspiels zwischen Regierung und (annähernd gleich starker) Opposition ergibt. Wenn die Wähler mit der Regierung unzufrieden sind, müssen sie in einer solchen Situation entweder auf die kleineren Oppositionsparteien ausweichen oder der Wahl fern bleiben. Profitieren würden vermutlich auch populistische oder extremistische Parteien am rechten Rand, die in der Bundesrepublik bislang nur sporadische Wahlerfolge erzielt haben. Niederlagen der Regierungsparteien bei den im Laufe der Legislaturperiode stattfindenden „Zwischenwahlen" stellen in allen demokratischen Systemen eine Art Naturgesetzlichkeit dar. Bei einer Großen Koalition könnten sie paradoxerweise dazu führen, dass diese als Regierungs-

Sehnsucht nach dem starken Mann 179

format „perpetuiert" wird. Setzen sich die Stimmenverluste von SPD und Union fort, dürfte es für eine (kleine) Zweierkoalition, wie sie in der Bundesrepublik bis 2005 üblich war, erst recht nicht mehr reichen. Die Bildung weiterer Großkoalitionen nach den Landtagswahlen in Sachsen-Anhalt und Mecklenburg-Vorpommern hat diese Annahme bereits bestätigt.

Anderweitige Dreierkoalitionen, die seit der Bundestagswahl als Alternative diskutiert werden, müssen ihre Machbarkeit noch beweisen. Dies gilt sowohl für eine rot-rot-grüne Linkskoalition, deren Zustandekommen auf Bundesebene aufgrund der programmatischen Unverträglichkeit der Linkspartei.PDS fürs Erste ausgeschlossen werden kann, als auch für die schwarzen und roten Ampelkoalitionen. Politisch am ehesten vorstellbar erscheint eine rote Ampel, die aber im Bundesrat gegen eine überwältigende Mehrheit von oppositionsregierten oder -mitregierten Ländern ankämpfen müsste und dadurch im Gesetzgebungsprozess leicht lahmzulegen wäre. Ungeklärt ist auch, wie denn eine Dreierkoalition überhaupt angebahnt werden soll. In der Bundesrepublik setzen neue Regierungsformate traditionell einen vorherigen Testlauf in den Ländern voraus. Die Parteiensysteme in den alten und neuen Bundesländern sind aber so strukturiert, dass sie Dreierkoalitionen in der Regel gar nicht erfordern. Der Hauptgrund dafür liegt in der ganz unterschiedlichen Stärke der Linkspartei. Ausgerechnet das Parteiensystem auf der Bundesebene stellt also das für die Koalitionsbildung schwierigste dar.

Einen anderen Ausweg aus der Problematik, über den am Wahlabend des 18. September von manchen Akteuren ebenfalls laut nachgedacht wurde, könnten Minderheitsregierungen bieten. Vor dem Hintergrund der Weimarer Erfahrungen verständlich, hat diese aus den skandinavischen Ländern geläufige Praxis in der parlamentarischen Kultur der Bundesrepublik allerdings keine Wurzeln geschlagen. Symptomatisch für das in der Wirkung ungebrochene Dogma der stabilen Mehrheitsregierung stehen das Scheitern des „Magdeburger Modells" in Sachsen-Anhalt, dem auch das Gros der Politikwissenschaftler nicht viel abzugewinnen mochte, oder die heftige Auseinandersetzung um die Rolle des Südschleswigschen Wählerverbandes nach der letzten Landtagswahl in Schleswig-Holstein. (Dabei würde eine unvoreingenommene Analyse zeigen, dass eine gestützte oder lediglich geduldete Minderheitsregierung mit den Funktionsbedingungen des parlamentarischen Systems besser vereinbar ist als eine Große Koalition.)

Angesichts dieser nicht vorhandenen oder nur schwer gangbaren Alternativen wirkt es befremdlich, wenn sich Politiker von Union und SPD mit der vermeintlichen Selbstgewissheit trösten, die ihnen vom Wähler aufgezwungene Regierung werde nur eine Übergangslösung sein. Der fortbestehende Wettbewerb zwischen den beiden Parteien verlangt von ihnen offenbar, dass sie dieses Bekenntnis gebetsmühlenhaft wiederholen. Genauso befremdlich muten allerdings die intellektuellen Ambitionen einer Reihe von Journalisten und politischen Beobachtern an, die die Regierungsprobleme auf andere, sehr viel zupackendere Weise lösen wollen – nämlich durch eine Totalumgestaltung unseres politischen Systems. Auch hier müssen sich die Politiker den Vorwurf gefallen lassen, den falschen Erwartungen, die damit erzeugt werden, durch fahrlässige Äußerungen selbst Vorschub geleistet zu haben. Angela Merkels Hoffnung, nach dem erwarteten Wahlsieg von Schwarz-Gelb endlich „durchregieren" zu können, war ebenso unbegründet wie die vom früheren Hamburger Bürgermeister Klaus von Dohnanyi getroffene Feststellung, die 2003 in Angriff genommene Föderalismusreform müsse zur „Mutter aller Reformen" in diesem Land werden. Immerhin sind die Politiker klug genug, sich allzu konkrete Reformvorschläge und Visionen von der künftigen Gestalt des Regierungssystems zu verkneifen, weil sie um die Beharrungskräfte der vorhandenen Strukturen und der darin eingebauten Interessen wissen. Journalisten brauchen solche Rücksichten nicht zu nehmen. Dies ist auf der einen Seite notwendig, damit sie die Kontrollfunktion einer freien Presse unabhängig wahrnehmen können. Auf der anderen Seite verleitet es aber auch zu holzschnittartigen, Zustimmung erheischenden Diagnosen, die mit der Realität oft wenig gemein haben. Gerade bei Themen, die die Legitimität und Unterstützungsbereitschaft des demokratischen Systems unmittelbar berühren, sollte es das journalistische Ethos gebieten, der Aufklärungspflicht besonders gewissenhaft nachzukommen. Bei den Vertretern des Boulevards mag man hier vielleicht Abstriche machen. Von der Qualitätspresse wird jedoch zu Recht erwartet, dass sie dem Populismus entgegentritt, statt ihn durch verkürzte oder verzerrte Deutungen der politischen Wirklichkeit selbst zu schüren.

Zumindest was die Analyse des politischen Systems angeht, wird die journalistische Zunft dem seit geraumer Zeit kaum noch gerecht. Durchmustert man die in den letzten Jahren vorgelegten Buchtitel und Leitartikel zur behaupteten Reformmalaise, so ergibt sich ein nahezu übereinstimmender

Befund. Schuld am Reformrückstand und der mangelnden Regierungsfähigkeit tragen danach die konsensuellen Strukturen des politischen Systems, die Entscheidungen – wenn überhaupt – nur auf kleinstem inhaltlichem Nenner und nach erheblicher zeitlicher Verzögerung ermöglichten. Titel wie „Die Konsensfalle" des Spiegel-Redakteurs Thomas Darnstädt bringen das Problem scheinbar auf den Punkt. Dass der Konsensualismus und die mit ihm verbundenen Blockierungstendenzen auch Ausdruck einer immer komplizierter werdenden Regierungswirklichkeit sein könnten, will den Autoren nicht in den Sinn kommen. Auch stören sie sich nicht sonderlich an der Tatsache, dass andere konsensdemokratisch verfasste Staaten wie die Niederlande oder die skandinavischen Länder in der Vergangenheit durchaus eine erfolgreiche Reformpolitik betrieben haben. Der Reiz ihrer Diagnose liegt gerade in der Simplizität, die sich zugleich in der Therapie widerspiegelt. Um die Regierungsfähigkeit wiederherzustellen, müssten „lediglich" die vorhandenen Konsenszwänge zurückgedrängt und die politischen Entscheidungsträger mit mehr Autorität und Handlungsmacht ausgestattet werden. Dies sei auch unter Demokratiegesichtspunkten ein Vorteil, weil es die politischen Verantwortlichkeiten klar mache.

Es scheint nicht übertrieben, hinter diesen Vorstellungen die altbekannte Sehnsucht nach dem „starken Mann" zu vermuten. Dass dieser im Gewand eines mehrheitsdemokratischen Dezisionismus daherkommt, vermindert den populistischen Gehalt der Systemkritik keineswegs, die in ihrer Forderung nach „Entkomplizierung" vielen Menschen aus der Seele sprechen dürfte. Gewiss gehen nicht alle Autoren soweit wie der Publizist Arnulf Baring, der sich in einem für die Frankfurter Allgemeine Zeitung geschriebenen Beitrag sogar den Notverordnungsartikel 48 der Weimarer Reichsverfassung zurückwünschen wollte, um notwendige und schmerzliche Reformen durchzusetzen. In punkto Radikalität können es aber auch die meisten anderen Verfassungskritiker mit Baring mühelos aufnehmen, unter denen sich bezeichnenderweise viele Wirtschaftsjournalisten befinden. Nicht selten wird ihnen dabei von ehemaligen Politikern, Verbandsvertretern oder Verfassungsjuristen sekundiert. Selbst der amtierende Präsident des Bundesverfassungsgerichts bildet hier keine Ausnahme.

Wenn sich Journalisten als „Verfassungsingenieure" betätigen, greifen sie zumeist einzelne Bereiche des Regierungssystems heraus. Dass sie eine komplette Agenda möglicher Systemreformen entwickeln und bis ins einzelne durchbuchstabieren, kommt nur ausnahmsweise vor. Eine solche Gelegenheit hat unlängst Christoph Schwennicke erhalten, dem von der Süddeutschen Zeitung für die Auflistung seiner institutionellen Reformvorschläge eine ganze Seite der Wochenendbeilage freigeräumt wurde (7./8. Oktober 2006). Der unter dem bombastischen Titel „So retten wir Deutschland" vorgelegte Zwölf-Punkte-Plan stellt eine Mischung dar, die man mit Vergnügen liest, deren ironische und polemische Zutaten sich vom offenkundig ernst gemeinten Kern der Systemkritik aber nur schwer trennen lassen. Dennoch (oder gerade deshalb) wollen wir den Reporter im Folgenden beim Wort nehmen.

Am Ausgangspunkt aller institutionellen Wunschträume steht bei Schwennicke die Einführung des Mehrheitswahlrechts. In der britischen Variante würde dieses mit dem heutigen Vielparteiensystem Schluss machen. An dessen Stelle träte eine bipolare Zweiparteienstruktur, bei der Union und SPD sich in der Regierungsverantwortung periodisch ablösen könnten. Folgt man der Argumentation Schwennickes, überwiegen die demokratischen Vorteile eines solchen Systems seine Nachteile bei weitem. Letztere liegen bekanntlich in der durch das *winner takes all*-Prinzip hervorgerufenen ungleichen Repräsentation, die im Vergleich zum Verhältniswahlrecht zwar ungerecht sei, dem vorrangigen Zweck des Mehrheitswahlrecht, eine handlungsfähige und politisch identifizierbare Regierungsmehrheit hervorzubringen, aber untergeordnet werden müsse.

So diskutabel die Argumente für einen so radikalen Schnitt prinzipiell sein mögen, so schnell fallen sie in sich zusammen, wenn man den systemischen Kontext berücksichtigt, in dem die Einführung des Mehrheitswahlrechts erfolgen soll. Gerade dort, wo sich das Parteiensystem pluralisiert, wo also neue Parteien entstehen und die Kleinen zu Lasten der Großen in der Wählergunst zulegen, wäre der Übergang zu einem Mehrheitssystem unter Legitimationsgesichtspunkten kaum begründbar. Eine solche Reform würde FDP und Grüne mit einem Federstrich beseitigen, während die Linkspartei nur noch mit vereinzelten Mandaten aus ihren ostdeutschen Hochburgen rechnen könnte. Gerade weil dies so ist, gehört es in der Bundesrepublik zum guten parlamentarischen Brauch, Änderungen am Wahlrecht tunlichst im Konsens aller relevanten Parteien vorzunehmen. Ein Systemwechsel hin zum Mehrheitswahlrecht, der gegen den erbitterten Widerstand der kleinen Parteien durchgesetzt werden müsste, würde mit dieser Tradition brechen.

Selbst wenn man bereit wäre, diesen Preis zu zahlen, würde ein Mehrheitswahlrecht nicht dazu beitragen, die Regierungsfähigkeit der Bundesrepublik zu erhöhen. Im Zusammenspiel mit den föderalen Strukturen könnte sich die Reform sogar als kontraproduktiv erweisen. Verschwinden FDP, Grüne und Linkspartei von der bundespolitischen Bühne, wäre ihre Überlebensfähigkeit auch auf Länderebene in Frage gestellt. In den Ländern würde deshalb ein Druck entstehen, die eigenen Wahlrechtsregelungen jenen des Bundes anzupassen. Dies hätte aufgrund des bei den Landtagswahlen auftretenden Zwischenwahleffekts mit ziemlicher Sicherheit gegenläufige Mehrheiten in Bundestag und Bundesrat zur Folge – zumal, wenn man einem weiteren Vorschlag Schwennickes folgt und die Landtagswahlen auf einen Termin inmitten der Legislaturperiode zusammenlegt. Bei einfarbigen Mehrheiten wäre die Kompromissfindung aber noch schwieriger als heute. Die Interessengegensätze zwischen Regierung und Opposition bzw. Bund und Ländern, die durch das jetzige System vielfältiger und disparater Koalitionen zumindest abgemildert werden können, würden dann unvermittelt aufeinanderprallen.

Schwennicke würde diesem Argument sicher entgegenhalten, dass sein Reformplan auch eine Entmachtung des Bundesrates vorsieht. Wie dies bewerkstelligt werden soll, bleibt aber gleichfalls offen. Natürlich ist dem Redakteur der Süddeutschen Zeitung nicht entgangen, dass es eine Föderalismusreform mit eben dieser Zielrichtung gerade erst gegeben hat. Ob sie den bundespolitischen Einfluss der Ministerpräsidenten tatsächlich reduzieren wird, ist – wie Schwennicke am Beispiel der Gesundheitsreform zu Recht einwendet – mehr als zweifelhaft. Daraus den Schluss zu ziehen, das Versäumte könne in der beabsichtigten zweiten Reformrunde – der Neuordnung der Finanzbeziehungen – nachgeholt werden, ist jedoch blanke Illusion. Nachdem die Länder durch die Föderalismusreform I nur wenig zusätzliche substanzielle Kompetenzen erhalten haben, wäre es verwunderlich, wenn man ihnen jetzt weitreichende eigene Steuerbefugnisse zubilligen würde. An einer vollständigen Entflechtung der Zuständigkeiten dürften noch nicht einmal die großen, finanzstarken Länder Interesse haben.

Wenig überraschend, aber genauso *off the point* ist der Vorschlag, den Bundesrat durch einen Senat nach amerikanischem Vorbild zu ersetzen. Unter Demokratiegesichtspunkten ist dies gewiss sympathisch. Fraglich bleibt, ob es auch die viel beklagte Parteipolitisierung des Bundesrates beenden und diesen auf den Status einer reinen Länderkammer zurückführen würde. Weil die Senatoren ebenfalls Parteienvertreter wären, die vom Volk oder den Landesparlamenten gewählt werden, spricht wenig dafür. Der eigentliche Hebel für eine Reform des Beteiligungsföderalismus wäre eine noch konsequentere Rückführung der zustimmungspflichtigen Gesetze gewesen, die in der Bundesstaatskommission aber nicht durchsetzbar war. Der Vergleich mit den USA übersieht zudem, dass die exekutivische Struktur des föderalen Vertretungsorgans in der Bundesrepublik durch den Verbundcharakter des Gesamtstaates vorgegeben ist, der dem Bund das Gros der Gesetzgebungsbefugnisse und den Ländern die Regelzuständigkeit für die Verwaltung zuweist. Die Ursprünge dieses Prinzips reichen weit in die deutsche Geschichte zurück. An ihnen lässt sich nicht ohne weiteres rütteln.

Ähnlich geschichtsblind sind die Vorstellungen, die Schwennicke von der künftigen Rolle des Bundespräsidenten hat. Das Amt des Staatsoberhauptes soll durch Einführung der Direktwahl politisch gestärkt werden. Auch diesen Vorschlag hat man schon oft gehört – meistens wenn gerade die Wahl oder Wiederwahl eines Präsidenten durch die Bundesversammlung ansteht. Überzeugender wird er dadurch nicht. Von der Aufwertung des Präsidentenamtes verspricht sich Schwennicke offenbar mehr Sachverstand und Gemeinwohlorientierung im Regierungs- und Gesetzgebungsprozess. Bei einer Direktwahl würde jedoch eher das Gegenteil eintreten: Das Staatsoberhaupt wäre Exponent einer bestimmten parteipolitischen Richtung, könnte also sein Amt gerade nicht mehr neutral ausüben. Die Änderung des Wahlmodus würde zudem eine Ausweitung der Befugnisse des Präsidenten nach sich ziehen, da man auf der Basis der heutigen Amtsausstattung kaum einen Wahlkampf führen kann. Gerade dies würde den Präsidenten aber in eine potenzielle Rivalität zum parlamentarisch verantwortlichen Regierungschef bringen und eine weitere Variante des *divided government* heraufbeschwören. Nach den negativen Erfahrungen mit der dualistischen Exekutive in der Weimarer Republik haben sich die Verfassungsgeber im Parlamentarischen Rat aus guten Gründen gegen ein solches Modell entschieden. Auch in anderen europäischen Ländern ist der Semi-Präsidentialismus längst auf dem Rückzug. Warum sollte man ihn also ausgerechnet in der Bundesrepublik wieder einführen?

Auf der Reformagenda nicht fehlen dürfen schließlich die Maßnahmen, die der Hypertrophierung des Regierungssystems durch die Parteien und der Selbstbedienungsmentalität der politischen Klasse entgegenwirken sollen: Verkleinerung der Parlamente, Begrenzung der Amtszeit von Mandatsträgern, Neuordnung der Abgeordnetenbesoldung, Zusammenlegung von Ministerien, Behörden und Bundesländern, Beendigung der unsinnigen Arbeitsteilung zwischen Bonn und Berlin – kaum ein populärer Vorschlag bleibt ausgespart. Vieles davon ist diskussionswürdig und an manchen Stellen im Übrigen schon verwirklicht. Dass die Maßnahmen eine nennenswerte Verbesserung der Regierungsfähigkeit bewirken könnten, unterstellt jedoch noch nicht einmal der Autor. Tatsächlich geht es hier wohl in erster Linie darum, das Ansehen der Parteien aufzubessern und die Legitimität der Parteiendemokratie insgesamt zu stärken. Dies ist wichtig, rührt aber wohl kaum an den Kern unserer Regierungsprobleme.

Ein anderer Vorschlag, der den Populismusverdacht ebenfalls nahe legen könnte, taucht bei Schwennicke bezeichnenderweise nicht auf: die Einführung oder Stärkung direktdemokratischer Beteiligungsmöglichkeiten. Im Kontext seiner Diagnose der Regierungsprobleme ist dies gut nachvollziehbar. Die Vorschläge laufen ja in der Summe darauf hinaus, den gewählten Vertretern die Handlungsmacht einzuräumen, auch unpopuläre Maßnahmen durchzusetzen. „Es ist völlig uninteressant, dass nur 20 Prozent der Bevölkerung für uns stimmen werden" – legt Schwennicke seinem Idealpolitiker als Motto in den Mund. Auch die vorgeschlagene Verlängerung der Legislaturperiode von vier auf fünf Jahre und die Bündelung der Landtagswahltermine dürften vorrangig dem Ziel dienen, den Einfluss der Wähler auf die Politik zu reduzieren. Damit befindet sich der SZ-Redakteur in vollem Einklang mit dem Mainstream der Wirtschaftsjournalisten, die im Volk das Haupthindernis für eine effektive Reformpolitik in diesem Lande sehen.

Tatsächlich sind die Fixierung der Deutschen auf das überkommene Wohlfahrtsmodell und ihr Festhalten an sozialstaatlichen Sicherungsansprüchen Faktoren, die den Handlungsspielraum der Politik begrenzen. Ob ein mehrheitsdemokratisches System nach britischem Muster diese Restriktionen leichter überwinden könnte als das bestehende bundesdeutsche Konsenssystem, wäre jedoch erst zu zeigen. Die Erfahrungen der letzten Bundestagswahlkämpfe, in denen der Populismus groteske Blüten getrieben hat, stimmen hier eher bedenklich. Wenn Politiker nach den Wahlen etwas anderes tun müssen, als sie vorher versprochen haben, unterminieren sie nicht nur ihre eigene Glaubwürdigkeit, sondern die der gesamten Parteiendemokratie.

Die jetzige Kanzlerin und ihr Vorgänger haben dies auf unterschiedliche Weise erfahren. Musste Gerhard Schröder vorzeitige Neuwahlen ausrufen, weil er den Kurswechsel der rot-grünen Bundesregierung in der Sozial- und Arbeitsmarktpolitik seiner Partei und Wählerschaft nicht mehr vermitteln konnte, so scheiterte Angela Merkels Versuch, die Bevölkerung mittels einer „Strategie der Ehrlichkeit" auf noch härtere Einschnitte vorzubereiten, ebenfalls an der überschätzten Reformwilligkeit der eigenen Klientel. Die Möglichkeit, einschneidende Veränderungen durchzusetzen, stößt also auch in einem System des gegnerschaftlichen Parteienwettbewerbs an Grenzen. Dies gilt umso mehr, als in der Bundesrepublik die mäßigenden Elemente der britischen Parlamentskultur fehlen.

Dass direktdemokratische Beteiligungsmöglichkeiten dieses Problem nicht verschärfen würden, sondern sie im Gegenteil ein Mittel sein könnten, den Populismus zu kanalisieren, dürfte für die Apologeten des mehrheitsdezisionistischen Modells eine schwer verdauliche Vorstellung sein. Tatsächlich erfordert es viel Geduld und die Bereitschaft zur nüchternen empirischen Analyse, die Wirkungsweise politischer Institutionen zu verstehen. Reformvorschläge sind nämlich nur dann tauglich, wenn man ihre Systemverträglichkeit beachtet. Daraus lassen sich zwei Mindestanforderungen an eine seriöse Analyse ableiten: Zum einen muss untersucht werden, wie sich die Änderungen einer Systemeigenschaft auf andere Systemeigenschaften auswirken. Dies lässt sich am besten mittels einer länder- bzw. systemvergleichenden Betrachtung bewerkstelligen. Zum anderen geht es um die Frage, wie man vom einen in den anderen Systemzustand gelangt. Hier müssen sowohl die historischen Prägungen berücksichtigt werden, die den Pfad möglicher Veränderungen vorgeben, als auch die Interessenlagen der politischen Akteure. Es reicht eben nicht, sich auf der grünen Wiese irgendwelche Idealmodelle auszumalen und dann an die Politik zu appellieren, sie solle sich doch bitte einen „Ruck" geben und diese umsetzen. Individuen mögen so funktionieren, Institutionen nicht. Maßgeblich für deren Veränderbarkeit sind vor allem geeignete Anreizstrukturen, die sich durch moralische Appelle vielleicht ergänzen, aber niemals ersetzen lassen.

Journalistische „Analysen" wie die von Schwennicke sind weit davon entfernt, diesen Kriterien zu genügen. Nicht nur, dass sie ganz im Voluntaristischen befangen bleiben; sie gehen auch in der Substanz an den Problemen der Regierungsfähigkeit in diesem Lande vorbei. Dies wäre durchaus verschmerzbar, würden die so transportierten populistischen Vorstellungen nicht starken öffentlichen Widerhall finden und verbreiteten Ressentiments gegenüber der Politik und dem politischen System in die Hände spielen. Weil die differenzierende Sichtweise der Wissenschaft – gemessen an Auflagenhöhe und Medienpräsenz – dagegen wenig ausrichten kann, entbehrt ein weiterer „Reformvorschlag" Schwennickes nicht der Komik: das Auftrittsverbot für sogenannte Parteienforscher im Fernsehen. Angeblich würden diese dort nur für Geld erzählen, was vorher in der Zeitung gestanden habe. Seinen Artikel vom 7. Oktober hat der SZ-Redakteur damit hoffentlich nicht gemeint. Ansonsten müsste man sich die Fernsehauftritte der Parteienforscher regelrecht herbeiwünschen oder aber die Forderung umdrehen und ein Schreibverbot für Journalisten verlangen – bei Themen, von denen sie nachweislich nichts verstehen.

Berliner Republik 9 (2007) H. 2, S. 56-65.

Verfassungsreform auf Abwegen

Der Bundestagsabgeordnete Steffen Reiche hat im letzten Heft der Berliner Republik den Vorschlag gemacht, die im Herbst 2009 anstehenden Bundestagswahlen um ein halbes Jahr vorzuziehen und sie auf denselben Termin zu legen wie die Europawahl. So möchte er gleich drei Fliegen mit einer Klappe schlagen: Zum einen soll die notorisch niedrige Wahlbeteiligung bei Europawahlen durch die größere Mobilisierungswirkung der von den Bürgern als wesentlich wichtiger empfundenen nationalen Parlamentswahl erhöht und darüber eine bessere Legitimation der europäischen Politik besorgt werden. Zum zweiten würde die Notwendigkeit, die Wahlen vorzuziehen, laut Reiche eine willkommene Gelegenheit für die Einführung eines Selbstauflösungsrechts des Bundestages bieten – als Alternative bzw. Ergänzung zum problematischen Verfahren der „unechten" Vertrauensfrage gemäß Art. 68 GG, das die Auflösung nur im Falle einer Regierungskrise gestattet. Und zum dritten könnte mit dem Selbstauflösungsrecht zugleich eine Verlängerung der Legislaturperiode auf fünf Jahre beschlossen werden, damit die Politiker – statt dauernd Wahlkämpfe führen zu müssen – wieder mehr Zeit fürs Regieren haben.

So plausibel die Vorschläge auf den ersten Blick anmuten, so wenig überzeugend sind sie bei näherem Hinsehen. Reiches Hoffnung, er würde in seinen Ideen von der Politikwissenschaft bestärkt, muss daher enttäuscht werden. Nehmen wir als erstes den Vorschlag, die Europawahl mit der Bundestagswahl zusammenzulegen. Wenn die Europawahlen in ihrer Bedeutung für die Bundesbürger weit hinter den Bundestagswahlen und sogar noch hinter den Landtagswahlen rangieren, so liegt das erstens daran, dass sie kaum um europäische Themen geführt werden. Zweitens fehlt ihnen der Charakter einer Regierungswahl, in der über das Regierungspersonal und die Grundrichtung der Regierungspolitik befunden wird. Beides würde durch eine Zusammenlegung mit der Bundestagswahl nicht behoben, im Gegenteil: Die Europawahl geriete dann noch stärker in den Sog der nationalen Politik und würde an eigenständiger Legitimationskraft sogar verlieren – trotz künstlich nach oben getriebener Wahlbeteiligung. Außerdem wäre der Vorschlag nicht zielführend, wenn er auf ein Land beschränkt bliebe; eine verfassungspolitische Gleichschaltung der Wahltermine und -perioden aller 27 EU-Staaten wäre aber weder machbar noch wünschenswert. Gelöst werden kann das Problem deshalb nur, wenn man es an der Wurzel packt: durch eine demokratische Weiterentwicklung des europäischen Institutionensystems. Dass dies von Reiche nicht gesehen oder für erwähnenswert erachtet wird, ist merkwürdig.

Dem zweiten Vorschlag, ein Selbstauflösungsrecht des Bundestages mit qualifizierter Mehrheit einzuführen, lässt sich da schon mehr abgewinnen. Der für sich genommen zutreffende Hinweis auf die positiven Erfahrungen, die man mit diesem Instrument in den Bundesländern gemacht hat, darf aber einen wichtigen Unterschied zwischen Bundes- und Landesebene nicht übersehen. Würde man das Selbstauflösungsrecht auch ins Grundgesetz einführen, dann wäre der Bundespräsident um eine der wenigen exekutiven Reservebefugnisse ärmer, die ihm von Verfassungs wegen noch zustehen. Nicht von ungefähr ist das Selbstauflösungsrecht auf der nationalen Ebene kaum verbreitet (in Europa z.B. nur in Litauen, Österreich, Polen und Ungarn), zumal ihm auch andere Gesichtspunkte entgegenstehen. Einerseits könnte eine an sich notwendige Auflösung an der Höhe des Quorums scheitern, andererseits eine vermeidbare Auflösung dennoch betrieben werden, weil sich das Parlament für den bequemeren Weg entscheidet. In der Summe sprechen insofern mehr Argumente gegen als für einen solchen Schritt.

Verfassungsreform auf Abwegen 189

Ist das Selbstauflösungsrecht zumindest diskutabel, so muss Reiches drittem Vorschlag – die Legislaturperiode im Bund um ein Jahr zu verlängern – entschieden widersprochen werden. Auch hier stimmen die vom Autor angeführten Parallelen nur zum Teil. So bleiben auf der nationalen Ebene die Staaten mit einer fünfjährigen Periode europaweit nach wie vor deutlich in der Minderheit. Bei den meisten von diesen handelt es sich überdies um semi-präsidentielle Systeme, in denen neben dem Parlament auch das Staatsoberhaupt direkt gewählt wird und als Teil der Exekutive über handfeste politische Kompetenzen verfügt (etwa Polen oder Frankreich).

Der Hinweis auf die angeblich guten Erfahrungen, die man mit der Verlängerung der Legislaturperiode in den Bundesländern gemacht hat, geht ebenfalls an der Sache vorbei. In den Ländern war es ja keineswegs das Ziel einer verbesserten Regierungseffizienz, das bei der Verlängerung der Wahlperiode Pate gestanden hatte. Diese zog im Gegenteil die resignative Konsequenz aus der Tatsache, dass die Landespolitik mangels relevanter gesetzgeberischer Kompetenzen eher zu wenig ausgelastet war und gerade nicht unter hohem Handlungsdruck litt. Darüber hinaus muss die Reform in Zusammenhang mit der in etwa zeitgleich erfolgten Einführung und Ausweitung plebiszitärer Beteiligungsformen in den Ländern gesehen werden. In Reiches Vorschlag ist ein solcher Ausgleich für die entdemokratisierenden Wirkungen einer verlängerten Wahlperiode bezeichnenderweise nicht enthalten. Dies ist um so bedauerlicher, als direktdemokratische Elemente auch unter Regierungsgesichtspunkten ein durchaus geeignetes Mittel sein könnten, um die Bürger wieder näher an die repräsentativen Institutionen heranzuführen.

Die untauglichen Vorschläge von Reiche fügen sich in eine Reihe ähnlich unausgegorener Reformkonzepte, die der interessierten Öffentlichkeit seit einigen Jahren namentlich von der journalistischen Zunft unterbreitet werden. Ihr gemeinsamer Kern ist die Forderung nach Verbesserung oder Wiederherstellung der politischen Entscheidungseffizienz, die durch den überbordenden Konsensualismus im deutschen Regierungssystem angeblich gefährdet werde. In den Kreis der Vetospieler wird dabei ausdrücklich auch das Wählervolk einbezogen, das zur Besitzstandswahrung neige und notwendige Veränderungen blockiere. Die Forderung nach „Entkomplizierung", die dieser Diagnose zugrunde liegt, ist vor dem Hintergrund der unüberschaubar gewordenen Regierungsverhältnisse gewiss nachvollziehbar, hilft aber zur Lösung unserer schwierigen Probleme nicht weiter. Bei aller Notwendigkeit der institutionellen Phantasie sollten sich deshalb gerade Sozialdemokraten hüten, mit leichtfertig dahingeworfenen Reformideen Erwartungen zu wecken, die der Verfassungswirklichkeit in keiner Weise entsprechen.

Berliner Republik 9 (2007) H. 6, S. 85-86.

Veränderte Landschaft

Ein Gespenst geht um in der Bundesrepublik – das Gespenst der drohenden Regierungsinstabilität. Altbundespräsident Roman Herzog hat es in der letzten Woche in einem Gespräch mit der *Süddeutschen Zeitung* beschworen. Wenn die Volksparteien weiter schrumpften und das Fünfparteiensystem sich verfestige – so seine düstere Prognose –, drohten überall hessische Verhältnisse und wachse die „Gefahr von Minderheitsregierungen". Solche Regierungen seien ihrer Natur nach schwach. Ein Minderheitskanzler würde vom Ausland als „lahme Ente" betrachtet, mit der man „keine langfristigen Projekte auf Kiel legen" könne. Und nach innen hin müsse sich eine Minderheitsregierung ihre Gesetzgebungsmehrheiten im Parlament mühsam „zusammenbetteln", wodurch am Ende nur die „unsinnigsten" Kompromisse herauskämen.

Der Diagnose folgt die Therapie. Wenn die Ursache der drohenden Unregierbarkeit in der Pluralisierung der Parteienlandschaft liegt, müsse die Zahl der für die Mehrheitsbildung relevanten Parteien im Parlament über eine Wahlrechtsänderung „künstlich" verringert werden. Herzog weiß natürlich, dass von den kleinen Parteien gegen eine Reform, die sie mit dem politischen Aus bedroht, erheblicher Widerstand zu gewärtigen wäre. Deshalb schlägt er als Modell nicht das britische, sondern das französische Mehrheitswahlsystem vor, das den Kleinen über die Möglichkeit von Wahlabsprachen eine reale Überlebenschance lasse. Ein ähnlicher Vorschlag ist zuletzt auch vom Politikwissenschaftler Jürgen W. Falter ins Spiel gebracht worden.

Weil es ihm um die Verbesserung der Regierbarkeit geht, nimmt Herzog auch die Zweite Kammer ins Visier. Hier entstehe durch die Häufung von Mehrheitsregierungen in den Ländern das Problem der Stimmenthaltungen, auf die sich die „gemischten" Koalitionen im Bundesrat mangels Einigkeit

Veränderte Landschaft 191

verpflichten müssten. Weil Enthaltungen de facto wie ein Nein wirkten, würden Beschlussfassungen über Gesetze dadurch häufig blockiert. Deshalb schlägt Herzog vor, dass künftig die relative Mehrheit, also ein Überwiegen der Ja-Stimmen über die Nein-Stimmen genügen solle. Dies könne bereits mit einer schlichten Verfassungsänderung bewerkstelligt werden.

Herzogs Analyse fügt sich in das Lamento vieler Verbandsvertreter und Wirtschaftsjournalisten in diesem Lande, die in den angeblich zu konsenslastigen Strukturen unseres Regierungssystems eine Hauptursache für Politikstillstand und Reformunfähigkeit sehen. So plausibel dies auf den ersten Blick anmutet, geht es an der Regierungswirklichkeit jedoch vorbei, die differenzierter zu betrachten ist. Nehmen wir als erstes die Minderheitsregierungen. Nicht nur, dass diese ein im europäischen Vergleich durchaus gängiges und weit verbreitetes Format darstellen, das mehr als ein Drittel (!) aller Regierungsbildungen umfasst. Auch für eine geringere Leistungs- und Problemlösungsfähigkeit der Minderheitskabinette konnte die politikwissenschaftliche Forschung bislang keine belastbaren Belege beibringen – weder im Inneren noch nach außen. Wie das spanische Beispiel soeben gezeigt hat, sind die Bürger mit Minderheitsregierungen sogar dann einverstanden, wenn sie von linken und rechten Randparteien gestützt werden.

Natürlich könnte man gegen dieses Argument einwenden, dass sich das, was in anderen Kontexten funktioniert, nicht unbedingt auf die deutsche Situation übertragen lässt. Tatsächlich ist der Glaube an die Notwendigkeit stabiler Mehrheitsverhältnisse hierzulande nach den Erfahrungen von Weimar tief verwurzelt. Seitdem sich die Bundesrepublik zu einer reifen, politisch-kulturell gefestigten Demokratie entwickelt hat, besteht aber kein Grund mehr, an der prinzipiellen Lern- und Anpassungsfähigkeit ihres parlamentarischen Systems zu zweifeln. Radikalkuren wie eine Reform des Wahlrechts sind daher überflüssig und in mancher Hinsicht sogar kontraproduktiv.

Die Einführung eines Mehrheitswahlsystems würde den Mandatsanteil der drei Oppositionsparteien, der heute bei etwa 30 Prozent liegt, mit einem Schlag drastisch reduzieren. Ein so radikaler Schnitt ist mit Blick auf die tatsächliche Entwicklung der parteipolitischen Kräfteverhältnisse nicht legitimierbar, würde er doch gerade die Verlierer jener Entwicklung, nämlich die großen Parteien, zu Gewinnern machen. Dass dies vor der Öffentlichkeit schwerlich begründet werden könnte, liegt auf der Hand.

Durchsetzbar wäre die absolute Mehrheitswahl ohnehin nur, wenn sie keiner der beiden großen Parteien einen Vorteil einräumen würde. Dies scheint mit Blick auf die aktuellen Mehrheitsverhältnisse durchaus fraglich. Zwar hat die Union bessere Chancen als die SPD, aus den kommenden Bundestagswahlen als stärkste Kraft hervorzugehen, nachdem die neue Konkurrenz der Linkspartei in erster Linie den Sozialdemokratien zusetzt. Berücksichtigt man allerdings die Möglichkeit der Wahlabsprachen, könnte unter den Bedingungen der absoluten Mehrheitswahl der derzeitige knappe Vorsprung der drei linken Parteien vor Union und FDP leicht in eine bequeme parlamentarische Mehrheit verwandelt werden. Ob Roman Herzog dies in seinen Überlegungen berücksichtigt hat?

Bemerkenswert ist auch, dass der Altbundespräsident die Rückwirkungen einer Wahlrechtsreform auf den Bundesrat übersieht. Würde das Bundestagswahlrecht geändert, entstünde in den Ländern ein Druck, die eigenen Wahlrechtsregelungen jenen des Bundes anzupassen, wie dies bereits in der Vergangenheit regelmäßig geschehen ist. Aufgrund des bei Landtagswahlen auftretenden Zwischenwahleffekts hätte das mit ziemlicher Sicherheit abweichende parteipolitische Mehrheitsverhältnisse in beiden Kammern zur Folge. Bei „einfarbigen" Landesregierungen wäre die Kompromissbildung aber noch schwieriger als in der Vergangenheit. Die Interessengegensätze zwischen Regierung und Opposition bzw. Bund und Ländern, die durch das jetzige System vielfältiger und disparater Koalitionen zumindest abgemildert werden können, würden unvermittelt aufeinanderprallen.

Herzogs Vorschlag, den Bundesrat durch eine Veränderung der Abstimmungsregeln bei zustimmungspflichtigen Gesetzen ein Stückweit zu entmachten, bringt in diesem Zusammenhang leider gar nichts. Mit dem Übergang zur relativen Mehrheit könnten die Gesetze sogar noch häufiger blockiert werden als heute, sofern – was wahrscheinlich ist – die Oppositionsparteien in der Kammer über mehr Stimmen verfügen als die Regierung. Gelöst werden könnte das Problem nur durch eine Umkehrung der Abstimmungsfrage: Der Bundesrat müsste mit absoluter Mehrheit sein Veto gegen das Gesetz einlegen. In diesem Falle wären die Stimmenthaltungen tatsächlich neutralisiert. Eine solche Änderung hätte man im Rahmen der Föderalismusreform I leicht beschließen können, doch spielte das Thema in den seinerzeitigen Beratungen keine Rolle.

Veränderte Landschaft 193

Bleibt die Frage nach den Alternativen. Um sie zu beantworten, muss zunächst an eine Gegebenheit erinnert werden, die in der aktuellen Diskussion um die veränderte Parteienlandschaft viel zu wenig beachtet wird, nämlich den grundlegenden Unterschied zwischen Bundes- und Landespolitik. Gemessen an der eher geringen Bedeutung, die der letzteren im Vergleich zu ersteren zukommt, ruft das Aufhebens, das um den Ausgang der jüngsten Landtagswahlen gemacht wird, Erstaunen hervor. Altbundeskanzler Helmut Schmidt hat sich in seiner Kolumne im ZEIT-Magazin zu Recht darüber mokiert. „Die sechzehn Bundesländer", so sagt er, „brauchen nicht notwendig Regierung und Opposition; vielmehr ist ihnen eine anständige Verwaltung notwendig und ebenso ein Landtag, der die Verwaltung sorgfältig überwacht. Das Problem der Koalitionsbildung stellt sich dagegen im Bund, denn in Berlin muss wirklich regiert werden."

Dass die Länderpolitik in der Bundesrepublik eine ihr im Grunde nicht gebührende Aufmerksamkeit genießt, lässt sich auf zwei Ursachen zurückführen. Die erste Ursache liegt in der Aufgabenverteilung im deutschen Föderalismus. Auch nach dessen Reform bleibt es so, dass das Gros der für die materielle Lebenswirklichkeit der Bürger relevanten Gesetzgebungsbefugnisse beim Bund liegt. Dieser übt die Befugnisse freilich nicht autonom, sondern im Verbund mit den Ländern aus, die für die verwaltungsmäßige Durchführung der Bundesgesetze zuständig sind und über den Bundesrat auch an deren Zustandekommen beteiligt werden. Die Konsequenzen der dadurch bewirkten engen Verflechtung zeigen sich sowohl im Parteiensystem als auch im Wählerverhalten. Sie führen zu einer Zentralisierung des politischen Wettbewerbs, die die Landespolitik in den Sog der Bundespolitik geraten lässt und die Entscheidungsfreiheit der Landesparteien bei der Koalitionsbildung einengt. Die Entscheidungsfreiheit bleibt aber dennoch erhalten. Welche Regierungsbündnisse in den Ländern gangbar oder nicht gangbar sind, hängt insofern nicht nur von der machtpolitischen Konstellation im Bund, sondern auch von derjenigen des Landes ab. Wie das Beispiel der hessischen SPD zeigt, können eigensinnige Landesverbände die Strategie der Bundespartei damit nachhaltig beeinflussen oder konterkarieren.

Der andere Grund für die starke bundespolitische Überlagerung der Landtagswahlen liegt in den institutionellen Strukturen der Länderpolitik. Weil die Gliedstaaten in der Bundesrepublik das parlamentarische System des Grundgesetzes sämtlich bis ins Detail nachahmen, ergeben sich auf der Landesebene dieselben Bedingungen und Zwänge der Mehrheitsbildung wie im Bund. Von daher ist es nicht verwunderlich, wenn die Koalitionsentscheidungen in den Ländern permanent durch die Brille der Bundespolitik betrachtet werden. Will man diesen Effekt zurückdrehen, muss man die Ebenen in ihrer jeweiligen Bedeutung wieder stärker trennen und sie als eigenständige politische Sphäre betrachten. Institutionell ergeben sich dafür eine Reihe von Ansatzpunkten.

Ein Ansatzpunkt könnte darin liegen, Minderheitsregierungen auf der Länderebene anders zu bewerten als auf Bundesebene. Dies gilt vor allem für den Fall, dass in der Zusammenarbeit nicht auf ein koalitionsähnliches Stützabkommen, sondern auf bloße Duldung durch einen Teil der Opposition abgestellt wird, was man hierzulande gerne verwechselt. Das Tolerierungsmodell ermöglicht im Unterschied zum Stützmodell das Regieren mit wechselnden Mehrheiten. Damit entfernt es sich am weitesten vom Lehrbuchmodell des parlamentarischen Systems, in dem die Rollen zwischen Regierung und Opposition klar verteilt sind. Eine solche Entfernung wäre auf der Länderebene aber durchaus vertretbar, vielleicht sogar segensreich, weil die verwaltungslastigen Aufgaben hier einen konsensuelleren Politikstil eher gestatten als die vergleichsweise stärker polarisierte Bundespolitik. Von daher ist es absurd, dass ausgerechnet auf der Länderebene eine Reihe von Verfassungen das dualistische Modell durch die Einfügung sogenannter „Oppositionsklauseln" förmlich festgeschrieben haben.

Wenn Helmut Schmidt Recht hat und die Länder „nicht unbedingt Regierung und Opposition brauchen", könnte man aber noch einen Schritt weiter gehen und das parlamentarische System in den Gliedstaaten überhaupt zur Disposition stellen. Die naheliegende Alternative wäre die präsidentielle Regierungsform, die auf der kommunalen Ebene heute flächendeckend verbreitet ist, nachdem sie in den neunziger Jahren über Bayern und Baden-Württemberg hinaus überall eingeführt wurde – und zwar auf Betreiben der für die Kommunalverfassungen zuständigen Länder. Der Speyerer Verfassungsrechtler Hans Herbert von Arnim hat die von ihm selbst schon länger vertretene Idee jetzt erneut ins Spiel gebracht. Sie würde darauf hinauslaufen, den Ministerpräsidenten genau wie den Bürgermeister in einem eigenen Wahlakt getrennt vom Landtag (Rat) direkt zu wählen. Dies hätte zur Folge, dass der Regierungschef mit unterschiedlichen, wechselnden, vielleicht sogar parteipolitisch gegenläufigen Mehrheiten im Parlament zusammenwirken müsste. Die bundespolitische Signalwirkung der Koalitionsbildung wäre dadurch automatisch geringer. Eine solche Reform würde insbesondere in den Stadtstaaten Sinn machen, die hier die notwendige Vorreiterfunktion übernehmen könnten.

Auch der Hinweis auf die Mitwirkungsfunktion der Länder im Bundesrat taugt als Gegenargument nicht. Durch die exekutivische Struktur der Zweiten Kammer – ein weltweites Unikum – läuft das parlamentarische System in den Ländern auf der Mitwirkungsebene ja schon heute praktisch ins Leere. Ob ein direkt gewählter Ministerpräsident sich stärker an Landesinteressen orientieren würde als sein parlamentarisch bestellter Kollege (statt an Parteiinteressen), wie von Arnim mutmaßt, ist nicht unbedingt ausgemacht. Das Problem der doppelten Gesetzgebungsmehrheiten bleibt insofern bestehen und könnte sich durch die einfarbigen Regierungen sogar noch verschärfen – der Effekt wäre hier derselbe wie bei der Wahlrechtsreform. Die Einführung der Direktwahl würde also auch Reformbedarf bei der Zweiten Kammer nach sich ziehen, die in ihrer heutigen Struktur so nicht bestehen bleiben könnte.

Wendet man den Blick von der Länder- auf die Bundesebene, so stellt sich die Lage ganz anders dar. Nicht nur, dass sich die parlamentarische Regierungsform hier gut bewährt hat. Auch Minderheitsregierungen stoßen im Bund an ihre Grenzen; vorstellbar wären sie bestenfalls in der Variante des Stützmodells, das eine fest verabredete Zusammenarbeit zwischen den Partnern vorsieht, nicht aber in der lockeren Form einer „Duldung". Tolerierungsmodelle mit wechselnden Abstimmungskoalitionen sind auch anderswo im nationalen Rahmen kaum verbreitet (z.B. in Dänemark). Ihre Übertragung in eine gänzlich anders geprägte parlamentarische Kultur würde zwangsläufig Probleme aufwerfen. Deshalb stellt sich das Problem der Koalitionsbildung auf der Bundesebene ganz unausweichlich.

Gerade hier ist die Situation aber besonders verworren. Dies liegt zum einen daran, dass die Linke, deren stärkste Bastionen ja im Osten liegen, im Bund einen höheren Stimmenanteil erwarten kann als im Durchschnitt der Westländer. Die Wahrscheinlichkeit, dass eine Mehrheit nur bei Bildung einer Dreierkoalition zustande kommt, ist also gerade auf der Bundesebene am größten. Zum anderen zeichnet sich das Fünfparteiensystem durch eine asymmetrische Machtstruktur aus. Die drei linken Parteien verfügen elektoral zurzeit zwar über einen knappen Vorsprung vor Union und FDP.

Dieser lässt sich aber nur dann in eine parlamentarische Mehrheit ummünzen, wenn man zur Zusammenarbeit mit der Linken bereit ist. In den Ländern hat die SPD dafür den Weg jetzt freigemacht und auch bei der im kommenden Frühjahr anstehenden Bundespräsidentenwahl wäre die Wahl eines SPD-Kandidaten (oder einer Kandidatin) mit Hilfe der Linken für die Partei gewiss eine reizvolle Option. Dies dürfte es ihr schwer machen, die Perspektive eines Linksbündnisses vor der Bundestagswahl glaubhaft auszuschließen. Dennoch scheint ein solches Bündnis auf Bundesebene aus heutiger Sicht für 2009 kaum vorstellbar.

Will man die Perpetuierung der Großen Koalition als Regierungsformat vermeiden, woran gerade die SPD als im Zweifel schwächerer Partner ein Interesse haben dürfte, verbleiben als realistische Optionen folglich nur „Jamaika" oder eine Ampelkoalition. Wie die aktuelle Situation in Hessen zeigt, entsteht aber auch hier ein Problem. Sind beide Modelle rechnerisch möglich und verharren die Parteien in ihren heutigen Koalitionspräferenzen, könnten sich Schwarz-Gelb und Rot-Grün im Werben um den zur Mehrheitsbildung notwendigen dritten Partner gegenseitig blockieren. Deshalb muss man nach Wegen suchen, um solche Blockaden aufzubrechen oder gar nicht erst entstehen zu lassen.

Als erstes kommen einem hier institutionelle Vorkehrungen in den Sinn. Der Automatismus der Mehrheitsbildung hat in der Bundesrepublik dafür gesorgt, dass es bislang solcher Vorkehrungen im Normalfall nicht bedurfte. Weder gab und gibt es die Institution eines Regierungsformateurs, noch musste man auf das ungeschriebene Gesetz zurückgreifen, wonach der Regierungsauftrag im parlamentarischen System stets der stärksten Partei bzw. Fraktion gebührt. In einem System multipler Koalitionen wird man nicht umhinkommen, entsprechende Regeln zu etablieren und einzuhalten. Dabei kann man entweder auf die Erfahrungen anderer Länder bauen, die mit Mehrparteienkoalitionen vertraut sind (Benelux, Skandinavien). Oder man verständigt sich auf Regeln, die den Besonderheiten des deutschen Parteiensystems Rechnung tragen. Stehen Schwarz-Gelb und Rot-Grün als gewünschte Koalitionen gegeneinander, könnte man den Regierungsauftrag z.B. der stärkeren Formation zusprechen (statt der stärksten Partei). In Hamburg würde das bedeuten, dass SPD und Grüne durchaus das Recht hätten, eine Regierung gegen die CDU zu bilden (wofür als Partner dann aber nur die Linke in Frage käme). In Hessen läge es dagegen an den Grünen, sich als „Mehrheitsbeschaffer" für Union und FDP in die Pflicht nehmen zu lassen.

Alle institutionellen Regeln werden aber nichts daran ändern, dass wir uns in der Bundesrepublik an schwierigere Regierungsbildungen gewöhnen müssen. Aus Wählersicht bleibt die Hinwendung vom mehrheits- zum konsensdemokratischen System ohnehin ambivalent. In einem System multipler Koalitionen, in dem das Zusammengehen der beiden Großen nur eine von mehreren Möglichkeiten darstellt, geht dessen Einfluss zwangsläufig zurück. Politiker gefallen sich ja vorzugsweise an Wahlabenden gerne darin, das Volk als „Souverän" zu titulieren. Bezogen auf die Regierungsbildung sind in einem Vielparteiensystem aber nicht die Wähler der eigentliche Souverän, sondern die Parteien bzw. Parteiführungen, die über die Koalitionen entscheiden. Werden die gewünschten oder nicht auszuschließenden Allianzen vor der Wahl nicht klar offengelegt, gerät die Abgabe der Stimme damit künftig zum Lotteriespiel: Man weiß nicht, was am Ende herauskommt.

Dies wirft die Frage nach etwaigen Gegengewichten auf. Nehmen die Oligarchisierungstendenzen in der Parteiendemokratie zu, müssen die dadurch entstehenden Legitimationsdefizite an anderer Stelle ausgeglichen werden. Dazu könnte zum einen die Einführung bzw. der Ausbau von plebiszitären Beteiligungsformen auf der staatlichen Ebene dienen, die in der Bundesrepublik bislang ein Schattendasein fristen, zum anderen die Stärkung der Mitgliederrechte in den Parteien selbst und die Abkehr vom heutigen reinen Delegiertensystem. Das heißt: Urwahlen und Mitgliederentscheide sollten nicht mehr nur sporadisch und nach Gutdünken der Parteiführungen eingesetzt werden, sondern die Regel sein – so wie gerade in Thüringen, wo die SPD-Basis mit der Wahl Christoph Matschies zum Spitzenkandidaten zugleich eine Strategieentscheidung über den Umgang mit der Linken getroffen hat. Ein offeneres System der Kandidatenaufstellung, das sich am Vorbild der US-amerikanischen Vorwahlen orientiert, könnte dazu beitragen, die Wähler wieder näher an die Politik heranzuführen. Wer das als unrealistisch oder Zukunftsmusik abtut, übersieht, wie sehr sich der Charakter der parlamentarischen Demokratie in der Bundesrepublik schon jetzt verändert hat. Darauf die passenden Antworten zu finden, wird den politischen Akteuren noch manche Schweißperlen auf die Stirn treiben.

MUT. Forum für Kultur, Politik und Geschichte Nr. 490 (Juni 2008), S. 10-19.

Die gelungene Verfassung

Als rechtliche Grundordnung des Gemeinwesens haben Verfassungen im Wesentlichen zwei Funktionen zu erfüllen. Einerseits schreiben sie – als Grundrechtscharta – die Rechte des Einzelnen gegen den Staat fest (einschließlich korrespondierender Staatspflichten oder -ziele), andererseits regeln sie – als Organisationsstatut – den institutionellen Aufbau des Staates. Von beiden Funktionen sei im Folgenden nur die letzte angesprochen. Selbst wenn man sich nur auf die institutionellen Kernmerkmale des Regierungssystems beschränkt, gibt dies Stoff genug. Fünf solcher Merkmale lassen sich für die Bundesrepublik identifizieren: 1) Die durch das Verhältnis von Parlament, Regierung und Staatsoberhaupt konstituierte parlamentarische Regierungsform, 2.) das Wahlrecht, 3.) der Föderalismus, 4.) die Verfassungsgerichtsbarkeit und 5.) die direkte Demokratie. Die Merkmale zwei und fünf sind dabei mit Einschränkungen zu versehen. Das Wahlrecht ist nicht Teil der förmlichen Verfassung, sondern einfachgesetzlich geregelt und somit auch mit einfacher parlamentarischer Mehrheit veränderbar. Als Teil des Staatsorganisationsrechts hat es freilich für die Funktionsweise des parlamentarischen Systems so große Bedeutung, dass es in einer institutionellen Betrachtung nicht ausgeklammert werden kann. Dies gilt zumal, wenn man die aktuellen Veränderungen der Parteienlandschaft berücksichtigt. Für die direkte Demokratie gilt wiederum, dass sie im Grundgesetz vom unwahrscheinlichen Fall der Länderneugliederung abgesehen gar nicht vorgesehen ist. Die Berücksichtigung erfolgt hier gleichsam ex negativo – gefragt wird, ob die plebiszitäre Enthaltsamkeit noch angezeigt ist oder ob nicht das Grundgesetz dem Vorbild der Länderverfassungen folgen sollte, die Volksbegehren und Volksentscheid mittlerweile sämtlich eingeführt haben.

Die parlamentarische Regierungsform: eine Erfolgsgeschichte. Zu den gelungensten Schöpfungen des Grundgesetzes gehört zweifellos die parlamentarische Regierungsform. Die Lehren aus der Vergangenheit ziehend, haben sich die Verfassungsgeber hier aus guten Gründen gegen die Neuauflage eines Systems mit starkem Präsidenten entschieden, das für die Weimarer Republik verhängnisvoll werden sollte. Das Staatsoberhaupt wird nicht direkt, sondern durch eine Versammlung gewählt, und bleibt – von wenigen Reservebefugnissen abgesehen – auf zeremoniell-notarielle Funktionen beschränkt. Diese Konstruktion hat sich ebenso bewährt wie die Stärkung der

Die gelungene Verfassung

Position des Bundeskanzlers innerhalb der Regierung und gegenüber dem Parlament. Letzteres wurde besonders durch das neu eingeführte Konstruktive Misstrauensvotum (Art. 67) gewährleistet, das die Abberufung des Regierungschefs nur bei gleichzeitiger Wahl eines Nachfolgers gestattete. Zugleich verfügt der Kanzler durch die Vertrauensfrage (Art. 68) über die Möglichkeit, die eigenen Truppen zur Gefolgschaft zu zwingen oder eine vorgezogene Neuwahl herbeizuführen. Das Zusammenspiel dieser beiden institutionellen Vorkehrungen (an denen nicht gerüttelt werden sollte – auch nicht durch ein Selbstauflösungsrecht des Bundestages nach dem Vorbild der Länderparlamente) trugen der Bonner Republik in der zeitgenössischen Publizistik schon bald den Ruf einer „Kanzlerdemokratie" ein. Dabei darf jedoch zweierlei nicht übersehen werden. Zum einen sorgt das Parteiensystem in Verbindung mit dem Verhältniswahlrecht dafür, dass im Regelfall Koalitionsregierungen gebildet werden müssen. Zum anderen erfolgte die Stärkung des Regierungschefs nicht auf Kosten der Kontrollrechte und Mitregierungsfunktionen des Bundestages, die im internationalen Vergleich durchaus ansehnlich sind.

Kritik entzündet sich immer wieder an der starken Mediatisierung der Abgeordneten durch die Fraktionen, deren Befugnisse im parlamentarischen Betrieb sehr viel weiter reichen als diejenigen der einzelnen Parlamentarier. Die Herausbildung des Fraktionenparlaments kann allerdings nicht dem Grundgesetz angelastet werden. Sie ist vielmehr eine Folge der Entwicklung des Parteiensystems, das den Gegensatz zwischen den beiden großen Parteien im dualistischen Gegenüber von regierender Mehrheit und Opposition reproduzierte. Die Anpassung der rechtlichen Regelungen an den von Politologen so genannten „neuen Dualismus" erfolgte nicht auf der Verfassungsebene, sondern unterhalb davon: im Parlamentsrecht, den Geschäftsordnungen und Satzungen der Fraktionen. Der Verzicht auf eine entsprechende Normierung im Grundgesetz wurde gelegentlich bedauert, da damit dem Missverständnis Vorschub geleistet werde, die Verfassung halte an einem altliberalen Gewaltenteilungsmodell fest. Die Einführung von Oppositionsklauseln in einer Reihe von Länderverfassungen hat aber gezeigt, dass die Festschreibung des neuen Dualismus ihrerseits Probleme birgt, indem sie z.B. die verfassungsrechtliche Zulässigkeit von Minderheitsregierungen in Frage stellt. Große Koalitionen wiederum mögen zwar verfassungsrechtlich unbedenklich sein; sie führen aber dazu, dass wesentliche parlamentarische Kontrollrechte der Opposition, die in der Geschäftsordnung geregelt sind, nicht mehr eingesetzt werden können. So setzen z.B. die Anstrengung eines Normenkontrollverfahrens vor dem Verfassungsgericht oder die Einsetzung eines Untersuchungsausschusses die Unterstützung von mindestens einem Drittel der Abgeordneten voraus. Diese Schwellen müssten im Interesse der Funktionsweise des parlamentarischen Systems herabgesetzt werden, wenn – wovon auszugehen ist – Große Koalitionen in Zukunft häufiger vorkommen.

Wahlrecht: Immanente Korrekturen statt Systemwechsel. Auch beim Wahlrecht hat sich die Grundstruktur eines modifizierten Verhältniswahlsystems mit Personenwahlkomponente und Sperrklausel bewährt. Forderungen nach einem Systemwechsel in Richtung Mehrheitswahl, wie sie infolge der Pluralisierung der Parteienlandschaft erhoben werden, sind deshalb fehl am Platze – auch in der gemäßigteren französischen Variante des absoluten Mehrheitswahlsystems, die Altbundespräsident Herzog vor kurzem erneut ins Spiel gebracht hat. Eine Wahlrechtsreform, die die kleinen Parteien dezimieren oder ganz zum Verschwinden bringen würde, wäre mit Blick auf die veränderten parteipolitischen Kräfteverhältnisse nicht legitimierbar. Außerdem würde sie der verfassungspolitischen Gewohnheit in diesem Lande widersprechen, solche Reformen tunlichst im Konsens vorzunehmen. Die Bundesrepublik hat sich hierin von der manipulativen Praxis anderer Länder (etwa Italiens und Frankreichs) bisher immer vorteilhaft unterschieden. Fraglich wäre auch, ob sich ein Mehrheitswahlsystem mit den föderalen Strukturen vertragen würde. Käme es zu gleichlautenden Reformen in den Ländern, hätte das unweigerlich Konsequenzen für den Bundesrat, wo die Gegensätze zwischen Regierungsmehrheit und Opposition noch unvermittelter aufbrechen könnten als heute.

Dies bedeutet selbstverständlich nicht, dass beim Wahlrecht alles beim Alten bleiben muss. Mit dem Wechsel vom Vier- zum Fünfparteiensystem wächst z.B. die Wahrscheinlichkeit von Überhangmandaten. Dies könnte zu einer Verzerrung der Verhältnisstimmenanteile bei der Mandatsvergabe führen, die unter Umständen sogar über den politischen Ausgang der Wahl entscheidet. In einem vor kurzem ergangenen Urteil hat das Bundesverfassungsgericht eine Änderung der bestehenden Regelungen angemahnt. Das geltende Zweistimmensystem, das die Entstehung von Übergangmandaten ermöglicht, wurde dabei nicht generell für verfassungswidrig erklärt. Die Richter wollten für die Zukunft lediglich ausschließen, dass zusätzliche

Die gelungene Verfassung

Zweitstimmen für eine Partei zu Mandatsverlusten führen (negativer Stimmeffekt). Um jeglichen Verzerrungseffekt auszuschließen, wäre die konsequenteste Lösung sicher eine gänzliche Beseitigung bzw. Verrechnung der Überhangmandate. Unglücklicherweise haben die Karlsruher Richter dem Gesetzgeber für die Reform eine Frist bis nach der Bundestagswahl gesetzt. Dies ärgert vor allem die SPD, für die sich die jetzige Regelung nachteilig auswirken könnte, wenn sie im September eine Reihe von bisher gehaltenen Wahlkreisen (vor allem im Westen der Republik) an die Union verliert.

Weiterer Korrekturbedarf, den zu befriedigen die Parteien sich aber schwer tun dürften, liegt im System der starren Listen bei den Zweitstimmen, das dem Wähler keinen Einfluss auf die personelle Zusammensetzung des Parlaments gestattet. Dies erscheint angesichts der schwächer gewordenen Verankerung der Parteien in der Gesellschaft ebenso überholt wie die überkommenen Aufstellungsverfahren der Kandidaten im heutigen Delegiertensystem. Die Länder könnten hier bei den Reformbemühungen eine wichtige Vorreiterrolle spielen.

Der ungeliebte Föderalismus: eine Dauerbaustelle. Nirgendwo ist die Verfassung häufiger angepasst und ergänzt worden als im Bereich der föderalen Ordnung. Auf ihn entfällt das Gros der mittlerweile rund 60 Grundgesetzänderungen. Das gemäß Art. 79 Abs. 3 mit Ewigkeitsrang versehene Bundesstaatsprinzip folgt der deutschen Verfassungstradition; gleichzeitig entsprach es einer Forderung der alliierten Siegermächte, deren eigene Vorstellungen sich dabei untereinander aber deutlich unterschieden. Obwohl mit dem Verschwinden Preußens von der Landkarte 1947 ein schwerer Geburtsfehler des Bundesstaates beseitigt war, sollte dieser den Deutschen auch später nicht ans Herz wachsen. Der Föderalismus bleibt ein wenig geliebtes und verstandenes Kind.

Die Schwierigkeiten können auf die Entstehungsgeschichte des Bundesstaates zurückgeführt werden. Die verspätete Nationalstaatsgründung ließ in Deutschland eine Sehnsucht nach Einheitlichkeit entstehen, die in den unitarischen Neigungen der Bundesbürger bis heute nachwirkt. Zugleich prägte sie – in Verbindung mit der versäumten Parlamentarisierung – die bis heute fortbestehenden Grundmerkmale des Systems: die funktionale Gewaltenverflechtung, die dem Zentralstaat das Gros der Gesetzgebungskompetenzen und die Gestaltungshoheit über die Steuern zuweist, während die Gliedstaaten im Gegenzug für die verwaltungsmäßige Durchführung der Bundesgesetze zu sorgen haben und ihnen dafür (sowie für die Wahrnehmung ihrer eigenen Gesetzgebungszuständigkeiten) ein bestimmter Teil am Steuerkuchen verfassungsmäßig zusteht; und das damit verbundene exekutivföderale Prinzip, wonach die Beteiligung der Länder an der Bundesgesetzgebung über deren Regierungen erfolgt (und nicht durch gewählte Abgeordnete).

Gerade letzteres war im Parlamentarischen Rat durchaus umstritten. Dass sich das von den Unionsvertretern favorisierte Bundesratsprinzip anstelle des Senatsmodells durchsetzte, entsprach einem Kompromiss, der als Gegenleistung an die SPD einen Verzicht auf die volle gesetzgeberische Gleichstellung der Länderkammer mit dem Bundestag vorsah. Es ist nicht ohne Ironie, dass sich das Verfassungssystem dann später doch genau in dieser Richtung entwickelte. Je stärker der Bund von den „konkurrierenden" Gesetzgebungsbefugnissen Gebrauch machte und je mehr er dabei auch die Durchführung der Gesetze seinem unitarisierenden Zugriff aussetzte, umso höher stieg der Anteil der Gesetze, die der Zustimmungspflicht des Bundesrates unterlagen.

Die Verfassungsreformen der ersten Großen Koalition, die zur Einführung der Gemeinschaftsaufgaben und des großen Steuerverbundes führten, sollten das Verflechtungssystem noch weiter perfektionieren. Tatsächlich mündeten sie jedoch in eine zunehmende Selbstfesselung der beiden staatlichen Ebenen, die unter Effizienz- wie Demokratiegesichtspunkten Probleme aufwarf. Während die am Goldenen Zügel des Bundes gehaltenen Länder kaum noch über eigene politische Gestaltungsmöglichkeiten verfügten, sah sich die Regierungsmehrheit im Bund immer häufiger mit der Situation konfrontiert, dass eine von der Opposition dominierte Länderkammer ihre Gesetzesvorhaben durchkreuzte. Die daraus resultierenden Blockierungstendenzen wurden von der Politikwissenschaft schon in den siebziger Jahren hellsichtig beschrieben.

Dennoch dauerte es fast dreißig Jahre, bis sich die politischen Akteure zu einer Reform des Systems durchringen konnten. Gemessen an den weit gespannten Erwartungen blieben deren Ergebnisse freilich enttäuschend. Die Länder erhielten nur wenige substanzielle Kompetenzen zurück, und der Anteil der zustimmungspflichten Gesetze konnte – wie erste Untersuchungen ergeben haben – nicht nennenswert gesenkt werden. Noch dürftiger fiel das Resultat der zweiten Reformkommission aus, die sich die Neuordnung der Finanzbeziehungen zum Ziel gesetzt hatte. Nicht nur, dass hier alle weitergehenden Ansätze einer Entflechtung (etwa bei den Steuern) von vornherein ausgeklammert wurden. Auch die als solche begrüßenswerte Verpflichtung auf eine Schuldenobergrenze hat den aus Sicht des Föderalismus fragwürdigen Effekt, dass sie Ländern den letzten verbliebenen Restposten bei der Einnahmengestaltung entwindet.

Ein schwer wiegendes Versäumnis der Föderalismusreformer, dessen Tragweite erst in jüngster Zeit offenkundig geworden ist, war der Verzicht auf eine Neuordnung der Abstimmungsregeln im Bundesrat. Solange sich ihre Anzahl in Grenzen hielt, stellten die Stimmenthaltungen der so genannten gemischten Koalitionen in der Länderkammer kein gravierendes Problem dar. Nachdem diese jedoch im Zuge der Pluralisierung des Parteiensystems inzwischen bei allen Koalitionskonstellationen den größten Block ausmachen und selbst die Große Koalition im Bundesrat über keine eigene Mehrheit mehr verfügt, wird der Druck auf die Ländervertreter, die Abstimmungsregeln zu ändern, zweifellos zunehmen. Die Lösung liegt allerdings nicht in der immer wieder – zuletzt von Innenminister Schäuble – geforderten relativen Mehrheit, die mit Blick auf das wahrscheinliche Überwiegen der Oppositionsstimmen gegenüber den Regierungsstimmen im Bundesrat sogar kontraproduktiv sein könnte. Stattdessen sollte man eine Umkehrung der Abstimmungsfrage (nach dem Vorbild der heutigen Einspruchsgesetze) vornehmen; dies würde die Enthaltungen zu faktischen „Pro-Stimmen" machen.

Macht und Ohnmacht des Verfassungsgerichts. Vor dem Hintergrund der Umstände verständlich, unter denen Hitler 1933 an die Macht gelangt war, wurde der Verfassungsstaatsgedanke von den Autoren des Grundgesetzes größer geschrieben als die Demokratie. Konsequenzen waren das ausgebaute System des Grundrechtsschutzes, das dem Organisationsteil in der Verfassung demonstrativ vorangestellt wurde, die Vorkehrungen zur Bestandssicherung der Verfassung (durch die „Ewigkeitsgarantie" des Art. 79 und die Einrichtungen der „wehrhaften Demokratie") sowie die Schaffung eines mit weitreichenden Befugnissen ausgestatteten Verfassungsgerichts, das sich zum mächtigsten seiner Art in den westlichen Demokratien entwickeln sollte. Anders als der Föderalismus stellte die Verfassungsgerichtsbarkeit eine Neuschöpfung des Bonner Grundgesetzes dar, die sich auch in der institutionellen Konstruktion (etwa der Richterwahl) gut bewährt hat und aufgrund ihrer überparteilichen Natur unter den Bürgern – neben dem Bundespräsidenten – von allen Verfassungsorganen die größte Wertschätzung genießt.

Nicht die Befugnisse der Karlsruher Richter als solche, sondern die Art und Weise ihrer Wahrnehmung sind jedoch wiederholt in die Kritik geraten. Beklagt wurde und wird insbesondere die fehlende richterliche Selbstbeschränkung, die den Gestaltungsspielraum des Gesetzgebers über Gebühr beschneide. Schon 1978 mahnte der damalige Justizminister Hans-Jochen Vogel, das Bundesverfassungsgericht solle der Versuchung widerstehen, „die Verfassung in allzu kleine Münze umzuwechseln und bei Detailfragen mit dem Argument aufzutreten, dies und nichts anderes gebiete das Grundgesetz." Tatsächlich hat sich das Gericht bei vielen seiner Grundentscheidungen nicht damit begnügt, die bestehende Gesetzeslage als verfassungswidrig zu verwerfen; es hat auch genaueste Vorgaben gemacht, wie denn ein verfassungskonformes Gesetz auszusehen habe und bis zu welchem Zeitpunkt es zu erlassen sei. Der Vorwurf der ungebührlichen Einmischung hat allerdings gleich eine doppelte Kehrseite. Zum einen verfügt das Gericht über keine Möglichkeiten, die Umsetzung seiner Urteile zu erzwingen, bleibt es also auf den *goodwill* des Gesetzgebers angewiesen. Dass dieser nicht von vornherein unterstellt werden kann, lässt sich an zahlreichen Beispielen allein aus der jüngsten Zeit belegen (etwa der Familienpolitik oder des Steuerrechts). Zum anderen kann das Gericht nicht aus eigenem Antrieb, sondern erst nach Anrufung tätig werden. Der Missbrauchsvorwurf müsste sich dann im Grunde eher gegen diejenigen richten, die es ins Spiel bringen. Das kann z.B. die parlamentarische Opposition sein, die der Regierung durch eine Normenkontrollklage eine Niederlage beibringen möchte. Oder die Regierung selbst hat ein Interesse, unpopuläre oder intern umstrittene Entscheidungen auf Karlsruhe abzuwälzen.

Verfassungsgerichtsentscheidungen wirken sich auf die Regierenden demnach in ähnlicher Weise entlastend aus wie Volksabstimmungen oder die Supranationalisierung von Entscheidungskompetenzen. Dem Gericht stehen vergleichbare Rückwälzungsstrategien dagegen nicht zur Verfügung. Auch von der Europäischen Integration ist es in seinen Handlungsmöglichkeiten sehr viel stärker betroffen als die Politik. Während die Regierungen für den Machtverlust, den die Verlagerung von Gesetzesmaterien auf die europäische Ebene bewirkt, dadurch entschädigt werden, dass sie selbst an den Entscheidungen der EU teilnehmen, ja deren eigentliche Träger sind, fehlt ein solcher Kompensationsmechanismus für die Verfassungsgerichtsbarkeit. Die größte Bedrohung für Karlsruhe geht heute also ausgerechnet

Die gelungene Verfassung

vom Europäischen Gerichtshof aus, der über die Befugnis verfügt bzw. diese für sich reklamiert, die Vereinbarkeit sogar des deutschen Verfassungsrechts mit EU-Recht zu prüfen. Das ausstehende Karlsruher Urteil zum Lissabon-Vertrag ist insofern auch eine Entscheidung des Gerichts in eigener Sache.

Die fehlgeleitete Debatte um die Einführung von Plebisziten. Bleibt als letzter Punkt die direkte Demokratie. Sowohl unter den Experten als auch unter den Politikern wird die grundsätzliche Abwehrhaltung, die gegenüber den Plebisziten lange Zeit bestand, heute nicht mehr geteilt. Nicht nur, dass über die prinzipielle Zulässigkeit der Volksabstimmungen unter den Verfassungsrechtlern weitgehend Konsens herrscht. Auch die These, dass direktdemokratische Elemente ein sinnvolles Mittel sein könnten, um die Schwächen der heutigen Parteiendemokratie auszugleichen, trifft auf wachsende Zustimmung.

Dieser Funktion werden die Plebiszite indessen nicht automatisch gerecht; maßgeblich ist vielmehr ihre Ausgestaltung. In Deutschland hat man sich auf der Länderebene überall für die vermeintlich progressivste Variante der Direktdemokratie entschieden – die sogenannte Volksgesetzgebung. Diese gibt den Bürgern die Möglichkeit, selber Gesetze zu initiieren und sie nötigenfalls gegen den Willen des parlamentarischen Gesetzgebers durchzusetzen. Das potenziell sehr weitreichende Instrument wird in der Praxis freilich durch allerhand Vorschriften eingeschränkt – seien es Themenausschlüsse, hohe Quoren oder das Recht des Parlaments, Volksbeschlüsse zu korrigieren. Deshalb ist es konsequent, wenn die Befürworter der Volksgesetzgebung für Verfahrenserleichterungen eintreten, um die Direktdemokratie tatsächlich anwendbar zu machen. Und die Volksgesetzgebung selbst gibt ihnen das Mittel an die Hand, um die Verbesserungen mit oder gegen den Willen der Regierenden zu betreiben.

Wenn das Gesetzgebungsrecht des Volkes weiter ausgedehnt wird, bedarf es jedoch keiner großen Phantasie sich auszumalen, dass dann auch die Konflikte zwischen dem plebiszitären und parlamentarischen Gesetzgeber zunehmen. Fälle wie in Hamburg, wo mehrere volksbeschlossene Gesetze von der Regierung wieder rückgängig gemacht wurden, könnten dann genauso auf Bundesebene passieren und zu einer Dauerauseinandersetzung um die Plebiszite führen. Auch die Frage, wie der Bundesrat in einem Volksgesetzgebungsverfahren angemessen beteiligt werden kann (was auf der Länderebene entfällt), konnte von den Befürwortern des Modells bisher nicht zufriedenstellend geklärt werden.

Das Problem liegt also in der Volksgesetzgebung als solcher. Deren Befürworter haben gewiss Recht, wenn sie den heutigen Zustand der Direktdemokatie als unehrlich kritisieren. Dürfen die Bürger über fast nichts abstimmen, sind die Quoren so hoch, dass erfolgreiche Volksentscheide kaum möglich sind und kann man sich noch nicht einmal auf die Verbindlichkeit der getroffenen Beschlüsse verlassen, wird nicht nur die Legitimität des Instruments selbst, sondern die der gesamten Parteiendemokratie untergraben.

Die andere – genauso wichtige – Frage stellen sie allerdings nicht: ob es denn überhaupt sinnvoll war und ist, den Bürgern ein so weitreichendes Demokratieversprechen zu geben? Hier bleiben erhebliche Zweifel angebracht. Ein Blick über den nationalen Tellerrand sollte den Befürwortern eigentlich zu denken geben. Er zeigt, dass ein so radikales Modell der Direktdemokratie in keinem anderen Land Europas verwirklicht ist. Selbst in der Schweiz gibt es die Volksinitiative bislang nur als Verfassungsinitiative. Die Vereinbarkeit der Volksgesetzgebung mit dem parlamentarischen System steht von daher generell in Frage. Nur hat in der politischen Klasse auch unter den Skeptikern niemand den Mut, dieses Problem offen anzusprechen.

Dabei gäbe es durchaus Alternativen. Auch hier hilft ein Blick in die Schweiz, wo sich die Direktdemokratie im sogenannten „fakultativen Referendum" konzentriert. Mit diesem tritt der Bürger nicht selber als Gesetzgeber in Aktion; stattdessen hat er die Möglichkeit, ein vom Parlament bereits beschlossenes Gesetz einer nochmaligen Abstimmung zu unterwerfen und es gegebenenfalls abzulehnen. Bei einem solchen Modell würde die Notwendigkeit, Ausschlussgegenstände festzulegen, ebenso entfallen wie das Problem der Verbindlichkeit. Auch wäre die Länderkammer weiter ordnungsgemäß beteiligt. Es müsste lediglich ein Quorum für die Einleitung des Verfahrens festgelegt werden, das – ohne allzu große Hürden aufzubauen – einem missbräuchlichen Gebrauch des Instruments entgegenwirkt.

Eine realistische Sicht auf die „Systemverträglichkeit" der Direktdemokratie ist notwendig, um die Debatte über eine plebiszitäre Ergänzung des Grundgesetzes aus der Sackgasse herauszuholen, in die sie durch das starre Festhalten des Verfassungsgebers an der Volksgesetzgebung geführt worden ist. Denn mit der letzteren dürften nicht nur alle Versuche, die Plebiszite auf Bundesebene einzuführen, zum Scheitern verurteilt sein. Es werden auch die

Auseinandersetzungen um die Ausgestaltung der Volksgesetzgebung in Ländern und Kommunen weitergehen und ein ständiges Hin und Her zwischen benutzerfreundlichen und restriktiven Reformbestrebungen auslösen. Einen solchen Streit um einen wesentlichen Teil seiner konstitutionellen Grundlagen kann sich auf Dauer kein Gemeinwesen leisten, ohne Schaden zu nehmen.

Berliner Republik 11 (2009) H. 2, S. 29-36.

Falsche Enthaltsamkeit im Bundesrat

Als sein BKA-Gesetz im ersten Anlauf scheiterte, hat Innenminister Schäuble verärgert eine Veränderung der Abstimmungsregeln im Bundesrat gefordert. Statt der absoluten Mehrheit soll dort künftig eine relative Mehrheit der Stimmen genügen, um einen Gesetzesbeschluss zu fassen. Der Vorschlag ist nicht neu. Von einer Reformkommission der Bertelsmann-Stiftung im Jahre 2000 entwickelt, wurde er seither von Politikern und Experten immer wieder ins Spiel gebracht. Im Rahmen der Föderalismuskommission hätte die Chance für eine Neuregelung bestanden, doch spielte das Thema in den seinerzeitigen Beratungen keine Rolle. Erst jetzt, nachdem sich die Mehrheitsverhältnisse in der Länderkammer zulasten der Regierungsparteien verändert haben, wird die Vetomacht des Bundesrates im Gesetzgebungsprozess erneut zum Stein des Anstoßes.

Dass die Ländervertreter Schäubles Vorstoß als „Anschlag auf bewährte Prinzipien" (so Bremens Bürgermeister Jens Börnsen) zurückgewiesen haben, stand zu erwarten. Tatsächlich ist es nicht besonders geschickt, aktuelle Schwierigkeiten der Mehrheitsfindung zu benutzen, um eine prinzipielle Reform anzumahnen. Dies ändert aber nichts daran, dass der Vorschlag auf einer zutreffenden Problemdiagnose beruht. Es waren ja die Ministerpräsidenten selbst, die sich im Rahmen der Föderalismusreform mit einer partiellen Entmachtung des Bundesrates einverstanden erklärt hatten. Erreicht werden sollte dies durch eine Reduzierung des Anteils der zustimmungspflichtigen Gesetze um etwa die Hälfte. Inzwischen liegen erste Untersuchungen vor, die zeigen, dass die Reform an diesem zentralen Punkt gescheitert ist – die Zahl der zustimmungspflichtigen Gesetze liegt praktisch genauso hoch wie vor der Reform. Deshalb ist es richtig, über andere Wege nachzudenken, um den bei abweichenden Mehrheitsverhältnissen zwischen beiden Kammern unweigerlich drohenden Pattsituationen und Blockademöglichkeiten zu begegnen.

Mit dem veränderten Abstimmungsmodus soll auf das Problem der Stimmenthaltungen reagiert werden. Diese wirken beim heutigen Abstimmungsverfahren mit absoluter Mehrheit de facto wie ein Nein und können somit das Zustandekommen eines Beschlusses verhindern. Dass Enthaltungen im Bundesrat häufig auftreten, hat mit dem Phänomen der „gemischten Koalitionen" zu tun. Darunter versteht man Länderregierungen, in denen sowohl Regierungs- als auch Oppositionsparteien des Bundes vertreten sind. Weil die Partner sich bei strittigen Gesetzen dann häufig nicht auf ein Ja oder Nein verständigen können, sehen die Koalitionsverträge für solche Fälle in der Regel Stimmenthaltung vor.

Dass die gemischten Koalitionen inzwischen den größten Block im Bundesrat stellen, liegt an der veränderten Parteienlandschaft in Deutschland seit der deutschen Einheit, die zu einer Vervielfachung der Koalitionsformate geführt hat. Scherten von Mitte der siebziger bis Anfang der neunziger Jahre maximal zwei Länder aus der Regierungs-Oppositions-Logik aus, so waren es am Ende der rot-grünen Regierungszeit bereits sieben. Käme es nach der kommenden Bundestagswahl zu einer kleinen Dreierkoalition, so hätte unter den denkbaren Varianten nur die Jamaika-Koalition eine absolute Mehrheit in der Länderkammer. Aber auch diese Mehrheit würde wegen des üblichen Sanktionswahleffekts bei Landtagswahlen, die von den Wählern gerne zur Abstrafung der im Bund regierenden Parteien genutzt werden, vermutlich nicht lange halten – so wie die jetzige Mehrheit der Großen Koalition.

Bleibt die Frage, ob sich die Vetomacht des Bundesrates mit dem Übergang zur relativen Mehrheit wirklich einschränken lässt. Die Antwort mag verblüffen, denn sie lautet Nein. Wenn die Enthaltungen nicht mitgezählt werden, kommt es für ein positives Abstimmungsergebnis allein darauf an, dass die Ja-Stimmen die Nein-Stimmen überwiegen. Dies würde aber bedeuten, dass das Regierungslager in der Länderkammer über mehr Stimmen verfügen müsste als das Oppositionslager. Bei einer Großen Koalition ist das selbstverständlich immer der Fall (hier verfügt die Opposition über keine einzige Stimme in der Länderkammer). Kehrt die Bundesrepublik nach der kommenden Bundestagswahl zum normalen Antagonismus der Volksparteien bei der Regierungsbildung wieder zurück, ist es nach den Erfahrungen der Vergangenheit jedoch wahrscheinlich, dass die Opposition früher oder später die relative Mehrheit im Bundesrat gewinnt. So verfügten die Kohl-Regierung im Zeitraum von 1990 bis 1998 in sieben von acht Regierungsjahren und die Schröder-Regierung von 1998 bis 2005 in sechs von sieben Regierungsjahren über weniger Stimmen in der Länderkammer als die Opposition. Wäre der jetzt geforderte Abstimmungsmodus damals schon in Kraft gewesen, hätten die Gesetze damit sogar noch häufiger blockiert werden können als unter den Bedingungen der absoluten Mehrheit.

Angesichts dieses Sachverhalts ist es merkwürdig, dass die Idee der relativen Mehrheit immer wieder aus dem Hut gezaubert wird. Außer Schäuble haben sich jüngst auch Altbundespräsident Herzog und der amtierende Bundespräsident den Vorschlag zu eigen gemacht. Von Seiten der SPD signalisierte der Fraktionsvorsitzende Struck ebenfalls Unterstützung. Die Überlegung, dass bei einer Neutralisierung der de facto wie Nein-Stimmen wirkenden Enthaltungen die Ja-Seite automatisch profitieren würde, entfaltet offenbar eine autosuggestive Wirkung.

Doch wie lauten die Alternativen, wenn die relative Mehrheit nicht „funktioniert"? Lässt man weitergehende Vorschläge wie die Abkehr vom Prinzip der einheitlichen Stimmabgabe außer Betracht, gibt es durchaus eine Möglichkeit, das Enthaltungsproblem innerhalb der vorhandenen Grundstruktur des Art. 51 Abs. 3 GG zu beseitigen, nämlich *die Umkehrung der Abstimmungsfrage*. Würde man fragen, wer dem Gesetz die Zustimmung *verweigert*, wären die Enthaltungen faktische Pro-Stimmen und die Wahrscheinlichkeit der Blockade damit reduziert. Eine solche Lösung hätte nicht nur den Vorteil, dass sie der Logik der Einspruchsgesetze folgen würde, bei denen die Abstimmungsfrage ebenfalls eine negative ist. Sie würde auch einen stärkeren Druck auf die „neutralen" Länder ausüben, sich auf ein Ja oder Nein zu den Gesetzen politisch zu verständigen, statt dem heutigen Automatismus der Enthaltung zu frönen. Gleichzeitig bliebe die grundsätzliche Vetomöglichkeit der Länder gegen ungebührliche Übergriffe des Bundes in ihre Interessensphäre gewahrt.

Auch dieser Vorschlag hat zur Zeit sicher keine Realisierungschance, da er aus Sicht der Ländervertreter einen Machtverlust bedeuten würde. Geraten Bundestag und Bundesrat unter einer anderen Regierungskonstellation wieder verstärkt aneinander, wird sich die Frage einer Reform aber mit Gewissheit neu stellen. Auch bei einer Fortsetzung der jetzigen Großen Koalition würde das Thema auf die Tagesordnung kommen, da diese vermutlich schon bei ihrem Amtsantritt im Oktober oder November über keine Mehrheit in der Länderkammer verfügt – in der Geschichte der Bundesrepublik wäre das eine Premiere. Der Druck, das unhaltbar gewordene System endlich zu reformieren, wird also nach einer kurzen Schonfrist wieder zunehmen. Für diesen Fall ist es wichtig, dass man die passenden Lösungen bereithält.

Die Neue Gesellschaft / Frankfurter Hefte 56 (2009) H. 4, S. 15-17.

Mehrheit durch Überhangmandate?

Wenige Tage vor der Bundestagswahl ist ein heftiger Streit um das Wahlrecht entbrannt. Die SPD baut für den drohenden Fall ihrer Wahlniederlage schon einmal vor, indem sie die sich abzeichnende Möglichkeit, dass Union und FDP eine Mehrheit nur dank der Überhangmandate erhalten, zu delegitimieren versucht; bei den Grünen ist sogar von einem gestohlenen Wahlsieg die Rede. Union und FDP hätten danach kein Recht, eine Regierung auf der Basis einer so zustande gekommenen Mehrheit zu bilden.

Was ist von dieser Argumentation zu halten? SPD und Grüne verweisen mit ihrem Vorwurf auf ein im Juli 2008 ergangenes Urteil des Bundesverfassungsgerichts, welches das bestehende Wahlrecht in Teilen für verfassungswidrig erklärt und eine Neuregelung bis 2011 angemahnt hat. Die Feststellung der Verfassungswidrigkeit bezieht sich dabei aber nicht auf die Überhangmandate als solche, sondern betrifft nur den möglichen Fall, dass ein Mehr an Zweitstimmen für eine Partei in der Gesamtabrechnung zu weniger Mandaten führt (und umgekehrt), den die Richter als Verstoß gegen das Prinzip der Stimmengleichheit erachten. Dieses sogenannte „negative Stimmgewicht" hängt mit der Entstehung der Überhangmandate zusammen. Seine Beseitigung setzt jedoch nicht zwingend deren Abschaffung oder Neutralisierung (durch Ausgleichsmandate bzw. Verrechnung mit Listenkandidaten) voraus. Das Verfassungsgericht hat die Entscheidung darüber richtigerweise dem Gesetzgeber überlassen.

Von einem verfassungswidrigen Wahlrecht und Abgeordneten zweiter Klasse kann also mit Blick auf die Überhangmandate keine Rede sein. Dennoch ist der von SPD und Grünen erhobene Vorwurf der „illegitimen" Mehrheit berechtigt. Die Legitimität des Wahlrechts erschöpft sich ja nicht in seiner bloßen Verfassungsgemäßheit. Das Wahlsystem, das die Grundregeln des politischen Wettbewerbs und damit der Demokratie schlechthin konstituiert, bedarf vielmehr der Akzeptanz sowohl der als Wettbewerber fungierenden Parteien wie auch der Wähler. Diese Akzeptanz wird normalerweise durch die nur unter hohen Hürden veränderbare Verfassung verbürgt. Das Wahlrecht ist jedoch in der Bundesrepublik wie in den meisten anderen demokratischen Staaten nicht Teil der Verfassung und kann damit durch einfachgesetzliche Mehrheiten geändert werden. Umso wichtiger ist es, dass dies nicht einseitig gegen die Interessen der Minderheit geschieht.

Nachdem sich Union und FDP einer Wahlrechtsreform noch vor der Bundestagswahl verweigert haben, ist dieser Konsens zerbrochen. Die Weigerung entsprach natürlich nicht dem Ziel, die Reform besonders gründlich zu gestalten, welches die Karlsruher Richter als Grund für die großzügig bemessene Änderungsfrist genannt hatten und nun von den beiden Parteien dankbar aufgegriffen wurde. Vielmehr ging es ihnen darum, die günstige Konstellation vor der Bundestagswahl auszunutzen. Die asymmetrische Machtstruktur des neuen Fünfparteiensystems, die den Unionsparteien einen verlässlichen Stimmenvorsprung vor der SPD sichert, führt dazu, dass CDU und CSU am Wahlsonntag mit einer erheblichen Zahl von Überhangmandaten rechnen können. Bei früheren Wahlen waren diese nicht legitimitätsbedrohend, da sie in geringerem Umfang anfielen, sich relativ gleichmäßig auf die beiden großen Parteien verteilten oder die durch das Zweitstimmenergebnis festgelegte Mehrheit der Mandate lediglich verstärkten. Jetzt könnte es zum ersten Mal dazu kommen, dass sie wahlentscheidend sind, indem sie die Mehrheitsverhältnisse in das Gegenteil verkehren.

Aus legitimatorischer Sicht wäre das auch prinzipiell ein Problem. Gewiss gibt es gute Gründe, über mehrheitsverstärkende Komponenten im Verhältniswahlsystem nachzudenken. Dies gilt zumal, wenn sich die Parteienlandschaft so zersplittert, dass die Funktion der Mehrheitsbildung im parlamentarischen System nicht mehr in der gewünschten Weise erfüllt werden kann. Vertretbar wäre eine solche Mehrheitskomponente aber nur dann, wenn sie für die Parteien kalkulierbar und die Wähler transparent ist. Die Überhangmandate, deren mehrheitsverstärkende Wirkung vom Gesetzgeber gar nicht intendiert war und sich eher zufällig ergibt, laufen diesem Gebot zuwider.

Die Einführung einer gezielten Mehrheitskomponente bleibt indessen aus zwei Gründen unwahrscheinlich. Erstens setzt sie ein strukturelles Machtgleichgewicht der beiden großen Parteien voraus, das heute – wie gesehen – nicht gegeben ist. (Es wäre gegeben, wenn man CDU und CSU als getrennte Parteien rechnete.) Und zweitens würde sie der festen Verankerung des Verhältniswahlsystems in der parlamentarischen Kultur der Bundesrepublik widersprechen. Beides zusammengenommen zeichnet den Weg der im nächsten oder übernächsten Jahr vorzunehmenden Wahlrechtsreform vor, die durch eine Abschaffung oder Neutralisierung der Überhangmandate die Reinheit des Verhältniswahlsystems wiederherstellen wird. Das Verfassungsgericht hätte gut daran getan, dem Gesetzgeber diese Aufgabe schon vor der Bundestagswahl aufzuerlegen. So trägt es selbst eine Mitschuld daran, wenn der Bundesrepublik ab Sonntag womöglich ein für die Demokratie schädlicher Streit um die Rechtmäßigkeit oder Unrechtmäßigkeit des Wahlergebnisses ins Haus steht.

September 2009 (unveröffentlicht)

Wählt die Ministerpräsidenten direkt!

Hessische Verhältnisse jetzt auch an Rhein und Ruhr. Obwohl die Parteien nach der Zäsur der Bundestagswahl 2005 viereinhalb Jahre Gelegenheit hatten, sich auf die Wirklichkeit des Fünfparteiensystems einzustellen, sind sie in ihrer Öffnung für neue Regierungs- und Koalitionsformate keinen Schritt weitergekommen. Der Versuch von SPD und Grünen, eine Zusammenarbeit mit der Linken anzubahnen, scheiterte an deren offenkundigen Politikunfähigkeit. Die FDP war von einem koalitionspolitischen Wechsel in das andere Lager erneut nicht zu überzeugen. Und die Große Koalition, die als Notlösung eigentlich immer gehen müsste, kam in Nordrhein-Westfalen ebenfalls nicht zustande, weil die „gefühlte" Wahlsiegerin SPD sich weigerte, den Anspruch der CDU auf das Amt des Regierungschefs zu akzeptieren.

Die Minderheitsregierung, die jetzt gebildet wird, ist bei Lichte betrachtet gar keine. Denn dazu müssten SPD und Grüne sich von der Linken (oder einer anderen Partei im Parlament) tolerieren lassen, was entsprechende Absprachen voraussetzt. Stattdessen hat man angekündigt, NRW mit wechselnden Mehrheiten zu regieren. Dass CDU und FDP sich auf ein solches Modell nicht einlassen werden, wissen Hannelore Kraft und Sylvia Löhrmann nur zu gut. Die Minderheitsregierung ist also vermutlich nur als Interregnum bis zu vorgezogenen Neuwahlen geplant, bei der SPD und Grüne vom Wähler eine ausreichende Regierungsmehrheit erbitten wollen.

Die starke Aufmerksamkeit für die Koalitions- und Regierungsbildung in den Ländern rührt daher, dass diese vornehmlich durch die Brille der Bundespolitik betrachtet wird. Formal mögen die Landesverbände in den Koalitionsentscheidungen autonom sein; tatsächlich stehen sie unter starkem Druck ihrer jeweiligen Bundesparteien. Auch Hannelore Kraft musste von der jetzt gefundenen Lösung erst „überzeugt" werden. Ursprünglich hatte sie erwogen, die geschäftsführende schwarz-gelbe Regierung im Amt zu belassen, um sie aus dem Parlament heraus anschließend zu zermürben. Dies widersprach aber den Interessen der Parteiführung um Sigmar Gabriel, die sich von dem Regierungswechsel in Nordrhein-Westfalen vor allem ein starkes bundespolitisches Signal und das Ende der schwarz-gelben Mehrheit im Bundesrat erhoffte.

Die Frage, ob das Aufhebens um die Koalitionsbildung mit Blick auf die Bedeutung der Länderpolitik gerechtfertigt ist, stellen wenige. Wenn die Parteien einerseits die Notwendigkeit einer stabilen Regierungsmehrheit betonen, sich andererseits aber den Weiterverbleib eines lediglich geschäftsführenden Ministerpräsidenten oder ein Regieren mit wechselnden parlamentarischen Mehrheiten vorstellen können, liegt darin ein offenkundiger Widerspruch. Tatsächlich ist es in der Bundesrepublik schon häufiger vorgekommen, dass Bundesländer auf diese Weise regiert wurden – wenn auch nur für eine Übergangszeit. Zuletzt war dies 2008 in Hessen der Fall, als Roland Koch nach der verlorenen Landtagswahl weiter im Amt blieb.

Der Verlust der eigenen Mehrheit ließ sich verschmerzen, weil die Hauptaufgabe der Länder im deutschen Föderalismus traditionell in der nachgelagerten Verwaltung, das heißt: der Ausführung der Bundesgesetze liegt und nicht in der Gesetzgebung. Hier verbleibt ihnen mit Schule und Hochschule im Grunde nur ein Politikfeld, auf dem sie eigenständig gestalten können. Im übrigen erinnern die Länder vom Aufgabenzuschnitt her eher an die Kommunen als an den Bund.

Wenn das so ist, dann erhebt sich allerdings die Frage nach dem Sinn der parlamentarischen Regierungsform und -praxis in den Ländern überhaupt. Die naheliegende Alternative wäre der Übergang zum präsidentiellen Modell. Denn wenn die Länder hauptsächlich Verwaltungsaufgaben übernehmen und darin den Kommunen ähneln, warum sollten sie sich dann nicht auch bei der Regierungsform an diesen orientieren? Eine solche Reform würde darauf hinauslaufen, den Ministerpräsidenten genau wie den Bürgermeister in einem eigenen Wahlakt getrennt vom Landtag (Rat) direkt zu wählen. Dies hätte zur Folge, dass der Regierungschef mit unterschiedlichen, wechselnden, vielleicht sogar parteipolitisch gegenläufigen Mehrheiten im Parlament zusammenwirken müsste. Die bundespolitische Überlagerung der Koalitionsbildung wäre dadurch automatisch geringer. Die Wahlen (die des Ministerpräsidenten wie die zum Landtag) würden wieder stärker in den Fokus der Landespolitik rücken und damit ihrer eigentlichen Bestimmung entsprechen.

Auch in den Ländern selbst hätte der Übergang zum präsidentiellen Modell positive Effekte. Einerseits käme es zu einer Revitalisierung des unter den Bedingungen der Fraktionsdisziplin „verkümmerten" freien Mandats, wenn der Landtag die Regierung nicht mehr wie bisher im Amt halten müsste. Das Parlament würde also an Bedeutung gewinnen. Andererseits wäre eine bessere Integration der Volksgesetzgebung möglich, die sich mit der dualistischen, auf dem Gegenüber von Regierung und Opposition beruhenden Funktionslogik des parlamentarischen Systems nur schwer verträgt.

In der Diskussion um die Direktwahl dürften den Befürwortern vor allem zwei Einwände reflexhaft entgegengehalten werden. Der erste Einwand bezieht sich auf die Mitwirkung der Länder an der Bundesgesetzgebung, die sie von den Kommunen grundlegend unterscheide. Das Argument taugt deshalb nicht, weil die weltweit einzigartige Struktur des Bundesrates als Vertretungsorgan der Landesregierungen das parlamentarische System in den Ländern auf der Mitwirkungsebene schon heute ins Leere laufen lässt. Durch die Direktwahl würde sich hier gar nichts ändern. Ihre Einführung könnte sich – im Gegenteil – auch mit Blick auf den Bundesrat positiv auswirken, wo ein direkt gewählter Ministerpräsident eher stärker nach Landesinteressen (statt Parteiinteressen) entscheiden würde als sein parlamentarisch bestellter Kollege.

Schwerer wiegt der andere Einwand. Die parlamentarische Regierungsform in den Ländern ist so fest verankert, dass ihre Abschaffung utopisch erscheint. Vorstöße, die Direktwahl einzuführen, wurden ja schon früher unternommen, z.B. von Theodor Eschenburg, der das präsidentielle Modell

1952 für den neu gegründeten Südweststaat Baden-Württemberg vorgeschlagen hatte, oder in den neunziger Jahren von Hans Herbert von Arnim. In beiden Fällen blieben sie ohne Erfolg.

Der Ausbau und die verstärkte Nutzung der direktdemokratischen Instrumente hat die Dynamik der Verfassungsgebung in den Ländern inzwischen jedoch spürbar erhöht. Auf diese Weise konnten von den Bürgern in den letzten Jahren manche Reformen – zum Teil gegen den Willen der Parteien – durchgesetzt werden, etwa beim Wahlrecht oder der direkten Demokratie selbst. Die flächendeckende Einführung der bis zu Beginn der neunziger Jahre allein in Bayern und Baden-Württemberg geläufigen Direktwahl der Bürgermeister wäre ohne den Druck von unten ebenfalls nicht möglich gewesen. Insofern könnte es nur eine Frage der Zeit sein, bis auch das parlamentarische System in den Ländern irgendwann in das Visier des Volksgesetzgebers gerät. Dass die Bürger, wenn sie die Wahl hätten, mehrheitlich für die Direktwahl stimmen würden, erscheint dagegen relativ gewiss.

Die Zeit Nr. 26 vom 24. Juni 2010, S. 13.

Das Präsidentenamt in der Parteiendemokratie

So wie es ein zentrales Merkmal der Demokratie ist, dass in ihnen in regelmäßigen Abständen Wahlen stattfinden, so ist es ein häufiges Merkmal dieser Wahlen, dass sie regelmäßig von denselben Grundsatzdiskussionen begleitet werden. In der Bundesrepublik zeigt sich das nirgendwo deutlicher als bei der Bestellung des Staatsoberhaupts. Wann immer die Wahl oder Wiederwahl eines Bundespräsidenten ansteht, kann man sicher sein, dass die folgenden Fragen aufgeworfen werden. *Haben die Parteien das Bestellungsverfahren für ihre eigenen Machtzwecke missbraucht? Wäre es nicht besser, das Staatsoberhaupt von den Bürgern direkt wählen zu lassen? Brauchen wir das Amt des Präsidenten überhaupt?*

Dass diese Fragen im Kontext der jetzt stattgefundenen Präsidentenwahl noch heftiger debattiert worden sind als bei früheren Bundesversammlungen, konnte nicht überraschen. Zum einen war es klar, dass nach dem erstmaligen Rücktritt eines Präsidenten in der 60-jährigen Geschichte der Bundesrepublik die Amtsführung und das Amtsverständnis des Staatsoberhauptes zu einem Thema der öffentlichen Diskussion werden musste. Zum anderen erfuhr die parteipolitische Instrumentalisierung des Bestellungsvorgangs bei dieser Wahl eine nochmalige Steigerung, was man nach den Umständen, die 2004 zur Nominierung Horst Köhlers geführt hatten, kaum für möglich gehalten hätte. Regierung und Opposition schenkten sich dabei wechselseitig nichts. Während die Koalitionsfraktionen die Wahl des von ihnen aufgestellten Kandidatens zu einer Vertrauensabstimmung über die Bundesregierung umfunktionierten, ließen sich SPD und Grüne bei ihrem Nominierungsvorschlag vor allem von dem Motiv einer Oppositionspartei leiten, der anderen Seite möglichst großen Schaden zuzufügen. Was lag da näher, als einen Bewerber aufzubieten, der dem bürgerlichen Lager im Grunde näher stand als dem eigenen und der zudem durch seine Vita und Herkunft (als nicht geborener Parteipolitiker) die verbreitete Sehnsucht der Öffentlichkeit nach einem unabhängigen, wahrlich überparteilichen Präsidenten befriedigte?

Auch mit Blick auf den anderen Konkurrenten von Rot-Grün – die Linke – sollte sich die Nominierung von Joachim Gauck als geschickter Schachzug erweisen. Natürlich wussten SPD und Grüne von Anfang an, dass der überzeugte DDR-Gegner für einen erheblichen Teil der linken Abgeordneten nicht wählbar sein würde. Sigmar Gabriels Vorwurf, dass eine Wahl von Gauck schon im ersten Wahlgang möglich gewesen wäre und nur an der Linken gescheitert sei, gehört deshalb ins Reich der Legenden. In Wahrheit diente der Nominierungsvorschlag von SPD und Grünen auch hier hauptsächlich den Zweck, die Linken in Schwierigkeiten zu bringen, indem man sie einer innerparteilichen Zerreißprobe aussetzt. Ob dieses Verhalten Rot-Grün dem strategischen Ziel näher gebracht hat, sich für die Bundestagswahl eine neue Machtoption zu erschließen, darf bezweifelt werden.

Unter Demokratiegesichtspunkten bleibt die Bewertung der diesjährigen Bundesversammlung ambivalent. Dass die Kandidaten einen Quasi-Wahlkampf um das Amt veranstalten, indem sie sich den Fraktionen im Bundestag und den Landesparlamenten vorstellen sowie in öffentlichen Veranstaltungen auftreten, hat es bis zur Präsidentenwahl 2004 in der Bundesrepublik in dieser Form nicht gegeben. Anders als 2004 und 2009 ging das Werben dabei diesmal nicht nur vom Außenseiter bzw. Herausforderer aus, sondern auch vom Favoriten. Ein weiteres Novum war die starke Mobilisierungswirkung, die das Duell entfachte. Weil der von Union und FDP nominierte Bewerber Christian Wulff als typischer und obendrein eher bieder wirkender

Vertreter des parteipolitischen Establishments in der Bevölkerung und bei den Medien wenig Begeisterung auslöste, konnte sich die Strahlkraft von Gauck umso mehr entfalten. Diesem flogen ausweislich der Umfragen nicht nur die mehrheitlichen Sympathien der Bürger zu, sondern auch die fast ungeteilte Zustimmung der meinungsbildenden Zeitungen. Zusätzlich befördert wurde die Pro-Gauck-Kampagne durch das Internet, in dem vor allem junge Menschen ihre Unterstützung für den – im Vergleich zu Christian Wulff deutlich älteren – Kandidaten bekundeten.

Das starke öffentliche Interesse an der Abstimmung dürfte allerdings die abstoßende Wirkung, die von der parteipolitischen Instrumentalisierung des Präsidentschaftsrennens auf die Bürger auch diesmal ausging, kaum aufwiegen. Dass sich der vermeintlich bessere Kandidat am Ende nicht durchsetzte, stellt dabei noch das geringere Problem dar. Der eigentliche Unmut richtet sich auf den vorangegangenen Nominierungsprozess. Indem sich die Koalitionsspitzen schon am Tag eins nach dem Rücktritt von Horst Köhler auf Wulff als Nachfolger intern festlegten, ohne in die Öffentlichkeit auch nur hineinzuhorchen, gaben sie die Option aus der Hand, selber eine parteiübergreifende Lösung anzustreben. Auch nachdem SPD und Grüne Gauck als Konsenskandidaten öffentlich ins Spiel gebracht hatten, wäre eine solche Lösung leicht möglich gewesen, da Wulff zu diesem Zeitpunkt noch gar nicht ausgerufen war. Stattdessen ließ die Regierung es zu, dass in den Medien mehrere Tage ein anderer Name als Favorit für das Amt kursierte: der von Sozialministerin Ursula von der Leyen.

Stärker delegitimierend als bei früheren Präsidentenwahlen wirkte sich dieses Mal auch der Zwang zur Geschlossenheit aus. Die Vertreter der Bundesversammlung stimmen üblicherweise genauso nach Fraktionszugehörigkeit ab wie die Abgeordneten im Bundestag oder den Landesparlamenten. Nur ausnahmsweise, wenn man sich nicht auf einen bestimmten Kandidaten einigen kann oder möchte, kommt es vor, dass die Partei- bzw. Fraktionsführung ihren Abgeordneten das Stimmverhalten tatsächlich „freistellt". In der Regel wird man sich in einem solchen Fall kollektiv enthalten – so wie jetzt die Linke im dritten Wahlgang oder die FDP bei der Wahl von Karl Carstens im Jahre 1979.

Stehen Kandidaten zur Wahl, die eindeutig als Repräsentant einer Partei oder Parteienkoalition wahrgenommen werden, stellt die Einhaltung der Fraktionsdisziplin für die Abgeordneten nur selten ein Problem dar. Auch in der Öffentlichkeit wird sie dann als normale Begleiterscheinung der Parteiendemokratie ohne großes Murren akzeptiert. Anders verhält es sich, wenn auf die Abgeordneten von Seiten der Führung oder ihrer Kollegen Druck ausgeübt wird, um die Gefolgschaft sicherzustellen. Genau dies war bei der diesjährigen Bundesversammlung der Fall. Weil die Opposition mit Joachim Gauck einen auch für das bürgerliche Lager wählbaren Bewerber ins Rennen schickte, versuchte die Koalition die Zustimmung zu Christian Wulff dadurch zu erzwingen, dass sie dessen Wahl mit ihrem eigenen Schicksal verknüpfte. Eine solche Verknüpfung ist aber, wie Peter Graf Kielmansegg in der FAZ geschrieben hat, nicht nur verfassungsrechtlich fragwürdig, sondern auch politisch unklug. Gerade die Präsidentenwahl biete den Parteien die Chance, „jedenfalls gelegentlich sichtbar zu machen, dass die Parteiräson nicht immer und überall das letzte Wort im Gemeinwesen hat."

Als besonderes Lob für die „Abweichler" (der aus dem Sprachgebrauch totalitärer Regime stammende Begriff sollte in einer Demokratie besser verbannt werden), ist das zuletzt Gesagte sicher nicht zu verstehen. Wer dem eigenen Kandidaten die Unterstützung verweigert, bloß weil er seiner Regierung einen „Denkzettel" verpassen will, missbraucht die Wahl ja ebenfalls für sachfremde Motive. Und auch von denjenigen, die aus Überzeugung für Gauck stimmten, verdienen nur die wirklichen Respekt, die dies nicht unter dem Schutzmantel der geheimen Stimmabgabe versteckt getan, sondern sich offen dazu bekannt haben – und sei es nachträglich. Denn so gehört es sich eigentlich in der Demokratie.

Obwohl die hohe Zahl der Überläufer einem totalen Triumph der Parteiräson in der Bundesversammlung im Wege stand, konnte sie nicht verhindern, dass der Chor derer, die eine direkte Wahl des Bundespräsidenten durch das Volk fordern, nach den Erfahrungen dieser Wahl nochmals angeschwollen ist. Er setzt sich zwar weiterhin vorwiegend aus Altpolitikern und Publizisten zusammen, während die Parteien selbst ebenso wie die meisten Experten (Verfassungsrechtler wie Politikwissenschaftler) reserviert bleiben. Doch wer weiß, ob die Parteien, wenn der öffentliche Druck zunimmt, der Forderung nicht irgendwann doch nachgeben? An Macht und Einfluss würde sie das wenig kosten, denn auch bei einer Direktwahl wäre es ja an ihnen, die Kandidaten zu rekrutieren und deren Wahlkämpfe zu organisieren.

Die Umstände, die jetzt zur Wahl von Christian Wulff geführt haben, ändern allerdings nichts an den prinzipiellen Bedenken gegen eine Direktwahl. Sie brauchen hier nicht im einzelnen wiederholt zu werden. Der Haupteinwand besteht darin, dass die legitimatorische Aufwertung des Präsidenten, die eine Direktwahl automatisch mit sich brächte, zur politischen Machtlosigkeit des Amtes nicht passt. Gemessen an dessen schmalen Kompetenzen bliebe sie ein verfassungspolitischer Fremdkörper.

Doch wo liegen die Alternativen? Die Instrumentalisierung des Bestellungsverfahrens ließe sich zurückdrängen, wenn die politischen Akteure eine größere Bereitschaft entwickelten, bei der Kandidatenfindung zu einer einvernehmlichen Lösung zu gelangen. Damit würden sie auch dem Umstand Rechnung tragen, dass der politische Nutzen, der von einem Gefolgsmann (oder einer Gefolgsfrau) im Schloss Bellevue für die eigene Partei ausgeht, ohnehin zu vernachlässigen ist. Mit einem bloßen Appell werden sich die politischen Akteure zu einer solchen Verhaltensänderung sicher nicht bewegen lassen. Von daher stellt sich die Frage, ob man dem Konsens nicht durch ein höheres Quorum bei der Bestellung „nachhelfen" könnte. Denkbar wäre zum Beispiel, dass statt der absoluten Mehrheit im ersten und zweiten Wahlgang eine Zweidrittelmehrheit vorgeschrieben wird und erst im dritten Wahlgang die absolute Mehrheit genügt. Solche erhöhten Konsensschwellen bei der Wahl des Staatsoberhauptes sind in einigen europäischen Ländern – Estland, Griechenland, Italien und Ungarn – vorgesehen. Außerhalb Europas kennen unter anderem Indien und Indonesien vergleichbare Regelungen. Eine besonders weitreichende Variante wurde Mitte der neunziger Jahre in Australien erwogen, wo die Ablösung der monarchischen Staatsform bis heute allerdings nicht erfolgt ist. Hier war geplant, dass der Präsident auf Vorschlag des Premierministers von beiden Häusern des Parlaments mit Zweidrittelmehrheit gewählt wird. Dies sollte die Regierung zur Verständigung mit der Opposition zwingen und einen Wahlkampf um das höchste Amt vermeiden.

Die Erfahrungen aus Italien, wo das erhöhte Quorum seit Beginn der Zweiten Republik besteht, zeigen, dass solche Regelungen den Konsens nicht automatisch herbeizwingen – die meisten der zwölf Präsidenten, die dort bisher amtierten, wurden mit absoluter Mehrheit gewählt. Übertragen auf die Wettbewerbssituation der Bundesrepublik würde sich folglich die Frage stellen, ob eine Zweidrittelmehrheit im ersten und zweiten Wahlgang den Druck auf die parteipolitischen Akteure so erhöht, dass eine Einigung im Regelfall gelingt. Nimmt man die Bundesversammlungen 2004 und 2010 als Beispiel, spricht mehr dafür als dagegen. Denn so wie man sich diesmal auf Joachim Gauck hätte verständigen können, wenn der Vorschlag von der

Union gekommen wäre, so hatte die SPD im Jahre 2004 ihre Unterstützung für einen möglichen Kandidaten Klaus Töpfer signalisiert. Tritt ein bewährter Amtsinhaber in der Bundesversammlung zur Wiederwahl an, konnte dieser auch unter dem jetzigen System meistens mit der Unterstützung der Minderheitsfraktion rechnen (so Theodor Heuss 1954, Heinrich Lübke 1964 und Richard von Weizsäcker 1989). Lediglich Horst Köhler musste 2009 die Unbequemlichkeit einer erneuten Gegenkandidatur auf sich nehmen.

Der Nachteil des erhöhten Quorums besteht darin, dass die Wahl selbst dann nur noch ein formeller Akt wäre. Der Wählereinfluss bliebe zwar über die Zusammensetzung der Bundesversammlung insoweit gegeben, als das Vorschlagsrecht bei der stärkeren Partei oder Formation liegt. Eine Auswahl zwischen verschiedenen Bewerbern mit womöglich vergleichbaren Siegchancen gäbe es jedoch nicht. Damit würde nicht nur das Spannungsmoment fehlen, das knappe Wahlausgänge wie beim Duell Wulff gegen Gauck zu seltenen „Sternstunden" der Demokratie macht. Es entfiele auch der Anreiz, die Öffentlichkeit am Präsidentschaftsrennen teilhaben zu lassen, der durch den inoffiziellen Wahlkampf im Vorfeld der Abstimmung erzeugt wird. Wer den parteiübergreifenden Konsens bei der Präsidentenwahl will, muss also auf ein Stück unserer heutigen Wettbewerbsdemokratie verzichten.

Die Vorteile werden durch diese Nachteile allerdings nicht aufgewogen. Zum einen würde das Zweidrittel-Quorum verhindern, dass kleine Parteien einen ungebührlichen Einfluss auf die Nominierung des Präsidentschaftskandidaten ausüben, wie es in der Vergangenheit schon des öfteren der Fall war. So gelangte zum Beispiel Horst Köhler 2004 nur deshalb ins Schloss Bellevue, weil der in Unionskreisen favorisierte Wolfgang Schäuble dem Wunschkoalitionspartner FDP nicht genehm war. Die qualifizierte Mehrheit würde auch nicht zwangsläufig bedeuten, dass Bevölkerung und Medien in dem Prozess keine Rolle spielten, im Gegenteil: Gerade dann wären die Parteien gut beraten und vielleicht sogar genötigt, sich bei der Kandidatensuche Zeit zu lassen, sodass sie die öffentliche Debatte und Stimmungslage in ihr Kalkül einbeziehen müssten.

Das zentrale Argument für die Konsenslösung liegt darin, dass sie zum überparteilichen Amtsverständnis des Präsidenten besser passt als das heutige „parteiliche" Bestellungsverfahren. „Überparteilich" bedeutet dabei nicht, dass das Staatsoberhaupt eine über den Parteien schwebende, superiore Gemeinwohlinstanz darstellt, die als Ein-Personen-Organ die „Einheit des Staates" verkörpert, wie es Roman Herzog in seiner Kommentierung im Maunz-Dürig formuliert hat. Eine solche Auffassung zeugt vom Überhang eines autoritären Staatsdenkens, das den Prinzipien der pluralistischen Demokratie widerspricht. Die Funktion der Repräsentation und Integration, die dem Staatsoberhaupt zugeschrieben wird, kommt ja ebenso den übrigen Staatsorganen zu. Auch diese sind dem Gemeinwohl verpflichtet und verfügen deshalb über keine geringere demokratische „Dignität". Der Unterschied liegt darin, dass sie aufgrund ihrer politischen Machtbefugnisse mehr praktische Gelegenheiten haben, sich in der Realisierung des Gemeinwohls zu bewähren. Dem an Machtbefugnissen armen Präsidenten verbleiben demgegenüber, wenn er seine Repräsentations- und Integrationsfunktion ausüben will, im wesentlichen nur symbolische Akte und das Mittel der Rede.

Folgt daraus, dass das Amt letztlich verzichtbar ist und man seine Abschaffung erwägen sollte? Nach den Erfahrungen der bisherigen Praxis spricht wenig dafür. Auch wenn die Präsidenten die Funktion der symbolischen Repräsentation nicht für sich alleine reklamieren können, so sprechen doch bereits Gesichtspunkte einer sinnvollen Arbeitsteilung mit dem Regierungschef für das separate Amt. Hier liegt zugleich ein deutlicher Unterschied zu den Ministerpräsidenten auf subnationaler Ebene, deren Repräsentationspflichten im Ausland hinter jenen des Präsidenten und Kanzlers weit zurückbleiben. Auch was den Stil und die Inhalte der Repräsentation angeht, birgt die Ämtertrennung Vorteile. Wie korrekturbedürftig die Vorstellung eines unpolitischen, dem Parteienstreit entrückten Präsidenten auch sein mag, unterscheidet sich das Staatsoberhaupt vom Regierungschef doch darin, dass es sich nicht (bzw. nicht mehr) für eine bestimmte parteipolitische Richtung exponiert. Gerade dies gibt ihm aber die Möglichkeit, in öffentlicher Rede Themen anzusprechen und Meinungen zu vertreten, die ein Regierungschef aus Rücksicht auf die eigene Partei, den Koalitionspartner oder die Bevölkerungsmeinung so nicht ansprechen oder vertreten könnte. Das Präsidentenamt wirkt von daher „entlastend". Indem es die Basis der Repräsentation verbreitert, trägt es dazu bei, die Legitimationsgrundlagen der Politik und des Staates zu stärken. Weshalb sollte die Republik auf diesen Beitrag, den alle bisherigen Bundespräsidenten auf ihre Art geleistet haben, ohne triftigen Grund verzichten?

MUT. Forum für Kultur, Politik und Geschichte Nr. 515
(September 2010), S. 36-43.

Die Quadratur des Kreises

„Wohl bei keiner anderen Gesetzgebung ist die jeweilige Parlamentsmehrheit so sehr in ihrem Eigeninteresse befangen wie bei der Wahlgesetzgebung, da es um die Basis ihrer eigenen Existenz als Mehrheit geht." Dieser Satz des Berliner Verfassungsjuristen Hans Meyer beschreibt treffend die aktuelle Auseinandersetzung um eine Reform des Bundestagswahlrechts. Diese ist dem Gesetzgeber durch ein Urteil des Bundesverfassungsgerichts vom 3. Juli 2008 aufgegeben worden. Obwohl die Richter damals dem Bundestag eine dreijährige Frist einräumten, wird die „Deadline" 1. Juli wohl kaum noch einzuhalten sein. Dies würde eine Missachtung des Urteils darstellen, die Konsequenzen für die künftige Karlsruher Spruchpraxis haben dürfte.

Gegenstand der anstehenden Reform ist nicht die seit 1953 bestehende Grundstruktur des „personalisierten Verhältniswahlrechts" – diese wird weder von den Parteien noch vom Verfassungsgericht angezweifelt. Der Wahlbürger hat im bundesdeutschen Wahlsystem bekanntlich zwei Stimmen. Mit der ersten Stimme wählt er den Abgeordneten im Wahlkreis (nach den Regeln der relativen Mehrheitswahl), mit der zweiten Stimme die Partei. Die Parteien treten dazu mit nach Bundesländern getrennten Kandidatenlisten an, deren Reihenfolge fest vorgegeben ist, von den Wählern also nicht verändert werden kann. Für die Mandatsstärke der Parteien im Bundestag ist das Verhältnis der Zweitstimmen maßgeblich. Dabei werden nur solche Parteien berücksichtigt, die bundesweit mehr als fünf Prozent der Stimmen erhalten. Die in den Wahlkreisen direkt gewählten Abgeordneten werden auf die Verhältnisstimmenkontingente der Parteien angerechnet. Hat eine Partei in einem Bundesland mehr Direktmandate gewonnen, als ihr nach dem dortigen Zweitstimmenanteil zustehen, darf sie diese trotzdem behalten.

Vor allem an diesen „Überhangmandaten" hat sich in den letzten zwei Jahrzehnten der verfassungsrechtliche Streit um das Wahlsystem entzündet; das Bundesverfassungsgericht musste sich mit der Frage mehrfach befassen. Überhangmandate werden als problematisch empfunden, weil sie das Verhältnisstimmenergebnis verzerren, das sich aufgrund der Zweitstimmen ergibt. Bezogen auf den einzelnen Wähler resultiert daraus ein unterschiedlicher Erfolgswert der Stimmen: Wer mit der Erststimme einem Wahlkreiskandidaten zum Direktmandat verhilft, dessen Partei in dem betreffenden Bundesland Überhangmandate erringt, mit der Zweitstimme aber eine andere Partei wählt, verfügt de facto über ein doppeltes Stimmgewicht. Überhangmandate begünstigen nicht nur die großen Parteien zu Lasten der kleineren, da die letzten kaum Chancen haben, Direktmandate zu gewinnen. Sie privilegieren auch die jeweils stärkere der beiden großen Parteien. Im Extremfall könnte das dazu führen, dass die zur Regierungsbildung erforderliche Sitzmehrheit erst durch Überhangmandate entsteht und so der Wählerwille in sein Gegenteil verkehrt wird. Die Verfälschung des Proporzes durch die Überhangmandate und die Ermöglichung eines doppelten Stimmgewichts stellen nach Auffassung der Kritiker einen Verstoß gegen die Gleichheit der Wahl dar, die als Wahlrechtsgrundsatz von der Verfassung geschützt ist.

Bis zur deutschen Einheit wurde der Makel nicht als gravierend empfunden, weil nur wenige Überhangmandate anfielen. Ihre starke Zunahme seit 1990 hängt mit den veränderten parteipolitischen Kräfteverhältnissen zusammen. Der rückläufige Zweitstimmenanteil der beiden Volksparteien führt dazu, dass die jeweils stärkere Partei weiterhin mit einer hohen Quote von Direktmandaten rechnen kann, die aber durch die gleichzeitig erreichten Zweitstimmen nicht mehr automatisch gedeckt sind. Bedingt durch die Konkurrenz einer starken dritten Partei – der PDS – trat dieser Effekt bis 2009 vorrangig in den neuen Ländern auf. Dass er sich bei der letzten Bundestagswahl zugleich in den alten Ländern auswirkte, lag am großen Stimmenvorsprung der Union vor der SPD, der es CDU und CSU trotz eines im Vergleich zu 2005 nochmals verschlechterten Zweitstimmenergebnisses ermöglichte, eine erhebliche Zahl an zusätzlichen Direktmandaten zu ergattern. Die verstärkte Bereitschaft ihrer Wähler zum Stimmensplitting kam ihnen dabei zu Hilfe.

Das Bundesverfassungsgericht konnte sich bislang nicht durchringen, die Überhangmandate für verfassungswidrig zu erklären. Auch mit dem Urteil von 2008 wurde der Gesetzgeber lediglich aufgefordert, einen Auswuchs der Überhangmandate zu beseitigen, nämlich das „negative Stimmgewicht". Der so bezeichnete Effekt hängt mit dem verstärkten Auftreten der Überhangmandate zusammen. Er wird aber nicht unmittelbar durch diese verursacht, sondern stellt vielmehr eine Folge des Verrechnungsverfahrens zwischen Direkt- und Listenmandaten dar. Dieses wird dadurch verkompliziert, dass alle Parteien außer der CSU ihre Landeslisten untereinander verbinden – diese „verbundenen Listen" werden bei der Sitzverteilung gegenüber den anderen wie eine Liste behandelt. Eine Eliminierung des negativen Stimmgewichts wäre daher theoretisch auch ohne Beseitigung oder Neutralisierung der Überhangmandate möglich.

An dieser Stelle fällt das Interesse der Parteien an einer gemeinsamen Lösung auseinander. Die Union, die in der jetzigen Konstellation des Parteiensystems der Hauptprofiteur der Überhangmandate ist, tritt für eine Lösung ein, die das negative Stimmgewicht ganz oder weitgehend beseitigt, ohne die Überhangmandate selber anzutasten. SPD, Grüne und Die Linke favorisieren dagegen eine Reform, die die Wahrscheinlichkeit des Auftretens von Überhangmandaten deutlich reduziert beziehungsweise die durch sie bewirkte Verfälschung des Proporzes mittels Ausgleichsmandaten rückgängig macht. Die FDP wiederum ist in ihrer Interessenlage gespalten. Auf der einen Seite wird sie als kleine Partei durch die Überhangmandate ebenso benachteiligt wie die Grünen und Die Linke, weshalb sie im Grunde eher auf der Linie der Oppositionsvorschläge liegen müsste. Auf der anderen Seite würde sie bei einer Unterstützung des Unionsvorschlags nicht nur die Chancen für eine Stabilisierung der schwarz-gelben Mehrheit erhöhen, sondern aufgrund des zusätzlichen Anreizes zum Stimmensplitting, den die Überhangmandate erzeugen, auch selbst profitieren.

Welche Lösung wird es am Ende geben? Die einzigen, die bislang einen Gesetzentwurf vorgelegt haben, sind die Grünen. Er ist weitgehend identisch mit der Vorlage, die die Fraktion bereits vor der Bundestagswahl 2009 eingebracht hatte. Er sieht eine Verrechnung der Überhangmandate mit Listenmandaten der betreffenden Partei in anderen Bundesländern vor. Das Problem des Vorschlags liegt darin, dass er den Parteienproporz durch eine Verletzung des föderalen Proporzes erkauft: Bestimmte Landesverbände müssten für die Überhänge anderer Landesverbände „bluten". Aus diesem Grunde stößt der Entwurf nicht nur bei der Union, sondern auch bei der SPD auf Ablehnung, die ihm 2009 noch eine gewisse Sympathie entgegenbrachte. Heftigen Widerspruch auf der Unionsseite erfährt zudem die in der Vorlage vorgesehene Neutralisierung von Überhangmandaten der CSU, für die eine Verrechnungsmöglichkeit mit den CDU-Landeslisten entfällt: Hier sollen die „überschüssigen" Direktmandate dem Grünen-Vorschlag zufolge einfach unbesetzt bleiben.

Die SPD tritt für ein zweistufiges Verfahren ein. Für die kommende Bundestagswahl strebt sie eine Übergangslösung mit Ausgleichsmandaten an –

Die Quadratur des Kreises 225

wohlwissend, dass die dadurch bewirkte Aufblähung des Parlaments um bis zu 70 Abgeordnete der Öffentlichkeit nur schwer zu vermitteln wäre. In der nächsten Legislaturperiode soll dann ein Neuzuschnitt der Wahlkreise vorgenommen werden, um den Anteil der Direktmandate an den Gesamtmandaten abzusenken; denkbar wäre etwa eine Quote von 40 Prozent. Die vergrößerten Wahlkreise wären dann zwar durch die Abgeordneten schwerer zu betreuen und das Gewicht der – in ihrer Bedeutung freilich überschätzten – Personenwahl geringer; dafür würden aber keine oder deutlich weniger Überhangmandate anfallen und entsprechend auch kein negatives Stimmgewicht mehr auftreten.

Unklar ist zur Zeit noch, wie sich die Koalition positioniert. Ein bereits angekündigter Gesetzentwurf, der eine Rückkehr zu getrennten Wahlgebieten durch Auflösung der Listenverbindungen – unter Beibehaltung der bundeseinheitlichen Fünf-Prozent-Hürde – vorsah, ist wieder in Frage gestellt worden. Er würde dem Wahlrecht entsprechen, das bei der Bundestagswahl 1953 angewandt worden ist. Hinweise von Wahlrechtsexperten, wonach dieses Modell das negative Stimmgewicht nicht ausräumen, sondern sogar noch zusätzliche Verzerrungseffekte heraufbeschwören würde, haben die Koalition offenbar nachdenklich gemacht. Ob eine Umsetzung des Verfassungsgerichtsurteils ohne wenigstens teilweise Reduktion der Überhänge erreicht werden kann, ist in der Tat zweifelhaft. Die Regierung läuft insofern ein hohes Risiko, wenn sie eine Lösung durchsetzt, die die Überhangmandate im derzeitigen Umfang beibehält.

Dass es womöglich erst einer weiteren Entscheidung aus Karlsruhe bedarf, um die Parteien zu einem Konsens in der Wahlrechtsfrage zu zwingen, ist kein Ruhmesblatt für den Bundestag. Auch das Verfassungsgericht muss sich fragen lassen, ob es klug beraten war, den Parteien bei der Umsetzung seines letzten Urteils soviel Zeit zu lassen. Hätte es die Reform noch vor der Bundestagswahl 2009 angeordnet, wären Union und SPD in der Großen Koalition „verdammt" gewesen, eine gemeinsame Lösung zu finden. Nachdem die CDU selbst (laut ihrer Stellungnahme in den nicht mehr zur Entscheidung gebrachten Wahlprüfungsverfahren zur Bundestagswahl 2002) die Überhangmandate für „rechtlich bedenklich und aus demokratischer Sicht nicht wünschenswert" hält, ist es schwer nachvollziehbar, warum sie diese prinzipiellen Bedenken jetzt einem – vielleicht nur kurzfristig wirksamen – Machtvorteil opfern will. Dies gilt umso mehr, als SPD und Grüne versuchen könnten, auf eine die Union begünstigende „überhangfreundliche" Regelung mit Absprachen über gemeinsame Wahlkreiskandidaten zu reagieren.

Das Parlament Nr. 20/21 vom 16. Mai 2011, S. 3.

Der Irrweg der Volksgesetzgebung

Die Debatte um die Stärkung der direkten Demokratie in Deutschland trägt ambivalente Züge. Auf der einen Seite mehren sich die Stimmen, die für den Ausbau der plebiszitären Beteiligungsmöglichkeiten und ihre Einführung auch auf Bundesebene eintreten. So hat z.b. Stuttgart 21-Schlichter Heiner Geißler vorgeschlagen, bei der Planung infrastruktureller Großvorhaben künftig ähnlich vorzugehen wie die Schweiz, wo das Volk nicht nur über die Projekte als solche, sondern auch über deren konkrete Umsetzung abstimmen kann. Noch wesentlich weiter geht der Dresdner Politikwissenschaftler Werner J. Patzelt, der in seinem Artikel in der Frankfurter Allgemeinen vom 3. Juni 2011 gleich sechs Instrumente der direkten Demokratie „von unten" ins Spiel bringt, um die Schwächen der repräsentativen Institutionen auszugleichen. Diese grenzt er von den seiner Ansicht nach untauglichen Verfahren einer bloßen Volksbefragung oder eines „von oben" angesetzten Referendums ab, mit denen sich die Regierenden davor drücken könnten, unpopuläre Entscheidungen selbst zu treffen.

Das Bedürfnis nach mehr Direktdemokratie spiegelt sich zugleich in der Verfassungspraxis von Ländern und Gemeinden wider. Hier sind die plebiszitären Verfahren in der Vergangenheit sukzessive ausgebaut und vom Volk in Anspruch genommen worden. Was Patzelt für die Bundespolitik fordert, ist auf der kommunalen und Länderebene also schon weitgehend Wirklichkeit. In einigen Ländern stehen die plebiszitären Verfahren zwar nach wie vor nur auf dem Papier (etwa im Saarland). In anderen Ländern sind sie dagegen regelmäßig im Gebrauch und nehmen auf den politischen Prozess mehr oder weniger großen Einfluss. So sind z.B. in Bayern (Nichtraucherschutz) und Hamburg (Schulreform) im letzten Jahr zentrale Projekte der Regierenden von den Bürgern im Wege der Volksgesetzgebung zu Fall gebracht worden.

Der Irrweg der Volksgesetzgebung 227

Auf der anderen Seite wird man kaum behaupten können, dass wir der Einführung der Plebiszite auf Bundesebene wirklich näher gekommen sind. Im Gegenteil: Der Ausgang der jüngsten Abstimmungen dürfte auch bei den Befürwortern der Direktdemokratie zu einer neuen Nachdenklichkeit geführt haben, ob die Übernahme des in sämtlichen Bundesländern bestehenden „Modells" der Volksgesetzgebung, das auch bei Patzelt im Zentrum der direkten Demokratie „von unten" steht, in das Grundgesetz tatsächlich ratsam wäre. Die Skepsis wird durch ausländische Erfahrungen wie die Schweizer Minarettinitiative oder die Haushaltsprobleme im US-Bundesstaat Kalifornien bestärkt, die nicht gerade als Ausweis einer im Vergleich zu den Abgeordneten höheren „Vernunftbegabung" des Volkes betrachtet werden können. Zwar hat die empirische Forschung keine Belege dafür gefunden, dass Plebiszite generell schlechtere Politikergebnisse hervorbringen als Parteien und Parlamente. Unter Demokratiegesichtspunkten erzeugen sie aber nur dann positive Wirkungen, wenn sie systemverträglich ausgestaltet sind, also das Funktionieren der vorhandenen parlamentarischen Verfahren nicht beeinträchtigen.

Ob die Volksgesetzgebung dem gerecht wird, ist fraglich. Das Modell bedeutet ja, dass die Bürger sich als Gesetzgeber nicht nur an die Seite, sondern an die Stelle des Parlaments setzen können. Eine so radikale Variante der Direktdemokratie besteht auf der nationalen Ebene bezeichnenderweise nirgendwo (außer in einigen mittel- und osteuropäischen Ländern, wo sie nach dem Systemumbruch in demokratischem Übereifer eingeführt wurde). Selbst in der Schweiz können die Bürger bis heute keine einfachen Gesetze begehren, sondern nur Verfassungsänderungen. Es ist unwahrscheinlich, dass sich die meisten Befürworter einer plebiszitären Ergänzung des Grundgesetzes dieses Umstandes bewusst sind.

Die Zweifel werden durch die Ausgestaltung der direktdemokratischen Verfahren in den Länderverfassungen gestützt, deren Inanspruchnahme durch umfangreiche Themenausschlüsse, hohe Quoren und die fehlende Verbindlichkeit der Volksentscheide so stark eingeschränkt ist, dass die Plebiszite in den meisten Bundesländern weiter ein Schattendasein fristen und auch die oft gerühmten „Vorabwirkungen" von ihnen nicht ausgehen. Deshalb war und ist es konsequent, dass die Anhänger der Direktdemokratie versuchen, diesen Widerspruch durch eine Verbesserung der Anwendungsbedingungen zu beseitigen. Gerade damit dürften sich aber in Zukunft die

Situationen häufen, in denen das Volk in Widerstreit zum parlamentarischen Gesetzgeber gerät. Die Entwicklung in Hamburg, das unter allen Ländern heute die plebiszitfreundlichsten Regeln aufweist, liefert darauf einen Vorgeschmack.

Die Schulreform scheiterte in der Hansestadt nicht zuletzt daran, dass die Regierenden die Wahrscheinlichkeit eines Volksbegehrens gegen ihr Vorhaben sträflich unterschätzt hatten. Hätten sie die Widerstände einkalkuliert und eine Kompromisslösung gesucht, wäre die Reform in abgeschwächter Form womöglich zustande gekommen. Dass die Hamburger Politiker die Wirkungsweise der direktdemokratischen Verfahren mittlerweile verstanden haben, zeigt eine vertragliche Abmachung, die der neue SPD-Bürgermeister Olaf Scholz noch vor seiner Wahl mit dem Landeselternbund der Hansestadt getroffen hat. Scholz sagte darin eine Rücknahme der vom schwarz-grünen Vorgängersenat beschlossenen Erhöhung der Kita-Gebühren zu, wenn der Elternbund im Gegenzug auf die Einbringung eines Volksbegehrens für eine noch stärkere Absenkung verzichten würde. Unterdessen hat sich bereits eine neue Initiative angekündigt, die dem SPD-Senat Ärger verspricht, weil sie auch in der Partei breite Unterstützung erfährt. Sie zielt auf einen Rückkauf der Energieversorgungsnetze durch die Stadt, die den Hamburger Haushalt mit einem dreistelligen Millionenbetrag belasten würde. Da die Verfassung finanzwirksame Initiativen ausdrücklich zulässt, müssten die Regierenden sich einem solchen Begehren – wenn es vom Volk beschlossen wird – auch gegen ihren Willen fügen.

Welche Konsequenzen sind daraus zu ziehen? Was die Länder betrifft, wäre es unrealistisch anzunehmen, dass die Hürden für die direktdemokratischen Verfahren wieder angehoben oder die Volksgesetzgebung ganz abgeschafft werden könnte – dies würden sich die Bürger nicht gefallen lassen. Der Trend dürfte eher in die umgekehrte Richtung einer weiteren Erleichterung der Verfahren weisen – mitsamt den daraus resultierenden Problemen. Was die Bundesebene angeht, kann die Empfehlung dagegen nur lauten, auf die Einführung der Volksgesetzgebung zu verzichten. Da das Gros der Gesetzgebungsbefugnisse im deutschen Föderalismus beim Bund liegt, würden sich potenzielle Konflikte zwischen dem parlamentarischen und Volksgesetzgeber im nationalen Rahmen zum einen sehr viel gravierender auswirken. Zum anderen stellt sich die – in den Ländern entfallende – Frage, wie der Bundesrat an einem Volksgesetzgebungsverfahren beteiligt werden könnte. Ein „Ländermehr" nach Schweizer Vorbild, wie von den Befürwortern der Plebiszite vorgeschlagen, böte hier wohl kaum ausreichenden Ersatz. Auf beide Schwierigkeiten geht Patzelt merkwürdigerweise nicht ein. Offenbar unterstellt er, dass das, was auf der Länderebene – bedingt – tauglich ist, sich automatisch auch für den Bund eignen müsste.

Die Fixierung auf das Modell der Volksgesetzgebung stellt mithin heute das entscheidende Hindernis für die Einführung der Plebiszite auf Bundesebene dar. Ihre Ursprünge reichen bis in die Mitte des 19. Jahrhunderts zurück. Wie wirkungsmächtig der damals eingeschlagene konzeptionelle Pfad bleibt, zeigt sich nicht nur an den Vorschlägen des Interessenvereins „Mehr Demokratie", sondern auch an den jüngsten Papieren der SPD, die an dem untauglichen Modell gebetsmühlenhaft festhalten. Solange sich daran nichts ändert und andere, systemverträglichere Varianten der Direktdemokratie wie Volksbefragung oder Referendum als Alternativen ausgeschlossen bleiben, wird die Einführung der plebiszitären Elemente ins Grundgesetz weiter auf sich warten lassen. Dies würde auch dem Verdacht Nahrung geben, dass die Forderung nach den – in der Bevölkerung ja populären – Plebisziten in Wahrheit gar nicht ernst gemeint ist, sondern in erster Linie taktischen Zwecken dient.

MUT. Forum für Kultur, Politik und Geschichte Nr. 526
(September 2011), S. 39-41.

Schafft das Zweistimmensystem ab!

Weitgehend unbeachtet von der Öffentlichkeit ringen die Parteien in Berlin zur Zeit erneut um das Wahlgesetz. Nachdem Union und FDP mit ihrem Versuch, das Wahlrecht ohne Rücksicht auf die Opposition zu reformieren, vor dem Bundesverfassungsgericht Schiffbruch erlitten haben, wird nun eine einvernehmliche Lösung angestrebt. Die Interessen gehen freilich weiterhin auseinander. Die Union möchte auf den Vorteil, der ihr in der heutigen Konstellation des Parteiensystems durch die Überhangmandate entsteht, nicht ganz verzichten; die SPD tritt für eine vollständige Neutralisierung der Überhangmandate durch Ausgleichsmandate ein. Das Urteil lässt beides zu. Die von den Richtern gesetzte Grenze von 15 Überhangmandaten ist jedoch ebenso willkürlich wie unlogisch: 30 Überhangmandate, die sich gleichmäßig auf die beiden großen Parteien verteilen, verletzen den Gleichheitsgrundsatz weniger als 10 Mandate, die nur einer Seite zugutekommen. Wären diese wahlentscheidend, käme es wohl zu einem neuen Verfahren.

Die Union sollte deshalb von der Idee eines nur partiellen Ausgleichs der Überhangmandate Abstand nehmen. Immerhin hat das Landesverfassungsgericht in Schleswig-Holstein ein solches Vorgehen erst vor kurzem für verfassungswidrig erklärt. Ausgleichsmandate, wie sie die SPD anstrebt, haben eine Reihe von nicht minder gravierenden Nachteilen. *Erstens* stellen sie nur den parteipolitischen, nicht den föderalen Proporz wieder her. Letzteres würde ein Vielfaches an zusätzlichen Mandaten erfordern. *Zweitens* käme es auch bei einer Beschränkung auf den parteipolitischen Ausgleich zu einer Aufblähung des Parlaments, die unter funktionalen Aspekten schwer zu rechtfertigen ist. Warum sollte der Bundestag, dessen gesetzliche Mitgliederzahl bei 598 liegt, auf einmal aus 620 oder 650 Abgeordneten bestehen? *Drittens* verhindern Ausgleichsmandate nicht das Auftreten negativer Stimmgewichte. Diese hatte das Bundesverfassungsgericht 2008 bekanntlich zum Anlass genommen, das Bundestagswahlrecht für ungültig zu erklären. Und *viertens* unterminieren sie den Sanktionscharakter der Wahl. So stellt die nordrhein-westfälische CDU dank der großzügigen Ausgleichsregelung des Landeswahlgesetzes heute genauso viele Abgeordnete im Landtag wie in der vergangenen Legislaturperiode, obwohl sie bei der Wahl 8,3 Prozentpunkte verlor.

Eine konsequente Wahlrechtsreform müsste die Überhangmandate ganz beseitigen. Dann wären auch keine Ausgleichsmandate erforderlich. Am leichtesten ließe sich dieses Ziel erreichen, wenn man den Anteil der Direktmandate absenkt. Besteht der Bundestag gegenwärtig zur Hälfte aus Wahlkreis- und Listenabgeordneten, könnte das Verhältnis in Zukunft 40 zu 60 betragen. Zwei Nachteile wären dabei in Kauf zu nehmen. Zum einen würden die Wahlkreise größer, zum andern müssten sämtliche Wahlkreise neu zugeschnitten werden, was bis zur Bundestagswahl unmöglich zu schaffen ist. Deshalb bräuchte man für 2013 eine Übergangslösung mit Ausgleichsmandaten. Ein solches stufenweises Vorgehen war von der SPD bei den Beratungen über das – jetzt gekippte – Wahlgesetz ins Spiel gebracht worden. Die Union hat nun signalisiert, dass sie sich mit der Absenkungslösung anfreunden könnte; hier läge also eine mögliche Kompromisslinie.

Schafft das Zweistimmensystem ab!

Eine andere Ursache für das Auftreten der Überhangmandate wird die Reform wohl nicht anpacken: das Stimmensplitting. Dieses stellt eine Folge des 1953 eingeführten Zweistimmensystems dar, das auch in 12 der 16 Bundesländer besteht. Das System aus Erst-und Zweitstimme liegt vor allem im Interesse der kleinen Parteien, deren Stimmen- und Mandatsanteil dadurch „künstlich" erhöht wird. Dieser Effekt verdankt sich nicht zuletzt der irreführenden Bezeichnung. Umfragen zeigen, dass bis heute ein erheblicher Teil der Bürger unter der falschen Annahme wählt, die *Erststimme* sei wichtiger oder genauso wichtig wie die *Zweitstimme*. Obwohl es sich um ein ausgesprochenes demokratiepolitisches Ärgernis handelt, nimmt daran in der politischen und wissenschaftlichen Diskussion kaum jemand Anstoß.

Das Zweistimmensystem führt auch nicht automatisch zu einer Stärkung der personellen Komponente, wie die Befürworter gerne glauben machen wollen. Denn würde mit der Person zugleich die Partei gewählt, wie es bei der ersten Bundestagswahl 1949 der Fall war, wäre der Anreiz der Parteien eher größer, zugkräftige Bewerber in den Wahlkreisen aufzustellen, als unter den heutigen Bedingungen. Die Personenstimme würde die Parteistimme sozusagen „mitziehen". Aufmerksame Beobachter wie der Chemnitzer Politikwissenschaftler Eckhard Jesse zogen daraus schon in den achtziger Jahren den Schluss, man möge besser zum Einstimmensystem zurückkehren.

Ein solcher Schritt würde natürlich den geballten Widerstand der kleinen Parteien hervorrufen. Allein aus diesem Grund erscheint er kaum realistisch. Allerdings gilt es zu bedenken, dass die kleinen Parteien von einer anderen Regelung im bestehenden Wahlrecht noch viel stärker benachteiligt werden: der Fünf-Prozent-Sperrklausel. Auch diese gerät verfassungsrechtlich unter zunehmendem Druck. Weil sie die kleinen Parteien ungebührlich benachteilige, wurde die Fünf-Prozent-Hürde auf der kommunalen Ebene und bei den Europawahlen von den Gerichten bereits kassiert. Tatsächlich fallen durch die Ausdifferenzierung des Parteiensystems viele Stimmen der Sperrklausel zum Opfer. Gleichzeitig genügt diese immer weniger ihrer eigentlichen Bestimmung, eine Zersplitterung der Parteienlandschaft zu verhindern und damit die Bildung stabiler Regierungsmehrheiten zu erleichtern.

Um diesen Nebenwirkungen der Sperrklausel zu begegnen, könnte man eine weitere Anregung Jesses aufgreifen und eine zusätzliche Neben- oder Ersatzstimme einführen. Diese käme zum Zuge, wenn die Partei, für die man mit der Hauptstimme votiert, die Fünf-Prozent-Hürde verfehlt. Auch bei einer Zusammenlegung von Personen- und Parteistimme gäbe es somit weiterhin genügend Anreize, kleinere Parteien zu unterstützen; kein Wähler müsste fürchten, seine Stimme zu verschenken. Ein solches Modell würde die wahren Präferenzen der Wähler besser zum Ausdruck bringen als das jetzige – zum Taktieren einladende – Zweistimmensystem.

Darüber hinaus gehende Elemente der Personenwahl („Kumulieren und Panaschieren"), die auf der kommunalen Ebene ihre Berechtigung haben mögen, sind im Bundestagswahlrecht fehl am Platze. Bei der jetzt anstehenden Reform im Bundestag werden sie zu Recht von keiner Partei gefordert. Hält man an den Vorzügen eines einfachen Wahlsystems fest, würden offene Listen mit einer – möglicherweise – Vielzahl von personenbezogenen Präferenzstimmen aus demokratischer Sicht sogar eher schaden als nutzen. Besser wäre es, die Demokratisierung vorzuverlegen, indem man die Wähler bereits an der Aufstellung der Wahlkreis- und Listenkandidaten in den Parteien beteiligt. Dazu müssten sich deren Funktionäre und Mitglieder freilich durchringen, ihre „closed shop-Mentalität" abzulegen, was ihnen bisher – siehe das Beispiel SPD – erst ansatzweise gelungen ist. Eine solche Öffnung, die auf die Einführung von Vorwahlen nach amerikanischem Vorbild hinausliefe, würde den Charakter der Parteiendemokratie vermutlich stärker verändern als jede Wahlrechtsreform.

Berliner Republik 13 (2012) H. 5, S. 6-7.

III. Europa

Mehr Demokratie wagen

Die Europäische Union steckt in einer institutionellen Krise. Die Staats- und Regierungschefs haben ein Scheitern der mit hohen Erwartungen verbundenen Regierungskonferenz von Nizza zwar vermeiden können; die dort getroffenen Entscheidungen dürften den Namen „Reform" jedoch kaum verdienen. Ob Nizza vor der Osterweiterung das letzte Wort bleiben kann, ist fraglich. Spekulationen über eine Nachfolgekonferenz, die von deutscher Seite im Vorfeld des Treffens zu vernehmen waren, werden durch die enttäuschenden Resultate des Gipfels neue Nahrung bekommen. In der Öffentlichkeit wurden diese Äußerungen als unverhohlene Kritik an der französischen Ratspräsidentschaft aufgefasst, die es vor und während der Konferenz am nötigen Kompromisswillen erkennbar fehlen ließ. Wachsende Irritationen im beiderseitigen Verhältnis hatte es schon seit längerem gegeben. Insbesondere die europapolitischen Visionen Joschka Fischers, die dieser in einer Rede vor Studenten der Berliner Humboldt-Universität im Mai entwickelt hatte, wurden von den Franzosen als wenig hilfreich empfunden, um den Reformgipfel zum Erfolg zu bringen. Die harsche Kritik Hubert Védrines an seinem Berliner Kollegen machte kurz vor Beginn der Konferenz sichtbar, dass der einstige Motor des Integrationsgeschehens – das enge französisch-deutsche Verhältnis – in einer wichtigen Phase der Europapolitik aus dem Takt geraten war.

Dabei ging es in Nizza keineswegs ums Eingemachte. Weder sollte dort über eine europäische Verfassung entschieden werden, noch zielen die von den Regierungschefs vereinbarten Reformen auf eine Lösung des eigentlichen institutionellen Problems der Gemeinschaft – ihres Mangels an Demokratie. Eine Verfassung, die den Namen verdiente, würde einen annähernden Begriff von der „Finalität" des Integrationsprozesses voraussetzen, so wie sie in Fischers Berliner Rede versuchsweise beschrieben worden ist. Die Auffassungen darüber, was Europa ausmacht, welche Gestalt es institutionell einmal annehmen und wer ihm als Mitglied überhaupt angehören soll (und kann), gehen jedoch innerhalb der EU soweit auseinander, dass eine Verfassung beim derzeitigen Stand der Europäisierung ein Torso bleiben müsste. Ein solcher Torso könnte das Demokratieproblem der Gemeinschaft nicht lösen und damit auch keine identitätsstiftende Wirkung entfalten.

Auch unterhalb der Verfassungsebene spielte das Demokratisierungsziel in Nizza allenfalls am Rande eine Rolle. Die Reformen verfolgen in erster Linie den Zweck, die Gemeinschaft funktions- und entscheidungsfähig zu halten, sie fit zu machen für die bevorstehende Osterweiterung. Einen mittelbaren Nutzen für die Demokratie verspricht lediglich die Neuordnung der Stimmenverhältnisse im Ministerrat, die sich in Zukunft stärker an der tatsächlichen Bevölkerungsgröße ausrichten wird. Dass die großen Mitgliedsländer in einer erweiterten Gemeinschaft ein höheres Quorum für sich reklamieren, liegt auf der Hand. Da es sich bei den Beitrittskandidaten ausnahmslos um kleine bzw. mittelgroße Staaten handelt, könnten die Großen bei einer Fortschreibung der alten Konstellation leichter majorisiert werden als bisher. Die Notwendigkeit, dem entgegenzuwirken, hatten im Prinzip auch die kleinen Staaten anerkannt. Die Kompromisssuche gestaltete sich nur deshalb so schwierig, weil sie vom deutsch-französischen Sonderproblem der Parität überschattet wurde.

Bei der Reform der Kommission – dem zweiten großen Gipfelthema – war das Ziel ebenfalls unstreitig: um die Arbeitsfähigkeit des Gremiums zu erhalten, sollte die Zahl der Kommissare auf 20 oder weniger begrenzt werden. Mit Blick auf die bevorstehende Osterweiterung würde das bedeuten, dass nicht mehr jeder Staat zur selben Zeit in der Kommission vertreten sein kann. Da sich die kleineren Mitgliedsländer mit dieser Vorstellung (noch) nicht anfreunden wollten oder konnten, hat man die Lösung in Nizza einfach auf einen späteren Zeitpunkt vertagt: Erst wenn die Kommission auf 27 Mitglieder angewachsen ist, soll nun über die Verkleinerung entschieden werden. Die Entscheidung ist symptomatisch für den janusköpfigen Charakter der Brüsseler Behörde. Obwohl die Kommission ihrem Selbstverständnis nach ein supranationales Organ ist und ihre Mitglieder sich gerade nicht als Interessenvertreter ihrer Herkunftsländer verstehen, wird sie doch nicht als supranationales Organ bestellt! Über ihre Zusammensetzung befinden vielmehr allein die nationalen Regierungen. Dass der Kommissionspräsident vom Europäischen Rat künftig mit qualifizierter Mehrheit bestimmt werden soll, ändert daran zunächst nichts, im Gegenteil: Die vermeintliche Demokratisierung des Bestellungsverfahrens wird den Regierungen helfen, ihren Einfluss auf die Kommission (und das heißt: ihre Stellung im Entscheidungssystem insgesamt) weiter auszudehnen. Damit würde sie einen ähnlichen Zweck erfüllen wie die Neuordnung der Stimmenverhältnisse.

Mehr Demokratie wagen

Bleibt als drittes und wohl schwierigstes Problem die Ausweitung der qualifizierten Mehrheitsentscheidungen. Auch hier standen in Nizza pragmatische Überlegungen im Vordergrund: Erhöht sich die Zahl der potenziellen Vetospieler im Entscheidungsprozess, so kann dessen Effizienz nur gewährleistet werden, wenn man die Anwendbarkeit des Vetos künftig erschwert. Integrationsfreundliche Staaten wie die Bundesrepublik haben darum seit längerem gefordert, das Mehrheitsprinzip auch auf Bereiche wie Steuern, Soziales oder die Außenpolitik auszudehnen, wo bislang noch Einstimmigkeit vorgeschrieben ist. Die Gleichsetzung von Entscheidungsfähigkeit mit „mehr Demokratie", die das Lob des Mehrheitsprinzips häufig begleitet, unterliegt allerdings einem Missverständnis. Mehrheitsentscheidungen bedeuteten aus Sicht der überstimmten Minderheiten nur dann „mehr Demokratie", wenn ihre Ergebnisse auch als legitim erachtet werden. Diese Bedingung kann die Europäische Union beim derzeitigen Stand der Integration nicht erfüllen. Wo es um Themen geht, die in den Kernbestand nationaler Souveränität eingreifen oder bei den Bürgern materielle Gewinne und Verluste verursachen, stellt das Fehlen einer gemeinsamen, Solidarität begründenden Identität in der EU eine unüberwindliche Zentralisierungsbarriere dar. Dass eine substanzielle Ausweitung der Mehrheitsentscheidungen in Nizza nicht gelungen ist, birgt vor diesem Hintergrund keine Überraschung. Selbst Staaten wie Frankreich oder Spanien, die dem Integrationsgedanken grundsätzlich positiv gegenüberstehen, waren in den für sie wesentlichen Fragen der Handels- bzw. Strukturpolitik nicht bereit, auf ihr Vetorecht zu verzichten.

Das Problem der Mehrheitsentscheidungen verweist auf den eigentümlichen Charakter der europäischen Integration, die sich zum Teil unter intergouvernementalen, zum Teil unter supranationalen Vorzeichen vollzieht. Im ersten Fall firmiert die EU als ein Verhandlungssystem gleichberechtigter Staaten, deren Interessenvertretung durch die jeweiligen Regierungen nach nationalen Gesichtspunkten erfolgt. Im zweiten Fall stehen funktionale Interessengesichtspunkte im Vordergrund, die von gemeinschaftlichen Institutionen in den Entscheidungsprozess eingebracht werden. Die Verquickung beider Integrationsformen macht den Kern des europäischen Demokratiedefizits aus. Würde sich die Europäisierung allein als Zusammenarbeit der Regierungen darstellen, stünden die Reichweite der Integration wie auch die Entscheidungsinhalte selbst weiterhin unter dem Zustimmungsvorbehalt der

Mitgliedsstaaten. Die Kontrolle dieses Prozesses durch die nationalen Parlamente und die Öffentlichkeit bliebe im Prinzip gewährleistet. Im Zeichen der Supranationalisierung drohen diese Bedingungen abhanden zu kommen: Die Verflechtung von nationaler und europäischer Gesetzgebung, die ein Kennzeichen der fortschreitenden Integration ist, degradiert die Mitgliedsstaaten heute immer mehr zu Befehlsempfängern des europäischen Entscheidungssystems. Die Einführung der Mehrheitsabstimmungen im Ministerrat hat das daraus entstehende Legitimationsproblem allenfalls verschärft, nicht aber im eigentlichen Sinne hervorgerufen.

Vor diesem Hintergrund ist es verständlich, dass die nationalen Regierungen ihre Kontrolle über den Integrationsprozess soweit wie möglich erhalten wollen. Dabei profitieren sie davon, dass sich die europäischen Entscheidungsabläufe aufgrund ihrer Intransparenz und inhaltlichen Komplexität von der „Heimatfront" gut abschirmen lassen. Der supranationale Kompetenztransfer gibt den Regierungen nicht nur die Chance, innenpolitische Versäumnisse mit dem Verweis auf Europa zu entschuldigen; er gestattet es auch, Beschlüsse der EU in die nationale Politik zu „reimportieren", die dort wahrscheinlich nicht durchsetzbar gewesen wären. Die nationalen Parteien, Verbände, das Parlament und die Öffentlichkeit, die das innenpolitische Geschehen stark prägen und dessen demokratische Qualität verkörpern, werden damit zu den Hauptverlierern der Europäisierung.

Wenn die Möglichkeit einer mittelbaren Legitimation der europäischen Politik (über die Mitgliedsstaaten) versperrt ist, muss die Legitimation dort besorgt werden, wo die Entscheidungsprozesse tatsächlich stattfinden – in den europäischen Institutionen selbst. Auch hier haben die Regierungen jedoch kein rechtes Interesse an einer demokratischen Fortentwicklung gezeigt, um ihre eigenen Kreise vor lästiger Konkurrenz zu schützen. So wurde die Kommission vom Ministerrat zuletzt immer mehr an den Rand gedrängt, während das Europäische Parlament – das einzige direkt gewählte Organ der Gemeinschaft – seine Mitwirkungsrechte in der Vergangenheit mühsam erkämpfen musste. Heute weiß man, dass schon die Einführung der Direktwahlen im Jahre 1979 keineswegs nur hehre demokratische Absichten verfolgte. Ihr Hauptzweck lag vielmehr darin, die gleichzeitig betriebene Einrichtung des Europäischen Rates der Staats- und Regierungschefs legitimatorisch abzusichern – jenes Gremiums also, das seither zur wichtigsten Instanz der europäischen Politik avanciert ist.

Mehr Demokratie wagen

Im Rückblick auf die Geschichte der Integration wird deutlich, dass die intergouvernementalen Strukturen der Gemeinschaft das Zusammenwachsen in vielen Bereichen eher erleichtert als erschwert haben. Ob die Fortschritte des Binnenmarkt- und Maastricht-Prozesses in einem voll demokratisierten Entscheidungssystem erreichbar gewesen wären, ist zweifelhaft. Einige Staaten, darunter die Bundesrepublik, sind sogar soweit gegangen, ihrer Bevölkerung die nachträgliche Bestätigung der bereits beschlossenen Verträge zu verweigern, um jede Eventualität einer Ablehnung zu vermeiden. Dieselbe Ambivalenz weist das von den integrationsfreundlichen Kräften empfohlene Konzept der flexiblen oder abgestuften Integration auf, das eine engere Zusammenarbeit einzelner Mitgliedsstaaten in bestimmten Politikfeldern ermöglichen soll. So nützlich diese auch sein mag, die Dynamik des Einigungsprozesses im Ganzen zu verstärken, so birgt sie doch die Gefahr, dass die EU damit noch weiter auf die Bahn des Intergouvernementalismus gedrängt wird, die aus demokratischer Sicht in eine Sackgasse mündet.

Um aus dieser Sackgasse herauszukommen, reicht ein gradualistisches Vorgehen nicht mehr aus. Die Staats- und Regierungschefs müssen die Demokratisierung des europäischen Entscheidungssystems endlich zu ihrer Angelegenheit machen. Dazu bedarf es eines institutionellen Sprungs nach vorn, der die bisherige, elitenzentrierte Struktur der Gemeinschaft überwindet und das europäische „Volk" mit mehr Entscheidungsrechten ausstattet. Demokratie heißt, dass eine europäische Regierung, wo immer sie institutionell angesiedelt ist, sich vor der Wählern verantworten muss. Eine stärkere Berücksichtigung der Bevölkerungsgröße bei der Stimmengewichtung im Ministerrat genügt diesem Kriterium noch nicht, weil die dort versammelten Regierungsvertreter nur über eine mittelbare Legitimation verfügen. Der Ministerrat als solcher braucht dabei gar nicht zur Disposition zu stehen. Die Europäische Union bleibt ja bei der administrativen Umsetzung ihrer Beschlüsse auf die Kooperationsbereitschaft der Mitgliedsstaaten angewiesen, weshalb man die nationalen Regierungen von den Entscheidungsprozessen nicht einfach ausschließen kann. Eine wirkliche Demokratisierung muss jedoch bei den supranationalen Organen ansetzen: bei Parlament und Kommission.

Die Hoffnungen auf mehr Demokratie in Europa gründen üblicherweise auf die erstgenannte Einrichtung: das Parlament. Die EU, so lautet die Vorstellung, müsse sich langfristig in Richtung eines parlamentarischen Systems fortentwickeln, wie es auch in den Mitgliedsstaaten existiere. Das Demokratiedefizit der Gemeinschaft ist von daher leicht beschrieben. Es besteht

– *erstens* darin, dass das Europäische Parlament nur in einem Teil der Gesetzgebung über ein dem Rat gleichberechtigtes Mitentscheidungsrecht verfügt. Zur Zeit kennt der EU-Vertrag nicht weniger als sechs, bzw. – wenn man die unterschiedlichen Beteiligungsformen im Haushaltsverfahren hinzu nimmt – acht Mitwirkungsarten des Parlaments an der Gesetzgebung, die von der fakultativen Anhörung bis zur obligatorischen Zustimmung reichen. Die genaue Unterscheidung dieser Beteiligungsarten ist nur noch Insidern geläufig. Eine Ausweitung der Zustimmungspflicht auf sämtliche Gesetze wäre also auch aus Gründen der Transparenz dringend geboten.

– *Zweitens* wird bei den Wahlen zum Europäischen Parlament der demokratische Grundsatz verletzt, wonach alle Stimmen die gleiche Erfolgswahrscheinlichkeit haben müssen (*one man, one vote*). Nicht nur, dass die Einführung eines einheitlichen Wahlverfahrens – wie von den Gemeinschaftsverträgen vorgegeben – in der EU weiterhin aussteht. Auch die vorab festgelegten Mandatskontingente für die einzelnen Mitgliedsstaaten verzerren die tatsächlichen Größenunterschiede zwischen den Bevölkerungen erheblich. (Nach der in Nizza beschlossenen Neuverteilung steht einem luxemburgischen Wähler immer noch das 16-fache Stimmgewicht eines deutschen Wählers zu.) Würde die Sitzzuweisung normalen demokratischen Gepflogenheiten entsprechen, könnte es im Ministerrat durchaus bei einer stärker föderativ ausgerichteten Stimmenverteilung – vergleichbar derjenigen im deutschen Bundesrat – bleiben. Voraussetzung dafür wäre aber, dass beide Kammern im Gesetzgebungsprozess gleichgestellt sind.

– *Drittens* leidet die Straßburger Versammlung darunter, dass sie über das wichtigste Recht einer Volksvertretung im parlamentarischen System nicht oder nur unvollständig verfügt: das Recht die Regierung zu bestellen und abzuberufen. Als Exekutivorgan der Gemeinschaft bedarf die Kommission zwar inzwischen der förmlichen Bestätigung und kann durch das Parlament auch abgesetzt werden, doch handelt es sich dabei weniger um ein politisches denn ein rechtliches Verfahren. Bis heute sind es die Vertreter der nationalen Regierungen, die über die Mitglieder der Kommission entscheiden. Die Mehrheitsverhältnisse im Parlament spielen für deren Zusammensetzung also – wie auch die Installierung der Prodi-Kommission zuletzt wieder gezeigt hat – so gut wie keine Rolle.

Wie sind – gemessen daran – die Chancen einer weiteren Parlamentarisierung zu bewerten? Am besten stehen sie zweifellos im ersten Punkt. Die Forderung nach mehr Entscheidungsrechten für das Parlament gehört fast schon zur normalen Begleitmusik europäischer Gipfeltreffen. Da die Abgeordneten den Staats- und Regierungschefs gegenüber keineswegs machtlos sind (sie müssen z.B. der geplanten Osterweiterung zustimmen), werden sich diese einer Ausweitung der parlamentarischen Befugnisse auch nicht einfach verweigern können. Eine gesetzgeberische Gleichstellung des Parlaments liegt also auf lange Sicht durchaus im Bereich des Möglichen.

Schwieriger verhält es sich mit dem zweiten Punkt. Die Vereinheitlichung des Wahlsystems und eine proportionale Sitzzuweisung setzen im Grunde voraus, was sie erst schaffen wollen, nämlich den supranationalen Charakter der Europawahlen. Um diesen ist es aber, wie an den niedrigen Wahlbeteiligungen abgelesen werden kann, schlecht bestellt. Nach wie vor sind es die um die Erlangung der Regierungsmacht geführten nationalen Parlamentswahlen, denen das Hauptinteresse von Wählern und Parteien gebührt. Weil die Regierungen innerhalb der EU eine zentrale Rolle spielen, entbehrt dieser Vorrang nicht der europäischen Logik. Für die Wahlen zum Europäischen Parlament hat er freilich die völlige Unterordnung unter den nationalen Parteienwettbewerb zur Folge. Eine Legitimation der supranationalen Institutionen kann daraus nicht erwachsen.

Hier liegt zugleich der Grund dafür, warum die Parlamentarisierungsstrategie in ihrem dritten Punkt – der Kreation einer verantwortlichen Regierung – zum Scheitern verurteilt ist. Dass die Staats- und Regierungschefs nur ungern bereit sein werden, ihr Bestellungsrecht der Kommission an das Parlament abzutreten, ist eine Sache. Eine andere, wichtigere Sache ist, dass es der Gemeinschaft an einem funktionierenden demokratischen Unterbau fehlt, der eine solche Regierung hervorbringen und legitimieren könnte. Weil es einen gemeinsamen öffentlichen Adressaten der europaweiten Willensbildungsprozesse nicht gibt, bleiben die Institutionen der Interessenvermittlung (Parteien, Verbände und Medien) ganz oder überwiegend der nationalen Sphäre verhaftet. Eine parlamentarisch verantwortliche Kommission würde die bestehenden Strukturen der europäischen Politik daher zwangsläufig überfordern.

Wenn das parlamentarische Modell für die EU ungeeignet ist, heißt das nicht, dass die künftigen Straßburger Abgeordneten auf Macht und Einfluss verzichten müssen. Bei genauerem Hinsehen dürfte eher das Gegenteil der Fall sein: Solange das Europäische Parlament die Regierung (Kommission) nicht „kreiert", wie in einem parlamentarischen System üblich, kann es dieser relativ unbefangen gegenübertreten. Im Vergleich der legislativen Funktionen schneidet das Europaparlament schon heute zum Teil besser ab als die meisten nationalen Parlamente, denen die Exekutiven als Gesetzgeber weitgehend den Rang abgelaufen haben. Die schwach ausgeprägten Loyalitätsbeziehungen zwischen Parlament und Kommission in der EU erinnern insoweit an das präsidentielle System der USA, wo die vergleichsweise starke Stellung des Kongresses im Gesetzgebungsprozess ebenfalls auf seiner formellen Unabhängigkeit von der Exekutive gründet. Angesichts dieser Parallele und den Aporien einer parlamentarischen Strategie ist es verwunderlich, dass die Chancen des präsidentiellen Modells für Europa bislang kaum gesehen worden sind. Dabei eröffnet gerade dieses Modell einen gangbaren Weg der Demokratisierung.

Die präsidentielle Strategie sieht vor, die Verantwortlichkeit der Regierung dadurch zu gewährleisten, dass die Exekutivspitze – im Falle Europas also der Kommissionspräsident – in einem eigenen Wahlakt unmittelbar vom Volk bestimmt wird. Statt sie wie im parlamentarischen System miteinander zu verschränken, würde die Legitimation von Parlament und Regierung in diesem Falle getrennt besorgt: Das Parlament wäre auf die Funktion einer Legislative beschränkt und die Regierung könnte von der Volksvertretung nicht abberufen werden – zumindest nicht aus politischen Gründen. Die Direktwahl des Kommissionspräsidenten wäre zwar ein gewaltiger Reformschritt, würde aber an der Grundstruktur des vorhandenen Systems zunächst nichts ändern. Insbesondere auf der parlamentarischen Seite bliebe alles beim Alten: Das Europäische Parlament könnte sich als Volksvertretung weiter demokratisieren (durch ein einheitliches und gleiches Wahlrecht), seine Gesetzgebungsbefugnisse im Verhältnis zum Ministerrat ausbauen und auch seine bisherigen Kontrollrechte gegenüber der Kommission behalten. Letzteres gilt vor allem für das Recht, die Kommissionsmitglieder vor ihrer Ernennung zu bestätigen, das ein typisches Element der Gewaltenverschränkung darstellt und in ähnlicher Form auch in den USA anzutreffen ist. Ein politischer Gleichklang zwischen den Organen, der die Abgeordneten zur Einhaltung der Partei- und Fraktionsdisziplin verpflichten würde, wäre in einem solchen System nicht erforderlich.

Auf der anderen Seite würde von der Direktwahl ein bedeutender Demokratisierungsschub ausgehen. Die auf europäischer Ebene bisher nur lose verbundenen Parteien wären genötigt, sich nationübergreifend auf einen gemeinsamen Kandidaten zu verständigen und mit einem personellen und programmatischen Gesamtangebot in den Wahlkampf zu ziehen. Dies hätte zum einen den Vorteil, dass über die Vergabe wichtiger Ämter nicht mehr allein im Kreis der Regierungschefs oder Ratsmitglieder entschieden wird. Zum anderen würde es die Parteien zwingen, die Wahlen ausschließlich um europäische Themen und Personen zu führen, statt wie bisher nationale Aspekte in den Vordergrund zu schieben; die Folge wäre ein höherer Mobilisierungsdruck, der das Zusammengehörigkeitsgefühl in Europa stärken, die Entwicklung eines supranationalen Parteiensystems vorantreiben und sich natürlich auch auf die weiterhin stattfindenden Wahlen zum Europäischen Parlament auswirken würde.

In einer programmatischen Rede vor dem belgischen Parlament hat Joschka Fischer den Direktwahlvorschlag unlängst aufgegriffen und als denkbare Reformalternative ins Spiel gebracht. Fischer ließ allerdings offen, ob er den Schwerpunkt einer künftigen europäischen Regierung eher bei der Kommission oder beim Rat angesiedelt sieht – im letzteren Fall würde die Direktwahl wenig Sinn machen. Auch die Überlegung des Außenministers, das Europäische Parlament um eine zweite Kammer zu erweitern und diese mit Vertretern aus den nationalen Parlamenten zu besetzen, zeugt nicht gerade von einem schlüssigen institutionellen Gesamtkonzept. Dennoch hat Fischer der Debatte einen wichtigen Anstoß gegeben. Das verbreitete Unbehagen an Europa lässt einen weiteren Aufschub der Demokratisierung nicht mehr zu. Mit welchem Ziel und in welcher Form dies geschehen soll, darüber gilt es in der Öffentlichkeit und den Parteien verstärkt zu streiten. Ohne den Druck ihrer Wähler werden sich die Staats- und Regierungschefs zu nennenswerten Reformen kaum bereit finden. Es ist höchste Zeit, sie auf diesen Weg zu zwingen.

Aus Politik und Zeitgeschichte B 5 (2001), S. 33-37.

Die drei Krisen Europas

Die Europäische Union steht am Scheideweg. So abgegriffen dieses oft benutzte Bild anmutet, so treffsicher beschreibt es den Zustand und die Ausgangslage des europäischen Integrationsprozesses zu Beginn des 21. Jahrhunderts. Die Staats- und Regierungschefs scheinen die Dimension der ihnen gestellten Reformaufgaben inzwischen begriffen zu haben – ansonsten wären sie wohl kaum auf die Idee verfallen, den dramatisierenden Begriff des Scheideweges in ihre Abschlusserklärung zum jüngsten EU-Gipfel hineinzuschreiben. Das verheerende Echo auf die Konferenz von Nizza wirkte in Laeken deutlich nach; den Regierungsvertretern war bewusst, dass sie sich eine nochmalige Blamage nicht leisten konnten. So heißt es in der Erklärung von Laeken, dass die nach der Überwindung der europäischen Teilung anstehende Neuordnung „selbstverständlich ein anderes als das vor fünfzig Jahren verfolgte Konzept verlangt, als sechs Länder die Initiative ergriffen." In Nizza war von dieser Einsicht wenig zu spüren. Statt die erforderliche Runderneuerung des Entscheidungssystems endlich in Angriff zu nehmen, glaubten die Staatenlenker dort, mit einigen marginalen Korrekturen am Status quo auszukommen, um die europäischen Institutionen für die bevorstehende Osterweiterung zu wappnen. Die Erklärung von Laeken liest sich wie ein nachträgliches Dementi dieser Bemühungen. Indem sie die Fragen und Probleme auflisten, die bereits auf der Regierungskonferenz – wenn nicht beantwortet – so doch zumindest hätten aufgeworfen werden müssen, dokumentieren die Staats- und Regierungschefs darin letztlich ihr eigenen Versagen. So betrachtet könnte Laeken in der Tat eine wichtige Zäsur im weiteren Integrationsprozess darstellen.

Drei miteinander verbundene Krisen beschreiben den Zustand der Europäischen Integration zu Beginn des 21. Jahrhunderts. Die erste Krise könnte man als Erweiterungskrise bezeichnen. Die bevorstehende Erweiterungsrunde der EU ist bereits die vierte, doch stellt sie mit 12 bis 15 Beitrittskandidaten alle ihre Vorläufer in den Schatten. Wurde bei den früheren Erweiterungsrunden ausschließlich nach der Aufnahmefähigkeit der Beitrittsländer gefragt, so geht es bei der Osterweiterung erstmals auch um die Aufnahmefähigkeit der EU selbst. Dass eine bloße Fortschreibung der alten institutionellen Strukturen dazu nicht ausreicht, dürfte den Staats- und Regierungs-

Die drei Krisen Europas 245

chefs schon vor Nizza klar gewesen sein, doch fehlte ihnen offenbar die Kraft, gemäß dieser Einsicht zu handeln.

Dieses Unvermögen verweist auf eine zweite Krise, die mit dem bereits bestehenden Entscheidungssystem zu tun hat und durch die epochalen Fortschritte des Integrationsprozesses in den achtziger und neunziger Jahren noch beschleunigt worden ist: die Krise der sogenannten intergouvernementalen Methode. Herrschte bis zum Maastricht-Vertrag ein annäherndes Gleichgewicht zwischen den Gemeinschaftsorganen Kommission und Parlament auf der einen und den nationalen Regierungen auf der anderen Seite, so sind die erstgenannten seither immer mehr in den Hintergrund getreten. Dass mit Jacques Santer und Romano Prodi zuletzt zwei eher führungsschwache Politiker von den Staats- und Regierungschefs als Kommissionspräsident bestallt wurden, wirkt da symptomatisch. Dem Europäischen Parlament sind substanzielle Kompetenzzuwächse in der Vergangenheit ohnehin versagt geblieben. Der Vorrang der intergouvernementalen Methode bedeutet, dass der Konsens der nationalen Regierungen die wichtigste Voraussetzung für nennenswerte Integrationsfortschritte bleibt. Einen solchen Konsens herbeizuführen stößt schon in einer Union mit 15 Mitgliedern auf Schwierigkeiten. In einer Union mit 25 oder 30 Mitgliedern kann es nur funktionieren, wenn das Einstimmigkeitsprinzip durch qualifizierte Mehrheitsentscheidungen weitgehend ersetzt wird. Dazu sind aber in der heutigen Gemeinschaft längst nicht alle Mitglieder bereit.

Die dritte Krise rührt aus der wirtschaftlichen Schlagseite des europäischen Integrationsprozesses. Sie ist der Grund dafür, warum ein gemeinsames Identitätsbewusstsein innerhalb der EU bislang nicht herangereift ist. Mit der Einführung des Euro-Bargeldes dürfte sich dies sicherlich ändern. Die Erwartung, dass von der Währungsunion auch ein Identitätsschub ausgehen wird, beruht allerdings weniger auf den wirtschaftlichen Folgen dieses Schrittes als darauf, dass es sich bei der Währungshoheit um einen zentralen Bestandteil dessen handelt, was staatliche Souveränität ausmacht. Nichts anderes gilt für die Außen- und Verteidigungspolitik. Auch hier handelt es sich um einen Politikbereich, der die Einheit des Staates nach innen und außen verkörpert und daher in bundesstaatlichen Ordnungen traditionellerweise von der Zentralgewalt wahrgenommen wird. Der bisherige Verlauf der europäischen Einigung hat dieses Prinzip in sein Gegenteil verkehrt.

Dabei lässt sich die Wünschbarkeit einer gemeinsamen Außenpolitik kaum bestreiten. Die bedrückenden Erfahrungen des Bosnien- und Kosovokrieges haben sie eindrücklich vor Augen geführt, als die USA gezwungen waren, für die Europäer im ehemaligen Urlaubsland Jugoslawien militärisch in die Bresche zu springen. Auch die Reaktionen der EU auf die Terroranschläge vom 11. September verdienen das Prädikat „gemeinsam" nur bedingt. Durch die unverhohlene Rückkehr einiger Mitgliedsstaaten zum außenpolitischen Bilateralismus fallen sie hinter das bereits Erreichte sogar zurück. Bei diesem Versagen handelt es sich übrigens weniger um ein Problem der nationalen Völker als ein Problem der nationalen Eliten, die die außenpolitische Spielwiese offenbar nicht ohne Not preisgeben möchten. Um so wichtiger wäre es, ihnen diese Not jetzt eindringlich vor Augen zu halten.

Dasselbe gilt für die institutionelle Weiterentwicklung der EU. Die Rede vom europäischen Demokratiedefizit ist gängige Münze und wird gerade von deutschen Politikern beständig im Munde geführt. Von der löblichen Ausnahme Joschka Fischers einmal abgesehen, sind dem bislang allerdings keine handfesten Vorschläge oder Taten gefolgt. Dies erklärt sich auch aus dem allgemeinen Desinteresse, das die Öffentlichkeit den europäischen Fragen entgegenbringt. Die Behebung der institutionellen Defekte der EU bleibt insofern eine Angelegenheit der „Politik von oben".

Vor diesem Hintergrund sind die Ergebnisse von Laeken durchaus als Fortschritt zu werten. Die Einsetzung eines Verfassungskonvents bedeutet eine Abkehr von dem früheren Prinzip, wonach die institutionelle Weiterentwicklung der EU allein den nationalen Regierungen vorbehalten ist. Dem Konvent werden neben 15 Regierungsvertretern insgesamt 30 Mitglieder der nationalen Parlamente, 15 Europaparlamentarier, zwei Vertreter der Kommission sowie ein Präsident und zwei Vizepräsidenten angehören. Dass die Wahl des Präsidenten mit den Franzosen Giscard d'Estaing auf einen eher euroskeptischen Politiker gefallen ist, haben manche Beobachter als Enttäuschung empfunden, doch könnte gerade das den Beratungen des Konvents ein größeres Gewicht verschaffen. Je fester die legitimatorische Grundlage der dort gefassten Beschlüsse, um so schwerer werden sich die Staats- und Regierungschefs tun, daran auf der anschließenden Regierungskonferenz Abstriche vorzunehmen. Eine Wiederholung des Geschachers von Nizza scheint damit ausgeschlossen.

Bedeutet die Einsetzung des Konvents einen Fortschritt im Verfahren, so bietet sie andererseits noch keine Gewähr für ein tragfähiges Ergebnis, das die erweiterte EU funktionsfähig hält und sie zugleich demokratischer macht. Angesichts der immensen Meinungsunterschiede, die zwischen den integrationsfreundlichen und integrationsskeptischen Mitgliedsstaaten bestehen, ist es kaum vorstellbar, dass der Konvent die institutionelle Reformblockade der EU wirklich auflöst. Dafür sprechen auch die Entwicklungen in Italien oder Österreich, deren traditionell europafreundliche Regierungen unter dem Druck der Rechtspopulisten mittlerweile zu unsicheren Kantonisten geworden sind. Das Spannungsverhältnis von Erweiterung und Vertiefung der Integration, das aus den unterschiedlichen Interessenlagen der Mitgliedsstaaten resultiert, wird in der Gemeinschaft also eher zu- als abnehmen und könnte sie schon bald einer ernsthaften Zerreißprobe aussetzen.

Je kürzer die Staats- und Regierungschefs bei der Verfassungsgebung springen, um so größer ist also die Wahrscheinlichkeit, dass das Prinzip der differenzierten Integration auch in institutioneller Hinsicht Einzug hält und die künftige Europäische Union in zwei Teile gespalten wird: Die einen Staaten würden dann an dem bisher dominierenden Prinzip der intergouvernementalen Zusammenarbeit festhalten, die anderen eine wirkliche Föderation mit demokratisch legitimierten Organen anstreben. Ob es dazu kommt, weiß heute noch niemand. Es hängt davon ab, wie die Entwicklung bis zur nächsten Regierungskonferenz verläuft. Die Staats- und Regierungschefs haben sich mit der Vereinbarung von Laeken eine gewaltige Verantwortung aufgeladen. Es wäre wünschenswert, wenn ihnen die nationalen Öffentlichkeiten bei der Wahrnehmung dieser Verantwortung stärker als bisher auf die Finger schauen würden.

Berliner Republik 4 (2002), H. 3, S. S. 10-13.

Ist Europa reif für die Türkei?

Es ist schon seltsam. Da fällt der Europäische Rat der Staats- und Regierungschefs auf seinem gerade zu Ende gegangenen Gipfel einen wahrhaft historischen Beschluss. Die in Kopenhagen auf den Weg gebrachte Osterweiterung der Union stellt mit der Aufnahme von zehn neuen Mitgliedern ja nicht nur sämtliche früheren Erweiterungsrunden in den Schatten; sie besiegelt auch die Überwindung der jahrzehntelangen Spaltung Europas und zieht damit einen endgültigen Schlussstrich unter die Nachkriegszeit. Und parallel zu den Beitrittsverhandlungen ringt ein eigens dafür eingesetzter Konvent um die Ausarbeitung einer Verfassung, die das erweiterte Gebilde auf eine institutionell tragfähige Grundlage stellen soll. Dabei geht es zum einen um die Kompetenzverteilung zwischen der Union und den Mitgliedsstaaten, und zum anderen um die Schaffung eines Entscheidungssystems, das funktionellen und demokratischen Kriterien gleichermaßen genügt.

Angesichts der Tragweite beider Prozesse ist es verwunderlich, dass sich die öffentliche Aufmerksamkeit in den Mitgliedsstaaten im Vorfeld des Kopenhagener Gipfels auf ein Thema konzentriert hat, das aus der Sicht der jetzt anstehenden Probleme bestenfalls als ein Randthema klassifiziert werden kann: die Frage eines möglichen EU-Beitritts der Türkei. Das gilt insbesondere für die Bundesrepublik, wo dieses Thema verständlicherweise große Emotionen auslöst. Die 2,6 Millionen Türken stellen hierzulande die mit Abstand größte Zuwanderernationalität, und es gehört zu den bitteren Wahrheiten der deutschen Politik, dass deren gesellschaftliche Integration auch nach drei Generationen nicht wirklich gelungen ist. Unter den Parteien herrschte deshalb bis in die neunziger Jahre hinein ein stillschweigender Konsens, das Ausländerthema aus der politischen Auseinandersetzung herauszuhalten. Erst später, als sich die Bundesrepublik auch offiziell von der Lebenslüge verabschiedete, sie sei kein Einwanderungsland, wurde über Migration und Integration zwischen den Parteien heftig gestritten. Dieser Streit ist nun anlässlich der Beitrittsfrage auf die supranationale Ebene projiziert und zu einem Gegenstand der innenpolitischen Europadiskussion gemacht worden.

Auch um die Europapolitik wird in der Bundesrepublik mangels grundsätzlicher Differenzen öffentlich kaum gerungen, weshalb der Integrationsprozess die Bevölkerung eher kalt lässt. Insofern ist die innenpolitische Debatte um den Türkei-Beitritt durchaus zu begrüßen. Mit ihr wird ja ein für die Zukunft der EU zentrales Problem aufgeworfen, nämlich die Frage der gemeinsamen europäischen Identität. Die Debatte darüber, was diese Identität ausmacht und wie sie befördert werden kann, sollte allerdings nicht losgelöst von den empirischen Gegebenheiten geführt werden. Im Falle der Türkei kommt sie zur Unzeit und gleicht überwiegend einer Schimären-

Ist Europa reif für die Türkei?

diskussion. In einer Situation, da sich die Gemeinschaft eben erst für die Aufnahme der mittel- und osteuropäischen Staaten rüstet, machen Vorabfestlegungen auf weitere künftige Mitglieder keinen Sinn. Dies gilt zumal für ein Land wie die Türkei, dessen geografische und kulturelle Zugehörigkeit zu Europa gewichtigen Zweifeln unterliegt. Was immer Kanzler Schröder bewogen hat, den türkischen Beitritt auf dem Kopenhagener Gipfel zu forcieren – Wohlgefallen gegenüber den Amerikanern oder der Selbstzweck einer gemeinsamen deutsch-französischen Initiative –, er könnte damit erneut ein falsches Versprechen abgegeben haben.

So wie sie in den vergangenen Wochen und Monaten in den deutschen Feuilletons ausgetragen wurde, kreiste die Debatte um den EU-Beitritt der Türkei vor allem um das Problem der Integrationsfähigkeit *des Landes*. Die Frage nach der Aufnahmefähigkeit *der EU* geriet darüber weitgehend in den Hintergrund. Dies ist insofern schade, als gerade diese Perspektive eine realistischere Sicht auf das Problem eröffnen würde. Fragt man nach der Integrationsfähigkeit der Türkei, dann landet man bald bei ihrer kulturellen Identifizierung als islamisches, mithin nicht-christliches Land. Hieran – und nicht an der wirtschaftlich-sozialen oder demokratisch-rechtsstaatlichen Rückständigkeit – scheiden sich letztlich die Geister, wenn es um die Europatauglichkeit Ankaras geht. Die Rückstände werden von den meisten Kommentatoren als prinzipiell überwindbar betrachtet. Für die kulturelle Identität gilt hingegen, dass sie als unverrückbare Tatsache bestehen bleibt und in der Bewertung zu unterschiedlichen Schlüssen führt. Die einen sehen im muslimischen Charakter der Türkei einen unüberwindlichen Gegensatz zum europäischen Christentum, der die Herausbildung eines Zusammengehörigkeitsgefühls in der Union verhindern würde und so eine weitere Vertiefung des Integrationsprozesses unmöglich mache. Die anderen halten dagegen, dass unter dem Gesichtspunkt der gemeinsam geteilten Werte allein die Prinzipien der verfassungsstaatlichen Demokratie Relevanz beanspruchen könnten. Diese seien in der türkischen Republik durch die weltanschauliche Neutralität des Staates ebenso gewährleistet wie in den übrigen Mitgliedsstaaten.

Das Problem dieser Sichtweise liegt darin, dass sie nur wenig Zwischentöne zulässt. Geht man vom Begriff eines gemeinsamen Wertefundamentes aus, dann gehört die Türkei entweder zu Europa oder sie gehört es nicht. Für den politischen Umgang mit dem Beitrittsansinnen ist eine solche Dichotomie nicht gerade förderlich. Setzt sich die Pro-Position durch, würde man Ankara ein Versprechen machen, dass sich am Ende womöglich nicht halten lässt. Geht es nach den Skeptikern, würde man die Tür für die Türkei jetzt zuschlagen und damit Gefahr laufen, dass das Land auf dem Weg zur Demokratie wieder zurückfällt. Da beide Seiten triftige Argumente ins Feld führen und in der öffentlichen Debatte zumindest hierzulande ein Sieger nicht erkennbar ist, wäre es unklug, schon heute einer Seite Recht zu geben und eine Vorentscheidung über den Beitritt auf dieser Grundlage zu fällen. Die europäische Politik müsste vielmehr alles daran setzen, die gegensätzlichen Positionen in einem ehrlichen Kompromiss zu überbrücken.

Ein ehrlicher Umgang der EU mit dem Kandidaten hätte sich in erster Linie an der eigenen Aufnahmefähigkeit zu orientieren. Dieser Aspekt ist schon bei der derzeitigen Beitrittsrunde sträflich vernachlässigt worden. Die Blamage von Nizza hat die europäischen Staats- und Regierungschefs veranlasst, die Ausarbeitung eines Verfassungsvertrages einem Konvent zu übertragen, der seine Beratungen demnächst abschließen wird. Auch das dann vorliegende Ergebnis kann aber nicht mehr sein als ein Minimalkonsens, in dem die Interessen und Integrationsvorstellungen von bald 25 Mitgliedern Berücksichtigung finden müssen. Schon jetzt liegen zwischen den Positionen der integrationsfreundlichen und integrationsskeptischen Staaten Welten. Von daher ist es nur schwer vorstellbar, wie ein gemeinsamer Verfassungsvertrag in der Lage sein könnte, einen dynamischen Fortgang des Einigungsprozesses zu ermöglichen.

Die Frage nach der Priorität von Erweiterung oder Vertiefung der Integration hat eine lange Geschichte. Im Grunde beschäftigt sie die EU seit der ersten Beitrittsrunde 1973, als sich mit Großbritannien und Dänemark die heute führenden Euro-Skeptiker zur damaligen Sechser-Gemeinschaft hinzugesellten. Beide Ziele miteinander zu vereinbaren wäre in den achtziger und neunziger Jahren schwierig geworden, wenn die Union nicht als Antwort auf das Dilemma eine bis heute gültige Lösung gefunden hätte, nämlich das Prinzip der differenzierten Integration. So konnten sich unwillige Staaten aus der Verfolgung bestimmter Integrationsziele ausklinken wie etwa bei der Währungsunion oder haben Gruppen von Staaten außerhalb des Systems neue Strukturen gebildet, um weitergehende Integrationsziele zu verfolgen. Bekanntestes Beispiel hierfür ist das Schengen-Abkommen.

Beiden Varianten der Differenzierung ist gemeinsam, dass sie an einem einheitlichen institutionellen Rahmen der Gemeinschaft festhalten. Allein die vorhandenen Interessengegensätze werfen jedoch die Frage auf, ob die EU in Zukunft nicht ein sehr viel radikaleres Verständnis von differenzierter Integration benötigt, wenn weitere Fortschritte bei der Vertiefung erreicht werden sollen. Eine Gruppe von Staaten müsste danach auch bei der politischen Integration die Vorreiterrolle übernehmen, indem sie sich eigene Institutionen zulegt, einen separaten Grundvertrag schließt und auf dieser Basis die materielle Zusammenarbeit verstärkt. Joschka Fischer hat die Idee einen solchen „Gravitationszentrums" in seiner Berliner Humboldt-Rede vor zwei Jahren ins Spiel gebracht. Ihre Tragweite ist in der Europadiskussion freilich bis heute nicht erkannt worden.

Der Abschied vom Dogma der Einheitlichkeit wäre nicht nur um einer Vertiefung des Integrationsgeschehens willen wünschenswert; er würde auch den Umgang mit den beitrittswilligen Ländern erleichtern. Diese könnten dann zur Peripherie der Gemeinschaftsländer hinzustoßen, ohne die Zusammenarbeit der fortgeschritteneren Mitglieder im Zentrum zu beeinträchtigen. Ob und wann sie von der Peripherie einmal selbst ins Zentrum gelangen, muss der Geschichte überlassen bleiben. Es hängt sowohl vom erreichten Grad der Vertiefung als auch von der Anpassungsbereitschaft und -fähigkeit des Beitrittslandes ab. Im Falle der Türkei wäre es vermessen, darauf schon jetzt eine Antwort zu geben. Hält man an der Ergebnisoffenheit der europäischen Entwicklung fest, dann muss der Weg zur EU auch für ein Grenzland wie die Türkei prinzipiell möglich sein. Dieser Weg dürfte allerdings beschwerlicher werden und länger dauern, als es die Befürworter eines türkischen Beitritts heute wahrhaben wollen.

Berliner Republik 5 (2003) H. 2, S. 77-79.

Die Wohlstandsinsel als Festung?

Das Bild von der „Festung Europa" ist nicht neu. Es begleitet die Politik der europäischen Integration spätestens seit Ende der sechziger Jahre. Verändert haben sich in diesem Zeitraum allerdings die mit ihm verknüpften Assoziationen. In den siebziger und achtziger Jahren stand das Bild noch überwiegend für den wirtschaftlichen Protektionismus der Gemeinschaft, wobei insbesondere die Agrarpolitik der Kritik reichlich Gründe lieferte. Seit Ende der achtziger Jahre hat sich der Fokus auf das Migrationsproblem verlagert. Die Festung rüstet sich nun gegen Menschen, die um Einlass begehren. Der Problemdruck wird durch die Zahlen belegt. Obwohl die Hauptlast der globalen Wanderungen nach wie vor auf die Entwicklungsländer selbst entfällt, ist der alte Kontinent zur weltweit bevorzugten Einwanderungsregion avanciert. Nach Schätzungen der Polizeibehörde Europol reisen heute jährlich etwa eine halbe Million sogenannte Illegale in die EU ein – das sind 13-mal mehr als noch vor zehn Jahren. Hinzu kommen mindestens 400.000 Asylbewerber.

Auf ihrem Gipfel in Sevilla haben die Staats- und Regierungschefs der EU eine Reihe von Maßnahmen beschlossen, um die unerwünschten Eindringlinge künftig schon an den Außengrenzen abzufangen. Der mehrheitlichen Unterstützung ihrer einheimischen Bevölkerungen können sie dabei gewiss sein. In fast allen europäischen Ländern haben fremdenfeindliche Parteien in den letzten Jahren starken Zulauf erfahren. Ihre Wahlerfolge trugen mit dazu bei, dass von den ehedem 13 sozialdemokratisch geführten Regierungen nur noch fünf übrig geblieben sind. Aber auch die sind gegen ein Einschwenken auf die harte Linie längst nicht mehr gefeit. So begründete Tony Blair die Verschärfung der britischen Asylpolitik ausdrücklich mit seiner Sorge vor einem weiteren Erstarken des Rechtsextremismus.

Anderen reicht es schon aus, auf die Illegalität der Zuwanderung zu verweisen. Wo diese vorliegt, scheint jeder weitere Begründungszwang für die Abwehrmaßnahmen zu entfallen. Selbst humanitäre Erwägungen fallen dann kaum noch ins Gewicht. Bei den Asylbewerbern bedarf es immerhin einer vorherigen Prüfung der Gründe, die aber in der Regel so restriktiv gefasst sind, dass die Begehren nur selten Erfolg haben. Hier ist es dann folgerichtig der vermeintliche „Asylmissbrauch", der als Beleg herhalten muss, um ein härteres Vorgehen gegen die Migranten zu rechtfertigen.

Die Fragwürdigkeit einer solchen „Boot ist voll"-Politik wird evident, wenn man sie im weiteren Kontext des Zuwanderungsproblems betrachtet. Sie lässt sich bereits am Begriff der Illegalen festmachen, der darüber hinwegtäuscht, dass illegale Einwanderung von manchen EU-Ländern in der Vergangenheit nicht nur geduldet, sondern zum Teil sogar stillschweigend gefördert worden ist. Die Fehlwahrnehmung kommt freilich nicht von ungefähr. Sie fügt sich in ein Gesamtbild, das die Ursachen der Wanderungsbe-

Die Wohlstandsinsel als Festung?

wegungen nach wie vor einseitig bei den Zuwanderern wähnt, die ihre Aufnahme in den wohlhabenden Ländern erbitten oder erschleichen. Wie Saskia Sassen in einer lesenswerten Darstellung von 200 Jahren europäischer Migrationsgeschichte gezeigt hat, trifft dieses Bild auf die Realität lediglich entfernt zu. „Migrationen", schreibt Sassen, „sind äußerst selektive Prozesse; nur ganz bestimmte Gruppen von Menschen verlassen ihre Heimat; und sie treiben keinesfalls blind auf irgendein reiches Land zu, das sie aufzunehmen verspricht. Migrationswege haben eine erkennbare Struktur, die mit den Beziehungen und Interaktionen zwischen Herkunfts- und Zielländern zusammenhängt."

Besonders deutlich tritt der aktive Anteil der Aufnahmeländer an den Wanderungen bei den Arbeitsmigranten hervor, die in der Nachkriegszeit die mit Abstand größte Einwanderungskategorie in Europa darstellten. Frankreich, Großbritannien, die Niederlande und Belgien konnten hier zur Befriedigung des Bedarfs weitgehend auf ihre ehemaligen Kolonien zurückgreifen, während Länder ohne größere koloniale Vergangenheit wie Deutschland, Österreich, die Schweiz oder die skandinavischen Staaten die Arbeitskräfte in den Herkunftsregionen gezielt anwerben mussten. Gerade die letzteren unterlagen dabei dem folgenschweren Irrtum, dass die Neuankömmlinge nur vorübergehend bleiben und irgendwann in ihre Heimatländer zurückkehren würden. Je länger man an dieser Fiktion festhielt, desto stärker rächte sich das Fehlen einer kontrollierten Zuwanderungspolitik, mit der man die Zahl und „Qualität" der Migranten unter integrationspolitischen Gesichtspunkten hätte beeinflussen können.

Es gehört zum Wesen ihrer Souveränität, dass Staaten und Nationen selbst darüber entscheiden, wer zur Bevölkerung (Einwanderungsaspekt) und wer zur Bürgerschaft zählen soll (Integrationsaspekt). Die Zugehörigkeit zur Bevölkerung ist ein Thema der Einwanderungspolitik und bestimmt sich in erster Linie nach funktionellen Gesichtspunkten. Darunter fallen nicht nur ökonomische Interessen des Aufnahmelandes (Arbeitsmigration), sondern auch humanitäre Erwägungen (Asyl) oder eine Mischung von beidem (Familiennachzug). Sieht man vom Extremfall eines individuellen Asylanspruchs einmal ab, können die Migranten kein Recht auf Zugehörigkeit geltend machen. Anders verhält es sich unter dem Integrationsaspekt. Wer als Zuwanderer längere Zeit in einem Land lebt und arbeitet, erwirbt neben moralischen Ansprüchen auch Rechte, denen die aufnehmende Gesellschaft nicht einfach ausweichen kann. Diese hat wiederum ein funktionelles Interesse daran, die Ausländer so einzugliedern, dass sie mit der eingesessenen Bevölkerung möglichst konfliktfrei zusammenleben. Der Erfolg der Integrationsbemühungen entscheidet dabei auch über den Spielraum der Einwanderungspolitik: Je besser das Zusammenleben zwischen den verschiedenen Bevölkerungsgruppen funktioniert, um so mehr zusätzliche Einwanderer können aufgenommen werden.

Trifft diese Prämisse zu, dann ist es um die Perspektiven der Zuwanderungspolitik in Europa nicht gut bestellt. Dass die europäischen Länder in Zukunft allein aus Gründen der Demografie wesentlich mehr Zuwanderung benötigen, wenn sie ihren Wohlstand aufrechterhalten und gegenüber anderen Weltregionen nicht ins Hintertreffen geraten wollen, ist unter allen Experten Konsens, wird aber als Tatsache immer noch gerne verdrängt. Das Zuwanderungsthema birgt offensichtlich soviel Sprengstoff, dass eine langfristig vorausschauende Politikgestaltung nicht möglich ist. Die Verantwortung dafür wird in der Regel den Politikern angelastet, die sich aus Angst vor ihren Wählern scheuten, die Wahrheit offen auszusprechen. Dieser Vorwurf, so berechtigt er im einzelnen sein mag, kratzt jedoch nur an der Oberfläche. Das eigentliche Problem reicht sehr viel tiefer. Es verweist auf die grundsätzlichen Schwierigkeiten der Europäer im Umgang mit Migration. Drei Aspekte lassen sich dabei unterscheiden.

Der erste Aspekt betrifft das bevölkerungspolitische Selbstbild der europäischen Nationen, das sich von dem klassischer Einwanderungsländer wie den USA, Kanadas oder Australiens diametral unterscheidet. Während dort die Einwanderung im Bewusstsein der Bevölkerung positiv verankert ist und eine Quelle des Nationalstolzes bildet, wirken in den neuen Einwanderungsländern Europas das Überbevölkerungstrauma und die Angst vor zu wenig Lebensraum bis heute nach. Tatsächlich gehören die europäischen Staaten noch immer zu den dicht besiedeltsten der Welt. Um dem Bevölkerungsdruck zu begegnen, verstanden sich die meisten von ihnen bis in die fünfziger Jahre hinein als Auswanderungsländer. Dass der hohen Zahl der Einwanderer auch heute noch in vielen Ländern fast gleich hohe Auswandererzahlen gegenüberstehen, wird in der Zuwanderungsdebatte oft übersehen.

Einer positiven Sicht auf die Einwanderung stand in Europa auch das nationale Selbstbild der Staaten entgegen. Während die Zugehörigkeit zur Nation in den klassischen Einwanderungsländern auf republikanischen Werten

Die Wohlstandsinsel als Festung?

gründete, die man gemeinsam teilte, wurde sie den europäischen Ländern zumeist an ethnische Kriterien geknüpft. Die Vermischungen, die im 19. und 20. Jahrhundert infolge von Wanderungsbewegungen stattfanden, konnten dieses Prinzip nicht aufweichen. Im Gegenteil: Wanderungen wurden jetzt ausdrücklich auch mit dem Ziel angestoßen, die Homogenität der Nation zu fördern (indem man Fremde vertrieb und die Angehörigen der eigenen Nation „heim ins Reich" holte). Als einzige historisch gewachsene Einwanderungsgesellschaft in Europa kann Frankreich gelten, das schon in der zweiten Hälfte des 19. Jahrhunderts die Zuwanderung gezielt förderte, um den drohenden Bevölkerungsrückstand gegenüber dem deutschen Nachbarn auszugleichen. Das Verständnis des Landes als Staatsnation (im Gegensatz zur deutschen Kulturnation) trug dem Rechnung. Im Unterschied zu den klassischen Einwanderungsnationen lief dieses Verständnis aber nicht auf eine pluralistische Integrationspolitik hinaus. Während die Neubürger in den USA, soweit sie nicht anglo-germanischer Abstammung waren, dazu neigten, eine doppelte (Bindestrich-)Identität auszubilden, wurden die Zuwanderer in Frankreich so vollständig assimiliert, dass ihre ursprüngliche hinter der neuen nationalen Identität bald verblasste. In der Tendenz ähnlich, wenn auch nicht ganz so rigoros, verfuhren die anderen europäischen Länder.

Die Schwierigkeiten der heutigen Integrationspolitik müssen vor diesem Hintergrund gesehen werden. Im 19. und frühen 20. Jahrhundert stieß die Assimilation auf Bedingungen, die in dieser Form später nicht wiederholbar waren. Die Zahl der Neuankömmlinge blieb überschaubar, und ihre kulturelle Nähe war groß genug, um eine vergleichsweise reibungslose Eingliederung zu gewährleisten. Die in den fünfziger Jahren einsetzende Zuwanderung von Arbeitsmigranten und Flüchtlingen stellte demgegenüber einen Quantensprung dar. Anders als früher entstammt ein Großteil der heutigen Einwandererpopulation dem nicht-europäischen Kulturkreis des Islam. Von diesen Menschen konnte und kann nicht erwartet werden, dass sie ihre kulturell-religiöse Andersartigkeit einfach abstreifen. Die daraus ableitbaren Toleranzforderungen an die einheimische Bevölkerung stoßen jedoch auf ein grundsätzliches Problem: Die Ausländer mögen zwar an Zahl und Sichtbarkeit zunehmen; sie haben es aber nach wie vor mit einer übermächtigen Mehrheitskultur zu tun, die sich an die Präsenz des Fremden im öffentlichen Raum erst allmählich gewöhnt. Die Anerkennung kultureller Differenz birgt aus diesem Grund in den europäischen Ländern größere Konflikte als in den klassischen Einwanderungsnationen. Was hierzulande inzwischen zur Alltagserfahrung gehört – Streit um der Errichtung einer Moschee oder darum, ob muslimische Schülerinnen im Unterricht ein Kopftuch tragen dürfen – haben die dortigen multikulturellen Gesellschaften längst hinter sich gelassen.

Das zweite Problem, das einer zukunftsgerichteten Einwanderungspolitik im Wege steht, liegt in der Eigenart des europäischen Einigungsprozesses begründet. Dieser ist durch eine funktionale Dialektik von innerer Öffnung und äußerer Schließung gekennzeichnet. Je mehr die Gemeinschaft sich im Inneren liberalisierte, die Grenzen des Waren- und Personenverkehrs beseitigte, um so höher wurden ihre Schutzzäune nach außen. Beide Prozesse bilden in der Logik der Integration Seiten derselben Medaille. Um sich der eigenen Zusammengehörigkeit zu versichern, bedarf es immer auch der Abgrenzung von den anderen, Nicht-Zugehörigen. Die Identität bestimmt sich dabei entweder nach kulturellen Kriterien oder sie wird politisch erzeugt. Da es den europäischen Ländern an einer verbindenden nationalen Tradition mangelt, wird man die EU als kulturelle Gemeinschaft kaum definieren können. Wie die Debatte um einen möglichen Beitritt der Türkei zeigt, hat Europa ja nicht einmal von seiner räumlichen Ausdehnung einen klaren Begriff. Umso größere Bedeutung für das Zusammenwachsen erlangt die politische Strategie. Sie lässt sich auch an der Genese der europäischen Nationalstaaten ablesen, bei der die Staatenbildung der Nationenbildung in aller Regel vorausgegangen ist. Es waren also die Staaten, die die Nationen hervorgebracht und sich auf diese Weise gleichsam ihre eigenen Völker geschaffen haben, nicht umgekehrt. Lediglich Deutschland bildet hier mit der verspäteten Reichsgründung eine Ausnahme.

Manche Autoren halten die Vorstellung einer gemeinsamen europäischen Identität für abwegig. Damit unterschätzen sie jedoch die identitätsstiftende Wirkung von staatlichen Institutionen. Wenn es für die EU Nachholbedarf gibt, dann liegt er vor allem hier (und nicht in der fehlenden kulturellen Übereinstimmung.) Die Gemeinschaft hat die Möglichkeiten der Staatenbildung erst zum Teil ausgeschöpft. Symptomatisch dafür ist zum einen ihr demokratisch defizitäres Institutionensystem, zum anderen das Nicht-Vorhandensein einer gemeinsamen Außen- und Sicherheitspolitik. Genauso interessant ist allerdings die Gegenprobe. Im Zuge des Maastricht-Prozesses wurden die staatlichen Attribute der EU in zwei Politikbereichen nachhaltig

Die Wohlstandsinsel als Festung?

verstärkt. Der eine Bereich ist die Währungsunion. Mit ihr ist ein Kernelement nationaler Souveränität auf die europäische Ebene übertragen worden, das die Einheit des Staates nach innen und außen symbolisiert und daher in bundesstaatlichen Ordnungen traditionell der Zuständigkeit der Zentralgewalt unterliegt. Der in Entstehung begriffene europäische Bundesstaat hatte dieses Prinzip vor dem Maastricht-Prozess in das Gegenteil verkehrt, indem er sich auf die staatsfernen Aspekte einer reinen Wirtschaftsintegration konzentrierte.

Der andere Bereich ist das Schengener Abkommen. 1985 von zunächst sechs Ländern in Kraft gesetzt, sieht es den vollständigen Abbau aller Kontrollen an den Binnengrenzen der Mitgliedsstaaten vor. Um dieses Ziel zu erreichen bzw. seine negativen Nebenwirkungen zu begrenzen, wurden durch mehrere Folgeverträge die Zusammenarbeit der nationalen Polizeibehörden in der Kriminalitätsbekämpfung verbessert, die Visabestimmungen für Nicht-EU-Bürger vereinheitlicht und die Kontrollen an den Außengrenzen verschärft. Auch hier handelt es sich um Felder, in denen Staatlichkeit auf klassische Weise zum Ausdruck kommt. Der Schengen-Prozess bewirkte damit auch eine Stärkung des europäischen Bewusstseins im Inneren. Europa wurde als quasi-staatliche Gemeinschaft erfahrbar, indem es zwischen seinen eigenen Bürgern und den Nicht-Zugehörigen diskriminierte.

Für die Abschottung zahlt die EU freilich einen hohen Preis. Die Festungsmentalität steht ja nicht nur der Zuwanderungspolitik im Wege, die sie im eigenen Interesse betreiben müsste; sie belastet auch das Verhältnis zu den alten und neuen Nachbarstaaten, denen der Zugang zu einer größeren Modernität versperrt wird. Mit Blick auf die nordafrikanischen Staaten mag das vielleicht noch vertretbar sein, weil sie eine kulturelle oder geografische Zugehörigkeit zu Europa nicht beanspruchen können; bereits die natürlichen Grenzen verhindern hier eine engere Beziehung (und erleichtern es der EU nebenbei, den Zugang zu kontrollieren). Anders verhält es sich mit Osteuropa, wo der bevorstehende Beitritt der mitteleuropäischen und baltischen Staaten dazu führt, dass deren Grenzen für die Nachbarländer künftig undurchlässiger werden. Die Beitrittsländer haben sich zu dieser Verschärfung der Einreisebestimmungen nach dem Schengen-Standard gegen ihren Willen verpflichten müssen. Dass sie nicht im Interesse ihrer östlichen Nachbarn liegt, versteht sich von selbst. Unter diesen wird vor allem die Ukraine negativ betroffen sein, die in der Zwischenzone zwischen Europa und Russland schon heute zu den vergessenen Ländern gehört. Bei einer größeren Durchlässigkeit würden gewiss mehr Zuwanderer aus dem Osten nach Westeuropa gelangen. Es würden aber auch jene Prozesse der kulturellen Beeinflussung in Gang gesetzt, die ein Aufholen von Modernisierungsrückständen überhaupt erst ermöglichen. Wenn die Ukraine Anschluss an den Westen finden soll, darf die Europäische Union sich ihr also nicht durch ein rigoroses Grenzregime verschließen. Dies liegt auch im langfristigen Eigeninteresse der EU.

Der dritte Punkt bezieht sich auf die nationalen Prägungen der Zuwanderungspolitik, die ein gemeinsames europäisches Vorgehen erschweren. Das zuvor zum Schengen-Abkommen Gesagte steht nur in scheinbarem Widerspruch dazu. Die Verständigung auf einheitliche Visa-Bestimmungen war schwierig genug, nimmt sich aber unproblematisch aus, wenn man sie mit den weitergehenden Anforderungen der Asyl- und Zuwanderungspolitik vergleicht. Bei den Visa-Bestimmungen geht es lediglich um die Regelung eines zeitlich begrenzten Aufenthaltes. Die Asyl- und Zuwanderungspolitik betrifft demgegenüber die Frage der dauerhaften Niederlassung und Zugehörigkeit. Damit greift sie in den Kernbestand dessen ein, was (national)staatliche Souveränität ausmacht – die Kontrolle über das Territorium und der dort lebenden Bevölkerung. Der nationale Bias wird dadurch verstärkt, dass die Regelung der Zuwanderung an die wohlfahrtsstaatlichen Arrangements eng gekoppelt ist, die als materielles Substrat der Demokratie ebenfalls eine Domäne des Nationalstaates darstellen. Der wirtschaftliche Integrationsprozess hat die sozialpolitischen Handlungsmöglichkeiten der Mitgliedsstaaten zwar faktisch beschränkt. Eine Europäisierung des Wohlfahrtsstaates steht jedoch in weiter Ferne. Weil die sozialpolitischen Fragen besonders verteilungsintensiv sind und deshalb bei der Durchsetzung einen hohen Legitimationsbedarf erzeugen, wird die EU hier künftig allenfalls Mindeststandards festsetzen können.

Die dadurch perpetuierte nationale Primärzuständigkeit für die Zuwanderungspolitik verstärkt die Festungstendenz in doppelter Hinsicht: Einerseits zieht sie einen unseligen Wettbewerb unter den Mitgliedsstaaten nach sich, die sich in ihren Abschottungsmaßnahmen gegenseitig überbieten, um das Problem auf den jeweils anderen abzuwälzen. Zum anderen begünstigt sie dort, wo einvernehmliche Regelungen gesucht werden, Null- oder Minimallösungen. Die Bereiche Asyl und Zuwanderung sind in der EU nach wie vor

Die Wohlstandsinsel als Festung?

Gegenstand zwischenstaatlicher Kooperation, unterliegen also der sogenannten intergouvernementalen Methode. Zwar hatte man sich 1997 im Amsterdamer Vertrag darauf verständigt, sie in die erste Säule der Gemeinschaftspolitiken mittelfristig zu überführen. Die Abkehr vom Einstimmigkeitsprinzip wurde auf dem Gipfel von Nizza jedoch ausgerechnet von der Bundesrepublik blockiert, die sich ihrer Integrationsfreundlichkeit ansonsten gerne rühmt. Bis 2004 sollen nun – auf intergouvernementaler Basis – einheitliche Regelungen in der Asyl- und Flüchtlingspolitik erarbeitet werden. Wie die Beschlüsse von Sevilla gezeigt haben, steht dabei allerdings zu befürchten, dass die Einheitlichkeit weiterhin nur auf dem kleinsten gemeinsamen Nenner stattfindet: Sicherung der Außengrenzen und Bekämpfung der illegalen Einwanderung.

Eine vollständige Vergemeinschaftung würde die restriktive Tendenz sicher nicht von heute auf morgen beseitigen. Sie könnte die Handlungsspielräume der Zuwanderungspolitik aber entscheidend erweitern. Dies gilt sowohl für den Bereich Flüchtlinge und Asyl, wo die Ankömmlinge auf die einzelnen Mitgliedsstaaten verteilt werden müssen (ein klassisches Argument für Zentralisierung), als auch für den Bereich der Arbeitsmigration. Im letzteren Falle hätte sich die Aufnahme selbstverständlich nach dem angemeldeten Bedarf der Mitgliedsstaaten zu richten. (Dass die Zuständigkeit für die Integrationspolitik bei den Mitgliedsstaaten verbleiben würde, liegt auf der Hand, da dieser Bereich mit den nationalen Domänen des Bildungssystems und der Sozialpolitik aufs engste verknüpft ist. Hier und in der Frage des Staatsangehörigkeitsrechts könnte die Gemeinschaft allenfalls eine Rahmenkompetenz reklamieren.)

Indem sie die Zuwanderungspolitik der supranationalen Kontrolle unterwerfen, würden sich die Staats- und Regierungschefs einen Umstand zunutze machen, der dem Integrationsprozess auch in anderen Bereichen eher genutzt als geschadet haben dürfte. Gemeint ist das viel beklagte Defizit an europäischer Demokratie. Für die Politiker wurde es dadurch möglich, Entscheidungen der EU in die nationale Sphäre zu „reimportieren", die dort mit hoher Wahrscheinlichkeit nicht durchsetzbar gewesen wären. Warum könnte das nicht auch für die Zuwanderung gelten? Gerade hier sind die populistischen Gefährdungen ja besonders groß, wie die aktuellen Wahlerfolge der alten und neuen Rechtsparteien zeigen. Eine zukunftsweisende Migrationspolitik, die sich nicht im Ausbau der Festung Europa erschöpft, wird nur möglich sein, wenn sie gegen solche Gefährdungen gefeit ist. Leider sind die Aussichten dafür im Moment nicht sehr günstig.

MUT. Forum für Kultur, Politik und Geschichte Nr. 430 (Juni 2003), S. 66-73.

Der Irrweg der Parlamentarisierung in der EU

Als die Staats- und Regierungschefs der Europäischen Union den Termin für die feierliche Unterzeichnung des Verfassungsvertrages auf den 29. Oktober 2004 festlegten, waren sie wohl davon ausgegangen, dass die Nominierung des neuen Kommissionspräsidenten und seiner Mannschaft bis dahin problemlos über die Bühne gegangen sein würde. Nur hatten sie die Rechnung diesmal ohne das Europäische Parlament gemacht. Dessen Weigerung, die Barroso-Kommission zu bestätigen, beherrschte über Tage und Wochen die Schlagzeilen und drängte das römische Großereignis unerwartet in den Hintergrund. Die aufmüpfigen Abgeordneten hatten den „Herren der Verträge" die Zähne gezeigt und ihnen damit gründlich die Schau gestohlen.

Anschließend machten die desavouierten Akteure die übliche gute Miene zum bösen Spiel. Hatten die Regierungschefs – wie z.B. Bundeskanzler Schröder – im Vorfeld der Abstimmung für den Fall einer Ablehnung vor einer institutionellen Krise der Gemeinschaft noch nachdrücklich gewarnt, so beeilten sie sich nun, das neue Selbstbewusstsein des Parlaments als Beweis für die fortschreitende Demokratisierung der EU ebenso nachdrücklich zu loben. Ähnlich entfuhr es dem Kommissionspräsidenten und einigen seiner designierten Kommissare. Auf der parlamentarischen Seite waren die Urteile ohnehin einhellig. So deutete der Vorsitzende der EVP-Fraktion, der deutsche CDU-Abgeordnete Hans-Gert Pöttering, das Aufbegehren des Parlaments überschwänglich als „Zeichen für ein Mehr an Parlamentarismus in Europa." Obwohl er damit gewiss richtig lag, klang das aus seinem Mund ziemlich vermessen, waren es doch gerade die Christdemokraten und Konservativen gewesen, die Barroso bis zuletzt ihre Unterstützung zugesagt hatten.

Die in diesen Äußerungen enthaltene Schizophrenie ist bezeichnend für den demokratischen Ist-Zustand des europäischen Regierungssystems. Für die Befürworter supranationaler Integrationsideen ist die Demokratisierung der EU heute weitgehend gleichbedeutend mit ihrer Parlamentarisierung. Parlamentarisierung meint dabei zweierlei. Zum einen soll das Europäische Parlament als Legislativorgan aufgewertet und dem Ministerrat als Gesetzgeber gleichgestellt werden; zum anderen soll es die Kommission, die in der EU die Funktionen einer Regierung wahrnimmt, bestellen und abberufen dürfen. Letzteres ist das zentrale Merkmal der parlamentarischen Regierungsform, wie sie den europapolitischen Akteuren aus ihren Heimatstaaten geläufig ist. Das einzige Land in Europa, das kein parlamentarisches System unterhält, ist die Schweiz – und die gehört bezeichnenderweise nicht zur Europäischen Union.

Was die legislativen Kompetenzen betrifft, hat das Parlament seine Position im Rahmen des EU-Institutionengefüges in der Tat stetig ausbauen können. Von Maastricht über Amsterdam und Nizza bis hin zum jetzigen Verfassungsvertrag wurden seine Entscheidungsrechte kontinuierlich gestärkt. Zwar ist das EP nach wie vor nicht das eigentliche legislatorische Beschlussorgan, sondern nimmt in dieser Hinsicht eher die Funktion einer Zweiten Kammer wahr. Als solche ist es dem Ministerrat heute jedoch praktisch ebenbürtig. Allein die Außen- und Sicherheitspolitik bildet davon eine Ausnahme, doch handelt es sich hier um ein Politikfeld, das auch in den Mitgliedsstaaten traditionell eine Domäne der Exekutive darstellt. Strukturell weicht die Straßburger Versammlung von einem normalen Parlament allerdings darin ab, dass sie weder nach einem einheitlichen Wahlrecht gewählt wird noch bei der Sitzzuweisung dem demokratischen Gleichheitsprinzip huldigt – ein Mangel, den der Verfassungsvertrag durch eine stärkere Berücksichtigung der Bevölkerungsgröße in der anderen Kammer aufzufangen versucht. Vorenthalten bleibt dem Parlament des Weiteren das in einem demokratischen System gängige Gesetzesinitiativrecht, das in der EU ausschließlich bei der Kommission liegt. Auch das lässt sich für die Abgeordneten aber relativ gut verschmerzen, da sie die Kommission jederzeit zu einer Initiative auffordern können.

Braucht das EP den Vergleich mit den nationalen Parlamenten als Legislativorgan insofern nicht zu scheuen, so ergibt sich bei der zweiten Funktion – Bestellung und Abberufung der Regierung (Kommission) – ein wesentlich nüchterneres Bild. Auch nach den Bestimmungen der neuen Verfassung wird es nicht so sein, dass diese, wie in einem parlamentarischen System üblich, künftig aus der Parlament „hervorgeht". Artikel I-27 des Vertrages sieht vor, dass die Staats- und Regierungschefs im Europäischen Rat dem Europaparlament einen Kommissionspräsidenten mit qualifizierter Mehrheit vorschlagen, den dieses dann mit absoluter Mehrheit „wählt". Beim Vorschlag ist das Ergebnis der Wahlen zum Europäischen Parlament zu berücksichtigen. Dass die Nominierung des Kommissionspräsidenten durch den Europäischen Rat mit qualifizierter Mehrheit und nicht mehr einstimmig erfolgt, ist eine Neuerung des Vertrages von Nizza, die bei der Installierung der jetzigen Kommission erstmals angewendet wurde. Die dadurch herbeigeführte legitimatorische Aufwertung macht es dem Parlament praktisch unmöglich, sich einem vom Rat vorgeschlagenen Kandidaten zu verweigern. Bei Lichte betrachtet handelt es sich also nicht um eine „Wahl", wie der Verfassungsvertrag missverständlich formuliert, sondern um ein bloßes Bestätigungsrecht; die eigentliche Bestellungsfunktion verbleibt bei den Staats- und Regierungschefs. Dies lässt sich auch an den bisherigen Abstimmungsergebnissen ablesen, die den Kommissionspräsidenten im Europäischen Parlament in der Regel eine breite, fraktionsübergreifende Mehrheit beschert haben.

Um die Bestätigung seines Kandidaten im Parlament sicherzustellen, ist der Europäische Rat natürlich gut beraten, das Parlament in den Nominierungsprozess vorsorglich einzubeziehen. Von einem nennenswerten Einfluss auf das Auswahlverfahren, der Vorbote eines positiven Bestellungsrechts sein könnte, bleibt die Straßburger Versammlung jedoch weiterhin entfernt. Daran ändern auch die Umstände der jüngsten Wahl nichts, bei der der von Frankreich und Deutschland ursprünglich favorisierte belgische Premierminister Guy Verhofstadt nicht durchsetzbar war. Die Verdrängung des Liberalen Verhofstadt durch den konservativen portugiesischen Kandidaten José Manuel Barroso spiegelt eher die veränderten Macht- und Mehrheitsverhältnisse im Europäischen Rat wider als das Ergebnis der Wahlen zum Europäischen Parlament. Um den Rat zu präjudizieren, wäre es den großen Fraktionen ja unbenommen gewesen, mit eigenen Spitzenkandidaten für das Präsidentenamt in die Wahl zu ziehen, worauf sie aber auch dieses Mal wohlweislich verzichtet haben. Voraussetzung für eine echte Parlamentarisierung des Bestellungsverfahrens ist also, dass die Europawahlen tatsächlich um europäische Themen und Personen geführt werden. Wäre dies der Fall, dann könnten Rat und Parlament ihre heutigen Rollen bei der Bestellung tauschen.

Die Geschichte ist damit freilich noch nicht zu Ende. Nachdem der Präsident seine Kommissionsmannschaft zusammengestellt hat, muss sich diese

Der Irrweg der Parlamentarisierung in der EU 263

als ganze einem abschließenden Zustimmungsvotum des Parlaments unterwerfen, bevor sie ihr Amt antreten kann. Wie die Länderverfassungen in der Bundesrepublik zeigen, ist ein solches Bestätigungsrecht in parlamentarischen Systemen durchaus vorgesehen, wenn auch nicht die Regel. Im präsidentiellen System gehört es demgegenüber zu den üblichen „checks and balances", mit denen die Übermacht einer Regierungsgewalt verhindert werden soll. Im US-amerikanischen Fall erstreckt sich das Zustimmungsvotum im Senat allerdings nur auf die einzelnen Regierungsmitglieder. Dies hat auch seinen guten Sinn, da eine Ablehnung des Gesamtkabinetts einer Desavouierung des Präsidenten gleichkäme. Anders in der EU: Hier soll das Zustimmungsvotum der Abgeordneten zur Gesamtkommission offenbar einen Ausgleich für das fehlende positive Bestellungsrecht schaffen. Die im ersten Anlauf gescheiterte Bestätigung der Barroso-Kommission hat deutlich gemacht, dass diese Regelung wenig zweckmäßig ist. Praktikabel wäre sie nur dann, wenn der Kommissionspräsident bei der Zusammenstellung seines Teams über einen größeren Spielraum verfügen würde, wie es der Verfassungsentwurf des Konvents ursprünglich vorgesehen hatte. In diesem Falle könnte er die Vorstellungen des Parlaments vorab berücksichtigen und bräuchte um dessen Zustimmung nicht zu bangen. So aber sind ihm durch die Vorschläge der einzelnen Mitgliedsstaaten weitgehend die Hände gebunden. Die jetzt erfolgte erstmalige Ablehnung einer Kommission durch das Parlament hat sich insofern nur vorderhand gegen die für ungeeignet befundenen Kommissare gerichtet; ihr eigentlicher Adressat waren die Suprematieansprüche der Staats- und Regierungschefs.

Wie wenig das Verhältnis von Parlament und Regierung in der EU der normalen parlamentarischen Regierungsform entspricht, kann man zugleich an den Regelungen zum Misstrauensvotum ablesen, die mit dem Bestellungsverfahren in engem Zusammenhang stehen. Die Formulierung des Artikels I-26 Abs. 8, wonach die Kommission als Kollegium dem Europäischen Parlament verantwortlich ist, deutet auch hier zunächst auf ein parlamentarisches System. Gegen die Annahme eines normalen parlamentarischen Abberufungsrechts spricht jedoch mindestens zweierlei. *Erstens* ist für eine erfolgreiches Votum eine Zwei-Drittel-Mehrheit erforderlich, während für die Investitur der Kommission bereits die absolute Mehrheit genügt. Beides passt nicht zusammen. *Zweitens* – und noch wichtiger – folgt die Abberufbarkeit nicht primär politischen Gründen; stattdessen dient sie der

Sanktionierung eines rechtlichen oder moralischen Fehlverhaltens, wie man am Misstrauensantrag gegen die Santer-Kommission 1999 hat sehen können. Symptomatisch dafür ist das bislang vergebliche Bemühen des Parlaments, das Misstrauensvotum von der gesamten Kommission auf die einzelnen Kommissionsmitglieder auszudehnen. Dessen bedürfte es nicht, wenn es sich bei der Abberufbarkeit tatsächlich um ein politisches Prinzip handeln würde. In der Europäischen Union beschreibt sie jedoch eher ein rechtliches Prinzip (im Gewand eines politischen Verfahrens), das an das US-amerikanische „impeachment" erinnert und besser mit „Absetzung" oder „Amtsenthebung" übersetzt werden sollte. So wie beim Bestätigungsrecht handelt es sich auch hier um ein typisches Merkmal des Präsidentialismus.

Das Bild komplettiert sich, wenn man die sonstigen typischen Merkmale eines parlamentarischen Systems betrachtet. So verfügen Kommission und Rat z.B. nicht über die Möglichkeit, das Parlament aufzulösen, die als Pendant zur Abberufbarkeit der Regierung normalerweise gegeben sein müsste. Die Einführung einer solchen Auflösungsbefugnis war vom französischen Premierminister Lionel Jospin 2001 angeregt worden, dessen Idee im Verfassungskonvent aber keinen Widerhall fand. Für eine größere Affinität zum präsidentiellen System spricht des Weiteren die faktische Inkompatibilität von exekutiven Ämtern (in Rat und Kommission) und Abgeordnetenmandat, obwohl dies rechtlich nicht ausdrücklich vorgeschrieben ist. Da Inkompatibilitätsregelungen auch in manchen parlamentarischen Systemen anzutreffen sind, handelt es sich hier freilich um kein zwingendes Unterscheidungsmerkmal. Dasselbe gilt für die in der Europäischen Union bestehende Zweiteilung der exekutiven Spitzenfunktionen zwischen Kommissionspräsident und der neu formierten Ratspräsidentschaft, die institutionell eher an ein parlamentarisches System erinnert.

Mit dem Vorwurf konfrontiert, das Europäische Parlament bleibe hinter den Mindeststandards eines demokratischen Parlaments nach wie vor zurück, hat der CDU-Europaabgeordnete Elmar Brok in einer Fernsehdiskussion kürzlich zu Recht darauf hingewiesen, dass man die Straßburger Versammlung eher mit dem US-amerikanischen Kongress vergleichen könne als mit einem herkömmlichen Parlament aus den EU-Mitgliedsstaaten. Dies hielt ihn allerdings nicht davon ab, nur wenige Minuten später das Recht, die Kommission zu bestellen, für das EP ausdrücklich zu reklamieren (und als im Grunde bereits realisiert anzusehen). Der Widerspruch ist offenkundig und hätte dem ansonsten so versierten Parlamentarier eigentlich auffallen müssen. Das Beispiel des amerikanischen Kongresses zeigt nämlich, dass Parlamente gerade dort mächtig sind, wo sie die Regierung *nicht* bestellen und abberufen können, das heißt: auf die Funktion einer Legislative beschränkt bleiben. Hier liegt auch der Grund für die schon heute starke Position des Europäischen Parlaments im Gesetzgebungsprozess. Das EP mag zwar die volle gesetzgeberische Gleichstellung mit dem Rat noch nicht erreicht haben; wo es mitentscheiden kann, besitzt es jedoch häufig größeren Einfluss als die nationalen Parlamente, denen die Regierungen als Gesetzgeber weitgehend den Rang abgelaufen haben. Dies dürften zumal diejenigen Abgeordneten als wohltuend empfinden, die das parlamentarische System ihrer Heimatländer aus eigener Anschauung kennen. Weil die einen (die Vertreter der parlamentarischen Mehrheit) nicht regieren dürfen und die anderen (die Vertreter der Opposition) nicht regieren können, wirkt dessen Praxis auf die Parlamentarier zuweilen frustrierend. Als Kreationsorgan einer europäischen Regierung würde es den Straßburger Abgeordneten vermutlich ähnlich ergehen. Welches Interesse sollten sie also daran haben, sich auf ein solches Verlustgeschäft einzulassen?

Die von den Supranationalisten favorisierte Parlamentarisierungsstrategie könnte sich aber noch aus einem anderen Grund als Irrweg erweisen, der mit dem dazu nötigen demokratischen Unterbau der Gemeinschaft zu tun hat. Gemeint ist hier vor allem die Europäisierung der Parteien. Ein Vergleich der Funktionslogiken des parlamentarischen und präsidentiellen Systems zeigt, dass die Ansprüche an eine solche Europäisierung im parlamentarischen System sehr hoch wären. Das parlamentarische Modell beruht ja auf der politischen Verbindung von Regierung und Parlamentsmehrheit. Die Regierung wird von den Fraktionen bestellt und im Amt gehalten, die aus den Parlamentswahlen als Mehrheit hervorgegangen sind, während die parlamentarische Minderheit die Rolle der Opposition übernimmt. Damit dieses Spiel funktioniert, müssen die Parteien ein hohes Maß an ideologischem und organisatorischem Zusammenhalt aufweisen – eine Bedingung, die das heutige europäische Parteiensystem nur bruchstückhaft erfüllt. Im präsidentiellen System verfügt der Regierungschef hingegen durch seine unmittelbare Volkswahl über eine vom Parlament unabhängige Legitimation. Er bleibt also auch ohne dessen Zustimmung im Amt. Das Parlament kann der Regierung daher vergleichsweise unbefangen gegenübertreten. Ein politischer

Gleichklang zwischen den Organen, der die Abgeordneten zur Einhaltung der Partei- und Fraktionsdisziplin verpflichtet, ist nicht erforderlich. Ein präsidentielles System kommt demnach auch ohne fest gefügte Parteistrukturen aus.

Wenn diese Argumentation stimmt und eine parlamentarische Anbindung der Kommission gar nicht erreichbar ist, weil die Voraussetzungen dafür fehlen, wäre der Übergang zu einer präsidentiellen Demokratisierungsstrategie folgerichtig. Der Kommissionspräsident würde dann nicht durch das Parlament, sondern direkt von den europäischen Bürgern bestellt. Unter demokratischen Gesichtspunkten wäre das ein gewaltiger Sprung nach vorne, der sich aber in die institutionelle Entwicklungslogik der EU besser einfügen würde als ein parlamentarisches System und deshalb auch nur wenige formale Eingriffe in die bestehende Verfassung erfordern würde. Das Parlament könnte z.B. seine Kontrollrechte gegenüber der Kommission behalten (einschließlich des Rechts, die Kommissionsmitglieder vor ihrer Ernennung zu bestätigen) und auch seine legislativen Befugnisse gegenüber dem Rat weiter ausbauen. Zu überdenken wäre allenfalls, ob man das gerade erst geschaffene Amt eines Präsidenten (des Europäischen Rates) dann noch bräuchte, da ein direkt gewählter Kommissionspräsident neben seinen exekutiven Funktionen zweifellos auch repräsentative Aufgaben wahrnehmen würde.

Die Kommission wiederum würde durch die Direktwahl zwar stärker politisiert; ihre Neutralität und Unabhängigkeit, auf der die Gemeinschaftsmethode letztlich basiert, wäre aber dadurch noch nicht in Frage gestellt. Diese Unabhängigkeit stellt ja nicht nur gegenüber den Mitgliedsstaaten ein hohes Gut dar. Auch gegenüber dem Parlament sollte sich die Kommission vor ideologischer und parteipolitischer Einseitigkeit tunlichst hüten, wenn sie eine breite Zustimmung zu ihren Vorhaben erreichen will. Der Kommissionspräsident ist deshalb gut beraten, schon bei der Zusammenstellung seines Teams auf die nötige Ausgewogenheit zu achten.

Die gewaltentrennende Logik des Präsidentialismus, die der Proporzgedanke zum Ausdruck bringt, entspricht der Heterogenität der europäischen Politik eher als das auf Gewaltenverschränkung ausgelegte parlamentarische System. Im Unterschied zu den USA, wo sich die fragmentierten Entscheidungsprozesse im Rahmen eines mehrheitsdemokratischen Systems abspielen, würde die EU ihren Charakter als Konsensdemokratie ja nicht verlieren, wenn man die Direktwahl einführte. Der Gefahr, dass einzelne Länder bei einer solchen Abstimmung majorisiert werden, ließe sich durch entsprechende Nominierungsregeln begegnen. Und selbst dann blieben immer noch genügend Vetomöglichkeiten, die Ministerrat und Parlament gegen die Kommission wahrnehmen könnten, wobei insbesondere das Parlament von seiner unabhängigen Position profitieren würde. Auf der anderen Seite hätte eine unmittelbar legitimierte Kommission bessere Voraussetzungen als heute, die Initiative in der Gesetzgebung zu behaupten. Dadurch könnte sie einer drohenden Blockade im Entscheidungsprozess entgegenwirken, die bekanntlich zu den Hauptschwächen des Präsidentialismus gehört.

Die Vorteile des präsidentiellen Systems liegen im Falle der EU auch auf der mehrheitsdemokratischen Seite. Indem sie den Bürgern die Möglichkeit gibt, mit der Wahl einer Person zugleich eine politische Richtungsentscheidung zu treffen, würde von der Direktwahl des Kommissionspräsidenten ein bedeutender Legitimationsschub für die europäische Politik ausgehen. So wie es sich derzeit darstellt, ist das Institutionensystem der EU nur begrenzt in der Lage, im Regierungsprozess programmatische Alternativen zu entwickeln oder andere als zwischenstaatliche Konflikte abzubilden. Genau hierin besteht aber die Crux einer demokratischen Wahl: dass für die Wähler etwas auf dem Spiel stehen muss, um das sich politisch zu ringen lohnt. Hierzu gehört z.B. die Frage, ob sich die Gemeinschaftspolitik eher in einer marktliberalen oder sozialstaatlichen Richtung entwickeln sollte. Die Direktwahl würde dem Rechnung tragen. Ein vom Volk ins Amt getragener Regierungschef hätte das Vorrecht und die Bürde der politische Initiative, könnte sich also nicht mehr ohne Weiteres hinter seinen Beamten oder den Vertretern des Ministerrats verstecken; des Weiteren wäre er derjenige, der die Einheit der Gemeinschaft institutionell verkörpert, ihre politischen Ziele nach innen und außen vertritt. Auf der anderen Seite würde die Direktwahl mit dem bisherigen „second order"-Charakter der Europawahlen Schluss machen. Die Parteien wären gezwungen, sich nationübergreifend auf einen gemeinsamen Kandidaten zu einigen und mit einem personellen und programmatischen Gesamtangebot in die Wahl zu ziehen. Die Folge wäre ein höherer Mobilisierungsdruck, der das Zusammengehörigkeitsgefühl der Unionsbürger stärken, die Herausbildung eines europaweiten Parteiensystems unterstützen und sich natürlich auch auf die weiterhin stattfindenden Wahlen zum Europäischen Parlament auswirken würde.

Angesichts dieser Vorteile ist es schade, dass der Direktwahlvorschlag in der Verfassungsdebatte als alternativer Demokratisierungsvorschlag nur wenig Beachtung gefunden hat. Die Gründe dafür dürften zum einen in den parlamentarischen Traditionen der Mitgliedsstaaten liegen, die das präsidentielle Modell als institutionellen Fremdkörper erscheinen lassen; zum anderen hängen sie mit dem Verdacht zusammen, dass eine Volkswahl des Kommissionspräsidenten die konsensuellen Strukturen der EU noch stärker belasten würde als eine Wahl durch das Parlament. Obwohl beide Einwände einer genaueren Überprüfung nicht standhalten, haben sie sich doch in der politischen und wissenschaftlichen Debatte als äußerst wirkungsmächtig erwiesen. So ist es auch zu erklären, dass Joschka Fischer, der die Direktwahlidee in seiner Berliner Humboldt-Rede im Jahre 2000 prominent ins Spiel gebracht hatte, von dem Vorschlag bald darauf nichts mehr wissen wollte. Stattdessen schwenkte der deutsche Außenminister auf die Linie der „Parlamentaristen" ein, die er für die Bundesregierung im Konvent dann auch offiziell vertreten sollte.

Ob eine Fortentwicklung des EU-Regierungssystems entlang des präsidentiellen Pfades damit endgültig außer Reichweite ist, steht jedoch keineswegs fest. Mit dem jetzt verabschiedeten Verfassungsvertrag ist die Chance zu einer echten Demokratisierung des europäischen Entscheidungssystems erneut verpasst worden. Demokratie heißt, dass eine europäische Regierung, wo immer sie institutionell angesiedelt ist, sich vor den Wählern verantworten muss. In der EU kann davon weder mit Blick auf den Ministerrat noch mit Blick auf die Kommission die Rede sein. Was den Ministerrat betrifft, konnte im Vertrag zwar eine stärkere Berücksichtigung der Bevölkerungsgröße bei der Stimmengewichtung erreicht werden; dies ändert aber nichts daran, dass die dortigen Regierungsvertreter nach wie vor über eine nur mittelbare Legitimation verfügen. Bei der Kommission wiederum besteht das Problem darin, dass ihre heutige parlamentarische Bestellung kaum als nachvollziehbarer demokratischer Wahlakt begriffen werden kann. Die neue Verfassung hat hier bestenfalls marginale Verbesserungen gebracht.

Ein Rückblick auf die Geschichte der Demokratisierung zeigt, dass sich die Eliten häufig nur unter Druck zu den nötigen Reformen bereit finden. Warum sollte das ausgerechnet in der EU anders sein? Das Problem der Gemeinschaft liegt ja gerade in ihrer elitenzentrierten Struktur, die dem europäischen Bürger bislang allenfalls eine Nebenrolle zugebilligt hat. Dass das verbreitete Unbehagen an Europa eine Fortsetzung dieses Weges nicht mehr gestattet, könnte sich spätestens dann erweisen, wenn der Ratifizierungsprozess der Verfassung ins Stocken gerät und diese womöglich ganz zu scheitern droht – was nach dem Nein der Franzosen vom letzten Sonntag nicht mehr auszuschließen ist. Das leidige Demokratieproblem würde dann unweigerlich wieder auf die Tagesordnung kommen.

MUT. Forum für Kultur, Politik und Geschichte Nr. 454 (Juni 2005), S. 28-35.

Konturen der neuen Parteienlandschaft in Europa

Ein Vergleich der Parteiensystementwicklung in den europäischen Demokratien offenbart neben charakteristischen Unterschieden einige signifikante Gemeinsamkeiten. Die Unterschiede rühren aus den spezifischen historischen Entstehungsbedingungen der Parteiensysteme und den ungleichen Startpunkten der Demokratisierung. So lassen sich z.B. Abweichungen der Parteienensystemstrukturen in den jungen Demokratien Ostmitteleuropas von den älteren Demokratien erklären oder bis heute nachwirkende Unterschiede zwischen den nord- und westeuropäischen Systemen und den demokratischen Nachzüglern an der südeuropäischen Peripherie (Spanien, Portugal, Griechenland).

Für die Gemeinsamkeiten zeichnen auf der anderen Seite übergreifende gesellschaftliche und politische Entwicklungen verantwortlich, die über die verschiedenen Länder zur selben Zeit und in ähnlicher Weise hereingebrochen sind und sie in ähnlicher Weise betreffen. Solche übergreifenden Entwicklungen hat es in allen historischen Phasen der Parteiensystembildung gegeben; ihre Bedeutung dürfte aber im Zuge des beschleunigten Globalisierungsprozesses weiter zugenommen haben. Wenn die Globalisierung dazu führt, dass Gesellschaften in ihrer Problembetroffenheit immer enger zusammenrücken, schlägt sich das auch in einem Angleichungsprozess der Parteien- und Parteiensystemstrukturen nieder, der von der Nachfragerseite der Wähler wie von der Anbieterseite der Parteien selbst gespeist wird.

Ablesen lassen sich die gemeinsamen Entwicklungen an der Entstehung neuer Parteien infolge neuer gesellschaftlicher Konfliktlinien und an wechselnden Phasen der Regierungsdominanz. Beispiele für das erste sind die

Herausbildung der grünen Parteienfamilie in den frühen achtziger und der Aufstieg der neuen rechtspopulistischen Parteien in den späten achtziger und neunziger Jahren. Die wechselnden Phasen der Regierungsdominanz stehen damit in Zusammenhang. So trug die mit der Entstehung der Grünen einhergehende Schwächung der Sozialdemokratie in den achtziger Jahren zur Hegemonie der Mitte-Rechts-Parteien bei, während die Wahlerfolge der neuen Rechtsparteien in den neunziger Jahren umgekehrt mithalfen, dass zu dieser Zeit überwiegend Mitte-Links-Parteien die Regierungen stellten. Aus dem von Ralf Dahrendorf in den siebziger Jahren ausgerufenen „Ende des sozialdemokratischen Zeitalters" war unverhofft oder unerwartet „das sozialdemokratische Jahrzehnt" geworden (so der damalige österreichische Bundeskanzler Viktor Klima).

Im darauffolgenden Jahrzehnt sollte sich dieser Trend erneut umkehren. Ursächlich für das Rollback der Sozialdemokratie war zum einen die veränderte Bündnisstrategie des Mitte-Rechts-Lagers, das sich koalitionspolitisch in Richtung der Rechtspopulisten öffnete. Zum anderen bewegte sich die sozialdemokratische Regierungspolitik durchaus im Einklang mit dem neoliberalen Mainstream der Sozial- und Wirtschaftspolitik, den sie zum Teil noch beförderte. Dies führte zu einer Abwendung vormaliger Traditionswähler, von denen einige in linkssozialistischen oder -populistischen Kräften eine neue Heimat fanden. Das Vorhandensein einer Protestalternative von links und die Kooptation der rechtspopulistischen Themen durch die Mitte-Rechts-Parteien sorgte auf der anderen Seite dafür, dass die rechten Neuankömmlinge den Zenit Ende der neunziger Jahren erreicht hatten und ihre Wählerunterstützung fortan bröckelte.

Stellt man diese übergreifenden Entwicklungen in Rechnung, dann nimmt sich der dramatische Absturz der deutschen Sozialdemokratie bei der vergangenen Bundestagswahl keineswegs so spektakulär aus, wie er zunächst anmuten mag. Viele sozialdemokratische Parteien in Europa stehen noch schlechter da als die SPD – man denke etwa an die französischen Sozialisten oder die niederländische PvdA. Gemessen an den einschlägigen Analysekriterien kann von einer durchgreifenden Transformation der europäischen Parteiensysteme ohnehin keine Rede sein – mit Italien gibt es für einen solchen Fall im Grunde nur ein Beispiel. Krisenphasen wie in den Niederlanden nach der Fortuyn-Revolte waren zumeist nur von kurzer Dauer, bis wieder stabile Verhältnisse einkehrten. Zumindest die Parteiensysteme der alten

Demokratien haben sich mithin unter den Bedingungen des sozialökonomischen und gesellschaftlich-kulturellen Wandels als erstaunlich anpassungsfähig erwiesen.

Der Wandel der Parteiensysteme lässt sich auf die Kurzformel bringen: „Mehr Pluralität – weniger Polarisierung" (Richard Stöss). Die Pluralität, die sich im Hinzutreten neuer Akteure und einer wachsenden Fragmentierung niederschlägt, kündet dabei insbesondere von der gelockerten Wählerbindung an die Parteien. Indikatoren sind der rückläufige Stammwähleranteil, die nachlassende Parteiidentifikation, die Zunahme der Nichtwähler und der wachsende Hang zu Sanktions- und Protestwahlverhalten, der am Anstieg der Volatilität abgelesen werden kann. Die Ursachen, die zur gesellschaftlichen Entwurzelung der Parteien und Auflösung der einstmals parteibildenden Milieus geführt haben, brauchen an dieser Stelle nicht rekapituliert zu werden. Säkularisierung, Schrumpfung des industriellen Sektors bei gleichzeitigem Wachstum der Dienstleistungsberufe und Pluralisierung der Lebensstile mögen als Stichworte genügen. Hand in Hand mit den sozialstrukturellen Veränderungen geht das Verblassen der ideologischen Gegensätze, nachdem der große Systemkonflikt zwischen Sozialismus und Kapitalismus weggebrochen und die Fähigkeit der Nationalstaaten, eine autonome Wirtschafts- und Sozialpolitik zu betreiben, drastisch gesunken ist.

Solange die Wachstumsraten hoch waren und der Wohlfahrtsstaat stetig ausgebaut wurde, konnten die Parteien ihren schwächer werdenden gesellschaftlichen Rückhalt durch eine Politik der materiellen Interessenbefriedigung erfolgreich wettmachen. Ihre jeweiligen Wählerklientelen blieben bei der Stange, weil es für alle Gruppen genügend zu verteilen gab. Ab den siebziger Jahren begann sich das zu ändern. Wachstumseinbrüche und die zunehmende finanzielle Überbeanspruchung des Staates machten es schwieriger, die Interessenunterschiede innerhalb der Wählerschaft ökonomisch zu überbrücken. Hinzu kam, dass Teile der Gesellschaft – unter dem Einfluss des Wertewandels – jetzt auch grundsätzliche Zweifel am Verteilungsparadigma hegten.

In den achtziger und neunziger Jahren wurde die Situation durch die Krise des Sozialstaates und die abnehmenden Möglichkeiten einer nachfrageorientierten Vollbeschäftigungspolitik („Keynesianismus in einem Lande") weiter verschärft. Um die Wettbewerbsfähigkeit ihrer offenen Volkswirtschaften zu sichern und den Auswirkungen des demografischen Wandels zu begegnen, sahen sich die Regierungen überall gezwungen, die Sozialsysteme um- und zurückzubauen, die Leistungen des Staates zu beschneiden und die Arbeitsmärkte zu flexibilisieren. Dass die Parteien dabei auf wenig Zustimmung rechnen konnten, liegt auf der Hand. Dies galt und gilt insbesondere für die Sozialdemokratie, deren Wählerklientel in der Vergangenheit vom Ausbau des Sozialstaates am meisten profitiert hatte.

Um die aufstiegsorientierten Teile der Mittelschichten, die das Gros der Wählerschaft ausmachen, setzte unterdessen ein verschärfter Wettbewerb ein. Auch diese Entwicklung hatte sich bereits in den siebziger Jahren angebahnt und im Mitte-Rechts-Lager unter anderem zu einer Gewichtsverlagerung weg von den christdemokratischen hin zu den liberalen Vertretern geführt. Das Erfolgsmodell einer christdemokratisch-konservativen Sammlungspartei, das die deutsche CDU/CSU verkörperte, blieb in Westeuropa die Ausnahme. Zeitverzögert scheint aber auch dieses Modell inzwischen ans Ende gelangt zu sein, nachdem die Unionsparteien seit Anfang der achtziger Jahre mehr als ein Drittel ihrer Wählerschaft eingebüßt haben.

Dass die zunehmende Fragmentierung der Parteiensysteme nicht von einer gleichlautenden Polarisierung begleitet wurde, lag vor allem im Niedergang des Kommunismus begründet. Der Umbruch in Osteuropa und die Auflösung der Sowjetunion führten dazu, dass die kommunistischen Parteien auch im Westen an Unterstützung stark verloren oder sich zu quasi-sozialdemokratischen Parteien transformierten. Auch am rechten Rand des Parteiensystems wurden die seit Mitte der achtziger Jahre erzielten Wahlerfolge weniger von den extremistischen als von den neu entstandenen populistischen Vertretern gespeist, die eine gemäßigtere Linie verfolgten. Weil die Parteien der etablierten Rechten deren Positionen in der Folge zum Teil übernahmen, haben sich die Parteiensysteme in Westeuropa nicht nur auf der sozialökonomischen, sondern auch auf der kulturellen Konfliktachse in der Tendenz nach rechts bewegt.

Aufschlussreich ist ein Vergleich der Parteiensystementwicklung in den alten und jungen Demokratien. Die Angleichungs- treten hier gegenüber den abweichenden Tendenzen zunehmend hervor. Die Angleichung vollzieht sich dabei in beiden Richtungen. Auf der einen Seite nehmen die Parteiensysteme der jungen Demokratien Phänomene vorweg, die sich auch in den alten Demokratien beobachten lassen: hohe Volatilitätswerte, Abwahl der amtierenden Regierungen, starke Resonanz populistischer Kräfte. Auf der anderen

Seite haben sie sich den westeuropäischen Ländern in positiver Hinsicht angenähert, indem der Konzentrationsgrad der Parteiensysteme und deren Stabilität insgesamt zugenommen hat. Ein bleibender Unterschied, der die mittelosteuropäischen Länder einstweilen noch krisenanfälliger macht als die westeuropäischen, besteht in der in der stärkeren Polarisierung ihrer Parteiensysteme, die aus der nachwirkenden kommunistischen Vergangenheit, den sozialen Folgen des ökonomischen Modernisierungsprozesses und dem Vorhandensein von Nationalitätenkonflikten herrührt.

So wie die mittelosteuropäischen Parteiensysteme in ihrer schwachen gesellschaftlichen Verankerung einen Zustand beschreiben, auf den sich westeuropäischen Länder schrittweise zubewegen, so erweisen sie sich auch in organisatorischer Hinsicht als Trendsetter. Elitengesteuerte Parteien, die ohne breite Mitgliederorganisation auskommen, über die Massenmedien unmittelbar mit den Wählern kommunizieren und in ihren Ressourcen überwiegend vom Staat abhängig sind, stellten in den jungen Demokratien von Beginn an den Normalfall dar. Der Professionalisierungsgrad der Eliten selbst bleibt dabei freilich eher gering, was auch mit dem diskontinuierlichen Wahlverhalten der Bevölkerungen zu tun hat, das eine solche Professionalisierung bewusst nicht zulässt. Das Beispiel unterstreicht die Notwendigkeit systematischer Vergleichsuntersuchungen, an denen es in der politikwissenschaftlichen Parteienforschung immer noch mangelt. Solche Untersuchungen würden nicht zuletzt dazu beitragen, aus überholten normativen Maßstäben abgeleiteten Niedergangs- oder Untergangsszenarien der Parteiensysteme entgegenzutreten, die die publizistische und wissenschaftliche Diskussion vielfach begleiten.

Die Neue Gesellschaft / Frankfurter Hefte 57 (2010) H. 1/2, S. 31-34.

Mehr Demokratie in der EU – aber wie?

Die Rede vom „Demokratiedefizit" in der Europäischen Union ist mittlerweile nicht mehr nur unter Politologen, sondern auch unter den Politikern gängige Münze. An der Bereitschaft, daraus endlich Konsequenzen zu ziehen und einer weiteren Delegitimierung des Integrationsprojekts entgegenzuwirken, mangelt es den europäischen Staatenlenkern aber wie ehedem. Dies gilt auch – und gerade – für die Deutschen. Wie ernst man es hier mit der Demokratie meint, haben die Reaktionen der Bundesregierung gezeigt, als der griechische Premierminister Papandreou über die seinem Land auferlegten Souveränitätsverzichte das Volk anrufen wollte. Das Referendum musste bekanntlich auf Druck der EU abgeblasen werden und Papandreou den Hut nehmen. Noch vor wenigen Wochen empfahl Finanzminister Schäuble den Griechen, die für April geplanten Parlamentswahlen besser zu verschieben, was eine geharnischte Reaktion des griechischen Staatspräsidenten Papoulias nach sich zog. Dass Deutschland vor dem Beschluss über das erste Rettungspaket im November auf seine eigene Souveränität vehement gepocht hatte, indem es Angela Merkel nicht ohne Plazet des Bundestages nach Brüssel fahren ließ, wurde geflissentlich verdrängt.

Seitdem die EU im Zuge der Osterweiterung ihre Mitgliederschaft fast verdoppelt hat, ist der Trend zum Intergouvernementalismus unübersehbar. Der Lissabon-Vertrag trägt dem durch das neu geschaffene Amt eines permanenten Ratspräsidenten Rechnung, das zur Zeit mit dem Belgier Herman Van Rompuy besetzt ist. Während die Deutschen – zumindest offiziell – am Gleichgewicht der intergouvernementalen und supranationalen Institutionen festhalten, ist für die Franzosen die Vorstellung einer vertieften Integration von jeher gleichbedeutend gewesen mit einer Zusammenarbeit der Staaten auf Regierungsebene. Die Führungsrolle des deutsch-französischen Tandems („Merkozy") bei der Euro-Rettung, die von den kleineren EU-Staaten eher murrend als widerstrebend hingenommen wurde, hat dazu geführt, dass die Fürsprecher der zwischenstaatlichen Methode mittlerweile auch in der Bundesrepublik immer mehr Boden gewinnen.

Die zuletzt genannte Position wird heute nicht nur vom euroskeptischen Flügel der bayerischen CSU vertreten, sondern bezeichnenderweise auch vom früheren Außenminister Joschka Fischer. Dieser betrachtet die Schaffung der supranationalen Strukturen sogar als Fehler, den die Euro-Zone nicht wiederholen dürfe. Denn die Erfahrung zeige, dass „weder EU-Kommission noch Europaparlament über die notwendige demokratische Legitimation in den nationalen Öffentlichkeiten verfügen, die für jede Demokratie unerlässlich ist" (Süddeutsche Zeitung, 31.Oktober / 1.November 2011, S. 2). Das Demokratiedefizit des intergouvernementalen Modells möchte Fischer durch die Einrichtung einer neuen „Eurokammer" beheben, die aus entsandten Mitgliedern der nationalen Parlamente zusammengesetzt ist. Als

„echtes parlamentarisches Kontroll- und Entscheidungsorgan" an der Seite der Staats- und Regierungschefs würde dieses anstelle des heutigen direkt gewählten Europäischen Parlamentes treten.

Dass ein solches Modell in der Praxis große Probleme aufwirft, liegt auf der Hand. Denn so wenig die Staats- und Regierungschefs eine effektive Regierungszusammenarbeit herstellen können, wenn sich zwei- oder dreimal im Halbjahr turnusmäßig treffen, so unerfindlich bleibt, wie die Parlamentarier es schaffen sollen, neben ihrem Job als nationale Abgeordnete auch noch die europäischen Gesetzgebungsprozesse zu überwachen und mitzugestalten. Darüber hinaus ist die Euro-Zone schon heute zu groß, als dass sie auf der Basis einstimmig getroffener Entscheidungen funktionieren könnte, die das Modell der Regierungszusammenarbeit voraussetzt. Treten weitere Staaten hinzu, was ja das erklärte Ziel der „Avantgarde"-Konzeptionen ist, würde der dann notwendige Übergang zu qualifizierten Mehrheitsentscheidungen das demokratische Defizit dramatisch verschärfen.

Die Antwort auf das europäische Regierungsproblem liegt nicht in der Preisgabe, sondern in der Stärkung der supranationalen Institutionen. Dies bedeutet *erstens*, dass die neuen fiskal- und wirtschaftspolitischen Zuständigkeiten bei der Kommission angesiedelt werden, wie es deren Präsident José Manuel Barroso zu Recht gefordert hat. Genauer gesagt müssten sie demselben Entscheidungsverfahren unterworfen werden wie die Regulierung des Binnenmarktes, die bis heute den Kern der Gemeinschaftspolitiken umschreibt. Die Initiative für eine Verordnung oder Richtlinie geht danach von der Kommission aus; der Beschluss erfolgt durch die Vertreter der nationalen Regierungen im Rat; das Parlament muss zustimmen, entscheidet also gleichberechtigt mit.

Zweitens muss das Parlament in seiner institutionellen Position weiter gestärkt werden. Dies bedeutet nicht nur (oder in erster Linie), dass dessen oberster Repräsentant bei den Beratungen im Europäischen Rat künftig mit am Tisch sitzt, wie es der selbstbewusst auftretende neue Parlamentspräsident Martin Schulz von den Staats- und Regierungschefs soeben verlangt hat. Anzustreben ist vielmehr die volle gesetzgeberische Gleichstellung mit dem Rat. Das heißt zum einen, dass es keine Bereiche mehr geben darf, in denen der Rat einstimmig entscheidet. Zum anderen müsste das Europäische Parlament auch das Beschlussrecht über die Gesetze erhalten, das bisher ausschließlich dem Rat zusteht – nur so kann es den Status einer bloßen „zweiten" Kammer überwinden. Außerdem wird man ihm das Recht der Gesetzesiniative nicht länger vorenthalten dürfen, das heute allein bei der Kommission liegt.

Drittens – und wichtigstens – muss die demokratische Verantwortlichkeit der supranationalen Institutionen hergestellt werden. Dies erfordert europäische Wahlen, in denen die Unionsbürger über das Regierungspersonal und die Grundrichtung der Regierungspolitik in der EU entscheiden. Die heutigen Wahlen zum Europäischen Parlament erfüllen diese Bedingung nicht, weil sie mit der Bestellung der europäischen Regierung allenfalls lose verknüpft sind. Der Lissabon-Vertrag bestimmt zwar, dass bei der Nominierung des Kommissionspräsidenten, über die der Europäische Rat mit qualifizierter Mehrheit befindet, die Mehrheitsverhältnisse im Europäischen Parlament „zu berücksichtigen" seien. Das Parlament konnte die darin liegenden institutionellen Möglichkeiten bislang aber nicht ausschöpfen, weil sich die dort vertretenen Parteien stets weigerten, mit einem europaweiten Spitzenkandidaten für das Amt des Kommissionspräsidenten anzutreten. Die Wahlen zum Europäischen Parlament blieben deshalb ganz der nationalen Sphäre verhaftet und dienten Parteien und Wählern vor allem zu innenpolitischen Zwecken.

Während Fischer seiner früheren Position abgeschworen hat und eine Abkehr vom supranationalen Leitbild empfiehlt, hält Jürgen Habermas an der Vorstellung fest, dass eine Verstärkung der Demokratie auf der supranationalen Ebene nicht nur wünschenswert, sondern auch möglich sei (Zur Verfassung Europas, Berlin 2011, S. 72 ff.). Dem intergouvernementalen Weg, den Merkel und Sarkozy bei der Lösung der Schuldenkrise eingeschlagen haben (und den auch Fischer favorisiert), stellt er das Modell einer europäischen Föderation entgegen, der zunächst aber nur ein kleinerer Kreis besonders integrationswilliger Mitglieder angehören könne. Der Schlüssel der Demokratisierung liegt laut Habermas in der Herstellung einer transnationalen, europäischen Öffentlichkeit. Dazu seien zum einen Verhaltensänderungen geboten – etwa von Seiten der Medien, die über europäische Themen gegenwärtig viel zu wenig berichteten. Zum anderen müssten Institutionen geschaffen werden, die eine Europäisierung der auf Wahlen bezogenen Willensbildung ermöglichten. Dabei sei – so Habermas – Phantasie gefragt.

Habermas' eigene Vorschläge bleiben gemessen daran relativ konventionell. Anknüpfend an die Idee einer zwischen Unionsbürgern und Mitgliedstaaten geteilten Souveränität propagieren sie die Ausgestaltung des europäischen Gesetzgebers als paritätisches Zweikammersystem. Abweichend von einem „normalen" Bundesstaat seien lediglich die Stellung der Kommission, die sowohl vom Parlament als auch vom Rat abhänge und beiden Organen gegenüber verantwortlich sei, sowie die Existenz des Europäischen Rates als übergeordnetem Leitungsorgan, an dem offenbar auch Habermas nicht rütteln möchte. Äußerst vage bleibt der Philosoph bei der institutionellen Kernfrage der Demokratisierung, wie nämlich Parlaments- und Regierungswahlen miteinander zu verkoppeln seien. Hier orientiert er sich wie die meisten Befürworter einer supranationalen Demokratisierung am parlamentarischen System, das uns aus dem nationalstaatlichen Kontext vertraut ist. Darauf deuten zum einen sein Hinweis auf die Verantwortlichkeit der Kommission gegenüber dem Parlament, zum anderen die Forderung nach einer Transnationalisierung der Wahlen zum Europäischen Parlament, die mit der Schaffung eines einheitlichen Wahlrechts und einer „gewissen" Europäisierung des bestehenden Parteiensystems einhergehen müsse.

Wesentlich konkretere Vorstellungen von der Weiterentwicklung der EU zu einem parlamentarischen System hegt die Vizepräsidentin der Europäischen Kommission Viviane Reding. In einem Gastbeitrag für die Frankfurter Allgemeine Zeitung (9. März 2012, S. 10) schlägt sie zum einen eine institutionelle Aufwertung der Kommission vor, deren Präsident künftig gleichzeitig die Funktion des Ratspräsidenten wahrnehmen solle. Der bestehende Lissabon-Vertrag lasse eine solche Konstellation ausdrücklich zu. Sie würde der sogenannten „Doppelhut-Lösung" entsprechen, die man dort für das Amt des Außenbeauftragten gefunden hat. Zum anderen fordert Reding das Alleinrecht des Parlaments, die Kommission zu wählen. Die Staats- und Regierungschefs wären bei deren Bestellung damit künftig „außen vor" und die Kommission ausschließlich der direkt gewählten Kammer verantwortlich – so wie im parlamentarischen System üblich. Im Gegenzug müsse der Kommissionspräsident die Befugnis erhalten, das Europaparlament gegebenenfalls aufzulösen. Der aus Luxemburg stammenden Kommissarin schwebt also ein Regierungssystem vor, das auf dem Gegenüber von regierender Mehrheit und Opposition basiert.

Ob ein solches Modell auf EU-Ebene tatsächlich funktionieren würde, ist fraglich. Angesichts der Vielparteienstruktur des Europäischen Parlaments wäre die Bildung einer Regierungskoalition hier vermutlich noch schwieriger als in den nationalen parlamentarischen Demokratien, in denen vergleichbare Vielparteiensysteme existieren. Daran würde auch ein Auflösungsrecht nichts ändern. Die auf dem Gegenüber von Regierung und Opposition beruhende Logik des parlamentarischen Systems setzt organisatorisch und ideologisch festgefügte Fraktionen voraus, was an die Europäisierung der bisher nur locker verbundenen nationalen Parteien in der EU hohe Anforderungen stellt. Die Bildung einer kleinen Gewinnerkoalition aus bürgerlichen oder linken Parteien erscheint vor diesem Hintergrund kaum vorstellbar. Wahrscheinlicher ist, dass die beiden großen Parteienfamilien im Europäischen Parlament – Christdemokraten / Konservative und Sozialdemokraten – ihre bisherige Zusammenarbeit in eine förmliche Koalition überführen würden. Die Bürger könnten dann bei Wahl nur noch darüber entscheiden, welche der Parteien als stärkste Kraft das Amt des Kommissionspräsidenten besetzen darf. Dies wäre verglichen mit dem heutigen Zustand ein bescheidener Fortschritt.

Sinnvoller wäre es, den Bürgern das Recht zu geben, den Kommissionspräsidenten direkt zu wählen. Dies käme einem Wechsel vom parlamentarischen zum präsidentiellen Regierungsmodell gleich. Ein solches System würde das Parlament nicht zur Bildung einer förmlichen Regierungskoalition zwingen, die die Kommission bestellt und im Amt hält. Die Fraktionen könnten also wie bisher unterschiedliche legislative Abstimmungskoalitionen eingehen und dadurch ihre Macht im Gesetzgebungsprozess ausspielen. Diese Macht würden sie bei einer Fusionierung der Gewalten notgedrungen einbüßen.

Auf den ersten Blick sieht es so aus, dass die Direktwahl des Kommissionspräsidenten ein radikalerer Reformschritt sei als die von den Befürwortern des parlamentarischen Wegs empfohlene Wahl durch das Europaparlament. Bei näherem Hinsehen zeigt sich jedoch, dass sie der gewaltentrennenden Grundstruktur des bestehenden europäischen Entscheidungssystems ziemlich genau entspricht. Ihre Einführung würde weder die gleichzeitige Einführung eines Auflösungsrechts noch eine Neuregelung beim Misstrauensvotum gegen die Kommission erforderlich machen, das bisher eine Zweidrittelmehrheit im Europäischen Parlament voraussetzt. Fraglich wäre lediglich, ob das Parlament sein heutiges Recht, die einzelnen Kommissionsmitglieder bzw. die Gesamtkommission vor ihrem Amtsantritt zu bestätigen, auch bei einer Direktwahl behalten könnte.

Mehr Demokratie in der EU – aber wie?

Dies führt zu den Problemen der näheren Ausgestaltung des Vorschlags, für die sich auch die Befürworter der präsidentiellen Strategie bisher nur mäßig interessiert haben. Was die Nominierung der Kandidaten angeht, läge diese bei einer Direktwahl genauso in der Hand der europäischen Parteien wie bei einer Wahl durch das Parlament. Der von Kritikern manchmal erhobene Einwand, die Direktwahl würde zu einer Majorisierung der kleinen Staaten durch die großen führen, trifft von daher auch auf das parlamentarische Modell zu. Der Einwand ist ohnehin falsch, da es für die Auswahl der Kandidaten vor allem auf deren Siegchancen ankommt. Dass kleine Länder imstande sind, namhafte und ausgewiesene Kandidaten hervorzubringen, lässt sich an Politikern wie Guy Verhofstadt oder Jean-Claude Juncker ablesen, die wiederholt für höchste europäische Ämter gehandelt wurden. Auch die Nominierungsregeln sprechen nicht für eine automatische Bevorzugung der Großen. Hier könnte womöglich das genaue Gegenteil eintreten und ein Kandidat aus einem kleinen Land lachender Dritter sein, wenn sich die nationalen Parteiorganisationen der großen Länder im parteiinternen Auswahlverfahren wechselseitig blockieren.

Schwieriger zu beantworten ist die Frage, ob der Präsident in einem ein- oder zweistufigen Verfahren gewählt werden soll. Das zweistufige Verfahren ist demokratisch sauberer, weil es sicherstellt, dass der siegreiche Kandidat in der Stichwahl über die absolute Mehrheit der abgegebenen gültigen Stimmen verfügt. Der Nachteil liegt in einer (vermutlich) geringeren Wahlbeteiligung, weil die Wähler dann innerhalb kurzer Frist zweimal zu den europäischen Urnen gerufen werden müssten. Hält man am Erfordernis der absoluten Mehrheit fest, empfiehlt es sich, den ersten Wahlgang mit den Wahlen zum Europäischen Parlament zusammenzulegen. Diese würden damit von der höheren Mobilisierungswirkung der Direktwahl automatisch mit profitieren.

Als nächstes stellt sich die Frage nach der Bestellung der Gesamtkommission bzw. der Auswahl der einzelnen Kommissare. Eine Möglichkeit läge darin, diese dem Kommissionspräsidenten zu überlassen, was dessen institutionelle Position stark aufwerten würde. Dies wäre mit Blick auf die Direktwahl zwar konsequent, änderte aber nicht daran, dass der Kommissionspräsident bei der Auswahl seines Teams auch dann auf Vorschläge aus den Mitgliedsstaaten angewiesen bliebe. Dies gilt zumal, wenn man an dem heutigen Prinzip festhält, dass alle Mitgliedsstaaten in der Kommission gleichberechtigt vertreten sein sollen, was deren Funktionsfähigkeit in einer Gemeinschaft von 27 oder mehr Mitgliedern zwangsläufig beeinträchtigt. Vier Probleme müssen also gleichzeitig gelöst werden: Wie groß soll und darf die Kommission sein? Wie kann eine angemessene Vertretung möglichst aller Mitgliedsstaaten in der Kommission gewährleistet werden? Wer wählt die Kommissare aus? Und wer entscheidet, welcher Kommissar welches Ressort übernimmt?

Was die Größe der Kommission angeht, wissen wir aus der Organisationsforschung, dass ein gut funktionierendes Gremium die Zahl von 15 Mitgliedern nicht überschreiten sollte. Um das Proporzproblem zu lösen, könnte man deshalb jedem Kommissionsmitglied einen Stellvertreter zugesellen. Zieht man den direkt gewählten Präsidenten ab, stünden so insgesamt 28 (zwei mal 14) Posten zur Verfügung, die zu besetzen sind; kein Land müsste leer ausgehen. Schwieriger ist die Verteilung der 14 Kommissarsposten zu lösen. Da die großen Länder auf ihren Vertretungsanspruch wohl kaum verzichten werden, drohen hier unweigerlich Konflikte. Diese ließen sich vielleicht vermeiden, wenn man die Verteilung – statt sie mühsam auszuhandeln – im Rahmen einer „gewichteten Lotterie" auslost, wie es der Politikwissenschaftler Hubertus Buchstein vorgeschlagen hat. Die Gewichtung folgt dabei dem Prinzip der degressiven Proportionalität, das der Sitzverteilung im Europäischen Parlament zugrunde liegt; dieses Prinzip bewirkt eine leichte Unterrepräsentation der großen und starke Überrepräsentation der kleinen Länder. Seine Übertragung auf das Losverfahren würde bedeuten, dass die großen Länder mit hoher Wahrscheinlichkeit in der Kommission vertreten wären. Gleichzeitig hätten aber auch die kleinen Länder eine faire Vertretungschance. Fiele das Los auf sie, könnte man sie nicht mehr mit den unwichtigsten Ressorts abspeisen. Und andernfalls stünde ihnen zumindest ein Stellvertreterposten zu.

Auch im Rahmen der Proporzregel kann der Kommissionspräsident über die Ernennung der Kommissare und ihrer Stellvertreter nicht allein entscheiden. Die Mitgliedsstaaten behalten das Recht, entsprechende Kandidaten zu nominieren. So wie es heute geregelt ist, bleibt das Nominierungsverfahren allerdings in doppelter Hinsicht unbefriedigend. Zum einen kann sich der Kommissionspräsident einem Vorschlag faktisch nicht verweigern, er muss also die Kandidaten akzeptieren, die ihm die Mitgliedsstaaten „vorsetzen". Die im Verfassungskonvent ursprünglich vorgesehene Lösung, ihn unter

Mehr Demokratie in der EU – aber wie?

drei Vorschlägen auswählen zu lassen, wäre hier sinnvoller gewesen. Zum anderen liegt das Nominierungsrecht allein bei den nationalen Regierungen. Dies führt dazu, dass die parteipolitische Zusammensetzung der Kommission heute mehr oder weniger derjenigen des Rates entspricht. Wenn der Kommissionspräsident direkt gewählt wird, dann sollte er aber auch das Mandat haben, gerade solche Personen in seine Mannschaft aufzunehmen, die gleichgerichtete politische Ziele verfolgen.

Beide Probleme ließen sich beheben, wenn die Wähler das Recht hätten, die nationalen Kandidaten für die Kommission ebenfalls direkt zu wählen. Damit gäbe es nicht nur einen zusätzlichen Anreiz, sich an den Europawahlen zu beteiligen. Auch den Parteien fiele es vermutlich leichter, für einen Spitzenkandidaten aus einem anderen Land zu trommeln, wenn diesem ein Kandidat aus dem eigenen Land zur Seite stünde. Konkret könnte das Verfahren wie folgt aussehen: Jeder Mitgliedsstaat wählt drei Personen, die dem Kommissionspräsidenten als Kandidaten für die Kommission vorgeschlagen werden. Die Nominierung der Personen erfolgt durch die nationalen Parteien in Abstimmung mit ihren europäischen Dachverbänden. Die Wahl findet gleichzeitig mit der Wahl des Kommissionspräsidenten und den Wahlen zum Europaparlament statt. Gewählt sind die Personen mit den meisten Stimmen. Nachdem die Auslosung erfolgt ist und feststeht, welches Land einen Kommissar stellen darf, ernennt der Kommissionspräsident die Mitglieder der Kommission und deren Stellvertreter aus dem Kreis der gewählten Kandidaten. Auch die Ressortzuteilung und die Bestimmung eines Vizepräsidenten kann er nach eigenem Ermessen vornehmen. Dass von den gewählten Kandidaten am Ende zwei Drittel leer ausgehen, ist bei dem Vorschlag in Kauf zu nehmen, weil der Kommissionspräsident nur so über den nötigen Spielraum bei der Zusammenstellung seines Teams verfügt.

Ein schwer zu lösendes Problem in jedem präsidentiellen System ist die Nachfolgeregelung, falls der Kommissionspräsident durch Rücktritt, Absetzung oder Tod vorzeitig aus dem Amt scheidet. Hier könnte man entweder dem US-amerikanischen Vorbild folgen, wo der Vizepräsident für den Rest der Wahlperiode automatisch in das höchste Amt aufrückt. Oder man lässt den Kommissionspräsidenten und die Kommissare komplett neu wählen. Letzteres wäre im Falle der EU insofern konsequenter, als der Vizepräsident der Kommission im Unterschied zu seinem US-amerikanischen Pendant nicht auf dem Ticket des Präsidenten mitgewählt wird. Findet die Wahl nur für den Rest der Amtsperiode statt, könnte dann allerdings die missliche Situation auftreten, dass ein gerade erst gewählter Präsident sich schon nach kurzer Zeit erneut den Wählern stellen müsste. Als Ausweg bietet sich eine differenzierte Lösung an: Bei einem Ausscheiden bis zur Mitte der Amtszeit findet eine Neuwahl statt, bei einem späteren Ausscheiden greift die Nachfolgeregelung. Weniger zweckmäßig erscheint die Neuwahl einzelner Kommissare. Hier könnte bei einem vorzeitigen Ausscheiden der Stellvertreter nachrücken und die Regierung des Landes, aus dem der ausgeschiedene Kommissar stammt, im Einvernehmen mit dem Kommissionspräsidenten einen neuen Stellvertreter bestimmen.

Die legitimatorische Aufwertung, die das Amt des Kommissionspräsidenten durch eine Direktwahl erfüre, würde die Gewichte im Machtviereck von Ministerrat, Parlament, Europäischem Rat und Kommission in Richtung der letzteren verschieben. Dies wäre noch nicht gleichbedeutend mit dem Wandel der Europäischen Union hin zu einer Mehrheitsdemokratie, da auch ein direkt gewählter Chef der europäischen Exekutive auf Dauer kaum gegen den Willen des Parlaments und der mitgliedsstaatlichen Regierungen regieren könnte. Wenn die Wahl des Kommissionspräsidenten zugleich eine politische Richtungsentscheidung sein soll, müssen diesem allerdings ausreichend Möglichkeiten an die Hand gegeben werden, die Agenda der Gesetzgebung zu bestimmen. Schon heute hat die Kommission ein Art Vetobefugnis im Rechtsetzungsprozess, indem sie eine von ihr eingebrachte Vorlage jederzeit zurücknehmen kann. Darüber hinaus würde die Führungsrolle des Exekutivchefs gestärkt, wenn man das Amt – wie von Viviane Reding vorgeschlagen – mit dem Amt des permanenten Ratspräsidenten zusammenlegt. Vor allem aber bräuchte die Union auf mittlere und lange Sicht die Zuständigkeiten, die eine Wahl zwischen politischen Alternativen erst ermöglichen. Sie müsste zum Beispiel über ein deutlich höheres Budget verfügen und die Vergemeinschaftung der Außen-, Verteidigungs- und Einwanderungspolitik vorantreiben. Die Überwindung des Demokratiedefizits bedingt – mit anderen Worten – den Übergang der bisher überwiegend „negativen" zur „positiven" Integration

Eine solche Integrationsvertiefung ist auch dann möglich, wenn nicht alle Staaten mitmachen. Die Direktwahl würde sogar dazu beitragen, die jeweiligen *in*- und *out-groups* stärker zu verklammern. Wenn die Kommission Entscheidungen trifft, die ausschließlich die Euro-Zone betreffen, wirken dabei ja auch die politischen Vertreter und Wähler der Länder mit, die dem Euro nicht angehören. Die supranationale Kommission unterscheidet sich darin von der intergouvernementalen Logik des Europäischen und Ministerrates, in denen die differenzierte Integration auch institutionell zum Ausdruck kommt. Eine Mittelstellung nimmt das Europäische Parlament ein. Ob die Abgeordneten aus den nicht beteiligten Staaten hier berechtigt wären, an Abstimmungen teilzunehmen, die nur die Euro-Zone betreffen, ist eine bislang noch ungeklärte Frage. Von den Debatten ausschließen sollte man sie jedenfalls nicht. Auch im Europäischen Rat und im Rat der Finanzminister könnte man die Nicht-Mitglieder mit beratender Stimme aufnehmen, wie es von Polen gerade gefordert worden ist.

Bleibt die Frage nach den Realisierungschancen. Skeptiker weisen darauf hin, dass Europa in der aktuellen Situation, in der die Zeichen eher auf Renationalisierung stehen und EU-kritische Populisten starken Zulauf erfahren, alles andere brauche als eine neue Verfassungsdiskussion. Nach der schweren Geburt des Lissabon-Vertrags scheint es in der Tat kaum vorstellbar, dass die Staats- und Regierungschefs eine vergleichbare Kraftanstrengung in absehbarer Zukunft auf sich nehmen könnten. Was für die Regierungen gilt, muss aber nicht unbedingt für Parteien, Medien oder andere zivilgesellschaftliche Akteure gelten – weder auf der nationalen noch auf der europäischen Ebene. So hat zum Beispiel die CDU auf ihrem Parteitag im vergangenen November die Forderung nach Einführung der Direktwahl in ihr Programm aufgenommen. Damit ist sie zumindest in diesem Punkt der SPD voraus, die am hergebrachten parlamentarischen Weg festhalten und das Demokratiedefizit lieber durch nationale Volksabstimmungen zur Europapolitik bekämpfen möchte. Die Parteien sollten keine Scheu haben, einen solchen Ideenwettbewerb um die künftige institutionelle Gestalt der Europäischen Union anzustoßen. Die in zwei Jahren anstehenden Europawahlen böten eine gute Gelegenheit.

Berliner Republik 14 (2012) H. 2, S. 62-69.

IV. Demokratie

Die Macht der Gesäßgeografie

Als Gerhard Schröder vor einigen Jahren die Einsicht formulierte, wonach es heute keine rechte oder linke, sondern nur noch eine moderne oder unmoderne Wirtschaftspolitik gebe, bewegte er sich einmal mehr auf der Höhe der Zeit. Die Rede von der Überholtheit des Links-Rechts-Schemas ist gängige Münze. Sie wird gerade von jenen Politikern gepflegt, die von sich behaupten, die Interessen einer möglichst breiten Bevölkerungsmehrheit zu vertreten. Doch merkwürdig: So sehr sich politischen Akteure bemühen, die alten Etiketten abzustreifen, so zählebig prägen Rechts und Links weiterhin die politische Auseinandersetzung. Offenbar bieten sie eine Orientierungshilfe, die gerade in Zeiten einer neuen Unübersichtlichkeit unentbehrlich bleibt. Der Nutzen der Richtungsbegriffe liegt darin, dass sie die vielfältigen Konfliktkonstellationen in der politischen Arena auf einen einfachen Dualismus verkürzen, der die politische Einschätzung und Selbsteinschätzung des Wählers auch ohne größere Sachkenntnisse möglich macht. Rechts und Links geben dem Wähler also einen Kompass an die Hand, erleichtern es ihm, sich auf dem politischen Markt zurechtzufinden. Empirischen Untersuchungen zufolge ist in den westlichen Demokratien eine übergroße Mehrheit der Bürger in der Lage, Politiker, Parteien und deren Positionen zu politischen Sachthemen entlang einer Links-Rechts-Skala zu ordnen, ohne dass sie diese Positionen auf einen bestimmten ideologischen oder Wertehintergrund gedanklich zurückführen könnten. Die intellektuelle Anstrengung ist auch gar nicht nötig, da die politischen Anbieter ein ureigenes Interesse daran haben, der Wählerschaft ein möglichst konsistentes Programm vorzulegen, dass einen solchen Hintergrund erkennen lässt. Eben diese Konsistenz erlaubt es, von der Position in einer Streitfrage auf die Position in einer anderen Streitfrage zuverlässig zu schließen.

Warum fühlen sich Politik und Wissenschaft dennoch bemüßigt, die Richtungsbegriffe für überholt zu erklären und den Mainstream künftiger politischer Positionen „jenseits von Links und Rechts" zu suchen, so wie es der Vordenker von New Labour in Großbritannien, Anthony Giddens, in einer programmatischen Schrift formuliert hat? Ein Teil der Antwort liegt in dem von Daniel Bell bereits in den sechziger Jahren ausgerufenen „Ende der Ideologien". Darin wird postuliert, dass die Probleme und Herausforderungen der Gegenwart nur noch nach autonomen Sachgesetzlichkeiten beantwortet werden können, was die Chancen für eine ideologische Politik verkürze. Andere Autoren gehen sogar noch weiter und sehen das „Ende der Politik" überhaupt. Nach dieser These ist die Macht politischer Entscheidungen an die Ökonomie vollständig übergegangen. Selbst wenn man das in dieser Radikalität nicht teilt, bleibt doch das Bild eines dramatisch geschrumpften Handlungsspielraums. „Die Globalisierung der Firmen sowie der Finanz- und Währungsmärkte entzieht sich den Einwirkungsmöglichkeiten einzelner Regierungen. Zur gleichen Zeit schlagen vielzählige Veränderungen von unten – vor allem im Bereich der Familie – gesellschaftliche Wellen, die die Regierung zwar nicht in Gang gesetzt hat, auf die sie jedoch reagieren muss. Die Politiker beziehen dazu Stellung, sie machen Versprechungen, doch sie wissen, was auch die Wähler längst wissen, dass sie die Fähigkeit zu aktivem Eingreifen verloren haben", so Giddens. Wer dies nicht wahrhaben will und wie Oskar Lafontaine an der Vision eines staatlich gezügelten Kapitalismus festhält, muss sich von Kritikern – auch aus dem eigenen Lager – den Vorwurf der Naivität gefallen lassen.

Der zweite Teil der Antwort verweist auf das Verhalten der politischen Akteure. So wie die Möglichkeiten staatlichen Eingreifens geringer geworden sind, so haben sich auch die Bindungen der Parteien an die Gesellschaft gelockert. Die Folgen für den demokratischen Wettbewerb sind widersprüchlich: Einerseits führt die Entideologisierung dazu, dass die Politik pragmatischer und im Ergebnis konsensueller wird. Andererseits zieht sie eine schärfere Konkurrenz nach sich, weil die Wähler wechselbereiter werden und die Parteien nicht mehr wie bisher auf ihre natürliche Anhängerschaft vertrauen können. Beides zusammengenommen erzeugt jenen sprichwörtlichen Hang zur Mitte, der rechte und linke Positionen nötigt, mehr oder weniger die gleichen Ziele zu formulieren und Lösungen anzubieten, um die Zustimmung ihrer Wähler zu erreichen.

Die inhaltliche Angleichung, die durch das strategische Kalkül der Stimmenmaximierung befördert wird, entspricht dem Interesse der politischen Anbieter freilich nur zum Teil. Zum einen gilt sie nicht für die kleineren Parteien, die sich mit Blick auf die von ihnen anvisierten Wählergruppen den Luxus der Unterscheidbarkeit weiterhin leisten können (und wollen). Zum anderen müssen auch die großen Volksparteien bestrebt sein, ihre Wahl durch Unterscheidbarkeit zu legitimieren. Eine stärkere Hervorhebung der Details reicht dazu nicht aus, da diese Details oft hoch kompliziert sind und

Die Macht der Gesäßgeografie 289

sich dem Publikum nur schwer vermitteln lassen. Von daher wächst die Versuchung, auf die personelle und symbolische Ebene der Konkurrenz auszuweichen. Gerade hier spielen aber die traditionellen Zuschreibungen der Richtungsbegriffe nach wie vor eine wichtige Rolle.

Wenn Parteienvertreter, insbesondere solche der Rechten, sich darin gefallen, die Richtungsbegriffe als Relikte der „politischen Gesäßgeografie des 19. Jahrhunderts" (Heiner Geißler) zu verspotten, geschieht dies aus der verständlichen Absicht heraus, sich selbst als Vertreter einer – ideologisch unverdächtigen – „Mitte" hinzustellen. Diese Tendenz dürfte nicht nur in Deutschland auf der Rechten stärker ausgeprägt sein denn auf der Linken, nachdem die ursprünglich positive Konnotation von „rechts" – im religiösen wie allgemein-metaphorischen Sinne – auf politischem Gebiet in das Gegenteil umgeschlagen ist. Dass die Linke hier mit den positiveren Assoziationen – Werte wie Fortschritt, Gerechtigkeit und Modernität – belegt wird, kommt auch in ihrem eigenen Sprachgebrauch zum Ausdruck, der die (Selbst-)Bezeichnung als „links" bewusst und mit gelegentlichem Stolz übernommen hat.

Auf der anderen Seite soll das Selbstverständnis der Rechten als „Mitte" signalisieren, dass man von jenen Assoziationen nicht einfach abgekoppelt werden will, sondern sie im Gegenteil ausdrücklich für sich selbst reklamiert. Bei aller ideologischen Angleichung bleibt das Interesse an Unterscheidbarkeit also auch auf der Rechten erhalten; nur werden die Unterschiede von der traditionellen Begrifflichkeit zunehmend abgelöst: Nicht zwischen Rechts und Links verlaufen danach die Trennlinien politischer Positionen, sondern zwischen Sachorientierung (Pragmatismus) und Ideologienähe, Mäßigung und Radikalität, Modernität und Rückständigkeit. Je erfolgreicher die Rechte die jeweils erstgenannten – positiv besetzten – Attribute für sich vereinnahmen konnte, um so schwieriger ist es für die Linke geworden, sich zu ihrem Linkssein weiterhin offensiv zu bekennen. So ist es verständlich, dass man sich auch hier in der Semantik immer mehr auf die Mitte zubewegt hat.

Was Rechts und Links heute nicht (mehr) bedeuten. Der Wandel der gesellschaftlichen und politischen Verhältnisse hat dazu geführt, dass die eben genannten Begriffspaare für die Unterscheidung von Rechts und Links kaum noch etwas hergeben:

(1) Nimmt man zunächst den Gegensatz von *Sach- oder Ideologienähe*, so lässt sich letztere der Rechten mit mindestens demselben Recht unterstellen wie der Linken, ohne dass man den Ideologiebegriff dazu überstrapazieren muss. Vermeintliche Sachgesichtspunkte können z.B. als Sachzwänge ideologisch verbrämt sein, das heißt in Wahrheit auf politischen Interessen oder Wertüberzeugungen beruhen. Ferner ist nicht ausgemacht, warum das Eintreten für Veränderungen, das mit der Linken gemeinhin assoziiert wird, automatisch „ideologischer" sein soll als das „rechte" Festhalten am Bestehenden. Dies gilt insbesondere dann, wenn die bestehenden Verhältnisse unter Veränderungsdruck geraten und dieser Druck durch äußere Einflüsse erzeugt wird. Und schließlich gibt es Bereiche und Themen, bei denen die Priorität des Ideologischen auf der Rechten viel deutlicher ausfällt als auf der Linken. So sind die Agenden der seit Mitte der achtziger Jahre aufgekommenen neuen rechtspopulistischen Parteien überwiegend durch wertebezogene Themen geprägt (*value politics*), die sich aufgrund ihrer mangelnden Kompromissfähigkeit nur schlecht mit dem auf Ausgleich angelegten demokratischen Prinzip vertragen.

(2) Zur Aufklärung des Links-Rechts-Gegensatzes noch weniger geeignet ist das zweite Unterscheidungsmerkmal: die *Gemäßigtheit oder Radikalität* der politischen Einstellung. Moderate und extreme Ideologien hat es von jeher auf beiden Seiten des Spektrums gegeben; ihre Unterscheidung gründet nicht auf dem inhaltlichen Charakter der Ideen, die sie vertreten, sondern auf der Entschiedenheit der Strategie, mit der diese in die Praxis umgesetzt werden sollen: Die diesbezügliche Trennlinie verläuft zwischen einem evolutionären und einem revolutionären Ansatz, was über Ausmaß und Freiheitsverträglichkeit, nicht jedoch die angestrebte Richtung der Veränderung etwas besagt. Das heißt aber, „dass gegensätzliche Ideologien Berührungs- und Übereinstimmungspunkte an ihren äußersten Rändern finden können, obwohl sie unterschieden sind im Hinblick auf die Programme und letzten Ziele, von denen allein ihre Zugehörigkeit zum einen oder anderen Teil der Dyade abhängt", so Noberto Bobbio. Nichts anderes ist im übrigen die Kernaussage des so oft gescholtenen Totalitarismuskonzepts, das mit Blick auf den untergegangenen Realsozialismus eine erstaunliche Renaissance erfahren hat.

(3) Die Differenz zwischen Form und Inhalt ist auch für das dritte Kriterium aufschlussreich, das zur Erhellung des Links-Rechts-Gegensatzes bei-

tragen soll und in der Diskussion bis heute die größte Wirkung entfaltet (und Verwirrung stiftet): die politische *Modernität oder Rückständigkeit.* Der Hauptunterschied zwischen linken und rechten Positionen liegt danach in der Qualität der jeweiligen Veränderungsziele: Die Linke erscheint als offensive, nach vorne blickende Kraft, die für drastische Reformen eintritt, ein anderes, gerechteres Gesellschaftsmodell anstrebt, sich als Anwalt der politischen und sozialen Erneuerung versteht, während die Rechte in der Defensive verharrt, die bestehende Ordnung aufrechterhalten und verteidigen will (was maßvolle Reformen nicht ausschließt). Dass diese Zuschreibung für die extremen Spielarten der Ideologie wenig Sinn macht, zeigt ein Vergleich des rechten und linken Totalitarismus. So hat man z.B. dem Faschismus / Nationalsozialismus sozialrevolutionäre Eigenschaften attestiert, die von der rechten Vorstellungswelt einer gewachsenen Ordnung weit entfernt sind. Umgekehrt sind die realsozialistischen Systeme angesichts des Erlahmens ihrer Veränderungsdynamik gelegentlich als konservativ, mithin rechts apostrophiert worden; dem Erstarrungszustand, den ein zum Selbstzweck degeneriertes monopolistisches Parteienregime herbeigeführt hat, wird hierbei größeres Gewicht beigemessen als der durch Verstaatlichung, zentrale Lenkung und Umverteilung bewirkten gesellschaftlichen Umwälzung.

Blendet man vom Extremismus zu den gemäßigten Positionen über, macht das Kriterium mehr Sinn – hier mag es in der Tat angebracht sein, einen größeren Hang zur Modernität auf der Linken zu vermuten. Die Geschichte scheint dem Recht zu geben: Angefangen vom bürgerlichen Liberalismus des 19. Jahrhundert über Arbeiterbewegung und Sozialdemokratie im 20. Jahrhundert bis hin zur Neuen Linken der sechziger und siebziger Jahre und ohne dass es dazu einer Revolution oder Dauerherrschaft bedurft hätte, sind die politisch induzierten Modernisierungsimpulse der westlichen Gesellschaften für gewöhnlich von linken Parteien oder Bewegungen ausgegangen! Genau dieser „Modernisierungsrückstand" der Rechten ist aber inzwischen fragwürdig geworden und mit ihm die daran festgemachte Scheidelinie zwischen den politischen Richtungen. Die linken Kräfte geraten ins Schlingern, weil der Gleichlauf von ökonomischer und kultureller Modernisierung, von dem sie einstmals profitierten, heute nicht mehr als selbstverständlich vorausgesetzt werden kann und der bisherige Fortschrittsoptimismus damit seine Grundlage einbüßt. Schon die Modernisierungsleistung der Neuen Linken ist durch jene Ambivalenz gekennzeichnet: Sie wird getragen von einer zunehmend kritischeren Einstellung zur technisch-wissenschaftlichen Zivilisation, deren Schattenseiten jetzt zum ersten Mal deutlich hervortreten, während gleichzeitig maßgebliche Teile der Rechten ihre frühere Technik- und Wachstumsfeindlichkeit abstreifen und einer neuen Synthese von Modernismus und Traditionalität das Wort reden.

Hat die Deutung des Links-Rechts-Unterschiedes als Gegenüber von fortschrittlichen, nach Veränderung strebenden Kräften auf der linken und beharrenden Kräften auf der rechten Seite ihre Berechtigung damit verloren? Auf den ersten Blick spricht manches dafür. Mit Erstaunen registriert der Beobachter, dass es heute zumeist Vertreter der Rechten sind, die sich als Fürsprecher eines raschen sozialökonomischen Wandels betätigen, wohingegen die Linke an vorhandenen Strukturen und Einrichtungen – etwa des Wohlfahrtsstaates – festhalten will. Noch sichtbarer wird die Umwertung der traditionellen Begrifflichkeit in den Fragen der Ökologie und des Umweltschutzes, die von der Linken entdeckt und als Thema aufgegriffen worden sind, obwohl sie vom ideologischen Zugriff her (*Bewahrung* der Lebensgrundlagen) ein konservatives Unterfangen darstellen müssten. Vor diesem Hintergrund hat das „linke Projekt" eine mehr oder weniger deutliche Umdeutung erfahren: An die Stelle der umfassenden gesellschaftlichen Emanzipationsziele von einst ist die Entwicklung von Begrenzungskriterien getreten, der Versuch, „die zerstörerischen Auswirkungen der technologischen, militärischen, wirtschaftlichen, bürokratischen und ökologischen Modernisierungsdynamik dadurch zu bremsen und zu fesseln, dass Prinzipien der verantwortlichen Selbstbeschränkung zur Geltung gebracht werden." Der Soziologe Claus Offe sieht darin eine „klar geschnittene Antithese" zur bewussten Freisetzung von Modernisierungsprozessen, wie sie von der Rechten heute propagiert und betrieben werde.

Aus geschichtlicher Sicht ist diese scheinbar seitenverkehrte Konstellation durchaus nicht so ungewöhnlich wie sie auf den ersten Blick anmutet. Nach Auffassung des amerikanischen Historikers John Patrick Diggins ist die Linke keineswegs immer als der agierende Teil im politischen Kräftespiel hervorgetreten; die von ihr angestrengten politischen und sozialen Reformen stellten oft nur eine Reaktion auf Entwicklungen dar, die unter anderer, „rechter" Verantwortung abliefen. Die Auseinandersetzung darüber ist müßig, macht aber nochmals deutlich, dass das Kriterium des Veränderungswillens (oder -unwillens) für eine Unterscheidung der beiden Lager solange nichts hergibt, wie die Motive und Inhalte, um derentwillen verändert werden soll, außer acht bleiben; die Unterscheidung kann also – wenn überhaupt – nur in einer wertbezogenen Interpretation „gerettet" werden.

Das Gleichheitsverständnis als Trennlinie. Ausgehend von der Wertetrias der Französischen Revolution – Freiheit, Gleichheit, Brüderlichkeit –, deren Akzeptanz oder Nicht-Akzeptanz den Ursprung des Schemas bildet, ist die Auseinandersetzung zwischen Links und Rechts in der Folge insbesondere um die Gleichheitsidee geführt worden. „Das Thema, das in allen Variationen wiederkehrt, ist das des Gegensatzes zwischen horizontaler oder egalitärer Vision der Gesellschaft und vertikaler oder nicht-egalitärer Vision", schreibt der italienische Philosoph Noberto Bobbio. Dieser Gegensatz wird bisweilen auch an dem Ziel der Emanzipation festgemacht, das die Linke verfolge, während die Rechte für Bewahrung der Tradition eintrete. Auch hier stehen die jeweiligen Gleichheitsvorstellungen im Hintergrund: Emanzipation meint die (Selbst-)Befreiung von Abhängigkeiten, die dem Menschen durch Rassen-, Klassen- oder Standesprivilegien entstehen, Tradition das schützende Festhalten an solchen Privilegien. Andere Kriterien, die zur Unterscheidung bemüht worden sind, können von dort aus abgeleitet oder müssen als lediglich instrumentelle Prinzipien begriffen werden, die für sich genommen weder Links noch Rechts stehen. Dies gilt z.B. für die Haltung zum wissenschaftlich-technischen Fortschritt oder zur Nation, den Gegensatz von Religion und Laizismus, aber auch für die gemessen am Gleichheitsgedanken ja nicht weniger wichtigen Werte der Freiheit (vs. Autoritarismus) und des Friedens (vs. Gewaltbereitschaft und Militarismus), die nach Auffassung Bobbios mehr über die gemäßigte oder extreme Ausrichtung einer Ideologie aussagen als über ihre inhaltliche.

Im Bereich der gemäßigten (nicht extremen) Positionen, wo der politische Gleichheitsgedanke allseits akzeptiert ist, findet sich dieser Gegensatz nurmehr in abgeschwächter Form wieder. Bobbios Vorstellung, wonach der Unterschied zwischen Freiheit und Autoritarismus für das Links-Rechts-Schema irrelevant sei, lässt sich hier kaum aufrechterhalten, da autoritäre Positionen im gesellschaftlichen Bereich natürlich weiterhin vertreten werden. Was sollte aber das Autoritäre als Ausfluss eines hierarchischen Prinzips anderes verkörpern als Ungleichheit? Der Einwand trifft zu, geht jedoch am Kern des Problems vorbei, wenn man berücksichtigt, dass das Hierarchieprinzip nur eine Form des Inegalitarismus darstellt, die von anderen, z.B. liberalen Formen unterschieden werden muss. Die Differenz liegt in der jeweiligen Begründung: Während der Autoritarismus zu seiner Rechtfertigung auf natürliche Ungleichheiten (etwa des Geschlechts oder der ethnischen Zugehörigkeit) abstellt, orientiert sich der Liberalismus am Gedanken der Marktfreiheit und korrespondierenden Leistungs- oder Verdienstkriterien. Hieraus ergeben sich ganz unterschiedliche Konsequenzen insbesondere für die Rolle des Staates, der im ersten Falle als starker, im zweiten Falle als schwacher oder Minimalstaat konzipiert ist; unbeschadet dieser Differenz werden heute beide Positionen übereinstimmend als „rechts" apostrophiert.

Das heißt aber: „Die Frage, wer die Gleichen sind und wer die Ungleichen, ist ein historisches Problem, das nicht ein- für allemal gelöst werden kann, weil sich die Kriterien, nach denen die Verschiedenen jeweils in einer Kategorie von Gleichen zusammengefasst oder die Gleichen aus einer Kategorie von Verschiedenen entlassen werden, verändern", so Noberto Bobbio. Das Unbehagen, die marktliberale Position als politisch „rechts" zu qualifizieren, rührt ja gerade daher, dass diese Position auf Prinzipien beruht, denen rückblickend ein emanzipatorischer Wert zugebilligt werden muss. Die Zuschreibung von sozialem Status wurde in dem Maße entlegitimiert, als es auf Leistung ankam. Heute scheint man sich nicht mehr daran zu erinnern, dass es die Linke gewesen ist, die dem meritorischen Prinzip historisch zum Durchbruch verholfen hat. Der Grund dafür liegt in den unter Gerechtigkeitsgesichtspunkten prekären Folgen: Ungleichheiten konnten auf diesem Wege zwar besser begründet werden; was sich nicht ahnen ließ, war jedoch, dass damit kein Beitrag zu ihrem Abbau verbunden sein würde, im Gegenteil: In dem Maße, wie das Bildungsniveau zum entscheidenden Faktor der Schichtzugehörigkeit aufstieg, wurden die sozialen Unterschiede größer und zugleich verstetigt. Die Ergebnisse der internationalen Pisa-Studie haben das für die Bundesrepublik eindrucksvoll untermauert.

Die positive Kehrseite dieser Entwicklung war, dass sich die Gleichheitskonzepte zwischen Links und Rechts annäherten. Die Linke konnte vom Rigorismus des Leistungsprinzips Abstand nehmen, ohne es als solches in Zweifel zu ziehen, die Rechte sich mit einem Mindestmaß an materieller Umverteilung abfinden, ohne ihre grundsätzliche Ablehnung des Egalitaris-

Die Macht der Gesäßgeografie 295

mus aufzugeben. Die ideologischen Differenzen sind damit also nicht verschwunden; sie bestehen weiterhin darin, dass die Linke – vom Gedanken der sozialen oder Ergebnisgleichheit ausgehend – sich immer auch an Bedürfniskriterien orientiert, um den Abbau von Ungleichheiten zu legitimieren, was die Rechte aufgrund bestehender natürlicher und Leistungsunterschiede für verfehlt hält. Niederschlag findet das beispielsweise in der Finanzpolitik bei der Frage, wieweit die Besteuerung verteilungspolitischen Gesichtspunkten unterworfen und an die individuelle Leistungsfähigkeit geknüpft werden soll. Selbst ein vermeintlich konsensfähiges Prinzip wie das der Chancengleichheit kann auf der Basis der Kriterien jeweils anders beurteilt werden und zu gegenläufigen Schlussfolgerungen führen, wie unter anderem die Diskussion um das richtige Bildungssystem beweist.

Pluralisierung der Gleichheitskontexte. Der Bedeutungswandel, den das Links-Rechts-Schema seit rund dreißig Jahren durchläuft, bleibt davon im Grunde unberührt. Was sich geändert hat, sind nicht so sehr die Kriterien (Bedürfnis versus Leistung / Verdienst), nach denen Gleich- oder Ungleichverteilungen gerechtfertigt werden (können), oder die dahinter stehenden Welt- und Menschenbilder, sondern die Kontexte, in denen dies geschieht. Blieb die Auseinandersetzung bis in die sechziger Jahre hinein auf das klassische Problem der sozialen Ungleichheit (in Abhängigkeit von der Position im Erwerbsprozess) konzentriert, so sind die „anderen" Ungleichheiten – aufgrund des Geschlechts oder der ethnischen Zugehörigkeit – seither stärker hervorgetreten. Gleichzeitig beginnt sich die Gerechtigkeitsdebatte aus ihren räumlich (Nationalstaat!) und zeitlich verengten Bezügen zu lösen, schließt sie von nun an als Thema die ökonomische Benachteiligung der Dritten Welt ebenso selbstverständlich mit ein wie die Benachteiligung der späteren Generationen im Zuge der ökologischen Krise.

Die Ausweitung und Pluralisierung der Gleichheitskontexte geht einher mit der Zunahme postmaterialistischer Werthaltungen in der Bevölkerung und führt zu einer Verbreiterung der politischen Agenda in Richtung lebensweltlicher Themen. Eine so erweiterte Sichtweise wird gerade diejenigen politischen Kräfte vor Probleme stellen, die – wie ein Großteil der Sozialdemokratie – an traditionellen Gleichheitsvorstellungen festhalten. Da sich die unterschiedlichen Verteilungskontexte interessenpolitisch kaum auf einen Nenner bringen lassen, entstehen für sie Konflikte – zwischen nationalen und internationalen Verpflichtungen, in- und ausländischen Arbeitnehmern, der gegenwärtigen und künftigen Generation –, die den Solidarisierungswillen der Beteiligten überfordern könnten.

Das Lebensweiseparadigma führt darüber hinaus dazu, die Bewahrung der kulturellen und lokalen Autonomie (von Gruppen oder Personen) als politisches Ziel Bedeutung gewinnt. Damit verbunden sind erstens eine Absage an die (zentral)staatlichen Eingriffsformen der materiellen Umverteilungspolitik, die um dezentrale und Selbstverwaltungseinrichtungen ergänzt werden sollen, und zweitens eine weitere Umwertung des Gleichheitsgedankens: Während die Linke auf rechtliche und politische Gleichstellung der fraglichen Gruppen pocht, im Übrigen aber deren kultureller Verschiedenheit das Wort redet, bleibt die Rechte bei der erstgenannten Forderung zurückhaltend, um dort, wo die Gleichstellung beabsichtigt oder bereits erfolgt ist, um so „gleichmacherischer" für Anpassung und Assimilierung einzutreten.

Das bedeutet zugleich, dass die Unterscheidung zwischen Rechts und Links nicht gleichbedeutend sein kann mit der Unterscheidung zwischen alten (materiellen) und neuen (immateriellen) Politikinhalten. „Dezentralisation war – vom Anarchismus abgesehen – immer mehr eine rechte als eine linke Position. Die menschlichen Bedürfnisse als primärer Ansatzpunkt von Politik sind rechten Interpretationen zugänglich. Begründet werden können Bedürfnisse auf Stabilisierung durch Autorität und Führung, auf Orientierung durch verbindlich gemachte gesellschaftliche Werte und verstärkte soziale Kontrolle, auf Aktivitäts- und Leistungsanreize in einem System sozialer Schichtung, auf Geborgenheit in überschaubaren Gemeinschaften, auf bürgerliche Solidarität", schreiben Detlef Murphy und andere weitsichtig in einem Anfang der achtziger Jahre veröffentlichen Diskussionsbeitrag zur Bedeutung von Links und Rechts. Der Aufstieg der neuen Rechtsparteien muss vor diesem Hintergrund gesehen werden.

Manche Autoren machen die bleibende Differenz zwischen den politischen Richtungen daran fest, ob sie für Universalisierung oder Restringierung der als verallgemeinerungsfähig betrachteten Grundwerte eintreten. Diese Festlegung ist sinnvoll, weil sie die Antworten, die auf die beschriebene Ausweitung der Gleichheitskontexte gegeben werden, in ihrer unterschiedlichen Tendenz kenntlich macht. Dennoch sollte man sich davor hüten, ihr zu viel Bedeutung beizumessen: Soweit die verschiedenen Bezüge von Gleichheit in Konflikt geraten, kommt auch die Linke nicht umhin, Prioritäten zu setzen, die „restringierend" wirken, wie die Probleme der Migrationspolitik und des Umweltschutzes beweisen. Umgekehrt lassen sich auf der rechten Seite Universalisierungstendenzen ausmachen, die mit den neu gewonnenen Freiheiten in einer sich globalisierenden Weltwirtschaft zu tun haben. Der Stellenwert der ideologischen Prinzipien wird dadurch zumindest relativiert: Die Präferenz des „rechten" Neoliberalismus für mehr Ungleichheit könnte z.b. weniger ideologischen als funktionellen Überlegungen (Effizienzverbesserung, Steigerung der internationalen Wettbewerbsfähigkeit) geschuldet sein, würde also für sich genommen noch keine Ablehnung des Sozialstaatsgedankens indizieren. Dasselbe gilt für die Linke, wenn sie versucht, dessen Errungenschaften vor Überforderungen aus anderen Gerechtigkeitskontexten zu schützen – auch hier werden die eigenen universalistischen Prinzipien zugunsten einer partikularen Wohlfahrtspolitik hintangestellt.

Jenseits von Rechts und Links? Das heißt aber – um auf den Gedankengang vom Anfang zurückzukommen – dass die Richtungsbegriffe an Bedeutung vor allem deshalb verlieren, weil infolge der komplizierter gewordenen Welt die politischen Steuerungsmöglichkeiten im Ganzen geringer geworden sind. Die Anpassung und Angleichung der Werte wird heute eher von der Wirklichkeit erzwungen, als dass sich die Wirklichkeit ihrerseits nach den Werten richtete und umgestalten ließe! Anthony Giddens hat den Bedeutungsverlust der hergebrachten politischen und gesellschaftlichen Institutionen in *Jenseits von Links und Rechts* eindringlich beschrieben. Die moderne soziale Entwicklung sorgt danach für einen fundamentalen Wandel unserer Lebensumstände und Erfahrungsstrukturen, der „enttraditionalisierend" wirke. Für die Individuen bedeute das, dass sie über ihre eigenen Lebensentwürfe heute zunehmend selber entscheiden müssten. Den Sozialstaat alter Prägung hält Giddens für ebenso passé wie das ihm zugrundeliegende Modell einer auf Vollerwerbstätigkeit basierenden Arbeitsgesellschaft. Dennoch hütet er sich, die These vom „Ende der Politik" wörtlich zu nehmen. Links und Rechts büßen ihre inhaltlichen Bezüge laut Giddens nicht ein, aktualisieren sie jedoch unter den veränderten Rahmenbedingungen nurmehr vorderhand und in einem wenig spezifischen Sinne: Der künftige Bedarf einer radikalen Politik bewege sich weg von der traditionellen Orthodoxie.

Umstritten bleibt, ob es sich bei der Angleichung der ideologischen Positionen um einen Vorgang handelt, der beide Seiten gleichermaßen betrifft, oder ob die Linke dadurch stärker unter Druck geraten ist als die Rechte. Letztere Position wurde in den achtziger Jahren – also noch vor dem Zusammenbruch der realsozialistischen Systeme – von Autoren wie Ralf Dahrendorf oder Adam Przeworski vertreten. Im Hintergrund stand dabei die Überlegung, dass der sozialstrukturelle Wandel in der nachindustriellen Gesellschaft primär den rechten Parteien zugute komme. Die längerfristige Wählerentwicklung, die in den neunziger Jahren zu einer Wiedereroberung der Regierungsmacht durch die Sozialdemokraten in den meisten europäischen Ländern führte, hat diese Prognose offensichtlich widerlegt. Sie machte zum einen deutlich, dass die vermeintliche Begünstigung der Rechten durch die Modernisierung auf die ökonomische Sphäre weitgehend beschränkt blieb. Zum anderen rührte sie aus den negativen Begleiterscheinungen der Modernisierung, die eine wachsende Desintegration der Gesellschaft zur Folge hatte und damit der Forderung nach sozialer Gerechtigkeit neuen Auftrieb gab.

Inzwischen ist deutliche Ernüchterung eingetreten. Die Neuformulierung einer linken Agenda ist den Sozialdemokraten an der Regierungsrolle – trotz vielversprechender Ansätze – nicht gelungen. Dafür werden sie nun reihum mit Abwahl bestraft. Die Annäherung der Sozialdemokraten an den rechten Mainstream kann an der Entwicklung ihrer Wählerstruktur abgelesen werden, die sich von den Arbeitern in Richtung der neuen Mittelschichten immer mehr weg bewegt hat. So erzielte die SPD bei der Landtagswahl in Sachsen-Anhalt nur noch 16 Prozent der Arbeiterstimmen (gegenüber 41 Prozent der CDU in dieser Wählergruppe). Auch in Hamburg verzeichnete sie in diesem Segment die stärksten Verluste, während die rechtspopulistische Schill-Partei bei den unteren Statusgruppen überdurchschnittlich viele Stimmen holte und ihre besten Ergebnisse in den früheren Hochburgen der Sozialdemokratie erzielte. „Law and order is a Labour issue" lautete Tony Blairs Wahlkampfparole im Jahre 1997. In Wirklichkeit haben sich die Genossen von der Lebenswelt der kleinen Leute immer mehr entfernt. Übertriebene politische Korrektheit lässt sie die Probleme verdrängen, die gerade die randständigen Gruppen der Gesellschaft umtreiben: Kriminalität, Drogenkonsum, öffentliche Verwahrlosung, Schwierigkeiten bei der Ausländerintegration. Stattdessen hat man die Netze einseitig in jene Segmente der Informations- und

Kommunikationsgesellschaft ausgeworfen haben, wo die erfolgsorientierten Angehörigen der neuen Mitte sitzen. Die Folge war eine weitgehende Gleichsetzung der Regierungsrolle mit wirtschaftspolitischem Pragmatismus, der sich seiner eigenen Ideologielosigkeit rühmte und selbst auf symbolische Maßnahmen der gesellschaftlichen Integration zu verzichten können glaubte. Die Sozialdemokraten erweckten den Eindruck, als hätten sie ihre Grundwerte der Solidarität und Gerechtigkeit über Bord geworfen.

Wenn sie dies nun korrigieren und sich der lebensweltlichen Probleme annehmen, bedeutet das nicht unbedingt einen „Rechtsruck" – es sei denn, man unterstellt, dass mit der veränderten politischen Agenda auch die Wirklichkeit nach rechts gerückt sei. Das ist sie aber heute ebenso wenig wie in den achtziger Jahren, als die ökonomischen Verhältnisse die Abkehr vom Keynesianismus erzwangen. Im Gegenteil: Bei genauerem Hinsehen entpuppen sich die gesellschaftlichen Desintegrationstendenzen als Folge neuer und sich verschärfender sozialer Ungleichheiten, die gerade die Sozialdemokratie beschäftigen müssten. Dies gilt insbesondere für die Familien- und Bildungspolitik, die bei der Gewährleistung von Chancengerechtigkeit eine Schlüsselrolle spielen. Es gilt aber auch für die kosmopolitischen Gerechtigkeitsprobleme, die über den Zuständigkeitsbereich der Nationalstaaten hinausweisen. Die Herausforderung der linken Parteien besteht darin, die Mittelschichten von einer Gesellschaftspolitik zu überzeugen, die die Anstrengungen auf die wirklich Benachteiligten konzentriert. Die Alternative zur rechten Modernisierung liegt – mit anderen Worten – in einer Neudefinition gesellschaftlicher Solidarität. Sie würde dazu beitragen, dass rechte und linke Positionen auch künftig unterscheidbar bleiben.

Berliner Republik 4 (2002), H. 4, S. 54-65.

Konjunkturen des Populismus

Blätter für deutsche und internationale Politik: Ende der neunziger Jahre sprach man von einem neuen sozialdemokratischen Europa. Erleben wir heute ein rechtspopulistisches Europa?

Frank Decker: Der Begriff „neues sozialdemokratisches Europa" bezog sich auf die Tatsache, dass nach den christdemokratischen achtziger Jahren nun in Europa überall Sozialdemokraten regierten, mit zwei Ausnahmen, Spanien und Irland. Geprägt wurde er vom damaligen österreichischen Bundeskanzler Viktor Klima – was nicht ohne Ironie ist, denn ausgerechnet Österreich hat dann mit Hilfe der FPÖ die Wende zurück eingeleitet. Heute würde ich nicht von einem rechtspopulistischen Europa sprechen, sondern von einem Rechtsruck oder besser: einer Wende nach rechts. Die neuen rechtspopulistischen Parteien sind bereits in den siebziger und achtziger Jahren entstanden, wurden damals aber vom konservativen Mainstream als nicht koalitionsfähig betrachtet. Weil sie aber nicht von der Bildfläche verschwanden und an ihren Erfolgen zu Grunde gingen, sondern ganz im Gegenteil stabil blieben und weiter wuchsen, mussten die Konservativen sich mit ihnen verbünden, wenn sie der Linken die Hegemonie wieder entreißen wollten. Es haben sich also weniger die Stimmenanteile zwischen den Lagern verschoben, als vielmehr die Verhältnisse innerhalb des rechten Spektrums verändert. In dem Maße, in dem die christdemokratischen und konservativen Parteien an Stimmen verloren haben, sind die populistischen Parteien stärker geworden.

B: Als sich Ende der neunziger Jahre die Schattenseiten des Neoliberalismus zeigten, schienen die linken Parteien – im weitesten Sinne, wenn man auch noch die Parteien des „Dritten Weges" wie New Labour und Schröders SPD hinzuzählen will – das Heft doch wieder in die Hand zu bekommen. Wie erklären Sie diese Wende nach rechts nach so kurzer Regierungszeit?

D: Die Sozialdemokraten sind an der Gratwanderung zwischen „Modernisierung" und „Gerechtigkeit" gescheitert. Auf der einen Seite haben sie die Neue Mitte enttäuscht, weil sie in der ökonomischen Modernisierung nicht weit genug gegangen sind. Auf der anderen Seite haben sie sich ihrer Stammklientel entfremdet, weil sie die Forderung nach sozialer Gerechtigkeit nicht einlösen konnten oder wollten. Das haben sich die Populisten zu Nutze gemacht, die neoliberale Modernisierung und kulturelle Gemeinschaftsbezogenheit miteinander verbinden. Die linken Parteien tun sich mit einer solchen Politik sehr schwer, weil sie sich kulturell als liberale Parteien verstehen.

B: Ist der neue Rechtspopulismus ein Ausdruck des Versagens der Sozialdemokratie?

D: Das wäre zu einfach. Wir haben es in den westlichen Gesellschaft heute mit irreversiblen Prozessen zu tun, die den Populismus objektiv begünstigen, vor allem mit dem Prozess der Globalisierung. Dass die nationalen Regierungen den Konjunkturverlauf kaum noch steuern können, arbeitet den Rechten und ihrem neoliberalen Wirtschaftsmodell in die Hände und nicht dem linken Modell, das solche Steuerungsfähigkeit im nationalen Rahmen immer noch unterstellt. Und wenn die Globalisierung in kultureller Hinsicht Identitätsverluste herbeiführt und die Auflösung gewachsener Milieus beschleunigt, dann begünstigt das ebenfalls die Rechten, soweit diese kulturell anti-liberale Positionen vertreten.

B: Was verbindet die rechtspopulistischen Parteien in Europa? Ist es gerechtfertigt, sie unter einer gemeinsamen Kategorie analytisch einzuordnen?

D: Ich denke ja, weil man die drei Kriterien der Ideologie, Wählerstruktur und Organisation, die eine Parteienfamilie ausmachen, auf den Rechtspopulismus sinnvoll anwenden kann. Am leichtesten fällt dies bei der Organisation: Da ist zum Ersten der Bewegungscharakter dieser Parteien, von denen die meisten sich gar nicht Parteien nennen, sondern „Front National", „Lega Nord" oder nur „Liste Pim Fortuyn". Der Namensgeber ist dann der Gründer der Partei selbst. Das verweist auf das zweite Merkmal: Die herausgehobene Position des Parteiführers, der über charismatische Eigenschaften verfügt. Und drittens – das wichtigste Kriterium, das man mit dem Begriff des Populismus in der Regel zuerst verbindet – gibt es bestimmte Formen der Ansprache der Wählerschaft mit Hilfe spezifischer agitatorischer Stilmittel. Das Wesentliche dabei ist die Anti-Establishment-Orientierung der Partei – zum Ausdruck gebracht durch gezielte Provokation und Tabubruch, Emotionalisierung, Schwarz-Weiß-Denken, Schüren von Ängsten, oder auch nur den Appell an den gesunden Menschenverstand.

B: Den Populismus als Ideologie zu fassen, dürfte schon schwerer fallen, zumal ihn ja eine gewisse inhaltliche Beliebigkeit auszeichnet. Während die FPÖ etwa neoliberal orientiert ist, fordert die Fortschrittspartei in Norwegen eine größere staatliche Umverteilung. Spricht das nicht gerade gegen eine einheitlich populistische Ideologie?

D: Dennoch gibt es so etwas wie einen ideologischen Kern. Das Wichtigste ist die kulturelle Dimension, die sich insbesondere an der Migrations- und Identitätsfrage festmachen lässt. Dort stehen die Populisten rechts, weil sie gemeinschaftsbezogen-nationale, mithin anti-individualistische Positionen vertreten. Im ökonomischen Bereich dagegen sind sie eher individualistisch gesinnt, wenngleich sich in den letzten Jahren bei den meisten Vertretern eine stärkere Hinwendung zu sozialprotektionistischen Forderungen abzeichnet. Das dritte ideologische Merkmal ist die Gegnerschaft zum politischen System, insbesondere zum Parteienstaat. Hier liegt auch die Verbindung zum zentralen Stilmittel des Populismus, der Anti-Establishment-Haltung. Immer dort, wo es starke parteienstaatliche Strukturen gibt, wie in Österreich oder Italien, finden die Populisten ein zugkräftiges Mobilisierungsthema vor. In Europa sind jene populistischen Vertreter am erfolgreichsten gewesen, denen es gelungen ist, alle drei Themen zusammenzubinden. Die Wählerstruktur der rechtspopulistischen Parteien ist dementsprechend heterogen, vergleichbar mit derjenigen der Volksparteien. Es sind eher gemeinsame Wertorientierungen als harte sozialstrukturelle Merkmale, die diese Wählerschaft zusammenbinden.

B: Das widerspricht der These, Wähler rechtspopulistischer Parteien seien Modernisierungsverlierer.

D: Der Begriff des „Modernisierungsverlierers" ist in zweierlei Hinsicht missverständlich. Zum einen suggeriert er, dass es sich um Menschen handelt, denen es objektiv schlecht geht. Aber Verlierer kann man auch im subjektiven Sinne sein, wenn man etwa den Abstieg fürchtet. Das zweite Problem liegt in der ökonomischen Verengung. Wichtiger als die materiellen Einbußen der Modernisierung sind in aller Regel die kulturellen „Verluste", die diese Wähler erleiden.

B: Wie groß ist die Schnittmenge zwischen Rechtspopulismus und Rechtsextremismus?

Konjunkturen des Populismus

D: Beide Begriffe liegen auf unterschiedlichen Ebenen. Beim Rechtspopulismus steht die formale Seite im Mittelpunkt: seine Organisationsstruktur, seine Stilmittel – daher ja auch der Name. Beim Rechtsextremismus entscheidet das ideologische Moment. Rechtsextreme Parteien sind Parteien, die von ihrer Ideologie her gegen die Prinzipen der liberalen oder verfassungsstaatlichen Demokratie eingestellt sind, also Anti-System-Parteien. Rechtspopulistische Parteien können durchaus auch rechtsextrem sein, sie müssen es aber nicht. Die Mehrzahl der neu entstandenen rechtspopulistischen Parteien in Europa ist gerade nicht rechtsextrem. Das gilt zum Beispiel für die norwegische Fortschrittspartei, die Dänische Volkspartei, für Berlusconis Forza Italia, selbst die Alleanza Nazionale hat sich zu einer rechtskonservativen Partei transformiert. Bei der österreichischen FPÖ dagegen kann man geteilter Meinung sein, ob sie nicht auch rechtsextreme Züge trägt. Umgekehrt gibt es rechtsextreme Parteien, denen die typischen Merkmale des Populismus fehlen. Dazu zähle ich etwa die NPD, die in der politischen Öffentlichkeit kaum in Erscheinung tritt und die populistische Ansprache gar nicht sucht. Dagegen trugen der Nationalsozialismus oder der italienische Faschismus eindeutig rechtspopulistische Züge. Hitler war ein begnadeter Rechtspopulist. Das erklärt auch, warum in der Bundesrepublik nicht nur der Rechtsextremismus, sondern auch der Rechtspopulismus stigmatisiert ist. Der Begriff des Populismus ist ja in Deutschland fast schon ein Schimpfwort.

B: Forza Italia etwa versucht derzeit, die öffentlich-rechtlichen Medien unter Kontrolle zu bekommen und das Justizsystem im Sinne Berlusconis zu beeinflussen, also die Gewaltenteilung tendenziell aufzuheben. Das deutet doch auf fließende Übergänge zwischen rechtspopulistischen und rechtsextremen Parteien hin, was den Willen zur Systemüberwindung angeht.

D: Es kann tatsächlich das Ziel von populistischen Parteien sein, unausgesprochen und schleichend bestimmte Spielregeln der liberalen Demokratie, etwa das Prinzip der Gewaltenteilung, außer Kraft zu setzen. Anzeichen dafür erkenne ich in Italien, aber auch in Österreich unter der ÖVP/FPÖ-Koalition. Ähnliches lässt sich auch bezüglich der Geltung von Grund- und Menschenrechten aufzeigen, wenn solche Parteien fremdenfeindliche Positionen vertreten.

B: Erleben wir in Italien den Versuch, eine „Tyrannei der Mehrheit" zu etablieren?

D: Die Richtung ist jedenfalls angezeigt. Sie ergibt sich aus dem radikaldemokratischen, plebiszitären Anspruch, den die Populisten vertreten. Man darf ja Demokratie und Verfassungsstaat nicht gleichsetzen. Verfassungsstaatlichkeit bedeutet gerade die Begrenzung von Demokratie, um eine Tyrannei der Mehrheit zu verhindern. Die Populisten unterminieren diese verfassungsstaatliche Begrenzung. Das spielt in Italien eine größere Rolle als in Österreich, weil dort die Reform des politischen Systems unmittelbar auf der Tagesordnung steht, etwa in Fragen des Wahlsystems oder des Föderalismus.

B: Der frühere italienische Ministerpräsidenten Giulio Andreotti hat einmal über die Daueropposition der Kommunisten gesagt hat: „Die Macht verschleißt den, der sie nicht hat." Heute erleben wir eher das Gegenteil. Werden die Inhalte der Rechtspopulisten durch eine Regierungsbeteiligung ebenso abgeschliffen, wie das etwa bei den Grünen der Fall war?

D: Das vermute ich. Das Beispiel Haider zeigt aber, dass die populistische Versuchung wieder überhand nehmen und eine Regierungsbeteiligung damit scheitern kann. Dabei schien man gerade in Österreich für die Gratwanderung zwischen Regierungsverantwortung und populistischer Protestpartei ein geschicktes Modell gefunden zu haben, nämlich die Arbeitsteilung zwischen dem Regierungsflügel unter der neuen Vorsitzenden Riess-Passer und Haider, der sich formell aus der Parteispitze zurück gezogen hatte, in seiner Eigenschaft als Landeshauptmann und einfaches Parteimitglied aber weiterhin den Volkstribun und heimlichen Parteichef gab.

B: Zum Populismus in Deutschland. Gunter Hofmann schrieb in der ZEIT, in der Bundesrepublik sei das Problem nicht Populismus, sondern mangelnde Trennschärfe zwischen Rechtspopulisten, Helden der Mediendemokratie und dem vermeintlichen Erfolgsrezept Neue Mitte.

D: Diese fehlende Trennschärfe liegt in der Natur der Sache. Unabhängig vom Vorhandensein oder Nicht-Vorhandensein einer rechtspopulistischen

Partei haben wir es heute mit einer plebiszitären Transformation der Demokratie zu tun, die den Populismus begünstigt. Die Rechtsparteien sind dabei nicht Urheber oder Verursacher, sondern eher Trendsetter. Sie treiben diese Entwicklung stärker voran als die etablierten Parteien, aber die Etablierten sind dagegen nicht gefeit. Die Veränderungen auf der Nachfrageseite der Wähler haben wir ja bereits angesprochen. Aber auch auf der Anbieterseite des politischen Marktes erleben wir einschneidende strukturelle Veränderungen. Plakativ könnte man sagen: „Von der Parteien- zur Mediendemokratie". Die Strukturen der politischen Ansprache wandeln sich, und sie wandeln sich in einer Weise, die den Populisten in die Hände arbeitet ...

B: ... etwa, weil die elektronischen Medien, wie beim Kanzlerduell, auf Politik als Event setzen und die Themen in immer kürzeren Erregungswellen durchs Land ziehen.

D: Seit der Kommerzialisierung der elektronischen Medien in den achtziger Jahren haben wir eine Pluralisierung des Angebots, einen verschärften Wettbewerbsdruck, der die Formate verändert und die Medien nötigt, Politik auch als Unterhaltung zu verkaufen. Damit einher geht eine Auswanderung der Politik aus den traditionell zuständigen Institutionen, den Parlamenten und Parteien. Dies betrifft sowohl die „Entstehung" von Politik, also die eigentlichen Entscheidungsprozesse, als auch ihre Vermittlung. Die mediale Durchdringung geht soweit, dass man bereits von einer „Talkshowisierung" der Politik spricht. Ein wichtiger Agenda-Setzer in der Bundesrepublik ist z.B. die Sendung „Sabine Christiansen" geworden, die sonntags abends politische Themen für die darauf folgende Woche definiert. Die Affinität zum Populismus wird durch solche Entwicklungen befördert und wirkt sich natürlich auch auf die Substanz der Politik aus.

B: Obwohl das Fernsehen den Populismus unterstützt, fördert es doch nicht die Populisten. Politiker wie Ronald Schill werden kaum eingeladen, und am Wahlabend gelingt es TV-Kommentatoren meist nicht einmal, die üblichen Höflichkeitsformen gegenüber rechtspopulistischen Kandidaten einzuhalten.

D: Die deutschen Medien haben noch Berührungsängste gegenüber populistischen Strömungen. Die öffentlichen TV- und Radioanstalten werden durch die etablierten Parteien stark kontrolliert. Aber auch die Privaten sind in ihrer Berichterstattung „gefangen" durch den vorherrschenden anti-extremistischen oder anti-populistischen Konsens. Den jüngsten Beweis dafür hat die öffentliche Reaktion auf die Möllemann-Äußerungen zu Israel und Michel Friedman erbracht. Da hat man gesehen, wie stark ein Politiker unter Druck gerät, wenn er sich über die Gebote der Political Correctness hinwegsetzt. Möllemann hat mit seinem Verhalten letztlich sich und der FDP geschadet. Daran lässt sich die ungebrochene Wirksamkeit des anti-populistischen Reflexes in der bundesdeutschen politischen Kultur ablesen.

B: Könnte es vielleicht auch so sein, dass es in Deutschland deswegen keine populistische Partei auf Bundesebene gibt, weil jede der etablierten Parteien ihren eigenen Populismus pflegt, Schily etwa bei der SPD und Beckstein für die CSU? Also der Populismus der Etablierten als Prävention der echten Populisten?

D: Das stimmt, wenn Sie auf den Populismus im Sinne eines Stilmittels anspielen. Was die zentralen Inhalte betrifft, hat die relative Erfolglosigkeit von Rechtspopulisten in Deutschland andere Gründe. Die klassischen Mobilisierungsthemen Parteienstaat, Wohlfahrtsstaat und Einwanderung sind in einer Weise behandelt worden, die den Spielraum für populistischen Protest relativ klein gehalten hat. Das Thema Parteienstaat spielt in der Bundesrepublik als politische Systemkritik keine große Rolle. Es ist im Kern eine Angelegenheit der Intellektuellen geblieben, etwa von Hans Herbert von Arnim. Virulent wird es nur im Falle von Skandalen. Dies zeigte sich z.B. in Hamburg, wo die Statt-Partei ihren Aufstieg mit dem Diätenskandal und den demokratiewidrigen Zuständen innerhalb des CDU-Landesverbandes nahm. Der Versuch, das Experiment auf die Bundesebene zu übertragen, war zum Scheitern verurteilt. Beim Thema Wohlfahrtsstaat verhält es sich ähnlich. Auch hier werden die marktradikalen Positionen von der FDP und Teilen der Union offenbar so gut abgedeckt, dass den Rechtspopulisten keine Entfaltungschancen bleiben.

B: Und wie sieht es bei der Einwanderung aus?

D: Dieses Thema wurde den Populisten entwunden, weil es die Union während der 16-jährigen Regierungszeit von Kohl schlicht tabuisiert hat. Dadurch konnte die CDU/CSU ihre Integrationsfähigkeit nach rechts behalten und die Migrationsfrage sozusagen durch Nichtstun besetzen. Man hat das Thema einfach ignoriert, indem man sich auf den Standpunkt stellte, die Zuwanderer gehören sowieso nicht dazu; es sind keine Deutschen, also brauchen wir sie auch nicht zu integrieren.

B: Inwieweit sind rechtspopulistische Parteien selbst für ihren anhaltenden Misserfolg verantwortlich?

D: Zunächst einmal gab es bislang keine geeignete Führer-Figur. Schill ist eigentlich der Erste, der diese Eigenschaft mit sich bringt, wenn auch mit Einschränkungen. Er hat zwar nicht das Format eines Haider oder eines Fortuyn, verfügt aber durchaus über die für eine erfolgreiche Wähleransprache notwendige populistische Begabung. Noch wichtiger ist, dass Schill gegen nazistische Neigungen unverdächtig ist, man ihn also nicht einfach als Rechtsextremisten abstempeln kann; dies verschafft ihm im bürgerlichen Lager die Salonfähigkeit, über die ein Schönhuber aufgrund seiner Nazi-Vergangenheit nie verfügte. Die Stigmatisierung des Rechtsextremismus macht es für die Populisten allerdings schwieriger, sich parteipolitisch zu organisieren, weil sie dadurch einer permanenten Unterwanderungsgefahr ausgesetzt sind. Dieses Problem lässt sich jetzt auch bei der Schill-Partei besichtigen; es unterscheidet die Bundesrepublik von anderen Ländern mit rechtsextremer Vergangenheit wie Österreich oder Italien.

B: Diese Stigmatisierung, etwa wenn an Wahlabenden die Vertreter der etablierten Parteien ihre Freude über das Scheitern der Rechtspopulisten äußern, hat für mich immer den schlechten Beigeschmack einer Freude über die Sicherung eigener Pfründe. Die Frage, ob der Rechtspopulismus auch rationale Interessen vertritt, die angesichts des Drängens um die Mitte nirgendwo sonst mehr ihren Platz finden, mag angesichts der Stigmatisierung niemand mehr stellen. Ist das Problem des Rechtspopulismus nicht gerade, dass er eine legitime Interessenvertretung mit dem Appell ans Ressentiment verknüpft?

D: Ich würde zwischen legitimen und illegitimen Populismus unterscheiden. Es ist ein Grundprinzip der Demokratie, dass die Themen, die zum kontroversen Sektor gehören, jederzeit angesprochen werden dürfen und auch sollen. Darüber hinaus muss es aber einen unkontroversen Sektor geben. Dieser umfasst die Prinzipien der liberalen Demokratie selbst, die durch die systemkritischen Positionen des Populismus möglicherweise unterminiert werden. Die Ambivalenz zeigt sich bei Inhalten und Stilmitteln gleichermaßen. In Populismus steckt ja das Wort *populus*, Volk. Populismus und Demokratie stehen also in einer Verbindung. Wo Demokratie ist, findet sich mit Zwangsläufigkeit auch Populismus. Populistische Demokratie ist aber etwas anderes als die Idee des *government by discussion*, die dem demokratischen Verfassungsstaat zugrunde liegt.

B: Ich möchte die Frage von legitimen und illegitimen Formen des Populismus gerne an einigen Zitaten zur Ausländerpolitik diskutieren. „Das Boot ist voll" gilt als eine klassisch populistische Formulierung. Wie verhält es sich mit dem bekannten Schily-Diktum „Wir haben die Grenzen unserer Aufnahmekapazität erreicht"?

D: Immer dann, wenn sich an eine solche Aussage eine argumentative Begründung anschließt, halte ich auch eine solche Zuspitzung für legitim. Illegitim wird sie, wenn sie nur dazu dienen soll, Ressentiments oder Ängste zu schüren. Auch an eine vereinfachte, plakative Formulierung kann eine grundsätzliche Auseinandersetzung, etwa über die Frage der multikulturellen Gesellschaft, anschließen. Wir hatten ja in der Bundesrepublik unlängst ein Beispiel dafür, nämlich den von Friedrich Merz eingebrachten Begriff der Leitkultur, der bei aller beabsichtigten oder unbeabsichtigten Missverständlichkeit nützlich war, weil er eine seit langem überfällige Debatte angestoßen hat.

B: Den Begriff „Leitkultur" würden Sie also nicht unter die rechtspopulistischen Argumentationsmuster einordnen?

D: Er kann zu einem solchen gehören, muss es aber nicht, denn er thematisiert ja zunächst einmal ein objektives Problem, nämlich die Frage nach dem angemessenen Umgang mit kultureller Differenz.

B: In den achtziger Jahren hatte sich vor allem die politische Linke in der Bundesrepublik eher auf den Begriff des Verfassungspatriotismus verständigt, der für die Integration völlig ausreichen würde ...

D: Ich halte den Begriff der Leitkultur für treffender. Verfassungspatriotismus suggeriert eine kulturelle Neutralität, von der fraglich ist, ob es sie überhaupt geben kann. Wenn wir die Zuwanderer auf die Prinzipien der Verfassung verpflichten, stellt sich doch die Frage, inwieweit das darüber hinaus auch ein kulturelles Zugehen auf die Mehrheitsgesellschaft verlangt. Das ist die Grundfrage der multikulturellen Gesellschaft. Wir müssen uns also darüber verständigen, was wir unter die notwendige Gemeinsamkeit – nennen wir sie ruhig Leitkultur – fassen wollen und was nicht.

B: Der heutige brandenburgische Innenminister Jörg Schönbohm hat einmal gesagt: „Es gibt Gebiete in Berlin, in denen man sich nicht mehr wie in Deutschland fühlt"...

D: Natürlich haben wir es hier immer mit einer Gratwanderung zu tun. Auf der einen Seite können damit Ressentiments geschürt werden, die eine argumentative Auseinandersetzung blockieren und das Denken ausschalten. Auf der anderen Seite kann die Zuspitzung dazu dienen, sich mit bestimmten Problemen wie der Ghettobildung in multikulturellen Gesellschaften auseinander zu setzen. Dafür könnte auch ein solches Zitat eine Basis sein. Wenn sie aber einen Wahlspot, in dem sie türkische Wohnviertel zeigen, mit der Melodie von „Spiel mir das Lied vom Tod" unterlegen, spielt das Argumentieren keine Rolle mehr. Da ist die Grenze zur fremdenfeindlichen populistischen Agitation eindeutig überschritten.

B: Einem großen Teil der populistischen Wählerschaft geht es doch gar nicht um das Bekämpfen konkreter Schwierigkeiten bei der Integration, etwa der Frage, wie man damit umgeht, wenn 60 Prozent einer Grundschulklasse kein richtiges Deutsch sprechen können. Wenn Rechtspopulismus auch die Angst vor allem Fremden beinhaltet, wird er so lange existieren, wie es noch einen türkischen Bäcker gibt, der auch in türkisch für seinen Laden wirbt, oder so lange es noch eine Moschee gibt. Das heißt, es gibt keine Chance dieses Thema sachlich zu bearbeiten, solange man nicht auf eine vollständige Assimilation – wie bei den Polen im Ruhrgebiet – abzielt.

D: Die Politik muss den Leuten die Angst vor Fremdem nehmen. Das ist die Anforderung an diejenigen, die sich den Populisten entgegen stellen. Ob es immer mit Erfolg geschieht, ist die andere Frage. Die Polen im Ruhrgebiet haben sich leichter assimilieren lassen, weil es eine stärkere kulturelle Nähe gab, vermittelt über die Religion. Da liegt der entscheidende Unterschied zum Islam. Dennoch gibt es zu einer pluralistischen Integrationspolitik meines Erachtens keine Alternative. Die westdeutsche Bevölkerung hat sich ja an kulturelle Differenz schon in einem hohen Maße gewöhnt und sie auch schätzen gelernt. Im Übrigen heißt die Themen der Populisten aufzunehmen ja nicht, dieselben Antworten zu geben. Die etablierten Parteien müssen dem Rechtspopulismus auch auf dessen eigenem Terrain begegnen, und zwar sowohl in formeller als auch in inhaltlicher Hinsicht. Tun sie dies nicht, geraten sie ins Hintertreffen. So wie in Hamburg, wo die SPD im Wahlkampf versucht hat, das Thema Innere Sicherheit einfach wegzudrücken. Das Ergebnis war Schill.

B: Unterscheiden Sie dabei nicht zu wenig zwischen realen und gemachten Problemen?

D: Natürlich können Ängste grundlos geschürt werden. Dennoch stellen sie ein reales Problem dar. Ich denke, dass man zwischen der Thematisierung als solcher und der Art und Weise, wie man Probleme anspricht und zu lösen gedenkt, unterscheiden muss. Letzteres schließt auch das Bewusstsein mit ein, dass die Handlungsmöglichkeiten der Politik in vielen Bereichen begrenzt sind. Dann helfen häufig nur noch symbolische Maßnahmen, um den Leuten ihre irrationalen Befürchtungen zu nehmen. Die Beseitigung der offenen Drogenszene am Hamburger Hauptbahnhof ist ein Beispiel dafür. Die SPD hätte dies nicht der Union und Schill überlassen müssen.

B: Die Gefahr ist, dass die rechtspopulistischen Wähler doch lieber das Original wählen, während man gleichzeitig die eigene Stammwählerschaft abschreckt.

Konjunkturen des Populismus 311

D: Es gibt durchaus Beispiele dafür, dass es den etablierten Parteien gelungen ist, den Rechtspopulisten Themen erfolgreich zu entwinden, man denke etwa an die Asylgesetzgebung Anfang der neunziger Jahre. Die Republikaner konnten danach nur noch einen größeren Landtagswahlerfolg verbuchen (1996 in Baden-Württemberg).

B: Ich würde gerade das Asylrecht als klassisches Beispiel betrachten, wo die etablierten Parteien einer jahrelangen Kampagne aus dem rechtspopulistischen bis rechtsextremen Lager nachgegeben haben, bei der es sogar mitunter – wie etwa in Rostock 1992 – zu einer Art Bündnis zwischen CDU und Mob gekommen ist.

D: Sicherlich ist man durch den Anstieg der Asylbewerberzahlen infolge der Grenzöffnung in Osteuropa etwas in Panik geraten. Dennoch war das Problem nicht zu leugnen. Das Asylrecht hatte eine vernünftige Zuwanderungspolitik in der Bundesrepublik blockiert. Es wurde faktisch zur Zuwanderung eingesetzt, weil es andere Kanäle nicht gab. Man hätte dieses Problem auch ohne populistischen Druck rechtzeitiger angehen können.

B: Wenn das eigentliche Problem nicht das Asylrecht, sondern die nicht geregelte Zuwanderung war: Kann man an diesem Fall nicht sehr gut studieren, wie wenig Handlungsspielraum es gibt, wenn man sich auf die falsche Formulierung eines richtig erkannten Problems einlässt?

D: Man muss die SPD dafür kritisieren, dass sie die Einbettung des Asylrechts in eine breitere Zuwanderungsgesetzgebung, die sie als Preis für ihre Zustimmung zur Verfassungsänderung ursprünglich verlangt hatte, in der Folge nicht mehr einfordern konnte oder wollte. Das hatte natürlich mit der Angst vor ihrer eigenen Wählerschaft zu tun. Inzwischen sind wir aber einen deutlichen Schritt weiter. Nicht nur, dass die rot-grüne Regierung mit der Novellierung des Staatsbürgerschaftsrechts und dem Zuwanderungsgesetz einschneidende Reformen auf den Weg gebracht hat. Auch die Union hat sich von ihrer Lebenslüge mittlerweile verabschiedet, wonach Deutschland kein Einwanderungsland sei; ihr eigenes Konzept zur Zuwanderungspolitik, das von der Müller-Kommission erarbeitet wurde, steht dem der Sozialdemokraten kaum nach. Zwar haben sich die Unionsparteien einem Kompromiss am Ende verweigert. Es ist aber nur schwer vorstellbar, dass sie nach der Bundestagswahl hinter ihre bereits gefundenen Einsichten zurückfallen. Wir sehen hier also durchaus eine Veränderung der Politik zum Positiven. Die etablierten Parteien sind nicht unbedingt genötigt, die Positionen der Rechtspopulisten zu übernehmen.

B: Sie haben deutlich gemacht, dass es wichtig ist, sich mit den Ängsten der Wähler zu beschäftigen und ihnen diese zu nehmen. Was aber ist, wenn eine solche Politik ohne Erfolg bleibt, weil es sich nicht um behandelbare Symptome handelt, sondern um konträre gesellschaftliche und politische Auffassungen?

D: Ich glaube schon, dass es politische Möglichkeiten gibt, den Rechtspopulismus zu bekämpfen. Das Grundproblem heute – die Kehrseite der Ängste – ist das Bedürfnis der Menschen nach Sicherheit und Zugehörigkeit. Darauf muss die Politik Antworten finden. Die Herausforderung stellt sich vor allem auf zwei Feldern. Erstens geht es um die Anerkennung kultureller Differenz, also die Frage: Wie gehen wir mit den Zuwanderern um? Die zweite Herausforderung liegt in der Reform des Wohlfahrtsstaates, dessen Bedeutung sich gerade mit Blick auf den internationalen Wettbewerb zeigt: Je weiter die Volkswirtschaften nach außen offen sind, um so wichtiger wird die Absicherung gegen die dadurch entstehenden Risiken im Inneren. Die sozialen und ökologischen Folgewirkungen der Modernisierung aufzufangen müsste gerade eine Aufgabe der linken Parteien sein. Weil sie an dieser Aufgabe gescheitert sind, wurden die Sozialdemokraten in den europäischen Ländern reihum abgewählt. Das Pendel könnte aber schon bald wieder zurückschlagen, weil die Wähler insgesamt unduldsamer geworden sind und das Sanktionsverhalten zunimmt. Es ist also gut möglich, dass auch die Ära der rechtskonservativen und -populistischen Regierungen nicht lange währt.

B: Erleben wir mit dem Scheitern der Koalition in Österreich schon einen Vorschein vom Ende des rechten Europas?

D: Vielleicht, wenn mit dem „rechten Europa" die Erwartung verbunden war, dass nun rechtspopulistische Parteien über längere Zeit Einfluss auf die Regierungspolitik gewinnen. Aber unabhängig von den aktuellen Regierungskonstellationen lässt sich eine generelle Transformation der politischen Prozesse in Richtung Populismus feststellen, die für die künftige Entwicklung der Demokratie enorme Gefahren birgt. Hierauf – und nicht auf die wechselnden politischen Konjunkturen – sollte das Hauptaugenmerk der Kritik gerichtet werden.

Blätter für deutsche und internationale Politik 47 (2002) H. 10, S. 1184-1193.

Der gute und der schlechte Populismus

Die Beschäftigung mit dem Populismus und populistischer Politik hat Konjunktur. Sie wurde insbesondere durch die Ausbreitung eines neuartigen Parteientyps ausgelöst, der in den achtziger Jahren aufkam und bald unter dem Begriff des „Rechtspopulismus" firmierte. Von wenigen Ausnahmen abgesehen, sind die rechtspopulistischen Parteien heute in sämtlichen westlichen Demokratien präsent. Viele von ihnen haben sich in den Parteiensystemen dauerhaft etablieren können und liegen mit ihren Wahlergebnissen im zweistelligen Bereich. In einigen Ländern ist den Rechtspopulisten sogar der Sprung in die Regierung gelungen.

Nach einer gewissen Verzögerung hat die Politikwissenschaft in den neunziger Jahren begonnen, sich mit den rechtspopulistischen Erscheinungen intensiv zu beschäftigen. Inzwischen liegen zahlreiche international vergleichende Darstellungen vor, die das Aufkommen der neuen Parteien analysieren und dabei auch die voneinander abweichenden Ergebnisse in den verschiedenen Ländern zu erklären versuchen. Übereinstimmung besteht darin, dass es sich um ein „multifaktorielles" Phänomen handelt, das nicht auf eine einzelne Ursache zurückgeführt werden kann.

Unter den Beobachtern herrschte zunächst noch die Erwartung, dass der Rechtspopulismus eine kurzfristige Erscheinung sei, die früher oder später aus den Parteiensystemen wieder verschwinden würde. Dieser Optimismus hat sich längst in das Gegenteil verkehrt. Den rechtspopulistischen Parteien wird mittlerweile eine solide Erfolgsgrundlage attestiert, mit deren Fortbestand wohl auch in Zukunft zu rechnen ist. Welche Folgen das haben wird, und wie der Populismus aus demokratischer Sicht bewertet werden muss – darüber besteht aber nach wie vor keine Einigkeit. Während die einen in ihm einen urdemokratischen Impuls sehen, der Fehlentwicklungen der politischen Systeme anprangere und korrigiere, weisen andere auf die Gefährdungen hin, die von den populistischen Erscheinungen mittelbar oder unmittelbar für die demokratische Entwicklung ausgingen. Das Problem liegt darin, dass auf dieser allgemeinen Ebene beide Seiten Recht haben. Die Ambivalenz unter Demokratiegesichtspunkten ist dem Populismus schon vom Begriff her gegeben. Einerseits steckt in ihm das Wort *populus* (= Volk), was auf eine enge Verbindung zur demokratischen Idee hindeutet. Wo Demokratie ist, ist – mit anderen Worten – immer auch Populismus. Auf der anderen Seite signalisiert das Suffix *-mus* eine ideologische Übersteigerung, die dem gemäßigten Charakter der heutigen Demokratien widerstreitet. Indem er das demokratische Element hypostasiert und gegen die demokratiebegrenzenden Prinzipien der Verfassungsstaatlichkeit in Stellung bringt, rückt der Populismus zumindest potenziell in die Nähe der Systemfeindlichkeit.

Welche von beiden Interpretationen trifft auf den Rechtspopulismus zu? Um eine sinnvolle Antwort darauf zu geben, ist es zweckmäßig, zwischen der Aussagen- und Wirkungsebene populistischer Politik zu unterscheiden. Was für sich genommen undemokratisch sein mag – die ideologischen Inhalte des Rechtspopulismus oder seine Agitationsformen – kann in der Auseinandersetzung mit anderen Akteuren und Ideen ja durchaus demokratiefördernde oder -stabilisierende Konsequenzen entfalten. Das Auftreten populistischer Parteien und Bewegungen ist an sich also noch kein Ausweis demokratischer Instabilität; selbst bei Gruppierungen mit eindeutig feindlichen Absichten könnte es die Integrationsleistung des Systems gerade befördern, wenn vorhandene Protestgründe aufgenommen werden und auf diese Weise eine neue politische Balance entsteht. Offenbar gibt es auch in der heutigen Gesellschaft populistische Momente, „Zeiten der drohenden Verkrustung der Systeme, der Phantasielosigkeit der Etablierten, der notwendigen Erneuerung, in denen solche Bewegungen und Energien ihre positive historische Funktion haben." (Hans-Jürgen Puhle) Der neue Rechtspopulismus bildet hiervon keine Ausnahme. Indem er dem Protest eine Stimme leiht, sorgt er einerseits dafür, dass dieser im System verbleibt und nicht in die dumpferen Kanäle der Gewalt und des Sektierertums abgedrängt wird. Zum anderen zwingt er die etablierten Kräfte, sich der Probleme anzunehmen, die zuvor offensichtlich vernachlässigt wurden und den Newcomern die Wähler über-

Der gute und der schlechte Populismus 315

haupt erst zugetrieben haben. Selbstbewusste Demokratien brauchen den Populismus daher nicht zu fürchten.

Gegen diese optimistische Sichtweise lassen sich allerdings zwei gewichtige Einwände vorbringen. Zum einen schwingt in ihr offenbar die Vorstellung mit, dass die populistischen Bewegungen – wenn sie ihre Funktion erfüllt haben – über kurz oder lang wieder verschwinden. Im Falle der neuen Rechtsparteien hat sich das bekanntlich nicht bewahrheitet, im Gegenteil: Die Populisten zeigten sich stabil und legten in der Wählergunst vielerorts sogar noch weiter zu. Für die gemäßigte Rechte bedeutete das, dass sie die lästige Konkurrenz in ihre Bündnisüberlegungen fortan mit einbeziehen musste, wenn sie ihre Mehrheitsfähigkeit gegenüber der Linken nicht dauerhaft verlieren wollte. Die Rechtspopulisten wurden „salonfähig" gemacht und konnten so in mehreren Ländern (Österreich, Portugal, Niederlande) an der Regierung beteiligt werden bzw. diese ganz übernehmen (Italien).

Wo den Parteien die Unterstützung wieder entzogen wurde, lagen dem entweder interne Querelen zugrunde, mit denen die Rechtspopulisten ihr Bild in der Öffentlichkeit ruinierten: Beispiele sind der Front National Le Pens, der 1999 die Abspaltung des Mégret-Flügels zu verkraften hatte, oder die dänische Fortschrittspartei, die sich in den achtziger Jahren den Machtansprüchen ihres einstigen Gründers Mogens Glistrup erwehren musste. Oder die Parteien wurden zum Opfer ihrer selbstauferlegten Regierungsverantwortung. Gehört die Anti-Establishment-Haltung zum Populismus wesensmäßig dazu, so drohen massive Glaubwürdigkeitsverluste bei den eigenen Anhängern, wenn die Partei selber zu einem Teil des Establishments wird. Dieses Schicksal ist zuletzt der FPÖ in Österreich, der Liste Pim Fortuyn in den Niederlanden und – in kleinerem Maßstab – der Schill-Partei in Hamburg widerfahren. Allein in Italien scheint dem Dreierbündnis von Forza Italia, Lega Nord und Alleanza Nazionale die Gratwanderung von antiinstitutionalistischer Gesinnung und verantwortlicher Regierungspolitik gelungen zu sein. Dabei handelt es freilich um eine Ausnahme, die ohne den Totalumsturz des italienischen Parteiensystems in den neunziger Jahren nicht zu erklären wäre. Sieht man von den genannten Fällen einmal ab, so bleibt die Herausfordererrolle der Rechtspopulisten im Parteienwettbewerb notorisch. Durch die objektiven Probleme des heutigen Regierens dürften sie auch in Zukunft über genügend Gelegenheiten verfügen, ihre Position zu halten bzw. weiter zu verbessern. Für die anderen Parteien mag das bedrückend sein, da die von den Populisten favorisierten „Problemlösungen" diesen Namen nur selten verdienen. Gelingt es den Herausforderern, ihre organisatorischen Probleme zu bewältigen und ideologischen Widersprüche zu unterdrücken, wäre es jedoch äußerst verwunderlich, wenn sie allein durch das Verhalten der Konkurrenz wieder zum Verschwinden gebracht würden.

Der zweite Einwand bezieht sich auf die längerfristigen institutionellen Implikationen des Rechtspopulismus, die – gelinde gesagt – problematisch sind, weil sie zu einer Aushöhlung der demokratischen Substanz des Verfassungsstaates beitragen. Die neu entstandenen Parteien sind Trendsetter einer Entwicklung, die man als „plebiszitäre Transformation" des politischen Prozesses bezeichnen könnte. Klassische Vermittlungsinstitutionen wie Parlamente und Parteien treten in der Bedeutung zurück und werden durch direkte Beziehungen zwischen Regierung und Wahlvolk ersetzt bzw. überlagert. Die populistischen Neugründungen sind ein Symptom dieser Entwicklung, nicht ihr eigentlicher Grund. Gewiss haben sie den Wandel offensiver vorangetrieben als die etablierten Kräfte. Charakteristisch dafür ist z.B., dass einige ihrer Vertreter in der Wähleransprache deutliche Parallelen zu den amerikanischen Parteien aufweisen, die das plebiszitäre Modell in der bisher reinsten Form verkörpern (z.B. Forza Italia, FPÖ). Darüber hinaus treten die Rechtspopulisten fast überall für die Einführung oder stärkere Inanspruchnahme direktdemokratischer Beteiligungsformen ein, um die Macht der repräsentativen Institutionen zu beschränken. Diese Bemühungen dürfen den Blick auf die tieferliegenden Ursachen des Wandels aber nicht verstellen, die systembedingt sind, das heißt: mit der Funktionsfähigkeit der Demokratie selbst zu tun haben.

So wie sie als politisches System in einem Großteil der Welt heute real existiert, bildet die Demokratie eine Synthese aus zwei normativen Prinzipien: der Volkssouveränität (die man auch als demokratisches Prinzip im engeren Sinne bezeichnen könnte), und der Verfassungsstaatlichkeit. Beide liegen in einem komplementären Spannungsverhältnis zueinander. Postuliert das Demokratieprinzip eine Regierungsform, in der Herrschaft stets unter Berufung auf den Willen des Volkes bzw. der Mehrheit des Volkes ausgeübt wird, so ist der Verfassungsstaat die Antwort auf das Paradoxon, dass sich eine solche Demokratie mit demokratischen Mitteln selbst abschaffen kann (wenn es das Volk bzw. die Mehrheit des Volkes so beschließt). Verfassungsstaatliche Strukturen laufen also auf eine Befestigung der Demokratie hinaus,

Der gute und der schlechte Populismus 317

indem sie deren Herrschaftsanspruch begrenzen. Institutionell durch verschiedene Formen der organschaftlichen Gewaltenteilung verbürgt, findet das verfassungsstaatliche Prinzip seinen sichtbarsten Ausdruck heute in der justiziellen Normenkontrolle.

Auf der anderen Seite unterliegt das Prinzip der Volkssouveränität auch immanenten Schranken. Allein aufgrund ihrer Größe können die demokratischen Systeme das Herrschaftsproblem nur mittels Repräsentation lösen. Volkssouveränität heißt also nicht, dass das Volk selber die Regierungsgeschäfte führt, sondern dass es bestimmte Personen oder Personengruppen beauftragt, die Regierungsgewalt stellvertretend in seinem Namen und Interesse auszuüben. Faktisch hat das zur Folge, dass neben die Herrschaft der Vielen die Herrschaft der Wenigen tritt. Realistisch betrachtet ist eine Demokratie ohne ausgewähltes Führungspersonal, das die Leitungsfunktionen übernimmt und über entsprechende Machtprivilegien verfügt, nicht vorstellbar. Die Frage lautet nur, ob das auch so sein sollte. „Sind Eliten und Führungsminderheiten ein notwendiges (oder sogar unnötiges) Übel, oder sind sie ein lebenswichtiger und nützlicher Faktor?" (Giovanni Sartori) In der normativen Demokratiediskussion scheiden sich daran bis heute die Geister.

Die Grundkontroverse zwischen konstitutioneller und „populistischer" Demokratieauffassung spiegelt sich also auch in der Interpretation des Volkssouveränitätsprinzips wider. Die einen sehen die Regierungsgewalt am besten in der Hand einer qualifizierten Führungsgruppe aufgehoben, die ihre Verantwortung für das Volk allein aus der Sache heraus wahrnimmt, ohne den wechselnden Stimmungen und Meinungen des Publikums nachzulaufen; die anderen halten dafür, dass dem Volk ein möglichst unmittelbarer Einfluss auf die Politik zugestanden werden muss, weil nur so ein Höchstmaß an Übereinstimmung zwischen Regierenden und Regierten zu erreichen sei. Die repräsentative stimmt mit der konstitutionellen Demokratiekonzeption in der Betonung des deliberativen Charakters der politischen Entscheidungsprozesse überein; sie ist deshalb ihrer Tendenz nach inklusiv, auf eine möglichst breite Interessenberücksichtigung hin angelegt. Die populistisch-plebiszitäre Demokratiekonzeption setzt demgegenüber anstelle des geduldigen Aushandelns die Dezision. Sie möchte die vorhandene Interessenvielfalt in einer mehrheitsdemokratischen Entscheidungsbefugnis aufgehoben sehen, die auf Ausgrenzung beruht und damit polarisierend wirkt. Von daher erklärt sich auch das Bedürfnis nach homogenen Identitätskonstruktionen, der Drang, das Volk als vorgestellte Einheit nicht nur im Inneren gegen die herrschenden Eliten, sondern auch nach außen hin von anderen Völkern und Nationen zu unterscheiden; dies weist den Populismus als eine im Kern antipluralistische (oder antiliberale) Ideologie aus.

Die plebiszitäre Transformation des politischen Prozesses, von der oben die Rede war, muss vor dem Hintergrund einer Entwicklung gesehen werden, die die Gewichte von der populistischen zur konstitutionell-repräsentativen Demokratieauffassung in der Vergangenheit immer mehr verschoben hat. Ursächlich dafür ist vor allem die wachsende Komplexität des Regierungsgeschehens. Einerseits werden die zu lösenden Probleme aufgrund ihrer sachlichen und räumlichen Verflochtenheit objektiv drängender, ohne dass die staatlichen Handlungskapazitäten entsprechend Schritt halten. Andererseits steigt im Zuge der gesellschaftlichen Differenzierung die Zahl der Akteure und Interessen, die in den Entscheidungsprozessen berücksichtigt werden wollen. Um den Komplexitätszuwachs organisatorisch zu bewältigen, sieht sich die Politik gezwungen, einen immer größeren Teil der Regierungsgeschäfte in spezialisierte „policy-Netzwerke" zu verlagern, in denen die Experten und Interessenvertreter weitgehend unter sich bleiben. Gleichzeitig kommt es zu einer Verrechtlichung der sozialen Beziehungen, die den Einfluss von Bürokratie und Justiz verstärkt und damit ebenfalls zu einer tendenziellen Entwertung der demokratisch verfassten Regierungsorgane beiträgt.

Die demokratiepolitischen Implikationen dieser Entwicklung sind prekär. In dem Maße, wie die Entscheidungsprozesse infolge der komplizierten Probleme inklusiver, konsensueller und outputlastiger werden, werden sie für das Publikum zugleich undurchschaubarer. Margaret Canovan bezeichnet das als „demokratisches Paradoxon" der heutigen Politik. Der Populismus stellt eine Reaktion auf dieses Paradox dar. Mit seinem Hang zur radikalen Simplifizierung vermittelt er jenes Gefühl der Eingängigkeit und Transparenz, das in der demokratischen Wirklichkeit offenbar auf der Strecke geblieben ist. Die Gegenbewegung bleibt dabei keineswegs auf die rechtspopulistischen Herausforderer beschränkt. Unterstützt durch den Wandel des Mediensystems greift sie vielmehr auf das gesamte Spektrum der elektoralen Politik über, deren Darstellungslogik sich insofern von den realen Entscheidungsprozessen immer mehr entfernt. *Die Politik wird introvertierter und gleichzeitig extrovertierter.*

Der gute und der schlechte Populismus

Das Auseinanderfallen der beiden Sphären wirft für die Legitimation der demokratischen Systeme schwierige Fragen auf. Dass die öffentliche Darstellung der Politik zunehmend eigenen Gesetzen unterliegt und mit den Inhalten der Entscheidungen immer weniger zu tun hat, mag man als Konsequenz der vollendeten Mediendemokratie ja vielleicht noch hinnehmen. Die wirklichen Probleme beginnen dort, wo die Darstellungslogik die Oberhand gewinnt und auf die materiellen Entscheidungen zurückwirkt. Wenn die politischen Akteure, wie wir es in den Wahlkämpfen heute immer häufiger beobachten können, sich von Stimmungen nicht nur leiten lassen, sondern diese Stimmungen selbst aktiv herbeiführen und beeinflussen, dann droht die plebiszitäre Ansprache in populistische Anbiederung oder reine Symbolpolitik abzugleiten. *Das politische Handeln wird responsiver und gleichzeitig unverantwortlicher.* Der Populismus sorgt also dafür, dass die Legitimität der Demokratie auch von der Output-Seite her unter Druck gerät.

Nirgendwo zeigt sich der Gestaltwandel der demokratischen Politik deutlicher als in der Struktur und Funktion des Parteienwettbewerbs. Als intermediäre Institutionen par excellence stellen die Parteien das eigentliche Bindeglied zwischen der verfassungsstaatlichen und plebiszitären Demokratiekomponente dar. Auf der einen Seite handelt es sich bei ihnen um faktische Staatsorgane, die nahezu das gesamte politische Personal rekrutieren und sämtliche Schlüsselpositionen des Regierungssystems besetzen. Auf der anderen Seite sind die Parteien als gesellschaftliche Gruppen und Willensbildungsorgane die natürlichen Adressaten der elektoralen Politik. Folgt man der Analyse von Peter Mair, so war es die Gleichzeitigkeit von gesellschaftlicher Segmentierung und ideologischer Polarisierung, die in der Vergangenheit die demokratische Funktionalität des Parteienwettbewerbs gewährleistet und damit zugleich eine Schutzvorkehrung gegen den Populismus gebildet hat. Die Massenintegrationsparteien waren repräsentativ, indem sie eine klar umrissene politische Identität ausbildeten. Sie standen für die Interessen und Wertvorstellungen bestimmter Bevölkerungsgruppen und waren in deren gesellschaftlichen Milieus fest verwurzelt. Für den Parteienwettbewerb hatte das widersprüchliche Konsequenzen. Auf der einen Seite wurde die kompetitive Orientierung der Parteien begrenzt, weil sie sich auf die Unterstützung ihrer natürlichen Anhängerschaft verlassen konnten und dadurch über gesicherte Stimmenanteile verfügten. Andererseits sorgten die weltanschaulich-programmatischen Gräben zwischen den Parteien dafür, dass das Steuerungspotenzial des Parteienwettbewerbs beträchtlich blieb. Die Zurechnung (oder Zurechenbarkeit) politischer Verantwortung, ohne die eine demokratische Wahl gar nicht möglich wäre, wurde gewährleistet, weil es tatsächlich einen bedeutsamen Unterschied machte, welche Partei regierte.

Nachdem die großen ideologischen Gegensätze verblasst sind und die einstmals identitätsstiftenden Bindungen der Parteien ihre gesellschaftliche Basis allmählich eingebüßt haben, wurden die Vorzeichen des Parteienwettbewerbs in das genaue Gegenteil verkehrt. Heute bekämpfen die Parteien einander schärfer, weil sie um eine zunehmend wechselbereiter werdende Wählerschaft konkurrieren müssen, die sich bei der Stimmabgabe nicht mehr an soziologische oder ideologische Gewissheiten gebunden fühlt. Parallel – und nur im scheinbaren Widerspruch dazu – kommt dem Parteienwettbewerb seine reale Grundlage immer mehr abhanden. Die geringer werdenden Handlungsspielräume der nationalen Politik im Zeitalter der Globalisierung und ihr eigenes Bedürfnis nach Stimmenmaximierung zwingen die politischen Akteure, im Prinzip dieselben Ziele zu verfolgen und Lösungen anzubieten. Um im Parteienwettbewerb zu bestehen, kommen die Parteien aber nicht umhin, sich von der Konkurrenz in irgendeiner Form zu unterscheiden. Von daher bleibt ihnen nur die Wahl, entweder auf die Unterschiede in den Details der Problemlösungen zu verweisen und dabei zu riskieren, dass die Wähler überfordert oder gelangweilt werden. Oder sie führen eine gezielte Depolitisierung der Wählerschaft herbei, indem sie auf Personalisierungsstrategien und symbolische Handlungen ausweichen und in ihrer Rhetorik das Volk zum zentralen Bezugspunkt machen.

Dass die letztgenannte Option im Zweifelsfalle die attraktivere ist, versteht sich im Kontext unserer heutigen Mediengesellschaft fast von selbst. Es hängt auch mit den Darstellungsformen und -techniken des in dieser Hinsicht besonders wichtigen Fernsehens zusammen, die eine natürliche Affinität zur populistischen Ansprache entwickeln. Für die politischen Akteure kann es sich also lohnen, „in Populismus zu machen", wenn sie ihre elektorale Unterstützungsbasis verbreitern wollen. Damit gewinnen sie zugleich die Möglichkeit, sich von „ihren" Parteien zu emanzipieren. Die plebiszitäre Transformation bleibt insofern nicht auf die Außenseite des Parteienwettbewerbs beschränkt. Sie spiegelt sich auch im Inneren der Parteien wider, die führungslastiger werden und ihrer elektoralen Funktion alle weiteren Ziele unterordnen.

Der Gestaltwandel der Parteiendemokratie hat noch in anderer Hinsicht populistische Konsequenzen. Er sorgt dafür, dass die Parteien zur bevorzugten Zielscheibe der öffentlichen Kritik werden. Der Anti-Parteien-Affekt kann sich in den westlichen Demokratien einer langen intellektuellen Tradition rühmen, die aber nur in Ausnahmesituationen zur Gründung dezidierter Anti-Parteien-Parteien geführt hat. Mit dem neuen Rechtspopulismus ist die Ausnahme jetzt zur Regel und die Kritik an den Parteien zu einem immer wichtigeren Mobilisierungsthema geworden.

Dass das Thema in der Wählerschaft auf fruchtbaren Boden fällt, rührt aus der widersprüchlichen Rolle, die die Parteien in der heutigen Demokratie spielen. Einerseits haben sich ihre gesellschaftlichen Bindungen abgeschwächt, sodass die Bürger im Falle von Leistungseinbußen anfälliger für Abwanderungs- oder Widerspruchsreaktionen werden und ihre Partizipationsbereitschaft sinkt (rückläufige Mitgliederzahlen und Wahlbeteiligungen). Andererseits hat die gesellschaftliche Schwächung der Parteien keinen gleichlautenden Machtverlust im staatlichen Bereich bewirkt, im Gegenteil: Gerade weil ihnen die gesellschaftliche Basis weggebrochen ist, haben die Parteien alles daran gesetzt, ihre Positionen im Staat wo immer möglich zu verteidigen und auszubauen. Legitimatorisch geraten sie dadurch in ein fast auswegloses Dilemma: „Werden die verschiedenen Gesichter der Partei unabhängiger voneinander, und wendet sich die Parteiführung immer mehr an den Staat, um die Ressourcen der Partei zu sichern, so nimmt die Bedeutung der Beziehungen, die auf Vertrauen, Verantwortlichkeit und – vor allem – Repräsentation gründen, sowohl innerhalb als auch außerhalb der Parteien tendenziell ab. In dem Maße, wie die Parteien privilegierter werden, werden sie zugleich abgehobener. Es ist diese besondere Kombination von Umständen, die den Boden für das weit verbreitete Anti-Parteien-Gefühl bereitet haben könnte, das die Massenpolitik in den westlichen Demokratien heutzutage charakterisiert." – so der irische Parteienforscher Peter Mair.

Kennzeichnend für den Populismus als politisches Systemmerkmal ist also sein Doppelgesicht. Zum einen beschreibt er eine plebiszitäre Überformung der elektoralen Politik, die auf den Bedeutungswandel der Parteienkonkurrenz zurückzuführen ist und das gesamte politische Spektrum umgreift. Zum anderen stellt er ein Protestphänomen dar, das – in Gestalt von Anti-Parteien-Parteien – gegen die Begleiterscheinungen des Parteienstaates zu Felde zieht. Beides wirft natürlich die Frage nach möglichen Gegenstrategien auf. Trifft die hier vorgelegte Diagnose zu, dann besteht das Problem vor allem darin, dass die plebiszitären und konsensuellen Legitimationsstränge des demokratischen Verfassungsstaates auseinander driften. Der Parteienwettbewerb verkommt als Entscheidungsverfahren immer mehr zur Fiktion, während seine populistischen Auswüchse die Substanz der materiellen Politik gleichzeitig in Mitleidenschaft ziehen. Eine Antwort auf dieses Problem könnte darin liegen, dass man die plebiszitären Elemente aus der elektoralen Sphäre herauslöst und in die konsensuellen Bereiche des Regierungssystems verlagert. Für die Bundesrepublik wäre in diesem Zusammenhang z.B. an eine behutsame Einführung von Instrumenten der Volksgesetzgebung auch auf Bundesebene zu denken. In dieselbe Richtung weisen die in der neueren Forschung empfohlenen Beteiligungsformen einer assoziativen oder Netzwerkdemokratie, die sachlich und / oder räumlich abgestuft sind und auf eine Stärkung des deliberativen Moments bei der Entscheidungsfindung abzielen.

Die Einführung neuer Demokratieformen bedeutet selbstverständlich nicht, dass der Parteienwettbewerb seiner elektoralen Funktion gänzlich beraubt wird. Er behält diese Funktion schon deshalb, weil es prinzipiell möglich bleiben muss, eine unfähige oder korrupte Regierung loszuwerden („*to throw the scoundrels out*"). Für die inhaltliche Politikgestaltung wäre es hingegen besser, das mehrheitsdemokratische Element zurückzudrängen und den Fokus der Demokratisierung auf die konsensuellen Entscheidungsmechanismen zu richten, die für neue Mitwirkungsmöglichkeiten geöffnet und in ihrer Responsivität gestärkt werden müssten. Die veränderten Rahmenbedingungen des Regierens führen dazu, dass die demokratische Politik heute nicht weniger, sondern mehr Konsens benötigt. Von daher wächst auch der Bedarf, die Entscheidungsprozesse durch eine möglichst enge Anbindung an die Betroffenen legitimatorisch abzusichern.

Im Umkehrschluss heißt das, dass die Gefährdungen durch den Populismus dort am größten sind, wo sie die bereits vorhandenen Konsenseigenschaften des politischen Systems unterminieren. Je mehr sich die plebiszitären Tendenzen Bahn brechen, um so wichtiger werden – mit anderen Worten – die freiheitssichernden Schutzvorkehrungen des Verfassungsstaates. Solange die rechtspopulistischen Kräfte in der Opposition verharren und als reine Protestparteien auftreten, dürfte von ihnen für die verfassungsmäßige Ordnung keine unmittelbare Bedrohung ausgehen. Bedenklich wird es erst, wenn sie über Regierungsmacht verfügen und ihre plebiszitären Demokratievorstellungen aktiv betreiben können. Die Erfahrungen nach der Machtbeteiligung bzw. -übernahme rechtspopulistischer Parteien in Österreich und insbesondere Italien zeigen, dass diese Befürchtungen keineswegs aus der Luft gegriffen sind. Sie können auch nicht durch die Hoffnung aufgewogen werden, dass die Rechtspopulisten an der Regierung mit hoher Wahrscheinlichkeit scheitern, wie es in Österreich und den Niederlanden zuletzt der Fall war. Der Blick nach Lateinamerika oder Osteuropa macht deutlich, dass es von der populistischen Demokratie zum quasi-demokratischen Autoritarismus häufig nur ein kurzer Weg ist. Die entwickelten demokratischen Staaten mag das einstweilen noch nicht betreffen. Dennoch sollten sie die vom Populismus ausgehenden Gefahren ernst nehmen und einer plebiszitären Verwandlung ihrer Regierungssysteme schon heute vorsorglich entgegentreten.

Berliner Republik 5 (2003) H. 3, S. 66-73.

Herausforderungen der inneren Sicherheit durch Extremismus und Fundamentalismus

Die Terroranschläge vom 11. September 2001 haben die existenziellen Gefährdungen, denen sich westliche Demokratie und Zivilisation eingangs des 21. Jahrhunderts ausgesetzt sehen, dramatisch ins Bewusstsein gerückt. Dass der Friede nach dem Ende des Kalten Krieges nicht sicherer werden würde, hat sich im vergangenen Jahrzehnt an vielen Brennpunkten der Welt bewahrheitet und den Westen zum Eingreifen genötigt – auch militärisch. Mit dem 11. September ist die Gewalt jetzt zum ersten Mal in geballter Form auf dessen eigenem Territorium angekommen und zwar ausgerechnet in den USA, die von dieser Erfahrung in ihrer gesamten Geschichte verschont geblieben waren. (Der japanische Überfall auf Pearl Harbor spielte sich 1941 weit entfernt vom amerikanischen Festland ab.) Dabei war es vor allem die neuartige Qualität des Übergriffs, die schockierend wirkte: Der Feind kam zwar von außerhalb, er hatte das Land aber nicht von dort, sondern von innen (auf dessen Territorium) angegriffen und sich dazu des denkbar heimtückischsten Mittels bedient: des Selbstmordattentats.

Beides hat die Bedrohungslage der westlichen Demokratien – realiter wie auch in der Wahrnehmung – verschärft. Die Grenzen von innerer und äußerer Sicherheit, die für die Abwehr terroristischer Gefahren in der Vergangenheit zu beachten waren, werden fließend und laufen an den vertrauten Arbeitsteilungen des Regierungssystems vorbei. Die USA haben mit der von Präsident Bush betriebenen Einrichtung des *Office for Homeland Security* daraus bereits die Konsequenzen gezogen: Das neue Amt soll vorhandene Kompetenzen bündeln und die Zusammenarbeit zwischen den inneren und äußeren Sicherheitsbehörden verbessern – eine Aufgabe, die sich vor allem bei den Geheimdiensten stellt. Vor einer vergleichbaren Notwendigkeit steht die Bundesrepublik.

Die Anschläge der linksterroristischen RAF, die den Staat in den siebziger Jahren herausforderten, und die seit Anfang der neunziger Jahre verstärkt auftretenden rechtsextremen Übergriffe, verbindet eine wichtige Gemeinsamkeit: sie wurden (bzw. werden) von eigenen Landsleuten begangen, deren Identität den Sicherheitsorganen in den meisten Fällen bekannt war (ist). Die aus Ägypten, Saudi-Arabien und dem Libanon in den Westen gekommenen Attentäter des 11. September brauchten hingegen weder in den Untergrund zu flüchten, noch ihre Identität zu verbergen, um den Massenmord am Ende durchzuführen. Als „Schläfer" jahrelang friedlich unter uns lebend, konnten sie ein Studium beginnen, ihre Diplomarbeiten schreiben, den Pilotenschein machen, ohne dass jemand von ihrem Vorhaben etwas mitbekam. Die präventiven Strukturen des Sicherheitsapparates mussten vor diesem neuen Typus des Gewalttäters versagen.

Dasselbe gilt für die Methode des Selbstmordattentats. Der rechtsstaatliche Grundsatz der Verhältnismäßigkeit, der die Kriminalitätsbekämpfung an die Wahl des „schonendsten Mittels" bindet, läuft ins Leere, wenn der Gewalttäter weder sich noch andere schonen will. Auch hier ist der Unterschied zum „herkömmlichen" Terrorismus der Links- und Rechtsextremisten offensichtlich, der auf der Grundlage einer säkularen Ideologie handelt, seine Opfer aus der vermeintlich herrschenden Klasse oder bestimmten Minderheitengruppen relativ gezielt auswählt und dabei kaum auf die Unterstützung der breiten Massen rechnen kann. Die Todespiloten von New York und Washington waren demgegenüber religiös motivierte Überzeugungstäter, die sich bei ihren Taten auf die Werte des Islam beriefen. Den Verheißungen des Jenseits folgend, konnten sie an das wachsende Bewusstsein einer gemeinsamen muslimischen Identität anknüpfen, das in weiten Teilen der islamischen Welt Einzug gehalten und nicht wenige Gläubige in die Arme fundamentalistischer Bewegungen getrieben hat. Als Speerspitze des Fundamentalismus wähnten sich die Attentäter vom 11. September im gerechten Kampf gegen eine ihnen verhasste Zivilisation. Weil sie deren Angehörige allesamt als Ungläubige betrachteten, kannte und respektierte ihr als heiliger Krieg deklarierter Fanatismus keinerlei moralische Grenzen mehr – weder bei der Wahl der Opfer noch bei der Auswahl der Mittel.

Rechtsextremismus, Linksextremismus und islamischer Fundamentalismus. Wie stellt sich die aktuelle Sicherheitslage der Bundesrepublik vor diesem Hintergrund dar? Schon vor dem 11. September waren die Verfassungsschutzämter von einer Verschärfung der künftigen Bedrohungssituation, das heißt einem weiteren Anstieg extremistisch und religiös-fundamentalistisch motivierter Gewaltakte ausgegangen. Der mit den kürzlich in Kraft getretenen neuen Sicherheitsbestimmungen vollzogene „Paradigmenwechsel" in der Kriminalitätsbekämpfung ist daher nur ein scheinbarer, der in der Bundesrepublik und auf der europäischen Ebene schon vor Jahren angebahnt worden war, als sich die Häufung terroristischer Aktivitäten abzeichnete. Nicht anders verhält es sich in den USA, wo die Bush-Regierung zur Zeit versucht, ihr Gesetzespaket zur inneren Sicherheit durch den Kongress zu bringen.

Der jüngste Verfassungsschutzbericht nennt und bewertet die drei Hauptgefahrenquellen, aus denen sich die aktuelle Bedrohung der inneren Sicherheit in der Bundesrepublik speist. Da ist zunächst der organisierte Rechtsextremismus. Zwar ist die Gesamtzahl der als Mitglieder rechtsextremer Parteien und Vereine registrierten Personen seit zwei Jahren rückläufig (2001: 49.700). Die Zahl der gewaltbereiten Neonazis nimmt jedoch weiter zu, weshalb sich die tatsächlichen Gewaltakte seit 1993 auf einem Niveau stabilisiert haben, das deutlich höher liegt als in den achtziger Jahren und auch im europäischen Vergleich traurige Spitze ist (709). Dies gilt insbesondere für die neuen Länder, wo im Durchschnitt etwa dreimal so viele Gewalttaten verübt werden wie im Westen der Bundesrepublik, darunter zahlreiche Tötungsdelikte. Nachdem sich Politik und Behörden in den neunziger Jahren überwiegend auf die Bekämpfung des Rechtsextremismus konzentrierten, geriet die gleichzeitige Entwicklung der autonomen linksextremistischen Szene etwas aus dem Blick. Dabei ist die Zahl der organisierten Linksextremisten kaum geringer (32.900) und die der verzeichneten Gewalttaten sogar leicht höher als im rechtsextremen Bereich (750), was durch die größere Brutalität der rechtsextremen Übergriffe gelegentlich verdeckt wird. Bleiben die mit 30.000 bezifferten fundamentalistischen Islamisten, die von den Verfassungsschützern unter der Rubrik Ausländerextremismus erfasst werden. Allein die islamistische Gruppierung Milli Görüş umfasst heute rund 27.000 Mitglieder, die allermeisten davon Türken. Der Ausbau von Milli Görüş zu einer Bastion des Fundamentalismus wurde möglich, weil islamistische Funktionäre in der Vergangenheit relativ ungehindert nach Deutschland kommen konnten. Beobachter glauben deshalb, dass die Islamisten in der Bundesrepublik sogar über ein größeres Organisationspotenzial verfügen als in ihren Herkunftsländern.

Über die ideologische Zuordnung des islamischen Extremismus gibt es in der Literatur unterschiedliche Ansichten. Während einige Autoren dem Ansatz der Verfassungsschutzbehörden folgen und den religiösen Fundamentalismus als Extremismus *sui generis* betrachten, sehen andere in ihm lediglich einen Unterfall des Rechtsextremismus. Letztere Position scheint insofern überzeugender, als sie neben dem Islam auch andere Religionen in die Betrachtung einzuschließen vermag, die fundamentalistische Bewegungen und Parteien hervorgebracht haben (Protestantismus, Judentum, Hinduismus). Fraglich bleibt aber, ob all diese Fundamentalismen unter dem Signum „rechts" oder „rechtsextrem" in einen Topf geworfen werden können. Für die Anhänger des christlichen Fundamentalismus, die besonders zahlreich in den USA anzutreffen sind und in der dortigen Republikanischen Partei eine politische Heimat gefunden haben, lässt sich das sicher bejahen, da sie in hohem Maße sozial-konservative, ethnozentrische und nationale Werte vertreten, die mit rechten Vorstellungen konvergieren. Ähnlich verhält es sich beim Hindu-Fundamentalismus oder dem ultraorthodoxen Judentum. Im Falle des Islam besteht der Bezug zur Nation demgegenüber gerade in der transnationalen Überschreitung, einem universalistischen Gedanken also, der ideologisch eher der linken Vorstellungswelt entstammt. Darüber hinaus ist dem Islam die Trennung von göttlicher und staatlicher Herrschaft fremd, die im Falle des Christentums die Vereinbarkeit der Religion mit der Aufklärung ermöglicht bzw. dieser überhaupt erst den Weg geebnet hat. Die Begriffe rechts und links gehen bekanntlich auf die Zeit der Französischen Revolution zurück, sind also mit der Genese des modernen Verfassungsstaates untrennbar verbunden. Es wäre irreführend, sie von dort in einen vormodernen Kontext einfach zu übertragen.

Jenseits der ideologischen Zuschreibung wirft das gleichzeitige Anwachsen von rechtsextremen, linksextremen und fundamentalistischen Bedrohungen natürlich die Frage nach etwaigen gemeinsamen Ursachen auf. Sucht man nach einer solchen Ursache im Sinne eines übergreifenden Gegners oder Feindbildes, so wird man rasch fündig – es ist die finstere Macht der Globalisierung. Die Rechten sehen in ihr eine Bedrohung der Identität und Handlungsfähigkeit des Nationalstaates, die Linken betrachten sie als Ursache von wachsender sozialer Ungleichheit und Diskriminierung, und für die Fundamentalisten steht Globalisierung gleichbedeutend mit der vom Westen (unter der Führung der USA) beanspruchten kulturellen und ökonomischen Hegemonie. Die ablehnende Haltung zur Globalisierung bietet heute also einen gemeinsamen Nenner für die Systemkritik und anti-westlichen Positionen ganz unterschiedlicher ideologischer Richtungen. Blickt man genauer, zeigen sich dabei einige bemerkenswerte Parallelen, scheinen die Argumente mitunter sogar austauschbar. So überschneiden sich die rechten und linken Extremisten nicht nur in ihrem Antikapitalismus; sie teilen auch die Ablehnung des liberalen Universalismus und einen – wenn auch entgegengesetzt begründeten – kulturrelativistischen Standpunkt. Rechtsextreme und Fundamentalisten eint wiederum die Überzeugung von der eigenen Suprematie und ihre Intoleranz gegenüber anderen politischen oder religiösen Anschauungen, während die Linksextremen in Übereinstimmung mit den Fundamentalisten die Unterdrückung der nicht-westlichen Kulturen beklagen und dabei die USA als Hauptschuldigen brandmarken.

Wo sich die systemkritischen Positionen der rechten, linken und religiösen Globalisierungsgegner wechselseitig verstärken, wächst die Gefahr, dass extremistische und fundamentalistische Strömungen ihre bisherige Stigmatisierung überwinden und in der Gesellschaft an Unterstützung gewinnen. Die Warnung der Verfassungsschützer vor einem weiteren Zulauf bei Neonazis, Autonomen und Islamisten scheint um so berechtigter, als die Extremisten ja auch von den technischen Errungenschaften der Globalisierung unmittelbar profitieren. Die Vernetzung der Welt versetzt sie nicht nur in die Lage, ihre Botschaften rasch und gezielt zu verbreiten; sie erleichtert auch den Gewaltbereiten und Terroristen unter ihnen die Arbeit – und zwar weltweit. Längst richten Waffenhändler und Geldwäscher ihre Organisationsformen an modernsten Managementmethoden aus, die ohne größere Hierarchien und Bürokratie auskommen. Ihre Bekämpfung gestaltet sich deshalb äußerst schwierig. Wird ein Knoten des Netzwerks weggesprengt, können sich an anderer Stelle sofort wieder neue bilden. Gleichzeitig steigt die Verwundbarkeit der nachindustriellen Gesellschaften infolge der technisch-wissenschaftlichen Entwicklung dramatisch an. Die Umfunktionierung entführter Passagiermaschinen in fliegende Kerosinbomben nimmt sich primitiv aus, wenn man sie mit den Möglichkeiten einer modernen elektronischen Kriegführung vergleicht. Die Abhängigkeit unserer Zivilisation von der Computertechnologie ist mittlerweile so total, dass ein gezielter Datenangriff weite Teile der Wirtschaft und des öffentlichen Lebens lahm legen könnte. Die möglichen Szenarien einer solchen Katastrophe werden die Phantasie vieler Hollywood-Regisseure beflügeln.

Repressive Bekämpfungsstrategien. Welche Antworten kann und muss der Staat auf diese Herausforderung geben? Das Grundgesetz hat mit dem Prinzip der wehrhaften oder streitbaren Demokratie die Lehren aus der Vergangenheit gezogen und der Möglichkeit einer legalen oder scheinbar legalen Umwälzung der freiheitlichen Ordnung den Riegel vorgeschoben. Der Grundgedanke der wehrhaften Demokratie ist ein repressiver; er geht von der Prämisse aus, dass die Freiheit dort endet (und beschnitten werden muss), wo sie sich gegen die Freiheit selbst wendet oder zu wenden droht. Dieser Grundgedanke hat an Richtigkeit bis heute nichts eingebüßt, im Gegenteil: In dem Maße, wie die Feinde der Freiheit zunehmen und die von ihnen ausgehenden Bedrohungen akuter werden, gewinnt die Frage nach der Abwehrbereitschaft neue Aktualität. Damit stellen sich aber auch die Probleme von neuem, die mit der Idee der wehrhaften Demokratie generell verbunden sind.

Das erste Problem betrifft die Verhältnismäßigkeit der zur Bekämpfung der Verfassungsfeinde eingesetzten Mittel. Der Rechtsstaat steht hier vor einem unauflösbaren Dilemma. Auf der einen Seite will und muss er die Freiheit schützen; auf der anderen Seite kann er dieses Ziel nur durch Repression erreichen, also dadurch, dass er die Freiheit selbst beschränkt. Wenn die Beschränkungen so gezielt erfolgen, dass sie außer den Verfassungsfeinden niemand anderen betreffen, werfen sie unter Legitimationsgesichtspunkten kein echtes Problem auf. Dies ist z.B. beim Parteienverbot gemäß Art. 21 Abs. 2 oder bei der Verwirkung von Grundrechten gemäß Art. 18 der Fall.

Anders verhält es sich beim nachrichtendienstlichen Verfassungsschutz oder bei der Beschränkung des Brief-, Post- und Fernmeldegeheimnisses (Art. 10 Abs. 2), die hauptsächlich der Prävention dienen: Hier können durch die Maßnahmen auch unbeteiligte Personen in Mitleidenschaft gezogen werden. Je mehr sich der Rechtsstaat bei der Gewährung von Sicherheit auf die präventiven Funktionen verlegt, was im Kampf gegen den organisierten internationalen Terrorismus ganz unvermeidlich ist, um so mehr muss er seinen Blick bereits auf das „Vorfeld" strafrechtlichen Verhaltens richten (einschließlich der Gesinnung). Damit wächst natürlich die Wahrscheinlichkeit, dass es zu solchen Grenzüberschreitungen kommt.

Das zweite Problem betrifft die Geeignetheit oder Wirksamkeit der repressiven Maßnahmen. Auch davor darf eine normative Bewertung ihre Augen nicht verschließen. Dass durch Repression die Ursachen von Extremismus und Gewalt nicht beseitigt werden können – diese Feststellung ist fast schon zu einer Binsenwahrheit geworden. Ein Mehr an Repression bedeutet also keineswegs schon ein Mehr an Sicherheit. Nirgendwo zeigt sich das deutlicher als bei der Bekämpfung des Rechtsextremismus. Deren Schwierigkeit liegt – entgegen anderslautenden Meinungen – nicht darin, dass die Gesetze oder die Justiz hierzulande zu lasch wären, im Gegenteil: In keinem anderen demokratischen Staat gibt so viele gesetzliche Bestimmungen gegen das Tragen nationalsozialistischer Abzeichen, den Hitlergruß, die Leugnung des Holocaust, die Verbreitung von NS-Schriftgut etc., Bestimmungen also, die weit in den Gesinnungsbereich des oder der Verdächtigen eingreifen. Und in keinem anderen Land sind derart viele rechtsextreme Vereine und Organisationen verboten worden.

Gemessen an der Zahl und Schwere der in den letzten zehn Jahren verübten Gewalttaten haben diese Maßnahmen nicht sehr viel bewirkt. Dies ist auch kein Wunder, beziehen sie sich doch vor allem auf Erscheinungsformen des „klassischen" Rechtsextremismus und nicht auf die diffuse fremdenfeindliche Jugendsubkultur, aus der sich der Löwenanteil der Gewalt seit langem speist. Die Diskussion um das angestrebte NPD-Verbot passt in dieses Bild. Ruft man sich die Vorgeschichte des Verbotsantrags noch einmal in Erinnerung, wird man sich des Eindrucks kaum erwehren können, dass es hier um reine Symbolpolitik ging; der von Bundeskanzler Schröder nach einem Anschlag auf eine Düsseldorfer Synagoge ausgerufene „Aufstand der Anständigen" sollte durch handfeste staatliche Maßnahmen begleitet werden. Dass der Anschlag, wie sich später herausstellte, nicht von Rechtsextremisten, sondern von arabischen Tätern (aus Protest gegen die israelische Besatzungspolitik) begangen wurde, bestätigt den Eindruck einer überstürzten Maßnahme ebenso wie die – vorsichtig ausgedrückt – problematische Rolle, die der Verfassungsschutz im Umgang mit der NPD gespielt hat; auch das hätte man vorher wissen können. Und selbst wenn das Verbot, was keineswegs sicher ist, vom Bundesverfassungsgericht demnächst ausgesprochen wird, bleibt die Frage, ob es tatsächlich hilft, die rechtsextreme Gewalt wirksam zurückzudrängen. Auch von vielen Befürwortern des Antrags wird hinter vorgehaltener Hand eingeräumt, dass die meisten Argumente dagegen sprechen.

Damit ist selbstverständlich nicht gesagt, dass repressive Maßnahmen falsch oder gar überflüssig wären; in einigen Bereichen der Extremismusbekämpfung sind sie sogar zusätzlich geboten. So ist es der Öffentlichkeit z.B. kaum zu vermitteln, warum von den rund 30.000 islamischen Extremisten in Deutschland nur wenige abgeschoben werden können. Dies gilt sogar für die militanten Anhänger des sogenannten „Kalifen von Köln", Mohammed Metin Kaplan, dessen Organisation Ende vergangenen Jahres verboten wurde (und der selbst wegen Aufrufs zum Mord einsitzt). Es geht also nicht um das *Ob*, sondern um das *Wie* der Repression und die Frage, *welcher Gegner* mit *welchen repressiven Maßnahmen* bekämpft werden muss.

Die größten Versäumnisse liegen heute zweifellos in der Bekämpfung des islamischen Extremismus. Politik und Behörden in der Bundesrepublik sind gegen die fundamentalistischen Strömungen bislang nur zögerlich vorgegangen, haben teilweise vor der Gefahr bewusst weggeschaut.[*] Dies mag mit dem ausländischen Hintergrund der Extremisten zu tun haben, die sich mit der „nationalen" Ausrichtung der Sicherheitspolitik offenbar schlecht verträgt. Dagegen steht aber die Tatsache, dass in Deutschland mittlerweile über drei Millionen Muslime leben, von denen ein Großteil Staatsbürger sind oder werden möchte. Den religiösen Extremisten bietet sich dadurch ein gewaltiges Rekrutierungspotenzial. Lässt man sie ungestört weiter wirken, drohen der Bundesrepublik nicht nur ernsthafte Sicherheitsprobleme, sondern auch

---

[*] Die europäischen Geheimdienste und Polizeifahnder trifft dieser Vorwurf allerdings nur zum Teil. Wie man inzwischen weiß, waren diese bereits vor dem 11. September über die islamistischen Terrorzellen gut im Bilde und – dank ihrer engen Zusammenarbeit – bei der Vereitelung von Attentaten erfolgreich.

ein Scheitern ihrer ausländerpolitischen Integrationsbemühungen; die Folgen wären verhängnisvoll.

Die Gefahr der Unterwanderung nicht-extremer Gruppen oder Parteien durch Extremisten ist in Deutschland besonders akut. Der Grund dafür liegt – nur scheinbar paradox – im anti-extremistischen Gründungskonsens der Bundesrepublik. Weil der Extremismus hierzulande ein Stigma trägt, können seine Anhänger der politischen Isolierung nur dadurch entgehen, dass sie an ideologisch unverdächtigere Kräfte Anschluss halten. Das Problem des „Trittbrettfahrens" zeigt sich nicht nur bei den religiösen Fanatikern; es betrifft in noch stärkerem Maße den klassischen Rechts- und Linksextremismus, der als parteipolitische Erscheinung in der Bundesrepublik – von einzelnen Landtagswahlerfolgen abgesehen – bislang kaum eine Rolle gespielt hat. So haben die rechtsextremen Vertreter in der Vergangenheit wiederholt versucht, sich an erfolgversprechende Neugründungen populistischer Protestparteien anzuhängen – jüngst etwa an die Schill-Partei. Die Linksextremisten wiederum suchen Unterschlupf bei den so genannten Globalisierungsgegnern, die sich unter dem Kürzel ATTAC (*Association pour une Taxation des Transactions Financières pour l'Aide aux Citoyens*, zu deutsch: Vereinigung für eine Besteuerung von Finanztransaktionen zum Wohle der Bürger) zu einem weltweit verzweigten und operierenden organisatorischen Netzwerk zusammengeschlossen haben, dessen Angehörige auch Nichtregierungsorganisationen, Umweltverbände, Gewerkschaften und kirchliche Gruppen umfassen.

Nicht-repressive Bekämpfungsstrategien. Damit wendet sich der Blick zu den nicht-repressiven Mitteln, die an der Wurzel des Extremismus- und Gewaltproblems ansetzen sollen. Ich möchte dieses Thema in drei Schritten entfalten.

Zur wehrhaften Demokratie gehört erstens die geistige Auseinandersetzung mit Extremismus und Fundamentalismus. Handelt es sich bei der Repression um ein Konzept der Gefahrenabwehr, so geht es hier darum, das Entstehen extremistischer Gesinnungen *in den Köpfen* vorsorglich zu verhindern. In diesem Zusammenhang wird oft die Forderung nach mehr Dialogbereitschaft erhoben und eine Verbesserung der politischen Bildungsarbeit angemahnt. So richtig dies im allgemeinen ist, so wenig Illusionen sollte man sich über die begrenzte Reichweite einer solchen Strategie machen. Mehr Bildung mag bei denen nützlich sein, die vom Virus der Intoleranz noch nicht befallen sind. Für die anderen führt das Konzept am Ende womöglich in eine gefährliche Sackgasse. Ralf Dahrendorf hat auf einem Podium über die „Welt nach dem 11. September" unlängst bekannt, er könne „keine Geduld mehr für einen endlosen Dialog mit unaufgeklärten Staaten aufbringen." Nichts anderes gilt für die unaufgeklärten Gruppen oder Bewegungen à la Milli Görüş, deren Anführer den Dialog bestenfalls als ein taktisches Mittel betrachten, um ihre in Wahrheit totalitären Absichten zu verbergen. Die staatlichen und gesellschaftlichen Akteure sollten darauf nicht herein fallen. Statt falsch verstandener religiöser Toleranz, wie sie heute leider oftmals vorherrscht, müsste demokratischer und verfassungsstaatlicher Rigorismus ihre Auseinandersetzung mit den extremen Kräften leiten.

Die zweite Bemerkung bezieht sich auf die Negativfolgen der Globalisierung, die für die Zunahme der extremistischen Bestrebungen verantwortlich gemacht werden. Auch hier sollte man sich vor Illusionen hüten. Gewiss, die Globalisierung ist Menschenwerk und kein schicksalhafter Prozess, der der politischen Beeinflussbarkeit völlig entzogen wäre. Dennoch bleibt das Bild dramatisch geschrumpfter Handlungsspielräume.

So wie bei vergleichbaren Erscheinungen in der Vergangenheit handelt es sich auch bei den heutigen Extremismen um ein Produkt gesellschaftlicher Modernisierungskrisen. Die jetzigen Krisen unterscheiden sich von ihren historischen Vorläufern „lediglich" im Grad der Universalität: Liefen sie früher zeitlich und räumlich versetzt ab, so rücken im Zeichen der Globalisierung die Gesellschaften in ihrer Problembetroffenheit immer mehr zusammen. Desintegration und Fragmentierung bilden den gemeinsamen Nenner dieses Prozesses, dessen Negativfolgen sich in Kürze wie folgt beschreiben lassen:

– *Ökonomisch* münden sie in einen allmählichen Abbau sozialstaatlicher Sicherungen, der die Polarisierung zwischen Arm und Reich verschärft und ein wachsendes Heer von Modernisierungsverlierern erzeugt. Dabei müsste sich der Wohlfahrtsstaat gerade im internationalen Wettbewerb bewähren: Je weiter die Volkswirtschaften nach außen geöffnet sind, um so wichtiger wird die Absicherung gegen die daraus entstehenden Risiken im Innern. Für die Europäische Union würde das z.B. bedeuten, dass sie ihre bisher einseitig am Ziel der Marktfreiheit ausgerichtete Wirtschaftspolitik um eine Politik der Gewährleistung sozialer Sicherheit ergänzt. Die Nationalstaaten, denen wei-

terhin die Hauptverantwortung für die Sozialpolitik obliegt, sind auf der anderen Seite gehalten, ihre Leistungssysteme so umzubauen, dass sie sich stärker als heute auf die wirklich Bedürftigen konzentrieren.
– In *kultureller* Hinsicht bedeutet Globalisierung, dass Differenzen des Lebensstils und der moralischen Orientierung sichtbarer werden. Da sich die Migration heute – anders als früher – in zunehmenden Maße auch auf Angehörige anderer Kulturkreise erstreckt, verwandeln sich die einstmals homogenen Nationen über kurz oder lang in multiethnische und -kulturelle Gesellschaften. Die Konfrontation mit den Fremden wird von Teilen der eingesessenen Bevölkerung als Verlust der hergebrachten Identität empfunden. Dieser Verlust wiegt um so schwerer, als im Zuge von Individualisierungsprozessen auch andere Gruppenbindungen in Auflösung geraten. Er kann letztlich nur durch eine Politik der Anerkennung kultureller Differenz beantwortet werden.
– Soziale Unsicherheit und Entfremdung führen schließlich dazu, dass Teile der Gesellschaft sich *politisch* nicht mehr ausreichend repräsentiert fühlen. Da der Staat seiner souveränen Handlungsfähigkeit durch die Globalisierung zunehmend beraubt wird, kann er den Vertrauensverlust nicht mehr ohne weiteres durch Leistungssteigerung wettmachen. Verlorene Handlungsspielräume lassen sich zwar auf der supra- und transnationalen Ebene partiell zurückgewinnen; gerade dadurch werden sie aber der demokratischen Kontrolle entzogen, die bislang ausschließlich im nationalstaatlichen Rahmen ihren Platz hatte. Je mehr das Regieren von dort auswandert, um so dringlicher wird es folglich, die Demokratie auf den anderen verbliebenen Ebenen zu stärken – bei der zwischenstaatlichen Zusammenarbeit und im lokalen bzw. zivilgesellschaftlichen Bereich. Beides ist Voraussetzung, um solidarische Politik unter den Bedingungen der sich globalisierenden Marktwirtschaft neu zu ermöglichen.

Damit komme ich zum dritten und letzten Punkt. Von den eben genannten Problemen ist das der kulturellen Differenz zweifellos am schwierigsten. Seine Brisanz lässt sich z.B. an den Erscheinungsformen des Rechtsextremismus ablesen, die nicht auf gewaltsame Äußerungen beschränkt bleiben (und somit ein unmittelbares Sicherheitsproblem darstellen), sondern – in Gestalt neuer rechtspopulistischer Parteien – auch auf der Wähler- und Parteiensystemebene virulent geworden sind. Hier liegt ein wichtiger Unterschied zum

Linksextremismus, der sich als parteipolitische Kraft heute weitgehend erschöpft hat, und zugleich eine Verbindungslinie zum islamischen Fundamentalismus, dessen Aufstieg in den westeuropäischen Ländern auch vor dem Hintergrund einer verfehlten Ausländerpolitik gesehen werden muss.

Präventive Bekämpfungsstrategien müssen berücksichtigen, dass der Rechtsextremismus, so wie er sich in der Bundesrepublik derzeit darstellt, in erster Linie ein Problem der Fremdenfeindlichkeit ist. Dafür gibt es auch politische Ursachen. So haben das jahrelange Festhalten an der Vorstellung, wonach die Bundesrepublik kein Einwanderungsland sei, und das einseitig am Abstammungsprinzip orientierte Nationsverständnis zu einer Verfestigung der ethnisch-kulturellen Grenzen beigetragen, die zwischen Inländern und Ausländern angeblich verlaufen. Die kürzlich erfolgte Novellierung des Staatsbürgerschaftsrechts, die mit der bisherigen Exklusivität des ius sanguinis bricht, stellt insofern einen ersten wichtigen Schritt zum Abbau des fremdenfeindlichen Potenzials dar, der dazu führen wird, dass Zuwanderer verstärkt in staatstragende Positionen einrücken – sei es bei der Polizei, der Bundeswehr, in den Schulen oder auch nur in der Fußball-Nationalmannschaft. Damit dürfte es für die Rechtsextremisten schwieriger werden, die Einwanderer weiterhin als nicht-zugehörige Fremde abzustempeln.

Allerdings lehrt der internationale Vergleich – etwa der Blick in das Nachbarland Frankreich – , dass die Öffnung des Staatsbürgerschaftsrechts allein noch nicht ausreicht, die mit der Einwanderung verbundenen Probleme zu beheben, im Gegenteil: Gehören die Fremden zur Nation gleichberechtigt dazu, unterliegen sie einem verstärkten Druck, sich der Mehrheitsgesellschaft auch in kultureller Hinsicht anzuschließen, der in der Folge sogar konfliktverschärfend wirken könnte. Die entscheidende Frage lautet daher, wie mit verbleibenden kulturellen Unterschieden umzugehen ist. Forderungen nach einer Assimilation, wie sie von Innenminister Schily kürzlich erhoben wurden, gehen an diesem Problem offenkundig vorbei. Das französische Beispiel zeigt, dass eine Assimilationspolitik zur Vermeidung rechtsextremer Tendenzen wenig geeignet ist – ansonsten hätte der Front National seine Wahlsiege wohl kaum verbuchen können. Länder, die eine kulturell-pluralistische Integrationspolitik betrieben haben, wie Großbritannien und die Niederlande, sind demgegenüber bei der Bekämpfung des Rechtsextremismus vergleichsweise erfolgreicher gewesen bzw. gegen diesen besser gefeit.

Der Aufstieg der Fortuyn-Partei in den Niederlanden widerlegt diese These nicht. Er zeigt allerdings, was passiert, wenn der kulturelle Pluralismus zu weit getrieben wird und die Integrationspolitik in eine Schieflage gerät. Die Bereitschaft der Mehrheit, die Einwanderer als Staatsbürger gleichzustellen und ihnen ein bestimmtes Maß an kultureller Autonomie einzuräumen, bleibt ja an die Erwartung gebunden, dass sich diese im Gegenzug auf die Prinzipen des demokratischen Verfassungsstaates verpflichten lassen. Dies schließt auch die Notwendigkeit ein, auf die Mehrheitsgesellschaft in kultureller Hinsicht zuzugehen, insbesondere durch das Erlernen der Sprache. Der Pluralismus funktioniert also erst bei einem bestimmten Maß an Gemeinsamkeit, das durch aktive Integrationsmaßnahmen aufgebaut und gefördert werden muss. Hier liegt denn auch der Konnex zur Bekämpfung des Islamismus: Gehören die Zuwanderer zur nationalen Gemeinschaft politisch und kulturell dazu, ohne dass sie ihre hergebrachte Identität vollständig ablegen müssen, so können sie gegen eine religiöse Radikalisierung, die sich ja gerade das Bedürfnis nach Zugehörigkeit zunutze macht, leichter immunisiert werden. Beides ist Voraussetzung, um das extremistische Übel an der Wurzel zu packen.

Rissener Einblicke 4-5/2003, hgg. vom Haus Rissen, Hamburg, S. 7-21.

Mensch und Umwelt – nachhaltige Politik

Die normativen Prinzipien und langfristigen Ziele der Umweltpolitik, die im Berliner Grundsatzprogramm von 1989 fixiert worden sind, haben von ihrer Gültigkeit nichts eingebüßt – insofern unterscheidet sich der Umweltschutz von anderen Politikbereichen wie der Außen- oder Sozialpolitik, die auch in normativer Hinsicht der Erneuerung bedürfen.

Bedingt durch die Veränderung der wirtschaftlichen und gesellschaftlichen Rahmenbedingungen verschieben sich aber auch die Handlungserfordernisse der Umweltpolitik, deren Prioritäten heute zum Teil anders gesetzt werden müssen als in den achtziger Jahren.

Die veränderten Rahmenbedingungen haben die Handlungsmöglichkeiten der Umweltpolitik in zweierlei Hinsicht beschnitten. Zum einen ist der Umweltschutz zum Opfer seiner eigenen Erfolge geworden. Zum anderen gerät er in wachsenden Widerspruch zu den konkurrierenden Erfordernissen der Wirtschafts- und Sozialpolitik.

Der Erfolg der Umweltpolitik besteht darin, dass sie mit dazu beitragen hat, die besonders sichtbaren Schäden der Luft- und Gewässerverschmutzung zu beseitigen. Ermöglicht wurde der Erfolg durch drei miteinander verbundene Voraussetzungen. Erstens handelte es sich um Umweltprobleme, die infolge der Beeinträchtigung des Schutzgutes Leben und Gesundheit bei den Bürgern unmittelbare Betroffenheit hervorriefen – dadurch konnten sie leicht politisiert werden. Zweitens ließen sich die Schäden mit den technischen Mitteln des sogenannten nachgeschalteten Umweltschutzes vergleichsweise einfach und kostengünstig in den Griff kriegen, so dass sie bei den industriellen Adressaten keinen großen Widerstand provozierten. Und drittens rührte ein Teil der Entlastung aus den Gratiswirkungen des wirtschaftlichen Strukturwandels, der den Anteil der umweltschädlichen Industrien und Gewerbe zugunsten anderer Branchen sukzessive zurückdrängte. Diese drei begünstigenden Faktoren haben ihre Bedeutung weitgehend eingebüßt.

Der Interessenkonflikt zwischen Ökonomie und Ökologie stellt sich heute brisanter dar als in den achtziger Jahren. Die Gründe dafür liegen nicht in erster Linie in der derzeitigen Konjunktur- und Wachstumskrise. Konjunkturelle Krisen lassen sich überwinden und eine dauerhafte Abschwächung der Wachstumsdynamik wird sich nur dann nachteilig auf die Umweltpolitik auswirken, wenn sie zugleich andere sozial- und beschäftigungspolitische Ziele in Mitleidenschaft zieht. Der Hauptgrund für den sich verschärfenden Interessenkonflikt liegt in der wirtschaftlichen Globalisierung und dem damit verbundenen Verlust an nationalstaatlicher Handlungsfähigkeit. Die internationale Standortkonkurrenz zwingt die Staaten heute in einen unseligen Unterbietungswettbewerb, dessen Parameter stets in dieselbe Richtung streben: Lohnzurückhaltung, Steuer- und Abgabensenkungen sowie Deregulierung. Maßnahmen, die auf eine Erhöhung der Umweltstandards hinauslaufen würden, können unter diesen Bedingungen immer schwerer durchgesetzt werden.

Die strategische Herausforderung der Umweltpolitik besteht darin, die Handlungsrestriktionen zu überwinden, die infolge der beschriebenen Veränderungen in verschärfter Form auftreten.

Wohlstandsrestriktion. Die Frage der Wohlstandsrestriktionen lässt sich am Beispiel der Klimaschutzpolitik exemplifizieren. Die klimarelevanten Emissionen sind fast ausschließlich energiebedingt. Ihre Bekämpfung rührt also an den Kern des auf Wachstum programmierten industriellen Systems, von dem auch die Expansionschancen des tertiären Sektors abhängen. Vier Verursacherbereiche kann man hierbei unterscheiden: den Energiesektor im engeren Sinne (42 Prozent der Gesamtemissionen in 2001), die privaten Haushalte (15 Prozent), Industrie, Gewerbe, Handel und Dienstleistungen (20 Prozent) sowie den Verkehrsbereich (20 Prozent).

In den drei erstgenannten Bereichen sind die Emissionen in der Bundesrepublik von 1990 bis 2001 deutlich zurückgegangen, wobei das Gros der Reduktionsleistung auf den Zeitraum von 1990 bis 1995 entfiel, als die erwähnten Gratiseffekte auftraten. Im Verkehrssektor stiegen die Emissionen dagegen bis zum Jahre 1999 kontinuierlich an und sind erst seitdem leicht rückläufig. Noch aufschlussreicher wird die Statistik, wenn man die Ursachen betrachtet, die dem Anstieg oder dem Rückgang der Emissionen zu Grunde liegen. Dabei lassen sich fünf Faktoren unterscheiden: die Bevölkerungsentwicklung, die Einkommens- und Wachstumsentwicklung (gemessen am Bruttoinlandsprodukt pro Kopf), die Energieintensität (Verhältnis der Emissionen zum BIP), der Energiemix (Anteil der CO_2-freien Energieträger) und der CO_2-Gehalt der verbrauchten fossilen Energieträger.

Der geringe Bevölkerungszuwachs und die konjunkturelle Wachstumsschwäche haben dafür gesorgt, dass die spezifischen Emissionsminderungen auf die Gesamtbilanz nahezu vollständig durchschlagen konnten. Den größten Beitrag zur Emissionsminderung leistete dabei in allen Jahren die sinkende Energieintensität.

Rechnet man die spezifischen Emissionsminderungen des Zeitraums 1998 bis 2002 auf die kommenden acht Jahre hoch und unterstellt man dabei geringfügig höhere Wachstumsraten der Wirtschaft und ein gleichbleibendes Bevölkerungswachstum, so kann man davon ausgehen, dass das angestrebte Reduktionsziel von 21 Prozent erreicht werden kann. Voraussetzung dafür ist allerdings, dass es gelingt, Kernkraftwerke, die in diesem Zeitraum stillzulegen sind und deren Leistung sich in einer Größenordnung von 20 bis 25 Milliarden Kilowattstunden bewegt, emissionsneutral zu ersetzen. Um dieses Ziel zu erreichen, ist eine konsequente Fortschreibung der eingeschlagenen Klimaschutzpolitik erforderlich – ansonsten wäre die Bundesrepublik gezwungen, beim bevorstehenden Emissionshandel Verschmutzungsrechte von anderen Ländern zu erwerben. Wünschenswert wären freilich noch weitergehende Anstrengungen, mit denen die Bundesrepublik – auch ohne Gratiseffekte – innerhalb der Europäischen Union zum Vorreiter des Klimaschutzes werden könnte. Fünf strategische Anforderungen an ein entsprechendes Handlungsprogramm möchte ich nennen:

Die erste Forderung lautet, dass der Atomausstieg weder verlangsamt noch rückgängig gemacht werden darf. Zweitens ist darauf hinzuwirken, dass der Anteil der regenerativen Energieträger erhöht wird, etwa durch die verstärkte Förderung von Offshore-Windparks oder eine bessere Erschließung und Nutzung der Sonnenenergie. Als Instrumente hierfür kommen direkte Zuwendungen und die Besteuerung emissionsverursachender Energieträger in Frage. Drittens ist es nötig, die Energieeffizienz durch Verwandlung der Energieversorgungsunternehmen in Energiedienstleistungsunternehmen zu erhöhen. Viertens müssen ökologische Abgaben wie Steuern, Sonderabgaben und andere Gebühren weiter erhöht werden. Sie sollten bei klimaschädlichen Emissionen ansetzen (CO_2-Steuer), während die Steuern mit langfristig vorgeplanten Erhöhungsstufen dynamisch zu gestalten sind und das Mittelaufkommen für ökologische Zwecke verwendet werden muss. Der ökologischen Lenkungsfunktion sollte hierbei hohe Priorität zukommen. Fünftens schließlich gilt es die Siedlungsstrukturen und Infrastrukturpolitik ökologisch neu auszurichten.

Verteilungspolitische Restriktion. Bei der Betrachtung der Verteilungsfolgen des Umweltschutzes müssen ökologische und ökonomische Aspekte voneinander unterschieden werden. Im ersten Fall geht es darum, wie sich Umweltschäden auf die verschiedenen Bevölkerungsgruppen auswirken. Im zweiten Fall stellt sich die Frage, wer die Kosten für die Beseitigung beziehungsweise vorsorgliche Vermeidung von Umweltschäden zu tragen hat.

Die Verteilungsdebatte hat sich während der letzten Jahre in Richtung der Kosten immer mehr verlagert, was am Beispiel des Verkehrsbereichs gut zu veranschaulichen ist. Die im Zuge des Wohlstandswachstums verbesserten Möglichkeiten der Fortbewegung – neben dem Auto zunehmend auch durch das Flugzeug – haben innerhalb der Gesellschaft ein starkes Egalitätsgefühl erzeugt, seitdem sie für breite Bevölkerungsschichten erschwinglich geworden sind. Umweltpolitische Maßnahmen, die darauf hinauslaufen würden, diese Entwicklung zurückzudrehen, stoßen auf hohe Akzeptanzhürden. Dies gilt selbst dort, wo sie – wie bei der bisher nicht durchsetzbaren Besteuerung des Kerosins – eigentlich eine Selbstverständlichkeit darstellen müssten.

Der Schlüssel zu einer Lösung der umweltschutzbedingten Verteilungsprobleme liegt darin, die ökologischen von den sozialen Aspekten weitmöglichst zu separieren. Dies wäre zum Beispiel durch eine konsumorientierte Umgestaltung des Steuersystems erreichbar. Während auf der Einnahmenseite das ökologische Verursacherprinzip handlungsleitend sein müsste, die Steuer- und Abgabenerhebung von distributiven Erwägungen also freizuhalten wäre, könnte auf der Ausgabenseite das erzielte Steueraufkommen mit dazu dienen, unbillige soziale Härten einer Abgabenbelastung durch Transferzahlungen nachträglich aufzufangen oder auszugleichen.

Wettbewerbsrestriktion. Der These, dass der internationale Standortwettbewerb eine weitere Erhöhung der Umweltstandards Grenzen ziehe beziehungsweise diese nach unten nivelliere, sind mehrere Argumente entgegenzuhalten: Erstens lässt sich empirisch nachweisen, dass das internationale Gefälle der Umweltstandards im Standortwettbewerb eine geringere Rolle spielt als das Lohn- und Steuergefälle, wobei letzteres allerdings durch die Umweltpolitik mit verursacht ist oder sein kann. Zweitens kann der Umweltschutz im Standortwettbewerb auch positive Bedeutung erlangen, wenn er die Entwicklung neuer Produkte und Produktionsverfahren vorantreibt. Und drittens handelt es sich bei den wichtigsten Verursachungsbereichen der heutigen Umweltprobleme allesamt um solche, in denen der internationale Wettbewerb eine vergleichsweise untergeordnete Rolle spielt: Energieerzeugung, Verkehr, Bau und Landwirtschaft.

Die Bundesrepublik bleibt deshalb aufgefordert, sich im inter- und supranationalen Kontext um eine umweltpolitische Vorreiterrolle zu bemühen. Artikel 100a des Vertrages über die Europäische Union ermöglicht es den Mitgliedsstaaten ausdrücklich, strengere Umweltnormen als in der Gesamt-EU einzuführen oder beizubehalten. Umweltpolitische Innovationen werden dadurch begünstigt. Ein Land mit hohen Schutzstandards kann zudem damit rechnen, dass seine Pionierleistungen die entsprechenden Regelungen auf der europäischen Ebene beeinflussen. Allerdings besteht im EU-Ministerrat noch immer ein Vetorecht in ökologisch wichtigen Feldern wie Energie, Wasserressourcen, Flächenverbrauch und Steuern. Hier müssten sich die Anstrengungen der Vorreiter darauf richten, zu einheitlichen Mindeststandards zu kommen.

Institutionelle Restriktion. Die Rede vom Querschnittscharakter der Umweltpolitik ist unter Politologen gängig. Auf der Regierungsebene zeitigte dies bis heute allerdings noch keine wirklichen Konsequenzen, wenn man von der im Jahre 2000 erfolgten Reorganisation des Landwirtschaftsministeriums einmal absieht. In den beiden anderen großen Verursacherressorts – Arbeit und Wirtschaft sowie Verkehr und Bau – bleiben die ökologischen Belange dem eigentlichen Versorgungsinteresse weiterhin untergeordnet. Das Umweltministerium kann hier nur nachträglich korrigierend eingreifen und keine Querschnittsfunktion ausüben, wie es unter Gesichtspunkten des vorbeugenden Umweltschutzes eigentlich zu fordern wäre. Als Surrogat einer umweltpolitischen Querschnittskompetenz bleibt insofern nur die auf der europäischen Ebene vereinbarte (und in nationales Recht umgesetzte) Umweltverträglichkeitsprüfung.

Die bisherige Arbeitsteilung in den rot-grünen Regierungsbündnissen bedarf der Korrektur. Das Abonnement der Grünen auf das Umweltministerium hat dazu geführt, dass die Sozialdemokraten als ökologisch kompetente Partei nicht (mehr) wahrgenommen werden. Eine Ressortaufteilung, bei der die Grünen die Bereiche Wirtschaft / Energie oder Verkehr zugesprochen bekämen und die SPD an ihrer Stelle das Umweltministerium übernähme, würde dem entgegenwirken. Die Grünen müssten sich dann an den Interessenwiderständen der großen Verursacher abarbeiten, während die Sozialdemokraten einen Teil der umweltpolitischen Kompetenz zurückerobern könnten, die ihr von der Ökopartei entwunden wurde. Dies würde vermutlich sowohl der Umwelt nutzen als auch der bei den letzten Wahlen arg gebeutelten SPD.

Friedrich-Ebert-Stiftung (Hg.), Die neue SPD. Menschen stärken – Wege öffnen, Bonn 2004, S. 287-291.

Progressive Politik im 21. Jahrhundert – sechs Thesen

1. Der Dritte Weg ist out – es lebe der Dritte Weg! So könnte man die programmatische Ausgangslage derjenigen beschreiben, die sich am Beginn des 21. Jahrhunderts um eine politische Alternative zwischen neoliberalem Marktglauben und sozialistischem Wohlfahrtsstaatskonservatismus bemühen. Die Notwendigkeit einer solchen Alternative stellt sich heute akuter als vor zehn Jahren, nachdem die Negativseiten der kapitalistischen Wirtschaftsordnung durch die fortschreitende Globalisierung nochmals verschärft worden sind und wir es mit einer neuen Virulenz überwunden geglaubter Verteilungskonflikte zu tun haben.

2. Auch klassische Emanzipationsforderungen wie jene nach der Gleichstellung der Frau sind noch längst nicht erledigt und müssen mit Hilfe rechts-, familien- und arbeitsmarktpolitischer Reformen weiter verfolgt werden. Im Zuge der Pluralisierung von Lebensstilen ergeben sich darüber hinaus neue Emanzipations- und Integrationsbedarfe, deren Befriedigung verlangt, dass die Rechte der benachteiligten Gruppen mit den legitimen Interessen der übrigen Gesellschaft in eine angemessene Balance gebracht werden. Dies gilt vor allem mit Blick auf die wachsende Zuwanderungsbevölkerung.

3. Das Leitbild progressiver Politik ist das einer freiheitsermöglichenden und sozial gerechten (fairen) Teilhabegesellschaft, die Pluralität und sozialen Zusammenhalt verbindet. Chancengleichheit gewinnt dabei größere Bedeutung als materielle Ergebnisgerechtigkeit, wenngleich letztere als Idee bestehen bleibt und sich unter anderem im Steuersystem, im Umfang von Transferzahlen sowie in der Geltung bestimmter regulativer Standards niederschlagen muss. Dennoch gebührt der „vorsorglichen" Herstellung oder Verbesserung der Chancengleichheit, die insbesondere auf die gleichberechtigte Integration in den Arbeitsmarkt abzielt, Vorrang vor dem nachträglichen Ausgleich von Einkommensunterschieden. Solche vorsorglichen Investitionen gilt es über das Erziehungs- und Bildungswesen hinaus auch im Bereich des Gesundheits- und Umweltschutzes zu tätigen.

4. Im Bereich des globalen Umweltschutzes, der sich in der klimapolitischen Herausforderung konkretisiert, kann progressive Politik nicht nur in der Ermöglichung technischen Fortschritts und der Mobilisierung von Effizienzreserven bestehen; sie muss sich im Interesse der Nachhaltigkeit auch auf solche Maßnahmen verständigen, die mit Einschränkungen (der Freiheit oder des Lebensstandards) für die aktuell lebende Generation verbunden sind und deshalb einen hohen diskursiven Begründungsaufwand erfordern.
5. Politik im 21. Jahrhundert bedarf einer stärkeren Internationalisierung und Supranationalisierung, für die es die institutionellen Voraussetzungen zu schaffen gilt. Denn so wie die Klima- und Entwicklungsprobleme nur durch internationale Vereinbarungen lösbar sind, so kann auch soziale Sicherheit aufgrund der zunehmenden Standortkonkurrenz heute nicht mehr allein im nationalstaatlichen Rahmen gewährleistet werden. Progressive Politik muss deshalb gerade die europäische Dimension der Wohlfahrtsstaatlichkeit sehr viel deutlicher hervorkehren und sie auch zu einem Teil der innenpolitischen Auseinandersetzung machen.
6. Zur Teilhabegesellschaft gehört auch die politische Teilhabe. Sie besteht zum einen in der Aktivierung zivilgesellschaftlicher Potenziale, zum anderen in verbesserten Mitwirkungsmöglichkeiten der Bürger an zentralen politischen Entscheidungsprozessen, um deren Vertrauen in die Demokratie zu stärken. Dies setzt auch bei progressiven Politikern die Bereitschaft voraus, sich bis zu einem gewissen Grade „selbst zu entmachten" und für eine größere Durchlässigkeit der *classe politique* zu sorgen (auf nationaler wie auf europäischer Ebene). Maßnahmen zur institutionellen Demokratisierung des politischen Systems müssen freilich so geschnitten sein, dass sie nicht zu Lasten der Gemeinwohlfähigkeit der Politik gehen, wobei das Gemeinwohl die Belange der künftigen Generationen – wie gesehen – mit einschließt.

Progressives Zentrum, 3. Juni 2008

Faktischer Multikulturalismus

Alle reden von Integration, aber jeder versteht etwas anderes darunter. Tatsächlich könnte man meinen, der integrationspolitische Konsens in der Bundesrepublik erschöpfe sich weitgehend in der Verwendung eben jenes Begriffes, wie der an der Hochschule Ravensburg-Weingarten lehrende Politikwissenschaftler Berthold Löffler zu Beginn seines Buches ironisch feststellt.* Diese These wird aber anschließend von ihm selbst überzeugend in Frage gestellt. Während die integrationspolitischen Vorstellungen und Leitbilder in der Öffentlichkeit und zwischen den Parteien weit auseinanderfielen, gelte dies nämlich nicht für die praktische Politik, die aus der Uneinigkeit über die Ziele die einvernehmliche Konsequenz gezogen habe, auf eine bewusste politische Steuerung zu verzichten und das Integrationsgeschehen gleichsam treiben zu lassen. Der Autor bezeichnet diese stillschweigende Übereinkunft als „Politik des faktischen Multikulturalismus".

Löffler unterscheidet zwischen einem strukturellen und kulturellen Begriff der Integration. Strukturelle Integration sei gegeben, wenn die Einwanderer in das wirtschaftliche, soziale und politische Leben der Aufnahmegesellschaft äußerlich eingegliedert sind, kulturelle Integration, wenn sie auch deren Lebensweise und Werte internalisiert haben. Die Unterscheidung dient als Basis, um das Spektrum der normativen Positionen in der Integrationsdebatte darzustellen. Assimiliation und Multikulturalismus bilden die beiden Pole. Während das assimilatorische Integrationsverständnis davon ausgeht, dass sich die Einwanderer auch in kultureller Hinsicht der Mehrheitsgesellschaft anzupassen haben, sieht die multikulturalistische Position das Heil in der Anerkennung kultureller Vielfalt. Im faktischen Multikulturalismus der bundesdeutschen Einwanderungspolitik drückt sich Löffler zufolge dabei die liberale Variante der zuletzt genannten Position aus, die auf den kanadischen Sozialphilosophen Charles Taylor zurückgeht und eine möglichst ausgewogene Balance von farbenblinden Individualrechten und kulturellen Gruppenrechten anstrebt.

Der faktische Multikulturalismus der offiziellen Einwanderungspolitik wird einerseits durch die politische Rhetorik verdeckt, die sich im Mitte-

---

* Bernhard Löffler, Integration in Deutschland. Zwischen Assimilation und Multikulturalismus, München: Oldenbourg 2011.

Rechts-Lager von „Multikulti" scharf abgrenzt und diesen Begriff auch im linken Lager zunehmend verschmäht. Ein Beispiel dafür ist die im Jahre 2000 vom damaligen CDU/CSU-Fraktionsvorsitzenden Friedrich Merz angestoßene Leitkulturdebatte. Andererseits weist der Autor zu Recht darauf hin, dass mit Blick auf die Relation von Zuwanderungs- und eingesessener Mehrheitsbevölkerung hierzulande von einer flächendeckenden multikulturellen Gesellschaft noch keine Rede sein könne. Dies werde sich – wie in den Großstädten schon heute sichtbar – im Zuge der erwartbaren demografischen Entwicklung jedoch ändern.

Der Autor macht aus seiner normativen Präferenz für die assimilatorische Position keinen Hehl. Dass er sich dabei vom apokalyptischen Tonfall eines Thilo Sarrazin abhebt (dessen Streitschrift und die sich daran anschließende Debatte in dem Buch nicht mehr berücksichtigt werden konnten), verleiht den Argumenten umso mehr Gewicht. Indem es die Unterschiede zwischen Eingesessenen und Einwanderern einebnet, reduziert das Assimilationsmodell die gesellschaftlichen Konflikte und fördert es die soziale und demokratische Gleichheit. Dilemmatisch ist die Assimilation, wenn sie mit Zwangsmitteln arbeitet und Menschen- und Grundrechte der Einwanderer verletzt. Mit Blick auf die Religionsfreiheit der heute zahlenmäßig überwiegenden Zuwanderer aus dem islamischen Kulturkreis folgert Löffler daraus zu Recht, dass die an sich wünschenswerte Assimilation als Leitbild der Integration illusorisch sei. Dies hält ihn allerdings nicht davon ab, das Zurückweichen der Mehrheitsgesellschaft vor ihren eigenen kulturellen Traditionen und die Kluft zwischen der Rhetorik der „wechselseitigen" Bereicherung und tatsächlichen Tendenzen einer gesellschaftlichen Segregation vehement zu kritisieren.

Wie sehr es unter der Konsensdecke des faktischen Multikulturalismus der Integrationspolitik brodelt, hat die Sarrazin-Debatte im letzten Sommer gezeigt. Politiker oder Kommentatoren tun sich deshalb keinen Gefallen, wenn sie alle Einlassungen, die diesen Konsens aufbrechen oder in Frage stellen könnten, reflexhaft mit dem Rechtspopulismusverdacht belegen. Das Unbehagen gegenüber der in dem Buch vertretenen assimilatorischen Grundposition rührt ja daher, dass eine Politik, die den Anpassungsdruck auf die Einwandererbevölkerung erhöht, womöglich Unfrieden stiftet und damit zumindest kurzfristig konfliktverschärfend wirkt. Mittel- und langfristig betrachtet – so der Autor – sei es jedoch gerade der liberale Multi-

kulturalismus, der die Konflikte schüre und einen Kampf um die kulturelle Hegemonie in der Gesellschaft heraufbeschwöre.
Die Pointe könnte sein, dass am Ende beide Seiten Recht behalten. Sowenig Erfolg eine Politik verspricht, die die Entwicklung durch den Verzicht auf Integrationsmaßnahmen mehr oder weniger sich selbst überlässt, so unplausibel erscheint die Erwartung, dass die in der multikulturellen Gesellschaft angelegten Konflikte zwangsläufig ausarten müssen und nicht friedlich-schiedlich ausgetragen werden können. Die These, wonach das Land in der Integrationspolitik am „Scheideweg" steht, erscheint insofern überdramatisiert. Sie steht am Ende eines klar argumentierenden und zudem gut lesbaren Buches, das auch denjenigen zu einem besseren Verständnis des Integrationsthemas verhelfen dürfte, die die darin formulierte Kritik am „faktischen Multikulturalismus" nicht teilen.

Frankfurter Allgemeine Zeitung vom 18. April 2011, S. 7.

Staat und Demokratie

Wenn vom Regierungsmodell der westlichen Demokratie gesprochen wird, ist stets die verfassungsstaatliche oder liberale Demokratie gemeint. Die Demokratie gründet mithin auf zwei Legitimationsprinzipien, die nicht identisch sind. Das eine Prinzip, das man als Demokratie im engeren oder ursprünglichen Sinne bezeichnen könnte, ist die Volkssouveränität. Sie postuliert, dass Herrschaft stets unter Berufung auf den Willen des Volkes bzw. der Mehrheit des Volkes ausgeübt wird. Der Konstitutionalismus ist demgegenüber ein Prinzip der Herrschaftsbegrenzung, das dafür sorgt, dass die vom Volk beauftragten Herrschenden in ihrer Machtausübung kontrolliert werden. Um die Freiheit des Individuums vor staatlichen Übergriffen zu schützen, definiert der Verfassungsstaat einen Bereich garantierter Rechte, über die keine demokratische Mehrheit – sei sie auch noch so groß – verfügen kann.

Historisch betrachtet geht der Verfassungsstaat der neuzeitlichen Demokratie voraus. Seine zentralen Elemente sind die Gewährleistung von Menschen- und Bürgerrechten und die Gewaltenteilung. In der amerikanischen Verfassung von 1787 erstmals umfassend realisiert, machen diese bis heute den Doppelcharakter der Verfassungen aus, die einerseits – als Grundrechtscharta – die Rechte des einzelnen gegen den Staat festschreiben und andererseits – als Organisationsstatut – den institutionellen Aufbau des Staates regeln. So wie die Verfassung der USA ausgangs des 18. Jahrhunderts auf den Weg gebracht wurde, war sie allerdings noch keine demokratische. Ihre Vorbildrolle gründete gerade auf den Sicherungen, die man gegen eine Tyrannei der Mehrheit eingebaut hatte. Der Verfassungsstaat wurde von den Gründervätern der USA folglich höher geschätzt als die Demokratie. Demokratische Gestalt nahm er in dem Maße an, wie der ihm zugrunde liegende Freiheitsgedanke um die Prinzipien der Gleichheit und Gerechtigkeit erweitert wurde. Dazu mussten die Kontroll- und Zustimmungsrechte, die bis dahin nur einer Minderheit vorbehalten waren, auf das ganze Volk ausgedehnt werden. Der letzte große Schritt auf diesem Weg war die Einführung des Frauenwahlrechtes.

Nimmt man die Allgemeinheit der Wahl als Gradmesser, so hat der Großteil derjenigen Länder, die heute zu den konsolidierten demokratischen Verfassungsstaaten zählen, die formellen Kriterien einer Demokratie spätestens seit Ende des Zweiten Weltkriegs erfüllt. Verfassungsstaaten ohne Demokratie sind deshalb heute nicht mehr vorstellbar. Als einziges verbliebenes (oder neu entstandenes) Beispiel könnte man die EU nennen, der als supranationaler Herrschaftsverband freilich die Eigenschaften eines „souveränen" Staates fehlen.

Auf der anderen Seite gibt es Systeme, in denen freie, gleiche und allgemeine Wahlen stattfinden, die aber zugleich gegen elementare Prinzipien des Verfassungs- und Rechtsstaates verstoßen, indem sie die Menschen- und Bürgerrechte missachten oder die Gewaltenteilung umgehen. Letzteres schlägt sich unter anderem in einem Machtübergewicht der Exekutive zulasten des Parlaments und der Justiz sowie einer generellen Missachtung des Rechts nieder, die oftmals unter expliziter Bezugnahme auf die direkte demokratische Legitimation der Regierenden erfolgt.

Solche verfassungsstaatlich defizitären oder „elektoralen" Demokratien sind vor allem in der nicht-westlichen Welt verbreitet, in denen auch das Gros der nicht-demokratischen Systeme anzutreffen ist. Während der Verfassungs- und Rechtsstaat in den westlichen Ländern auf eine lange Tradition zurückblicken kann, auf deren Fundament sich die Demokratie schrittweise entwickelt hat, müssen die Neu-Demokratien die verfassungs- und rechtsstaatlichen Prinzipien gleichsam nachholend verinnerlichen. Dies stellt an ihre Moral und Lernbereitschaft wesentlich höhere Anforderungen als die Etablierung förmlicher demokratischer Institutionen.

In seinem epochalen Werk über die „Demokratie in Amerika" hatte Tocqueville schon in den dreißiger Jahren des 19. Jahrhunderts gezeigt, welche Bedeutung die – von ihm als „Sitten" (*mœurs*) bezeichneten – Werthaltungen und Einstellungsmuster für die Herausbildung demokratischer Verhältnisse gewinnen. Richtig ins Bewusstsein rücken sollten diese Zusammenhänge freilich erst ab Mitte des 20. Jahrhunderts. Damals waren die Beobachter überrascht, dass es nicht gelingen wollte, das Westminster-Modell der Demokratie in die sich von der Kolonialherrschaft befreienden Länder Afrikas oder Asiens zu „verpflanzen". Der vom Fortschrittsoptimismus der Modernisierungstheorie inspirierte Glaube an die Übertragbarkeit demokratischer Strukturen mutet im Nachhinein naiv an. Auch wenn es seither mehrere Demokratisierungswellen gegeben hat und die Demokratie als Regierungs- und Herrschaftsform weltweit im Vormarsch ist, bleibt sie doch gegenüber den autokratischen Systemen bis heute in der Minderheit.

Die schmale kulturelle Basis der Demokratie ist gemeint, wenn wir von den etablierten demokratischen Verfassungsstaaten als „westlichen" Demokratien reden. „Westlich" steht dabei für den Einfluss- und Herrschaftsbereich der christlichen Zivilisation (ohne die Orthodoxie). Diese stellte den Nährboden für die neuzeitliche Aufklärung des 18. Jahrhunderts dar, mit der sie eine Synthese einging und damit die Grundlagen für die Entstehung des Verfassungsstaates und dessen allmähliche Demokratisierung schuf. Durch Auswanderung, Kolonialisierung oder Rezeption wurde das westliche Modell auch auf nicht-westliche Regionen ausgedehnt, wobei es entweder zur vollständigen kulturellen Hegemonie oder zu einer erfolgreichen Verbindung mit den einheimischen Kulturen kam. Umgekehrt zeigen die noch junge autoritäre Vergangenheit Deutschlands, Italiens, Spaniens und anderer europäischer Staaten sowie die notorische Instabilität der politischen Systeme in Lateinamerika, dass ein christlich-abendländischer Hintergrund allein nicht ausreicht, um das Gelingen und Überleben der Demokratie zu garantieren, sondern weitere Faktoren hinzutreten müssen.

Hierzu zählen unter anderem ein hohes Niveau der wirtschaftlichen Entwicklung, das Vorhandensein einer pluralistischen Marktgesellschaft, demokratische Einstellungen der Eliten und ein Mindestmaß an funktionierender

Staatlichkeit. Letzteres bezeichnet eine Grundvoraussetzung der Demokratisierung schlechthin, die den anderen Faktoren übergeordnet ist bzw. der demokratischen Staatsform bereits begriffsnotwendig vorausgeht. Funktionierende Staatlichkeit bemisst sich daran, dass der Staat in der Lage ist, den inneren und äußeren Frieden zu gewährleisten und die Durchsetzung des Gewaltmonopols sicherzustellen. Dies setzt zum einen voraus, das ihm die Souveränität nicht von außen (durch eine fremde Macht) versagt wird, zum anderen darf es auch innerhalb des Staates keine Mächte geben, die der Regierung den Führungsanspruch streitig machen und sie daran hindern, ihre Kontrolle über die Gesellschaft auszuüben.

Schwerer ist die Frage zu beantworten, welche Bedeutung der innere Zusammenhalt einer Gesellschaft für die Staatlichkeit gewinnt. Hier kommt der Faktor Kultur erneut ins Spiel. Sind die staatlichen Strukturen nur schwach ausgeprägt oder in Auflösung begriffen, neigen die Menschen dazu, in einer ethnischen oder religiösen Gruppenzugehörigkeit Halt zu suchen, die dem Staatszerfall weiter Vorschub leistet. Umgekehrt kommt eine möglichst große Homogenität der Bevölkerung in ethnisch-kultureller Hinsicht der Staatsbildung zugute. Historisch reflektiert wird dieser Zusammenhang im Begriff der Nation. Staats- und Nationswerdung bilden im neuzeitlichen Modernisierungsprozess eine enge Symbiose. Der Nationalismus ist dabei zugleich die wichtigste Triebfeder der Demokratisierung, postuliert er doch die Überwindung jener dynastischen Prinzipien, die auch Nicht-Angehörige der Nation dem Willen des Herrschers unterwarfen. Je mehr das Bewusstsein der gemeinsamen nationalen Zugehörigkeit reifte, umso mehr wurde dies von den Menschen als Zumutung empfunden, die sich von nun an weniger als Untertanen denn als Bürger betrachteten.

Der Zusammenhang zwischen Demokratie und Nation ist kein normativ zwingender, sondern ein empirischer. Die normative Demokratievorstellung setzt anstelle der Nation (oder eines anderen vorgängigen Bindungsprinzips) die Idee der Bürgerschaft. Zugehörigkeit gründet danach auf dem Bekenntnis zu gemeinsam geteilten Werten und Verfahrensregeln und beschreibt eine Gemeinschaft, in der sich die Einzelnen als Freie und Gleiche begegnen. Tatsächlich ist dieses bürgerschaftliche Staatsverständnis durch den Nationsgedanken jedoch durchweg überlagert worden, der die Zugehörigkeit zur Gemeinschaft an ethnischen oder kulturellen Merkmalen festmacht. Eine exakte Trennlinie lässt sich dabei nicht immer ziehen. Einerseits sind die demokrati-

Staat und Demokratie

schen Werte – wie gesehen – selbst kulturell vermittelt und herkunftsabhängig; andererseits gewinnen Nationsmerkmale wie eine gemeinsame Sprache auch in prozeduraler Hinsicht Bedeutung, indem sie die – in der Demokratie unverzichtbare – Herstellung von Öffentlichkeit ermöglichen.

Die Funktion der Nation als Garant einer solidaritätsstiftenden staatsbürgerlichen Identität schließt nicht aus, dass es auch in multinationalen oder ethnisch-kulturell heterogenen Staaten funktionierende Demokratien geben kann. Die Herausforderungen und Ansprüche an die institutionelle Gestaltung sind hier allerdings deutlich höher. Sie manifestieren sich z.B. in der Einschränkung des Mehrheitsprinzips, dem Festschreiben von Proporzregeln und sonstigen Formen des Minderheitenschutzes, die der Gefahr einer Auflösung des Staatsverbandes begegnen sollen. Als gelungenes Beispiel könnte man hier die Schweiz nennen, während der Zusammenhalt der Mehrnationenstaaten Kanadas, Belgiens und Großbritanniens zuletzt immer prekärer geworden ist.

Die Debatte um das Demokratiedefizit der quasi-staatlichen EU ordnet sich zwischen beiden Polen ein. Skeptiker bezweifeln, ob ein Gebilde von 27 (demnächst 28) Staaten mit je eigener Geschichte und Tradition jemals in der Lage sein könne, den für eine Demokratie unabdingbaren inneren Zusammenhalt zu stiften. Als symptomatisch dafür betrachten sie die Unbestimmtheit, welche Länder die Union überhaupt umfassen soll oder darf. Die Optimisten betonen demgegenüber, dass der Zusammenhalt durch den Integrationsprozess erst entstehe.

Damit europäisches Bewusstsein „von unten" heranreifen kann, muss Europa also zunächst einmal „von oben" vernünftig gebaut werden. Dies setzt die Bereitschaft der Eliten voraus, die verrechtlichten Entscheidungsprozesse in der EU – wie es Habermas ausgedrückt hat – nun endlich auch „demokratisch zu verrechtlichen".

Die Neue Gesellschaft / Frankfurter Hefte 59 (2012) H. 9, S. 25-28.

Personenregister

Adenauer, Konrad 35, 47, 69, 111, 140
Andreotti, Giulio 304
Auken, Svend 57
Arnim, Hans Herbert von 194, 215, 306

Baring, Arnulf 181
Barroso, José Manuel 32, 260, 262f., 275
Beck, Kurt 96
Bell, Daniel 287
Berlusconi, Silvio 18, 22, 32, 303
Beust, Ole von 23, 147, 149
Bisky, Lothar 65, 74
Blair, Tony 252, 298
Bobbio, Noberto 290, 293f
Börnsen, Jens 207
Bossi, Umberto 18, 22, 32
Boyer, Josef 80
Brandt, Willy 37f., 47, 69
Brok, Elmar 264
Brüderle, Rainer 105
Brunner, Manfred 18, 24
Buchstein, Hubertus 280
Bulmahn, Edelgard 161
Bush, George W. 45, 324f.

Canovan, Margaret 318
Carstens, Karl 144, 217
Christiansen, Sabine 305
Clement, Wolfgang 122

Dahrendorf, Ralf 31, 119, 270, 298, 332
Darnstädt, Thomas 181
Däubler-Gmelin, Herta 45
Dietrich, Stefan 162
Diggins, John Patrick 292
Ditfurth, Jutta 79
Dobrindt, Alexander 105
Dohnanyi, Klaus von 180
Dürr, Tobias 34, 157

Ebermann, Thomas 79
Eichel, Hans 55
Eppler, Erhard 86
Erhard, Ludwig 69, 140
Eschenburg, Theodor 214
Esping-Andersen, Gøsta 51

Falter, Jürgen W. 190
Fini, Gianfranco 32
Fischer, Joschka 71, 79, 81, 151, 235, 243, 246, 251, 268, 274, 276
Fortuyn, Pim 270, 301, 307, 335
Frenzel, Martin 50f., 53, 56f.
Frey, Gerhard 61
Friedman, Michel 306

Gabriel, Sigmar 100, 213, 216
Gauck, Joachim 216ff.
Geißler, Heiner 29, 226, 289
Genscher, Hans-Dietrich 116, 118
Gerhardt, Wolfgang 116

Giddens, Anthony 287f., 297
Giscard d'Estaing, Valéry 246
Glistrup, Mogens 315
Glotz, Peter 141f.
Guttenberg, Karl-Theodor zu 122
Gysi, Gregor 46, 65f., 74, 96, 100

Habermas, Jürgen 276f., 349
Haider, Jörg 18, 22, 24, 27, 68, 304, 307
Heidemeyer, Helge 80
Heinemann, Gustav 144
Henkel, Hans-Olaf 122
Hennis, Wilhelm 149
Herzog, Roman 134, 141, 144f., 190ff., 200, 209, 221
Heuss, Theodor 140, 144, 220
Hitler, Adolf 18, 45, 62, 203, 303
Hofmann, Gunter 304

Jesse, Eckhard 231
Jospin, Lionel 264
Jung, Franz-Josef 109
Juncker, Jean-Claude 279

Kaplan, Mohammed Metin 330
Kielmansegg, Peter Graf 218
Kiesinger, Kurt Georg 69
Kießling, Andreas 58ff.
Kinkel, Klaus 116
Klestil, Thomas 143
Klima, Viktor 270, 300
Koch, Roland 30, 213
Kohl, Helmut 38, 41, 43, 46, 48, 56, 69, 84, 106, 109, 144, 172, 209, 307

Köhler, Horst 141, 216f., 220
Kraft, Hannelore 213
Künast, Renate 100

Lafontaine, Oskar 29, 43, 48, 55ff., 65f., 68f., 74, 93, 96, 123, 130, 288
Lambert, Franz 84
Le Pen, Jean-Marie 16, 18, 22, 24, 315
Leutheusser-Schnarrenberger, Sabine 109
Leyen, Ursula von der 217
Lijphart, Arend 170
Lindner, Christian 119
Löffler, Berthold 343f.
Löhrmann, Sylvia 213
Lösche, Peter 34, 116
Lübke, Heinrich 144, 220
Lykketoft, Morgens 57

Mair, Peter 319, 321
Matschie, Christoph 97, 197
Mégret, Bruno 315
Merkel, Angela 71, 83, 94, 102, 105f., 108f., 117, 123f., 180, 186, 274, 276
Merz, Friedrich 122, 308, 344
Meyer, Hans 222
Milbradt, Georg 163
Möllemann, Jürgen W. 68, 113, 306
Müller, Peter 311
Müntefering, Franz 28, 70, 73
Murphy, Detlef 296

Personenregister

Offe, Claus 292

Papandreou, Giorgos 274
Papoulias, Karolos 274
Patzelt, Werner J. 226, 229
Pauli, Gabriele 123
Platzeck, Matthias 87
Pöttering, Hans-Gert 260
Prodi, Romano 241, 245
Przeworski, Adam 298
Puhle, Hans-Jürgen 314

Raschke, Joachim 24
Ramsauer, Peter 167
Rasmussen, Poul Nyrup 53, 57
Rau, Johannes 141, 144f.
Reding, Viviane 277, 282
Reiche, Steffen 187ff.
Riess-Passer, Susanne 304
Rompuy, Herman Van 274
Rösler, Philipp 109, 111, 120
Rüttgers, Jürgen 141

Sarkozy, Nicolas 274, 276
Sarrazin, Thilo 121f., 344
Sartori, Giovanni 317
Sassen, Saskia 253
Santer, Jacques 245, 264
Schäffler, Frank 114, 121
Scharpf, Fritz W. 130, 135f., 160
Scharping, Rudolf 144
Schäuble, Wolfgang 108f., 203, 207, 220, 274
Scheel, Walter 116, 144
Schill, Ronald B. 23ff., 30, 61f., 146, 298, 305, 307, 310

Schily, Otto 27, 306, 308, 334
Schlierer, Rolf 18
Schmidt, Helmut 37f, 48, 69, 82, 86, 148, 193f.
Scholz, Olaf 228
Schönbohm, Jörg 43, 62, 309
Schönhuber, Franz 18, 22, 63, 68, 307
Schröder, Gerhard 28ff., 38, 40f., 46, 48, 50, 56, 60, 69ff., 73, 82, 86f., 110, 128, 132, 151, 159, 186, 209, 249, 260, 287, 300, 329
Schulz, Martin 275
Schumacher, Kurt 37
Schwan, Gesine 141
Schwarz, Hans-Peter 140
Schwennicke, Christoph 182ff., 186
Seehofer, Horst 105
Simonis, Heide 163
Solms, Hermann-Otto 108
Steinbrück, Peer 161
Steinmeier, Frank-Walter 70, 100
Stoiber, Edmund 28ff., 59f.
Stolpe, Manfred 43
Stöss, Richard 271
Strauß, Franz Josef 27, 58f.
Streibl, Max 59
Struck, Peter 209

Taylor, Charles 343
Tocqueville, Alexis de 348
Töpfer, Klaus 145, 220
Trampert, Rainer 79
Trittin, Jürgen 100

Védrine, Hubert 235
Verhofstadt, Guy 262, 279
Vesper, Michael 80
Vogel, Hans-Jochen 79, 204
Voscherau, Henning 23

Walter, Franz 33ff., 57, 112, 116
Wegner, Markus E. 18, 24f.
Wehner, Herbert 38
Waigel, Theodor 58ff., 130, 172
Weizsäcker, Richard von 141f., 144, 220
Westerwelle, Guido 94, 106f., 111ff., 115f., 163
Wulff, Christian 216ff.

Ypsilanti, Andrea 96

Neu im Programm Politikwissenschaft

Abou-Taam, Marwan / Esser, Jost / Foroutan, Naika (Hrsg.)
Zwischen Konfrontation und Dialog
Der Islam als politische Größe
2011. 178 S. Geb. EUR 49,95
ISBN 978-3-531-17279-8

Bangert, Kurt (Hrsg.)
Handbuch Spendenwesen
Bessere Organisation, Transparenz, Kontrolle, Wirtschaftlichkeit und Wirksamkeit von Spendenwerken
2011. 218 S. Br. EUR 29,95
ISBN 978-3-531-17448-8

Bukow, Sebastian / Seemann, Wenke (Hrsg.)
Die Große Koalition
Regierung – Politik – Parteien 2005-2009
2010. 391 S. Br. EUR 34,95
ISBN 978-3-531-16199-0

Decker, Frank
Regieren im „Parteienbundesstaat"
Zur Architektur der deutschen Politik
2011. 347 S. Br. EUR 29,95
ISBN 978-3-531-17681-9

Franke, Ulrich
Die Nato nach 1989
Das Rätsel ihres Fortbestandes
2010. 337 S. Br. EUR 49,95
ISBN 978-3-531-17773-1

Jahn, Egbert
Politische Streitfragen
2008. 216 S. Br. EUR 29,95
ISBN 978-3-531-15833-4

Jahn, Egbert
Politische Streitfragen
Deutsche Innen- und Außenpolitik - Band 2
2012. 194 S. Br. EUR 24,95
ISBN 978-3-531-18617-7

Jahn, Egbert
Politische Streitfragen
Internationale Politik - Band 3
2012. 260 S. Br. EUR 29,95
ISBN 978-3-531-18618-4

Erhältlich im Buchhandel oder beim Verlag.
Änderungen vorbehalten. Stand: Januar 2012.

Einfach bestellen:
SpringerDE-service@springer.com
tel +49 (0)6221 / 345–4301
springer-vs.de

GPSR Compliance

The European Union's (EU) General Product Safety Regulation (GPSR) is a set of rules that requires consumer products to be safe and our obligations to ensure this.

If you have any concerns about our products, you can contact us on

ProductSafety@springernature.com

In case Publisher is established outside the EU, the EU authorized representative is:

Springer Nature Customer Service Center GmbH
Europaplatz 3
69115 Heidelberg, Germany

www.ingramcontent.com/pod-product-compliance
Lightning Source LLC
LaVergne TN
LVHW040732250326
834688LV00031B/254

9 7 8 3 6 5 8 0 0 8 0 1 7